话说世界

TALKING ABOUT THE WORLD

二战时代
WWII Age

尹建龙 ◎ 著

主　编：陈晓律　颜玉强

人民出版社

主　　编：陈晓律　颜玉强
作　　者：尹建龙

编　　委：
高　岱
北京大学世界史教授

梅雪芹
清华大学世界史教授

秦海波
中国社会科学院世界历史研究所
研究员

黄昭宇
中国现代国际关系研究院研究员
《现代国际关系》副主编

任灵兰
中国社会科学院世界历史研究所
《世界历史》编审

姜守明
南京师范大学世界史教授

孙　庆
南京晓庄学院外国语学院
世界史副教授

策　　划：杨松岩
特邀编审：鲁　静
　　　　　杨美艳
　　　　　陆丽云
　　　　　刘可扬

图片提供：
中国图库
广州集成图像有限公司
视觉中国

《话说世界》目录

① 《古典时代》
② 《罗马时代》
③ 《王国时代》
④ 《封建时代》
⑤ 《宗教时代》
⑥ 《发现时代》
⑦ 《扩张时代》
⑧ 《启蒙时代》
⑨ 《革命时代》
⑩ 《民族时代》
⑪ 《工业时代》
⑫ 《劳工时代》
⑬ 《帝国时代》
⑭ 《一战时代》
⑮ 《主义时代》
⑯ 《危机时代》
⑰ 《二战时代》
⑱ 《冷战时代》
⑲ 《独立时代》
⑳ 《全球时代》

《话说世界》出版说明

希望与探索

为广大读者编一部普及世界历史的文化长卷

今日世界植根在历史这块最深厚文化土壤中。要了解世界首先要从学习世界历史开始。学习世界历史不仅有助于我们借鉴外国历史上的成败得失，使我们在发展的道路上少走弯路；而且还有助于我们养成全球视野，自觉承担起作为大国对人类的责任；同时还有助于我们更深入地理解和贯彻构建人类命运共同体理念。人类文明发展5000多年来，各地区和各民族国家的文明差异性很大，都有自己独特的发展轨迹和文化，在交往日益密切的今日世界，我们更要努力学习世界历史与文化。因此我们策划出版这套《话说世界》。

世界史方面的读物出版了不少，但一般教科书可读性不足，专题类知识读物则不够系统全面，因此我们在编撰这套《话说世界》时，主要考虑普及性，在借鉴目前已有的世界历史读物的基础上，进行了新的尝试：

首先，史实准确。由著名世界史专业教授和研究员组成的编委会保证学术性，由世界史专业教授和博士为主的创作队伍保证史实的准确性。

其次，贯通古今。从史前一直到2018年12月，目前国内外尚没有时间跨度如此之大的历史读物。本套书内容丰富，传奇人物、探险故事、艺术巨作以及新思潮、新发明等，无所不包，以独创的构架，从政治、经济、文史、宗教、思想、艺术、科学、生活等多维度地切入历史，从浩瀚庞杂的史料中，梳理出扼要明晰的脉络，以达到普及世界史知识的作用。

再次，图文并茂。采用新颖的编排手法，将近万张彩图与文字形成了有机组合。版面简洁大方，不失活泼，整体编排流畅和谐，赏心悦目。

最后，通俗易懂。作者秉持中肯的观点，采取史学界主流看法，立论中肯、持平、客观，文字深入浅出，绝不艰涩枯燥，流畅易懂。

这套书总计20卷，各卷书名分别为：《古典时代》《罗马时代》《王国时代》《封建时代》《宗教时代》《发现时代》《扩张时代》《启蒙时代》《革命时代》《民族时代》《工业时代》《劳工时代》《帝国时代》《一战时代》《主义时代》《危机时代》《二战时代》《冷战时代》《独立时代》《全球时代》。

十几年前，上海锦绣文章出版社出版的《话说中国》，以身体作为比喻说还缺少半边身子，缺失世界历史的半边，因此《话说世界》的策划项目在七年前孕育而生。经过近七年的努力，这套图文并茂的普及性世界史《话说世界》（20卷）陆续出版。今年又适逢新中国成立70周年，这套书被列入国家出版基金资助项目，作为一个从事36年出版工作的出版人感到由衷的喜悦。

在本套书行将付梓之际，特别感谢陈晓律、颜玉强、秦海波、刘立群、黄昭宇、任灵兰、鲁静、杨美艳、陆丽云、刘可扬等十几位世界史专家的辛勤劳作，感谢所有参与《话说世界》（20卷）本书的作者、专家、学者、编辑、校对为此作出的贡献。最后，谨以两位世界史专家对本套书的点评作为结束：

> 徐蓝（中国史学会副会长）：首先要说这套书使得我眼睛一亮。这不是我们通常说的以政治经济为全部内容的世界历史，而是多维度的世界历史解读，其内容涵盖了政治、经济、文史、宗教、思想、艺术、科学、生活等，使世界历史更加充盈饱满相生相成。特别是将其每卷书的类别单独合在一起，相当于一部部专题史。这在国内世界历史读物中是仅见的，具有很高的出版价值。《话说世界》又是一套通俗读物。全套书5000篇左右的文章，通过人文地理、重回历史现场、特写、广角、知识链接等拓宽了内容的容量，增强了趣味性。可以说这是一套具有"广谱"特性的世界历史普及读物。这套书的社会效

益不仅会普及国民的世界历史知识，也拓宽了国际视野，将世界历史作为基础知识之一，才能具备大国的胸怀和责任担当。

吴必康（中国社会科学院世界史所，国家二级研究员）：历史题材类的通俗读物一向是热门读物，富有意义。但其出版物主要是中国史，世界历史通俗读物出版甚少。而且，这些不多的世界历史出版物也多为受众少的教科书式作品。《话说世界》可以说弥补了这方面的缺憾。今天，中国正处民族复兴之时，作为世界第二大经济体，其世界影响越来越大，责任也更大，广泛了解世界，具有国际视野成为大势所趋。广大人民需要了解世界，知晓世界历史，已是必不可少之举。世界历史虽然内容浩如烟海，但作为文明历程有规律可循，有经验教训可资借鉴。《话说世界》的专业作者梳理千古，深入浅出，从容不迫地娓娓道来，使世界历史清晰明了，趣味盎然。这套丛书应该说是一套全民读物也不为过，可谓老少咸宜，可谓雅俗共赏。尤其是其文体具有故事性，很适合青少年。也望通过这套书能激发青少年阅读世界历史的广泛兴趣，兴起热潮，为我国的各类国际人才打下知识基础，更好地立足祖国走遍世界。知晓天下，方可通行天下。

人民出版社编审　杨松岩
2019年8月27日

《话说世界》序一

读史使人明智
在世界历史的洪流中寻找人类的智慧

不知不觉，现在已经是2019年了。在人类几千年有文字记载的历史中，这个时间点或许并没有什么特别之处，但对于处于改革开放进程中的中国而言，这样一个年代显然具有不同寻常的意义。那就是，历经磨难成立新中国以后，中华民族在对外开放的过程中，重新找到了一个与自己国力吻合的位置。

中国是一个历史悠久的国度，创造了十分丰富的物质与精神的财富。尤其是在东亚这一范围，中国几乎就是文明的代名词。然而，在近代以来，中国却被自己过长的衣服绊倒了，结果从鸦片战争开始，中华民族经历了一段屈辱的历史，不仅使天朝上国的心态遭受沉重打击，也迫使我们重新认识外部世界。

从历史的角度看，中国人如何看世界，并不是什么新问题。古代中国人对周边"蛮夷"的看法千奇百怪，但无论是否属实，对自己的生活似乎影响不大。不过近代以来情况有所变化，自1840年始，中国人想闭眼不看世界也难。然而，看似简单的中国人应该如何睁眼看待外部世界，尤其是西方国家，却并不简单，因为它涉及"华夷"之间的重新定位，必然产生重大的观念与思想碰撞，所以它经历了一个几起几落的变化。

从传统的中国视角考察，以中国为天下中心的历史观一直在我国的史学领域占主导地位。因此，在1840年以前，中国还没有今天意义上的世界史，有的只是《镜花缘》一类的异域风情书，或是一些出访周边国家的记录，严肃的史书则只在中国史的范畴内。鸦片战争之后，中国被迫接受中国之外还存在一个世界这一事实。但对外部世界，主要是西方的研究是以急功近利的原则为出发点，缺少系统的基础研究。直到新中国成立前夕，我国的高校中，世界史都还不能算是能与中国史相提并论的学科，一些十分有名望的老先生，也必须有中国史的论文和教中国史的课程才能得到承认。这一事实反映出一种复杂的民族心态和文化背景。人总是从自己已有的知识基础上去发现和分析外部世界的，没有对外部世界知识的系统了解，要正确地看世界的确不易。

实际上，早在100多年以前，张之洞就认为，向西方学习应该是学习西艺、西政和西史。但是如何以我为主做到这一点，则是至今尚需继续解决的问题。

在一个开放的时代，任何一个试图加入现代发展行列的国家都必须尽量地了解他国的情况，而了解他国最主要和最基本的途径，除开语言外，就是学习该国的历史。就笔者所接触的几所学校看，美国一些著名大学的历史系往往都是文科最大的系，而听课的学生也以外系的学生居多。我的体会是，出现这样的现象无非两点原因：通识教育的普及性与本科教育的多样性，以及学生的一种渴望了解和掌控外部世界的潜意识。相比西方，我们的教育课程设置显然还有许多需要完善的地方。

按北大罗荣渠老师的看法，中国在向西方学习的过程中经历了三次大的起伏。一次是鸦片战争前后，中国是在战争的威胁中开始了解西方的，这种了解带有表面的、实用主义的性质，对西方的了解和介绍都十分片面，社会的大部分人对此漠不关心，甚至国家的若干重要成员对此也十分冷漠。与此相反，日本却密切地关注着中国的情况，关注着中国在受到西方冲击后所作出的反应，以致一些中国介绍西方的书籍，比如《海国图志》，在中国本身尚未受到人们重视时，日本已在仔细地阅读和研究了。尽管如此，第一次学习还是在中国掀起了洋务运动。

由于甲午战争的失败，中国开始了第二次向西方的学习，即体用两方面都要学。但不想全面改革而只想部分变革的戊戌变法因各种原因失败了，最终是以辛亥革命作了一次总结。从此以后，中国的政治实践大体上是在全面学西方，但是又由于历史的机遇不好，中国的这种学习，最终也未成功。尽管我们不能完全说它是失败的，但要成为一个强国的愿望却始终未能实现。

新中国成立以后由于西方的封锁和我们自己的一些政策，使中国经历了一个主动和被动地反对向西方学习的过程。直到改革开放以后，我们才再次开始了向世界强国——主要是西方国家学习的第三次高潮。而这次持续的时间显然要长得多，其内涵也要丰富得多。其中一个最重要的标志也许是，在沉默了几十年以后，中国的学术界终于开始出版一批又一批的世界史教材和专著，各种翻译的世界史著作也随处可见。这是一个令人欢欣鼓舞的现象。在这个意义上，中国人重新全方位看世界是改革开放的产物。

从中国人看世界的心态而言，也先后经历了三种变化：最初是盲目自大式的看世界，因为中国为中央之国，我们从来是当周围"蛮夷"的老师，尽管有时老师完全打不过学生，但在文化上老师终归是老师，我们从未丧失自信心。所以，对这些红毛番或什么其他番，有些"奇技淫巧"我们并没有真正放在心上。然后面临被列强瓜分的危机，我们的心态第二次变化，却是以一种仰视的方式看世界——当然主要是看西方国家，这种格局直到新中国成立后才开始逐渐改变。而改革开放后，中国重回世界舞台中心，成为GDP第二大国，自信心再次回归，看世界的态度又一次发生了变化——中国人终于可以平视外部世界了。

心平气和地看外部世界，需要的是一种从容和淡定，而这种心态，当然与自己的底气有关。随着物质生活的丰富和对外交流的日渐频繁，国人已经意识到，外国人既不是番鬼，也不是天使，他们是与我们一样，生活在这个地球上的人类。当然，由于历史、文化、地域、宗教乃至建国的历程各不相同，差异也是明显的，甚至是巨大的。如何客观地认识外部世界，对有着重新成为世界大国抱负的国人而言，已经具有了某种紧迫性。而互联网时代的信息爆炸，对较为靠谱的学理性知识的需求，也超过了任何一个时代。因此，无论于公于私，构建一个起码的对外部世界认识的合理框架，都成为一门必修课而非选修课了。

应该说，国内学界为此做了大量的工作，从学术论文到厚重的专著，从普及型的读物到各类期刊，乃至各种影视作品，有关西方的介绍都随处可见，一些过去不常见的国家和地区的研究成果也开始出现。同时，为了增进国人对这些问题的了解，国内出版界也做了很好的工作，出版了很多相关的著作。

大体上看，这些著作可分为以下几类：第一类是关于西方国家、政府等有关政治机构的常识性问题。这些现象我们虽然十分熟悉，但并不等于我们已经从理论上了解了它们。因此很多国内的著作对一些概念性的东西进行了提纲挈领的解析，有深有浅，大致可以满足不同人群的需求。第二类是关于各个国家的地理旅游的书籍，这类书籍种类繁多，且多数图文并茂，对渴望了解国外情况的人群，读读这些书显然不无裨益。第三类是各国的历史著作，这些著作大多具有厚实的学术根基，信息量大，但由于篇幅原因，或许精读的读者不会太多。最后一类则是对各种国际组织和机构的介绍，包括各国概况一类的手册，写作的格式往往是一条一款，分门别类，脉络清晰，这类知识对于我们了解外部世界尤其是西方世界应该也很有帮助。

然而，总体上看，在我国历史学教育中，严格意义上的"世界历史"还是属于小众范畴，由此这个领域的普及出版物相对较少，这与现在日新月异的我国国情和日益全球化的国际形势很不契合。

对于这种不合拍的情况，原因很多，但学界未能及时提供合适的历史读物，尤其是世界史读物，难免是一种遗憾。这不是说目前没有世界史普及读物，而是说我们的学者和出版界未能完全跟上时代对世界史知识的需求，尤其是广大普通民众对世界史知识的需求。随着我国经济实力的不断增强，出国求学和旅游对普通中国民众而言已经不是一种可望而不可及的事情。而踏出国门，中国人通常会有一个共同的感受：在各种聚会或是宴请的活动中，只要有"老外"在，哪怕是一个人，气氛就很难避免那种浓厚的"正式"味道；而一旦没有"老外"，都是华人，气氛会一下轻松起来，无论是吃喝还是交谈，人们的心态转瞬之间就已经完全不同。我常与一些朋友讨论这一现象，大家的基本看法是，中外之间，的确有一种文化上的隔膜。这种隔膜十分微妙,甚至并非是相互不能沟通的问题,而只是一种"心态"。

这种心态往往是只可意会,却难以言传。其难以言传的根源在于,人是生活在一个由文化构筑起来的历史环境中的,这种长期浸润,会不知不觉地对一个人的行为方式、心态产生巨大的、具有强烈惯性的影响,这种影响往往也不是通过一两本学术著作而能轻易加以归纳的东西。

因此,要体验这种微妙的文化隔膜,最好的方式就是对世界的历史文化有一种"全景式"的了解,除开去所在国进行深度体验外(当然,这对很多人而言有些奢侈),读一些带有知识性、系统性和趣味性的世界史读物,应该也是一种不错的选择。而这类读物恰好是我们过去的短板,有必要尽快地将其补上。

为了满足国人这类迫切需求,本套丛书的策划编辑团队怀着强烈的家国情怀和对中华民族特有的忧患意识,一直在积极地筹编这样一套能满足时代需求的世界史读物。他们虽然是在筹编一套普及性读物,却志存高远,力图要将这样的一套读物做成精品,那就是不仅要使普通读者喜欢,还要经得起学界的检验。历经数年,颜玉强主编总算在全国的世界史学界找到了合乎他们要求的作者团队。这些作者当中,既有早已成名的学术大家,也有领军一方的中青年学者,更有留学归国的青年博士群体。而尤为重要的是,这些学者,都长期在我国的高校从事世界史的教学和科研工作,他们对我国学子乃至一般民众对世界史知识的需求有着更深的感受,因此,由这样的一支作者队伍来完成这样的一部大型作品,显然是再合适不过了。

历经数年的讨论和磨合,几易其稿,现在《话说世界》总算问世了。以我的一管之见,我觉得这套书有这样一些特点值得关注。

首先是体例方面的创新。历史当然是某种程度上按照时间顺序发展的,但作为一种世界历史的视野,人们的眼光当然不可能横视全球,而是自然地落在一些关键性的区域和事件上。这样,聚焦和分类就是一个基础性的工作。作者对历史的分类不仅显示出作者的学术功力,也会凸显作者的智慧。本套丛书的特点是将"时代"作为历史发展的主轴,比如古典时代、罗马时代等等。这样的编排，读者自应一目了然。然而，作者的匠心就此展现：因为一些东西并不仅仅是纵向而是横向的，所以，王国时代、宗教时代、民族时代、主义时代这样的专题出现了。

这样的安排十分精巧，既照顾了历史的时代顺序，又兼顾了全球性的横向视野。相对于一般教科书的编排，比如在人类起源部分，从两河文明到尼罗河文明，再到希伯来、印度和中国文明，然后再到古典时代的希腊罗马文明、希腊化文明，固然十分系统，但对于非专业的读者恐怕也有点过于正规，索然无味。所以，丛书的安排看似随意，却有着精心的考虑和布局，在目前的类似书籍中，应该是不可多得，别具一格。

而对有着更多需求的读者，《话说世界》则又是一种趣味盎然的教科书，因为它将各个时代的内容分门别类，纵向来读，可以说是类别的世界通史。比如可以将政治、经济、文化等串联下来的就是该类别的世界通史，这样读者能够全景式地看到每个历史切面，还能了解整个历史线索和前因后果。

其次是《话说世界》为了达到可读性强的效果而采取了图文并茂和趣味性强的杂志书编撰方式，适合以各种休闲的方式阅读。《话说世界》的图片不仅与文章内容结合紧密，还有延伸文字内容的特点，特别是每本书都有数张跨页大图呈现了历史节点的宏大场面或艺术作品的强烈感染力。这样的布局，显然能使读者印象深刻。实际上，国外的历史教科书，往往也是图文并茂，对学生有着很强的吸引力，使学生即便不是上课也愿意翻阅。我们目前的教科书尚达不到这一水准，但《话说世界》能够开此先河，应该是功德一件。

第三则是强烈的现场感，这是为了增进读者真正理解国外历史文化所做的一次有价值的尝试。从这套丛书的内容看，其涉及面很广，并不单单是教科书式的历史，而是一部全景式乃至百科全书式的历史：从不同文明区域之间的人员交往到风俗习性，从军事远征到兵器工艺，从历史事件到地标和教堂，从帝国争霸心态到现代宣传套路，从意识形态到主义之争，可以说林林总总，斑驳杂陈，十分丰富，具有很强的可读性。一个也许对编辑并不十分重要，但对读者而言却十分重要的事实是，这些读本的作者都是"亲临视察"了所写的对象的,所以除去知性之外,还多了难得的感悟。因为这套丛书的作者,都是亲临所在对象的国家和地区进行过求学乃至工作的。他们对这些对象的了解,或许还做不到完全学理意义上的深刻,但显然已经早就超越纸上谈兵的阶段了。因此,在这个意义上,他们是真正的"中国人看世界"。这种价值,在短期内或许并不明显,但随着时光的流逝,它肯定会越来越闪烁出学术之外的瑰丽光芒。

值得指出的是,今天移动互联的势不可挡,知识碎片化也日益严重,需要学者和出版社联袂积极面对,克服互联网内容的不准确性,做到价值恒定性;克服互联网知识的碎片性,做到整体性。《话说世界》于上述的三个特点,显然是学者和出版社共同合作的成功范例。

如果你是一个依然保持着好奇心,对问题喜欢打破砂锅问到底的人,那么,请阅读这套匠心独具的丛书吧!它既能增加你的知识,又能丰富你的生活,也或许能在紧张的工作与生活中给你带来一丝和煦的清风。

当你拿到这套书,翻开第一页的时候,我们衷心地希望你能够从头至尾地读下去,因为这是在一个全球化时代,使你从知识结构上告别梦幻童年、进入一个绚丽多彩的成人世界的第一步——读史使人明智。

愿诸君在阅读中获得顿悟与灵感。

南京大学历史学院教授、
博士生导师　陈晓律
2019 年 2 月 15 日

《话说世界》序二

立足学术　面向大众
献给广大读者的具有国际视野的世界历史全景图书

2019年我国的经济总量腾飞为世界第二大经济体，社会经济文化都日益成为地球村重要的一部分，了解世界成为必要。正如出版说明所言，了解世界首先要从世界历史开始，我们不仅可以从外国历史的成败得失中得到借鉴，而且还能从中培养国际视野，从而承担起作为大国对人类的责任。人类文明发展5000多年来，各地区和各民族国家的文化差异性很大，都有自己独特的发展轨迹，在日益融为一体的今日世界，我们在世界历史知识方面也亟须补课。

我国史学界编撰世界史类图书内容有不包括中国史的惯例，加之上海锦绣文章出版社已经在2005年出版了取得空前成功的20卷《话说中国》，所以我们这套《话说世界》就基本不包括中国史的内容，稍有涉及的只有为数几篇中国与外国交集的内容。

《话说世界》共20卷，分别是20个时代，时间跨度从史前一直到2018年。基本囊括了各个时代的政治、经济、文史、思想、宗教、艺术、科学和生活娱乐等。

参与《话说世界》编写的作者有教授和博士共30多人，都是名校或研究所的世界史专业学者。学有专攻的作者是《话说世界》质量的保证。我们还邀请了一些世界史的著名专家教授作为编委，确保内容的准确性。

今天读者阅读的趣味和习惯都有变化，业界称为"读图时代"。所以我们在文章的写法和结构都采取海外流行的"杂志书"（MOOK）样式。我曾经为台湾地区的出版社主编过300本杂志书，深得杂志书编撰要领。杂志书的要素之一是图片，《话说世界》以每章配置 3—4 幅图的美观标准，共计配置了 10000 张左右的图片，有古代的历史图片，也有当今的精美图片。在内容的维度上也进行拓展，引入地理内容，增加了历史的空间感；每本书基本都有"重回历史现场"，以增强阅读的现场感；同时每篇文章都有知识链接，介绍诸如人物、事件、术语、书籍和悬案等，丰富了文章内容，使文章更流畅、可读性更强。

当然，不能说《话说世界》就十全十美，但是不断完善是我们的追求。

启动编撰《话说世界》工程之时，我们就抱定了让《话说世界》成为既有学术含量又有故事可读性这个目标，使世界史知识满足大时代的需要。

结笔之际，感蛰居七年，SOHO 生活，家人扶助，终成书结卷。这里要感谢各位作者的辛勤笔耕，特别感谢人民出版社通识分社社长杨松岩慧眼识珠以及编辑们兢兢业业、精雕细刻的工作。"幸甚至哉"！

资深出版人　颜玉强

2019 年 10 月 28 日

《二战时代》简介

　　第二次世界大战是一场波及全球、影响全人类的浩劫。从 1939 年 9 月 1 日纳粹德国入侵波兰到 1945 年 9 月 2 日日本投降，这场全面战争持续了整整 6 年（从 1931 年九一八事变算起，中国人民进行的抗日战争长达 14 年之久）。遍布全球五大洲、四大洋 61 个国家的 17 亿人口卷入战争，1.1 亿人直接走向战场，有超过 5000 万人在战争中丧失了生命。

　　第二次世界大战（以下简称二战）是一场真正意义上的"总体战"，所有参战国的人民，无论是身在前线还是后方，无论是战斗人员还是老弱妇孺，无论是自愿还是被迫，都被无情地卷入战争旋涡，作出了难以想象的巨大牺牲，付出了难以承受的巨大代价。二战惨痛的经历与牺牲已经成为人类无法忘记的共同记忆。

　　二战是泾渭分明的正义与邪恶之战、光明与黑暗之战。德意日法西斯集团在奥斯维辛集中营、南京大屠杀、巴丹死亡行军所犯下惨绝人寰的反人类罪行，充分证明了其人类公敌的本质。全世界爱好和平的人民为了打败带来战争、屠杀、死亡的德意日法西斯集团结成了

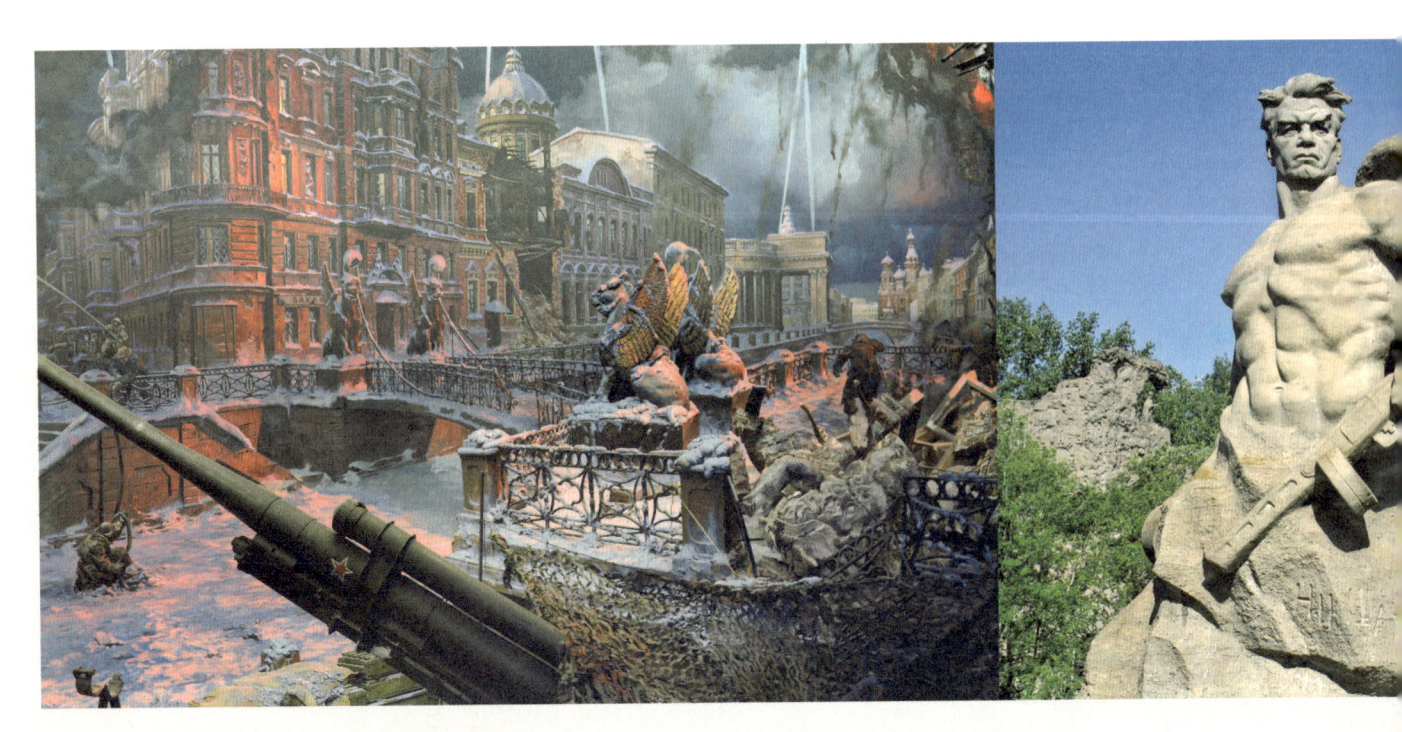

统一战线。中美英苏法五大国联合一致，同仇敌忾，重建世界和平秩序。

二战是人类历史上第一场真正意义上的工业化战争。坦克、自行火炮、战斗机、轰炸机、航空母舰、潜艇、V型导弹、原子弹，这些威力巨大的新型武器装备催生了全新的作战方式，也孕育出了全新的军种。可悲的是，这些现代工业与科技的结晶，带给世界人民的不是幸福和安全，而是更惨烈、更伤痛的战争与死亡。

重温二战爆发的原因、进程、事件、人物，并不是为了揭开人类历史上最惨痛的伤痕。二战史研究的意义，在于总结教训，促使人们反思世界的和平与发展问题；在于从黑暗中寻找光明，促使人们更加珍惜人类本性中的真善美。本书的写作依据丰富而广泛的史料，大量参考和使用各类图片、地图、人物传记，以政治、军事、武器、人物等十个篇章为视角，详细地、全方位地解读二战的前因后果，为读者还原交织着血与泪、罪与恶、生与死、黑暗与光明的二战时代。

目录

23 遗祸无穷：绥靖政策

- 24 第一个牺牲品——纳粹德国吞并奥地利
- 26 祸水东引——慕尼黑协定与捷克斯洛伐克灭亡
- 28 和平的"希望"
  ——苏英法构建集体安全体系的努力
- 30 与虎谋皮——苏联型的绥靖政策
- 32 "光荣孤立"——美国牌的绥靖政策

35 步步惊心：战役

- 36 纳粹闪击波兰——二战爆发
- 38 以邻为壑——苏联建立东方战线
- 42 西线无战事——奇怪的静坐战
- 44 北欧沦陷——纳粹德国占领挪威和丹麦
- 46 临危受命——丘吉尔组阁
- 48 缓冲地带的陷落——德国攻占荷兰和比利时
- 50 战争史上的奇迹——敦刻尔克大撤退
- 52 难以洗刷的耻辱——法国投降
- 54 绝不屈服——欧洲流亡政府
- 58 鹰击长空——不列颠空战
- 60 海狼梦魇——大西洋护航与海战
- 62 邪恶的"轴心"
  ——《德意日军事同盟条约》的签订
- 64 巴巴罗萨计划——纳粹进攻苏联
- 68 莫斯科会议——美英援助苏联
- 70 兵临城下——列宁格勒保卫战
- 72 "闪击战"破产——莫斯科会战
- 74 兵不厌诈——日本偷袭珍珠港
- 78 "狐鼠"之争——北非战役
- 82 喋血瓜岛——瓜达尔卡纳尔岛争夺战
- 84 辉煌的转折——斯大林格勒保卫战
- 88 跨页大图：苏联战斗英雄塑像群
- 90 墨索里尼的末日——进军意大利

92	来自空中的复仇烈焰——轰炸德国	128	最后一击——苏联对日宣战
94	钢铁洪流——库尔斯克会战	130	日本宣布无条件投降——二战结束
96	跨页大图：坦克大战	132	大浩劫——战争的代价
98	自由的烽火——法国抵抗运动	134	人类惨剧——纳粹屠犹
100	蛙跳战术的典范——马里亚纳战役和菲律宾战役		
104	最漫长的一天——诺曼底登陆	**139**	**正义伸张：战时会议和战后审判**
108	功败垂成——施陶芬贝格刺杀希特勒	140	建立统一战线——阿卡迪亚会议
110	乘胜追击——解放法国和比利时	142	大国协调——卡萨布兰卡会议、开罗会议、德黑兰会议
112	伟大的转折——苏联大反攻	146	规划战后蓝图——敦巴顿橡树园会议和雅尔塔会议
114	历史性的握手——美苏军队会师易北河	150	胜利在望——波茨坦会议
116	第三帝国的覆灭——攻克柏林	152	和平之花——创建联合国
118	和平降临欧洲——德国无条件投降	154	正义在发声——纽伦堡审判
120	永绝后患——四国分区占领德国	156	跨页大图：纽伦堡审判
122	决战的前哨——夺取冲绳岛	158	对魔鬼的控诉——东京大审判
126	犁庭扫穴——美军轰炸日本	160	独霸日本——美国对日本的占领和改造

163	**立体战争：军种**	198	空中堡垒——轰炸机
164	不列颠上空的雄鹰——英国空军	202	登峰造极的大炮巨舰——战列舰
166	无可奈何花落去——英国海军	206	浮动的飞行基地——航空母舰
168	海洋新霸主——美国海军		
170	喋血海岛——美国海军陆战队	**211**	**叱咤风云：人物**
172	大洋狼群——德国潜艇部队	212	轮椅上的总统——富兰克林·罗斯福
174	雷霆突击——德国装甲突击集群	216	从二战到冷战——哈里·杜鲁门
178	同仇敌忾——大英帝国自治领远征军	218	战争领袖——丘吉尔
182	锋利的暗箭——英国秘密部队	222	绥靖主义者——内维尔·张伯伦
184	异军突起——美国装甲部队	224	钢铁领袖——斯大林
186	后来居上——苏联装甲部队	228	跨页大图：苏联油画——世界军事会议
		230	法兰西守护神——戴高乐
189	**工业与科技的结晶：武器**	234	从英雄到叛徒——亨利·菲利浦·贝当
190	陆战之王——二战中的坦克	236	纳粹魔王——阿道夫·希特勒
194	银翼雄鹰——二战中的战斗机	240	法西斯魔鬼——贝尼托·墨索里尼

242	幕后指挥——昭和天皇	278	大西洋的"狼王"——邓尼茨
246	军国狂徒——东条英机	280	沙漠之狐——隆美尔
248	五星上将之首——马歇尔	282	太平洋赌徒——山本五十六
252	战场协调大师——艾森豪威尔	284	东南亚之虎——山下奉文
254	反败为胜——麦克阿瑟		
256	铁血悍将——巴顿	**287**	**战火催生：战时科技**
258	纵横太平洋——尼米兹	288	人工智能——二战中的计算机
260	沙漠之鼠——蒙哥马利	290	刺破苍穹——火箭与导弹
262	皇家第一海军名将——坎宁安	292	死神之火——原子武器
264	空军雄鹰——休·道丁		
266	斯大林的救火队长——朱可夫	**297**	**战争挽歌：文学艺术**
270	日本关东军的掘墓人——华西列夫斯基	298	爱国者的呐喊——法捷耶夫与《青年近卫军》
272	百战老将——铁木辛哥	300	人性之恶——君特·格拉斯与"但泽三部曲"
274	纳粹空军元帅——戈林	302	苦难的历程——《安妮日记》
276	闪电伯爵——曼施坦因	304	列宁格勒的呐喊——肖斯塔科维奇与《第七交响曲》

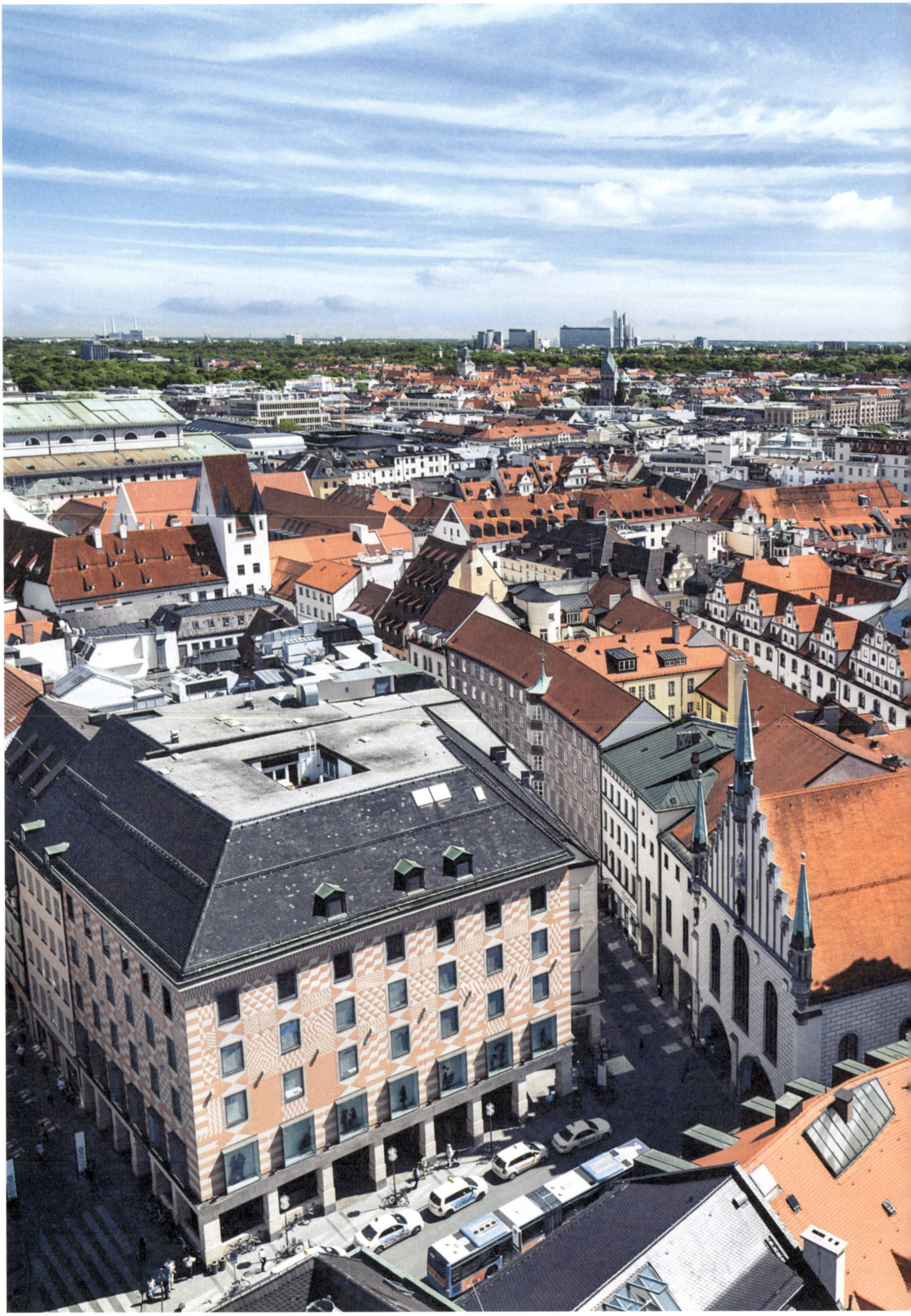

遗祸无穷：绥靖政策

法国福煦元帅曾评论第一次世界大战（以下简称一战）后签订的《凡尔赛和约》仅仅赢得了"20年的休战"。没想到一语成谶，21年后欧洲再次燃起猛烈的战火。

1933年，纳粹党在德国上台执政，1935年德国公然扩充军队，1936年派军队进驻莱茵河东岸非军事区。此时的法国虽然强烈抗议，但由于国内政局不稳，经济衰退，无力对德采取强硬措施，英国则希望德国制衡法国，实现欧洲"大陆均势"。纳粹德国公然违反《凡尔赛和约》却未受到惩罚，胃口变得越来越大，在德国一步步地对外扩张中，英国和法国不但没有出手制止，反而充当了"帮凶"——在慕尼黑会议上，英国首相和法国总理亲自出面强迫捷克斯洛伐克把苏台德割让给纳粹德国。

英法对纳粹德国的绥靖，特别是英法在慕尼黑会议上的表现，让苏联更加相信英法是在密谋"祸水东引"。因此，苏联与纳粹德国签订了瓜分东欧势力范围的"密约"，从纳粹德国的"对手"变成了"伙伴"，也让希特勒在全力进攻西欧的时候免除了后顾之忧。

一战后便重拾"孤立主义"外交政策的美国对欧洲法西斯势力的崛起，抱着一种"事不关己"的冷漠态度。

英、法、美、苏四大国的绥靖政策，刺激了东西方法西斯国家的侵略胃口，最终自食苦果。

第一个牺牲品
纳粹德国吞并奥地利

同属日耳曼民族的奥地利，成为希特勒对外侵略扩张的第一个牺牲品。

德国和奥地利都是以日耳曼民族为主体的国家，只是由于历史和国际政治的因素，德奥两国发展成为两个独立的国家。随着纳粹德国的崛起，希特勒野心勃勃地宣称："奥地利——这日耳曼民族的支派，早应该归到祖国大日耳曼的版图上了。"1938年3月希特勒宣布吞并奥地利。

纳粹步步紧逼

德奥两国原本就是同文同种的民族。在俾斯麦的铁血政策下，普鲁士通过三次王朝战争，完成了除奥地利以外的德意志民族的统一。一战结束前后，德奥两国虽有意合并，但却为凡尔赛体系所阻。1921年奥地利的蒂罗尔和萨尔茨堡等地区曾进行民族公决，赞同并入德国，但却遭到英国、法国和意大利的反对。此后，奥地利的独立实际上是由英、法、意三国来维持的。

一战后，不公正的国际待遇使得奥地利人与同病相怜的德国人有一种休戚与共的感觉，正如希特勒在《我的奋斗》中所声张的："我是日耳曼人。但为什么我们要和其他日耳曼人分裂？我们不是同一种族吗？"

纳粹夺取德国政权后，德奥合并再次成为令人瞩目的国际问题。1934年7月，奥地利纳粹分子发动政变，枪杀总理陶尔斐斯，占领广播电台。但墨索里尼声明支持奥地利独立，反对德奥合并。希特勒被迫否认支持叛乱，静待时机。

1936年希特勒迎来了"黄金时代"：自1935年10月始，意大利深陷侵略埃塞俄比亚的战争泥潭，无力与德国争夺奥地利；1936年3月德国占领莱茵非军事区，英法等国却意外地容忍了这种公然违背《凡尔赛和约》和《洛加诺公约》的行为。有鉴于此，奥地利新任总理许士尼格尽量对德妥协，希望希特勒能安于现状。1936年7月11日，德奥两国签署了一项秘密协定，并发表了公报声明：德国承认奥地利的主权，但奥地利的外交活动必须遵循柏林的旨意；赦免奥地利的纳粹政治犯，并且让奥地利的

1936年3月7日凌晨，纳粹德国出动19个营和12个火炮连共约3万人，越过莱茵河，占领莱茵非军事区，这直接违反了《凡尔赛和约》的限制条款，但奉行绥靖政策的英、法等国却听之任之、无所作为

遗祸无穷：绥靖政策

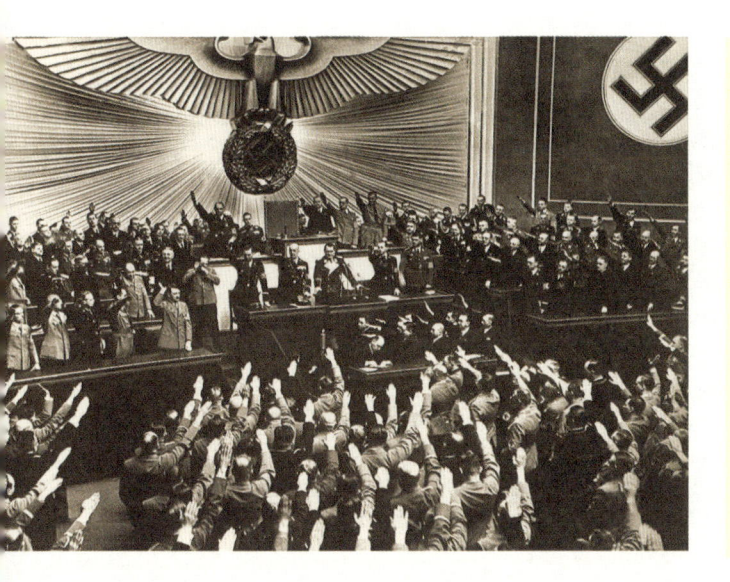

1938年3月，纳粹德国以武力威胁的方式，吞并了奥地利，在纳粹控制的德国国会通过两国合并的法律后，希特勒接受纳粹议员们的欢呼和致敬

> **知识链接：七七事变**
>
> 1937年7月7日晚，日本驻平津地区的部队在卢沟桥以北一公里的龙王庙地区举行军事演习。随后，日军声称一名士兵"失踪"，要求进入宛平城搜查，为中国守军第29军所拒。日军遂向中国守军开枪，并炮轰宛平城。中国守军奋起反击，史称"七七事变"。七七事变既是日本全面侵华的开始，也是中华民族进行全面抗战的起点。

"民族反对派"进入政府。

德奥合并

英、法、意三国虽然不愿意见到一个强大而统一的德国出现在欧洲，但此时却无能为力了：入侵埃塞俄比亚消耗了意大利的国力，干涉西班牙内战更使得其分身乏术，甚至意大利都有求于纳粹德国；法国虽视德国为其宿敌，但20世纪30年代法国国内政局不稳，经济衰退，无力对德采取强硬措施；英国将奥地利作为对德谈判的筹码，倾向于接受"和平演变的方式"来变更欧洲秩序。希特勒摸清了这些国家的底牌。

1938年2月12日，奥地利总理许士尼格被迫同希特勒举行会谈。希特勒不仅粗暴地谴责和威胁许士尼格，还大骂其为"奥地利政治的卖国贼"。随后，一份早已打印好的德奥合并草案由德国外交部部长里宾特洛甫转交给许士尼格，声称这是最后的要求，不得讨论。希特勒甚至赤裸裸地威胁道："你必须三天内履行我对你们提出的这些要求，不然我就要下令向奥地利进军。"

在德国大军压境的形势下，奥地利部分满足了希特勒的要求，但坚持在3月13日举行公投决定是否合并。希特勒闻讯勃然大怒，于3月11日下达代号为"奥托"的军事行动方案，命令德国陆、空军必须做好12日入侵的准备；同时要求奥地利总理许士尼格在11日晚12点前辞职，由赛斯·英夸特新组内阁，否则，德奥两国全面开战。

在孤立无援的状态下，奥地利被迫屈服，纳粹德国吞并了奥地利。

1938年3月12日，奥地利萨尔茨堡的女孩与纳粹德国士兵在一起。希特勒通过纳粹党的奥地利分支鼓动德奥合并，蛊惑并欺骗了大批奥地利民众，因此纳粹德国的军事入侵并未遭到激烈反对

二战时代

祸水东引
慕尼黑协定与捷克斯洛伐克灭亡

> 我不知道你们在这一协定中能够得到什么好处,但我知道捷克斯洛伐克绝不是最后一个,相同的命运也会降临到其他人的头上。
>
> ——捷克斯洛伐克外长

捷克斯洛伐克是一战后在奥匈帝国废墟上建立的新国家,地处欧洲的中心,工业发达,自然资源丰富,是纳粹德国垂涎的对象。捷克斯洛伐克境内的苏台德地区与德国接壤,生活着350万日耳曼人,这为希特勒提供了侵略借口。法国和英国奉行绥靖政策,希望以牺牲小国的利益安抚纳粹德国,他们在慕尼黑会议上充当了希特勒的帮凶。

慕尼黑位于德国南部阿尔卑斯山北麓的伊萨尔河畔,是德国重要的经济、文化、科技和交通中心之一。1933年,纳粹党在德国掌权后,慕尼黑成为纳粹据点。由于慕尼黑是纳粹的发源地,纳粹将该市称为"运动首都"

法西斯步步紧逼

英、法对德国吞并奥地利的默认,进一步刺激了希特勒的胃口,他迅速将矛头对准了捷克斯洛伐克。纳粹党在夺取德国政权以后,加紧对捷克斯洛伐克苏台德地区的渗透,成立了纳粹党在捷克斯洛伐克的分支——德意志人党,由希特勒的信徒康拉德·汉莱因操控,每月接受德国外交部的资助,按柏林的指示办事。1938年4月,该党提出要成立"苏台德自治政府",遭到捷克斯洛伐克政府的镇压。同年5月,希特勒以保护苏台德地区的日耳曼人为借口,大兵压境武力威胁,酿成"五月危机"。希特勒在演讲中叫嚣:"700万捷克人是上帝创造的,但并不是为了要他们监督、欺负、侮辱350万德意志人的。"一时间,战争的阴云弥漫整个苏台德地区。

1938年10月,纳粹德国的军队占领苏台德地区。慕尼黑会议结束后,德军迅速占领苏台德地区,由于受"苏台德德意志人党"的煽动和欺骗,许多苏台德居民对德军的占领表示欢迎

英法节节退让

奉行绥靖政策的英法两国决定把苏台德地区"赠送"给希特勒以表示安抚,同时希望希特勒能把侵略的矛头指向苏联,达到"祸水东引"的目的。为此,年近古稀的英国首相张伯伦不辞劳苦,三次飞往德国,不断和希特勒进行会谈;法国总理达拉

遗祸无穷：绥靖政策

从左至右：英国首相张伯伦、法国总理达拉第、纳粹德国元首希特勒、意大利首相墨索里尼和意大利外交部长齐亚诺在签署《慕尼黑协定》前的合影。《慕尼黑协定》强迫捷克斯洛伐克将苏台德地区割让给德国

> **知识链接：形同废纸的《法捷互助条约》**
>
> 1925年12月，捷克斯洛伐克和法国签订了《法捷互助条约》。条约规定：如果捷克斯洛伐克和法国两国中的任何一国同德国不能维持和平状态，则另一国应按照国际联盟盟约第十六条行事，立刻给予一切形式的支援和协助。但实际上，法国只是在理论上表示他们准备保卫捷克斯洛伐克以示尊重他们的条约义务，法军主力放在法国东北部边境的马其诺防线上，无力在境外进行一场战争。因而当1938年爆发"五月危机"时，法国背弃了盟约，与英国一道在慕尼黑会议上出卖了捷克斯洛伐克。《法捷互助条约》形同废纸。

第带着外长前往伦敦，希望英法能以外交一致来迫使捷克斯洛伐克答应希特勒的要求，否则，捷克斯洛伐克将独自面对德国。

面对英法的退让，希特勒的胃口不断增大，他提出：除了苏台德地区以外，捷克斯洛伐克境内所有说德语的地区都要由德国军事占领，限定在1938年10月1日前解决所有问题。紧接着，希特勒宣布德军进行总动员，随时做好战争准备。

同时，希特勒又要弄了两面派手法，在宣布军事动员后，特意给英国首相张伯伦发了一封言辞恳切的紧急电报，希望能和平解决危机，邀请英国和法国参与调停。张伯伦视之为救命稻草，当即回信表示可以召开一个由英、法、德、意参加的国际会议来解决苏台德问题。美国政府对此也表示支持。

慕尼黑阴谋

1938年9月29日，慕尼黑会议正式举行。张伯伦同达拉第、希特勒、墨索里尼一起，正式签署了将苏台德地区让给德国的《慕尼黑协定》。迫于国际压力，捷克斯洛伐克政府在德国限定的6小时内接受了这个"无权上诉和不能修改的"协定。这时目光短浅的波兰也为虎作伥、趁火打劫，出兵占领了捷克斯洛伐克数千平方公里的土地。

《慕尼黑协定》的主要内容是：捷克斯洛伐克在10日内把苏台德地区及其附着的一切设备无条件地移交给德国。撤退方式由"国际委员会"制定细节，另外捷克斯洛伐克举行公民投票来划定国界。

纳粹德国如愿以偿地占领了苏台德地区，并鼓动、支持捷克斯洛伐克境内的其他少数民族反对中央政府，谋求独立。1939年3月，斯洛伐克宣布"独立"，并要求德国"保护"。德军借机开进布拉格；3月16日希特勒宣布成立波西米亚和摩拉维亚保护国，捷克斯洛伐克灭亡了。

张伯伦挥舞着《慕尼黑协定》，他说："我们这个时代不会发生战争。"但这只是他的一厢情愿

和平的"希望"
苏英法构建集体安全体系的努力

纳粹德国的咄咄逼人，让欧洲感到了冬天的寒意，即使是英法苏三大国，也要搁置争议，抱团取暖。

纳粹德国的咄咄逼人，促使斯大林重新定位苏联与欧洲的关系，企图以集体安全策略来保卫和平；同时英法两国在战争威胁日益增长的情况下，也不得不考虑缓和与苏联的关系，避免世界大战再次发生。但是，由于双方意识形态和国家利益的不同，苏、英、法共同努力构建的集体安全体系最终付诸东流。

集体安全的提出

德、日法西斯扩张备战的行动，对苏联的国防安全构成了极大的威胁。日本崛起于东亚之滨，德国驰骋在东欧平原，苏联在东西两面都承受着巨大的军事压力。尤其是在希特勒上台之后，苏德关系迅速恶化。早在1933年5月，希特勒更是在与记者的谈话中毫不避讳地透露：德国将全力在东欧谋求"生存空间"。

斯大林此时的心情异常沉重。在当时战云密布的形势下，如何保存这个世界上最大、也是唯一的社会主义国家的重任一直压在他的心头。但不容置疑的是，仅凭苏联自身的力量来维护世界和平是远远不够的。

这就要求团结世界上大多数爱好和平的国家共同遏制法西斯势力的侵略，包括西方"资本主义国家"。为此苏联于1933年提出了集体安全计划：（1）苏联同意在一定条件下参加国际联盟；（2）苏联不反对在国联的范围内缔结区域性的共同防御来抵消来自德国侵略的协定；（3）法国和波兰必须参加集体安全体系；（4）一旦一国遭受侵略，各缔约国应相互援助。为了促使集体安全计划得以实现，苏联甚至调整外交战略，加入了国际联盟。

各国态度的不一

法国是德国的近邻和宿敌，纳粹德国的重新武装，迫使苏、法逐渐接近，关系不断改善。1934年法国制定遏制德国的《东方珞加诺公约》（即"东方公约"），建立欧洲国家联盟反击德国的侵略。为此，法国外长巴尔都进行了频繁的外交活动。1934年6月，巴尔都满怀希望地访问了东欧各国。同年7月，当法国将东方公约草案转交给英国政府后，巴都的英国之行备受冷遇。英国外交大臣西蒙坚持只

1934年，希特勒（1889—1945）在纽伦堡纳粹党全国代表大会上行纳粹礼

皮埃尔·赖伐尔，法国政客，他曾于1931—1932年和1935—1936年两度担任法国总理，是法国绥靖政策的主要推动者，1939年9月反对法国对德国宣战，并在法国投降后出任维希政府总理。1945年10月以叛国罪被判处死刑

知识链接：苏联和波兰的矛盾

苏波两国虽然是邻国，且同属于斯拉夫人，但地理位置的相近和人种、语言上的相同并没有使两国关系亲密。相反，苏联和波兰却有着500年的恩怨。历史上，俄国参与了瓜分波兰的历次行动。即1772年、1793年以及1795年，俄国三次参与瓜分波兰，直接导致波兰的亡国。一战后，波兰因苏德《布列斯特和约》而独立复国。德国闪击波兰时，苏联以援助西乌克兰和西白俄罗斯同胞免受法西斯奴役为名，出兵波兰。波兰政府既不对苏宣战，也不抵抗，终被苏德两国吞并。

有当法国同意让德国重新武装，英国才支持东方条约。随即，西蒙更是在下议院宣称：英国政府不参与任何"包围"的行动。

英国在欧洲大陆的"均势"原则，希特勒当然是心领神会，因此纳粹德国竭力阻止《东方洛加诺公约》。希特勒以德国并未享有武装的权利为由，拒绝同意该公约，同时，他又通过威逼利诱的手段迫使东欧国家出来反对该公约。

集体安全的破产

波兰是希特勒选中的突破点。在德国的挑唆下，波兰充当了反对《东方公约》的马前卒。波兰外长贝克表示，只有当德国参加《东方公约》时，波兰方能参加。1934年9月10日，德国政府正式宣称拒绝参加该公约。波兰随即也做类似声明。

但巴尔都并未放弃集体安全的计划。1934年10月，巴尔都邀请南斯拉夫国王亚历山大一世访问法国，但在马赛的欢迎会上，两人被德国特务刺杀身亡。继任的法国外长赖伐尔是一个彻头彻尾的亲德派，他放弃了"联苏制德"的策略，并处处为《东方公约》的谈判设置障碍。苏联察觉到这一点后，将区域性的多边互助公约转为双边互助条约，法国仍然被视为苏联潜在的盟友。只

不过赖伐尔对此并不热心。他玩起了两面手法：既表示愿意和苏联缔结互助条约，又不排斥与德国"紧密合作"。1935年5月，苏法两国签订《苏法互助条约》，但法国将该条约的针对对象限定为"欧洲国家"，这就意味着日本将不受该条约限制。两周后，苏联又同捷克斯洛伐克签订了《苏捷互助条约》。虽然苏联的集体安全计划取得了部分成果，但英、法、波、捷等国的态度使斯大林不得不考虑优先保障苏联的个体安全。德国乘机向苏联抛出橄榄枝，集体安全计划流于形式，苏法、苏捷"互助条约"形同虚设，并最终被《苏德互不侵犯条约》所取代。

纳粹操纵了公众舆论，譬如控制新闻媒体，使用极端宣传手段等

与虎谋皮
苏联型的绥靖政策

面对纳粹德国的崛起，
英法希望"祸水东引"；
苏联则力图转移矛盾，
绥靖政策的后果，
是引火烧身。

二战前夕，面对纳粹德国的侵略扩张，英法两国避战自保，力图"祸水东引"；而苏联为了自身利益，也选择与德国妥协，终酿成二战苦果。苏联对纳粹德国的妥协，客观上加速了二战的爆发。

苏联的困境

苏德两国原本积怨颇深。希特勒在其自传中就曾赤裸裸地提出要侵略苏联，奴役斯拉夫人，美其名曰是为德国争夺"生存空间"、帮助俄罗斯人摆脱"犹太布尔什维克"的统治。所有这些都引起了苏联的担忧，早在1934年苏联就明确指出：德国作为一个重要的"反革命进攻基地"正在反对我们的国家。

希特勒的"反共"主张很符合英法的"口味"。在英法的纵容下，纳粹德国不断整军备战，向外扩张。1938年3月，德国吞并奥地利，接着又通过《慕尼黑协定》兵不血刃地占领了苏台德地区。正当英国首相张伯伦陶醉在实现了"整个一代人的和平"美梦之时，希特勒又于1939年3月出兵侵占了整个捷克斯洛伐克。如此看来，战争似乎一触即发。

欧洲战云密布，不可避免地拨动了以英、法、苏三国为首的一批欧洲国家的神经。但在如何遏制法西斯的扩张问题上，英、法两国采取了以牺牲小国换取世界和平的绥靖政策。斯大林则打算构建集体安全体系，即通过欧洲各主要大国之间的军事政治合作来抵抗法西斯国家的侵略。但事与愿违，这一举动引发了中东欧一些小国的担心，即在未来战争中苏联会借道进攻德国来占领自己的领土。故中东欧的小国在外交上追随英、法，反对苏联的集体安全体系。

纳粹的考量

1938年的《慕尼黑协定》意外地刺激了斯大林原本就很敏感的神经。英、法不顾苏联也是捷克斯洛伐克盟国这一事实，在未通知苏联的情况下，将苏台德地区送给了德国。这种做法使苏联更加相

1938年10月纳粹德国吞并苏台德地区后，继续扩大侵略。1939年3月15日，德国军队占领捷克斯洛伐克首都布拉格，希特勒下令举行了耀武扬威的阅兵式

遗祸无穷：绥靖政策

1934年，希特勒在纽伦堡向受阅士兵敬礼

信英、法是在密谋"祸水东引"，导致苏联对外政策的转变。

希特勒久有发动战争之心，只是苦于两线作战的难题。其最终目标是争夺世界霸权，和谁缔约只是依据国际形势的变化而采取的策略而已。慕尼黑会议之后，德国剑锋直逼波兰。但德国要侵占波兰，必须取得苏联的默许，而且对苏妥协，既可孤立波兰，又可避免将来德国与英法爆发战争时陷入东西两线作战的困境。更重要的是，希特勒认为，与苏联签订的条约只是暂时性的让步而已。

最后的"稻草"

此时，苏德两国达成协议已是顺理成章的事。1939年8月15日，德国驻莫斯科大使舒伦堡拜会了苏联外长莫洛托夫，宣读了德国外长表示准备到莫斯科短期访问的急电。莫洛托夫对此立刻予以回应，提议双方签订一项互不侵犯条约，苏德两国共同担保波罗的海国家的安全。8月23日，德国代表团抵达莫斯科。斯大林和莫洛托夫在克里姆林宫会见了德国外长里宾特洛甫，双方在短短3小时的会议内，达成了苏德互不侵犯的协议，

> **知识链接：苏德秘密议定瓜分东欧**
>
> 1939年8月24日凌晨，苏德两国达成了有关共同瓜分东欧势力范围的秘密协议。即当波罗的海国家芬兰、爱沙尼亚、拉脱维亚、立陶宛等国（地区）发生"领土和政治变更时"，"立陶宛的北部疆界"就成为苏德之间势力范围的疆界；如果波兰地区发生"领土和政治变更时"，德国和苏联的势力范围将以"纳雷夫河—维斯瓦河—桑河一线为界"，缔约双方的利益是否需要维持一个独立的波兰国家以及这个国家的边界应如何划定的问题，只有在今后政治局势的发展中才能予以明确规定。在任何情况下，两国将以友好的谅解来解决这个问题。而在东南欧地区，德国承认苏联在比萨拉比亚地区的利益。

并"预期将就整个东欧地区划分势力范围的问题签订一项秘密议定书"。8月24日凌晨，在克里姆林宫举行的第二次会议上，苏联和德国签订了秘密议定书。

莫洛托夫签署《苏德互不侵犯条约》时，斯大林（右）站在旁边

二战时代

"光荣孤立"
美国牌的绥靖政策

打着"孤立主义"的旗号,放纵法西斯的侵略扩张,最终引火烧身,这就是美国绥靖政策的实质。

在风雨飘摇的20世纪30年代,英法等国纵容德、意、日法西斯国家对凡尔赛体系的挑战,终于养虎为患,自酿苦酒。一战结束后,孤立主义主导了美国外交,历届政府严格奉行不干涉欧洲事务的政策,打着"中立"的旗号,充当了欧洲绥靖主义者的积极伙伴。

"中立"助长了意大利的侵略气焰

美国自立国之初,为维护自身利益,长期奉行孤立主义的外交政策。20世纪30年代,法西斯势力在全球扩张之时,美国在孤立主义思想的影响下推行中立政策。1931年日本制造九一八事变,美国采取不承认的态度,从而视为其绥靖政策的开端。

美国的中立看似"一视同仁",实则对侵略国有益。而中立的最终目的是利用他国之间的冲突,谋求美国利益的最大化,因而其外交政策不可避免地具有绥靖的倾向。当意大利法西斯于1935年入侵埃塞俄比亚之时,美国国会在一片喧嚣声中通过了中立法。罗斯福随即援引中立法禁止向交战双方出售武器和军用品。但是却不禁止出口石油、黄铜等战略物资给意大利。战争开始后,与1935年10月相比,美国对意大利的石油、纯铜和废钢铁的出口额增长了一倍多。墨索里尼也曾对希特勒坦言:如果美国进行石油禁运,那么他将在一周内结束军事行动。罗斯福总统虽然深知中立法的缺陷,但却无能为力:"我们已经明白,我们一心想制定中立法规时,我们的中立法恐怕并非一视同仁——实际上帮助了侵略者而不是给牺牲者援助。"

对德绥靖政策

如果说美国对意大利法西斯的纵容是"无心插柳",那么对纳粹德国的姑息则是"有心栽花"。在道义上,美国对希特勒的侵略行径表现出了愤恨之情,报纸也对希特勒进行口诛笔伐;但同时却在行动上采取了默许和承认的方针。

"五月危机"爆发后,对于英法的绥靖态度,美国也采取了追随和默认的政策。在捷克斯洛伐克问题上,美国完全支持张伯伦的绥靖政策,不仅明确表示不会支持英法为捷克而战,反而要求捷克屈

漫画《孤立主义》。1919年美国生活杂志刊发的政治漫画,图中象征美国的山姆大叔陷入欧洲政治的泥潭中无法脱身,比喻美国参与欧洲政治是得不偿失。这张漫画体现了美国国内强烈的孤立主义情绪。1920年3月美国参议院否决了《凡尔赛和约》,标志着美国重返孤立主义外交政策

孤立主义在美国有深厚的社会基础。在日本偷袭珍珠港之前，美国著名飞行员、探险家查尔斯·林德伯格（Charles Lindbergh，也译为"林白"，因1927年首次驾驶飞机横跨大西洋而闻名）是美国孤立主义运动的民意领袖，他坚决反对美国卷入欧洲的战争

知识链接：孤立主义

美国自建国之初始，为维护自身的利益，就长期坚守孤立主义的外交政策。华盛顿在1796年9月的《告别演说》中就告诫美国人不该卷入欧洲的纷争中去，这是美国孤立主义政策的开端。在之后长达一个半世纪里，美国除了短暂地参与一战外，直到珍珠港事件爆发前，都严守华盛顿的遗训，宣布中立。不同的历史时期，孤立主义政策的内容和表现是不一样的。具体到20世纪30年代，美国的孤立主义外交政策就带有强烈的绥靖主义色彩。

服。对于慕尼黑会议，罗斯福"希望英国成功，并且在慕尼黑危机的关键时刻，运用了他的全部影响保证继续谈判"，捷克斯洛伐克的命运就在英法美等国的绥靖政策下被葬送了。张伯伦在英国议会上说："我们感到还有个没有出席会议但却给予不断增长的影响的国家。的确，我指的是美国。"时任美国国务卿的赫尔也不能否认"总统采取的行动"，对慕尼黑会议"曾发生相当大的影响，则毫无疑义"。

美国采取绥靖政策的原因

一战后，美国国内的反战情绪与渴望和平的孤立主义造就了绥靖政策的源头。1929年经济大危机后，罗斯福政府主要关注美国国内经济复苏，担心欧洲的战乱会打断新政的实施。当然美国政府中也有许多仇视苏联的官员，他们希望"祸水东引"，因而对法西斯集团实行绥靖政策。另外，美国此时感觉羽翼未丰，不愿插手欧洲事务，在英法都退缩不前的时候，美国更不愿意火中取栗，因此以恪守中立原则为借口。但毫无疑问，美国采取的貌似中立的外交政策，有助于法西斯势力的对外扩张，加速了第二次世界大战的到来。

漫画《未完工的桥梁》。在巴黎和会上，美国总统威尔逊倡议建立国联，试图依靠大国协商一致的方式化解冲突、维持和平。但由于美国参议院否决《凡尔赛和约》，美国没有加入国联，导致国联内部形成了英国和法国对立的局面

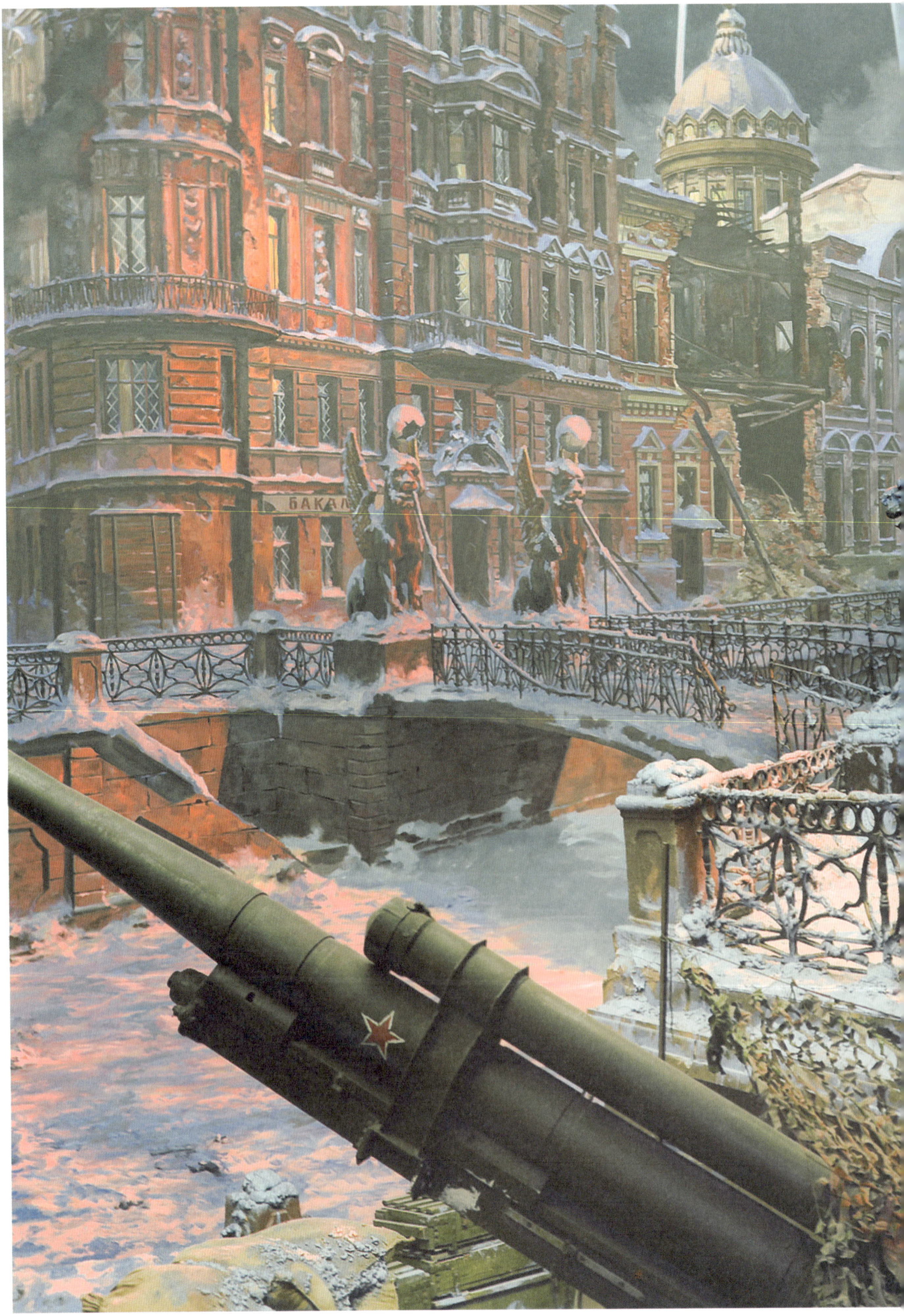
БАКАЛ

步步惊心：战役

二战是一场波及全球、影响全人类的浩劫，参战国有 61 个，分布在五大洲、四大洋。在大战全面爆发前，英法美苏等国对德意日法西斯国家的妥协退让、绥靖纵容，使局部战争演化升级为全球战争。

在战争中，不但波兰、中国、荷兰、挪威等国遭受侵略，所有强国也无一幸免：法国军队土崩瓦解、战败投降；英国遭受德国的狂轰滥炸，苦撑危局、胆战心惊；苏联在德军闪击之下损兵折将、一溃千里，莫斯科岌岌可危；与亚欧主战场远隔、幻想光荣孤立的美国，被日本联合舰队偷袭珍珠港、败走菲律宾，损失惨重，举国含悲。

在各个战场上，成千上万的盟国将士们为了保卫家园、打败侵略者献出了年轻的生命。今天我们耳熟能详的战役名称——敦刻尔克撤退、不列颠空战、莫斯科保卫战、斯大林格勒保卫战、中途岛海战、瓜岛血战、北非战役、诺曼底登陆战、攻克柏林——每一场战役都意味着无数鲜活的生命消失在战火之中。

以战止战，世界重新迎来了正义与和平。

二战时代

纳粹闪击波兰
二战爆发

波兰，一个古老但弱小的民族，距上帝太远，离魔鬼太近，希特勒的屠刀第一个砍向了她。

1939年9月1日，纳粹德国依据早已制定的"白色计划"，出动2000多架飞机、2800辆坦克，58个师近150万军队，不宣而战，向波兰发动了闪电式突袭。二战在欧洲战场爆发。

德国的闪电入侵

1939年9月1日凌晨4时45分左右，大批德国轰炸机如乌云压顶般飞往波兰，炸弹则如倾盆大雨般倾泻到波军阵地上，大量军事目标遭到连续轰炸，大批飞机未及起飞即被炸毁。华沙、克拉科夫等数十座城镇被炸后发生大火，交通、通信、指挥系统均遭到严重破坏，各处一片混乱。凌晨6时许，德国装甲部队从波兰的北部、西部和西南部发起了全线进攻，同时，停泊在但泽港外的德国军舰"郝斯敦"号也突然向波兰海军基地发起攻击。波军猝不及防，连连败退。

为了速战速决，希特勒几乎派出了所有的坦克和飞机进攻波兰。德国空军装备了大批现代化的飞机，迅速掌握了制空权；地面部队方面，德国派出了6个装甲师、10个机械化步兵师承担前导突击任务，40个传统步兵师紧随其后，一举攻入波兰境内。

在作战部署上，进攻波兰的德军分成了费尔多·冯·博克（Fedor von Bock）指挥的北方集团军和由戈尔德·冯·龙德施泰特（Gerd von Rundstedt）指挥的南方集团军。

北方集团军从西侧和东普鲁士进攻，于9月7日占领了波兰走廊，向华沙发起攻击。南方集团军在消灭大量波兰军队后，也于9月8日进入华沙市郊，并在华沙以西包围了大部分波兰野战军。9月16日，南北两支集团军顺利会师。9月17日，德军完成对华沙的合围。26日，德国空军轰炸华沙。9月28日华沙投降。10月2日波兰完全沦陷。

9月6日，波兰政府仓皇逃离华沙，并于16日逃往罗马尼亚寻求避难。在9月17日德军完成对华沙的合围之后，苏联越过波兰的东部边界向西推进。9月18日，德苏两国军队在布列斯特—力托夫斯克会师。9月23日，两国重新划定了瓜分波兰的分界。

1939年9月1日凌晨，纳粹德国对波兰不宣而战，闪击波兰。希特勒亲临靠近波兰城市雅罗斯拉夫（Jarolaw）的德波边界，慰问开赴战场、侵略波兰的德军士兵

步步惊心：战役

美丽安静的华沙老城区。在第二次世界大战中，华沙遭受了纳粹德国的狂轰滥炸，许多名胜古迹化为废墟

> **知识链接：波兰流亡军队**
>
> 波兰政府逃往罗马尼亚后，即命令军队向境外撤离。很多波兰士兵撤退到了英、法等国，一部分人加入或被编入英、法等国的军队对纳粹作战；另一部分人则成立了从属于波兰流亡政府的军队，在各战场上与敌人殊死搏斗，沉重地打击了德国的侵略势力，成了二战中一支不可缺少的力量。1945年英国承认苏联扶持的波兰政权，强制解散波兰流亡政府和军队。

波兰的抵抗

在战争爆发前，波军统帅部针对德国的可能突袭也制定了代号为"西方计划"的作战计划。但相对于德国的军事装备，波兰军队落伍了整整一个时代！当时波兰军队的机械化装备很少，除了30个步兵师、11个骑兵旅，他们只有2个机械化旅。在9月3日的战役中，英勇的波兰骑兵只能用马刀和长矛向德军的坦克发起进攻，结果全军覆没。

在空战中，波兰飞行员技术高超，也非常勇敢，但能够用于作战的飞机太少，且在技术上整整落后德国空军一个时代，只能是以卵击石，回天乏力。

从战略战术上来看，德军首先通过空中轰炸实施毁灭性的打击，动摇波兰军队和民众的抵抗士气，破坏波兰军队的通信线路，地面部队则南北夹击，实现对波兰首都华沙的包围，在大量杀伤波军有生力量的前提下迫使波兰投降。

波兰对德国的战略战术估计错误，低估了德国武器装备的先进性，对德军闪电战进攻毫无准备和应对能力，却又以为只要坚决反击就能胜利。他们把动员好的军队分散在长长的边界线上，由于军队过于分散，战线太长，在德军闪电战打击下，波兰主力被分割包围。此外，波兰还寄希望于英、法进攻德国以解自己之围。波兰的疏忽懈怠和错误估计使其完全丧失了战术上的主动权。

"卡廷惨案"又称"卡廷事件""卡廷森林大屠杀"（波兰语：zbrodnia katyńska）。1939年9月纳粹德国入侵波兰后，根据苏德两国签订的秘密协定，苏联也出兵占领了波兰的东部领土，并于1940年4—5月对苏联控制区内的波兰军官、中高级公务员、大学教授进行了大屠杀，其中有4421人于斯摩棱斯克郊外的卡廷森林被处决。图为被发现的卡廷惨案受害者的尸体

以邻为壑
苏联建立东方战线

以邻为壑，得不偿失，
赢得了领土空间，却把朋友变成了敌人。

苏联为了保护国家和民族利益，不惜推行大国沙文主义政策，以荒诞的理由和借口，强夺和鲸吞邻国土地与人民，建立东方战线，虽然它延迟了战争的爆发，但极大地损害了其他国家的利益。

趁火打劫、瓜分波兰

1939年9月1日纳粹德国不宣而战，百万大军入侵波兰，波军节节败退，波兰政府流亡国外。为了避免外交上的孤立，德国多次敦促苏联遵守约定，出兵波兰，东西夹击，共同瓜分波兰。

为了建立东方战略防御战线，苏联于1939年9月17日派遣60万苏军越过苏波边界，占领了西乌克兰、西白俄罗斯及比亚威斯托克等地。9月28日两国签订了《苏德边界友好条约》，规定苏德边界沿西布格河和纲雷夫河一线划定，据此苏联占领了寇松线以东的波兰领土约37000平方公里，而德国占领了17000平方公里，苏联的西部边界向前挺进了250—350公里。11月初，苏联将西乌克兰、西白俄罗斯正式并入苏联的乌克兰和白俄罗斯两个加盟共和国，完成了对波兰的第四次瓜分，苏联建立东方战线的第一步首捷告成。

苏芬战争

1939年10月，苏联以担心德国借道芬兰进攻本国为由，向芬兰政府提出租借汉科半岛、边界北移约二三十公里、割让领土、建立海军基地等要求，并以面积2134平方公里的东卡累利阿的领土作为补偿。

苏联占领的波兰领土示意图

芬兰政府认为苏联的无理要求不仅削弱了本国的国防能力，且不符合本国奉行的外交中立政策，果断拒绝。1939年11月30日，苏联向芬兰发动了全面进攻，苏芬战争爆发。

战争初期，芬军凭借坚固的曼纳海姆防线和有利的地形，展开了反击，给陆上及海上发起攻击的苏军以重创，使苏军一度处于被动地位。但是苏联增加了强大的后援，1940年在铁木辛哥将军的指挥下发起了总攻，芬兰因寡不敌众而战败，于1940年3月12日宣布投降。3月13日两国签订了和平协定，规定：芬兰把靠近列宁格勒的国界向北移动150公里，汉科半岛及其周围海域租给苏联30年，苏联可以建立扼守芬兰湾入口的海军基地。苏联实现了既定目标，却没有兑现之前的承诺，3月31日，反而把掠夺的芬兰领土并入卡累利阿自治共和国。

吞并波罗的海三国

位于波罗的海东岸的立陶宛、拉脱维亚、爱沙尼亚在1919年宣布脱离沙俄独立，1920年，苏俄政府表示承认它们为三个独立的主权国家。1926—1932年，苏联分别同它们签订了互不侵犯条约。然而20世纪30年代谋求集体安全政策失败使苏联走上了另一个极端，于1939年转向与德国媾和，苏德互不侵犯条约的问世更是把波罗的海三国立陶宛、拉脱维亚、爱沙尼亚纳入了它的势力范围。虽然控制了阻挡德军入侵苏联的天然屏障波罗的海，但苏联对此并不满足，因为要把它作为东方战线的重要环节，不是要将其纳入其势力范围，而是要将其吞并。1939年9月28日、10月5日、10月10日，苏联通过施加军事压力分别与爱沙尼亚、拉脱维亚、立陶宛三国缔结了内容类似的互助条约，主要内容是苏联可以在这

> **知识链接：曼纳海姆**
>
> 卡尔·古斯塔夫·埃米尔·曼纳海姆（Carl Gustaf Emil Mannerhei，中文名：马达汗）是芬兰杰出的政治军事领袖，1867年诞生于一个伯爵家庭。20世纪初，他受俄国总参谋部委派考察了中国北方和西北广大地区，留下了许多第一手资料。俄国十月革命后他领导了芬兰独立战争，参与创建了芬兰共和国。在担任芬兰国防委员会主席期间修建了"曼纳海姆防线"，1939年苏芬战争期间指挥芬兰军队重创苏联红军，保证了芬兰的独立。1944年领导了驱逐盘踞在芬兰北部纳粹德军的军事行动，1944—1946年担任芬兰总统，1951年逝世。

些国家驻军、建立军事基地、与之相互提供军事援助等。

1940年，德军几乎席卷了整个欧洲，促使苏联加紧建立东方战线，苏联为了吞并这三个国家，再次向它们施加压力。6月，苏联以士兵失踪为由，指责立陶宛政府进行反苏活动，此后，苏联政府向波罗的海三国分别发出了内容相似的照会，提出各

芬兰战士。在1940年的苏芬战争中，弱小但顽强的芬兰军队顶住了苏联百万大军的进攻，并歼敌32.3万人，而芬兰仅损失7万人

曼纳海姆防线上的掩体地堡。在苏芬战争初期，芬兰军队凭借坚固的曼纳海姆防线和有利的地形，展开了反击，给陆上及海上发起攻击的苏军以重创，使苏军一度处于被动地位

国应成立忠实履行互助条约的政府及保证苏军自由通行。三国无法与苏联抗衡，被迫屈服，苏军立即对其实行军事占领。6月17—21日，三国相继改组内阁、成立新政府，7月举行议会选举、宣布成立苏维埃政府并要求加入苏联。8月初，苏联正式吞并这些国家，占领了波罗的海三国17.4万平方公里的土地，掠夺了586万人口。

强占罗马尼亚领土

比萨拉比亚和北布科维纳从14世纪起就是罗马尼亚领土的一部分，1812年沙俄出兵占领了比萨拉比亚，一战期间罗马尼亚将其收回，这得到了国际社会的承认，但苏联从来没有表示认同。法国投降后，苏联通知德国，表示会立即采取行动解决上述两地区，德国提出异议，苏联作出妥协，说明只要北布科维纳。1940年6月26日，苏联照会罗马尼亚政府，宣称：苏联西南边界的安全受到了其统治集团政策的严重威胁，要求把1918年强行夺去俄国的领土比萨拉比亚归还苏联，并把北布科维纳移交苏联作为罗马尼亚占领比萨拉比亚的补偿。

27日，罗马尼亚政府表示愿意进行友好商讨，但认为比萨拉比亚自古就是自己的领土，婉言谢绝了苏联的领土要求。苏联政府大为不满，发出最后通牒，规定自6月28日起四天时间内，罗马尼亚政府必须从比萨拉比亚和北布科维纳撤军，但不能损害所撤地区的设施。罗马尼亚政府将这一通牒立即告知西方大国，希望它们阻止苏联、保全自己。德、意对苏联的行为异常愤怒，但在实际行动上则是向罗马尼亚政府施加压力，迫使其同意苏联要求。英国则因为忙于欧洲战事，无力支援。罗马尼亚政府求助无效，28日被迫屈服，接受苏联要求，30日苏联占领上述地区。8月初，苏联最高苏维埃通过决议，将比萨拉比亚和北布科维纳分别并入摩尔达维亚加盟共和国和乌克兰加盟共和国，强占罗马尼亚领土5.1万平方公里，增加了人口约400万。

东方战线

从1939年9月到1940年8月，苏联通过一系列军事、外交行动，掠夺合并邻国领土46万多平方公里、2000多万人口，将西部国境线向西推进了几百公里，建立了一条从波罗的海到黑海的东方战线，似乎取得了重大胜利，但并未收到预想的效果。

东方战线的建立，在一定程度上增加了防御空间，改善了战略地位，推迟了战争爆发，赢得了备

步步惊心：战役

比萨拉比亚原本是罗马尼亚的领土，1812年被沙俄占领，一战后罗马尼亚将其收回。1940年6月苏联强迫罗马尼亚将比萨拉比亚和北布科维纳两地割让给苏联。1991年苏联解体后，比萨拉比亚成为乌克兰与摩尔多瓦的领土

战时间，起了一定的缓冲作用，但最终并没有阻挡德军的大举进攻。相反，东方战线的建立带来了许多不利因素，使苏联的处境十分尴尬，形象大打折扣。

苏芬战争爆发后，许多国家同情、援助芬兰，谴责苏联，并将苏联开除出国联，大大降低了苏联的国际地位。在建立东方战线时推行大国沙文主义、使用帝国主义手段，更是败坏了苏联的国际形象与国家声誉。

在两次世界大战期间，芬兰和罗马尼亚都是亲近英法而疏远德国的国家，但是苏联从本国国防安全出发，用武力解决历史遗留问题，肆意侵占邻国领土，深深伤害了两国人民的感情。出于对苏联的仇恨心理，1940年下半年，当德国拉拢两国时，他们很快就加入了法西斯轴心阵营。苏联把原来可能中立的芬兰、罗马尼亚推入了德国的怀抱，变有利为不利。在苏德战争期间，两国对苏联战场造成了巨大压力，使苏联人民为争取战争胜利付出了巨大的代价。

苏联坦克于1940年7月17日进入拉脱维亚首都里加。18世纪初，沙皇俄国吞并了拉脱维亚，1918年拉脱维亚宣布独立，1940年6月苏联对拉脱维亚进行军事占领，将其并入苏联。1991年8月21日，拉脱维亚脱离苏联而独立

西线无战事
奇怪的静坐战

德国闪击波兰,英法宣战却不开战,形成"西线无战事"的奇怪状态。

德国点燃欧洲战火,英法宣而不战,企图"祸水东引",寄希望于纳粹德国与苏联会因瓜分波兰而引发大战,同时法国百万大军龟缩在马其诺防线后面"静坐",形成"历史上最奇怪的四个月战争期"。

绥靖政策的蔓延

希特勒侵占捷克斯洛伐克后,波德关系迅速恶化,引发了英法的警惕。1939年3月31日英国首相张伯伦在演说中提出要保证波兰的领土完整,4月6日英国同波兰缔结了安全保证条约,不久波兰又同英法分别签订了互助军事协定,即当波兰遭到德国入侵时,英国和法国要出兵攻击德国,并给予波兰政府军事、财政援助。

但绥靖政策的幽灵仍在蔓延,英法秘密与德国频繁接触,直到1939年9月1日,纳粹德国悍然入侵波兰,面对熊熊战火,英法一方面幻想召开和平会议泼灭火焰;另一方面虚张声势,对希特勒发出警告、最后通牒,但希特勒不加理睬,英法陷入两难境地。

履行条约义务、被迫宣战——不可靠的盟友

1939年9月3日,英法两国被迫对德宣战,但却仅仅是虚张声势,宣而不战。在法德边境上,集中了法国的100多个师和英国的4个远征师,总兵力达到100多万,与之对阵的德国军队仅有23个师,但英法两国却没有主动发起进攻。

相反,英国飞行员仅是飞过德军上空散发传单,用"纸球"来告诉德国人发动战争是多么的愚蠢、错误,指望这些"纸球"而不是向德国前线和城市投下炸弹来摧毁德军;法国飞机则在德国萨尔工业区上空飞来飞去地巡逻。庞大的陆军安静地躲在马其诺防线后,望着河对岸德国列车飞快地运送弹药,当一架德国飞机在苏格兰坠毁时,方圆几百里的人都跑来观看。更具讽刺意味的是,法国政府正式通过决议,向战场上的前线士兵提供大量酒水、纸牌和足球用来消磨空闲时间。

盲目乐观,愚蠢赌博

1939年9月28日,波兰宣布投降。
波兰亡国了!西线仍然一片宁静!
英法继续沉浸在"祸水东引"的幻想中——纳

马其诺防线遗址。为了防御德国的再次入侵,从1929年开始,法国政府投入巨资,沿着德法边境修筑了一条全长约390公里的坚固防线,构筑了约5800个工事,包括机枪、火炮工事、木桩及通电铁丝网、弹药库、指挥机构、食品储藏室、救护所、电站等

欧洲著名煤炭钢铁中心萨尔工业区。一战后的《凡尔赛和约》将萨尔区置于国际联盟的管理之下，但1935年在萨尔区举行的公民投票决定重新归属德国。二战后，萨尔区被法国占领，1957年才重新划归联邦德国管理

> **知识链接：马其诺防线**
>
> 1929年开始施工，1940年5月基本建成，耗资50亿法郎。全长约390公里，防线由梅斯筑垒地域、萨尔泛滥区、劳特尔筑垒地域、下莱茵筑垒地域和贝尔福筑垒地域五部分构成。整个防线内构筑了约5800个工事，包括机枪、火炮工事、木桩及通电铁丝网、弹药库、指挥机构、食品储藏室、救护所、电站等。它的建成给法国官兵造成了一种虚幻的安全感，削弱了法军的战斗意志。1940年德国军队越过阿登山脉，抵达马其诺防线的后方，使其丧失了防御价值。战后马其诺防线的军事意义丧失殆尽，法国政府将它还之于民。

粹德国和苏联在联手瓜分波兰后，会不会因分赃不均打起来？

对于英法两国来说，打垮苏联比打垮德国更感兴趣。英国政府在1939年10月制定政策是配合法国防守法德边界，防止德军对法国和荷兰、比利时等盟国的进攻；法国政府则每天发布西线无战事的战报，新闻机构也不断渲染德国进攻苏联的气氛。在英、法政策晦暗不明、德国法西斯准备不足的情况下，西线8个月持续无战事就不难理解了。

但是希特勒却并不想上钩。在进攻波兰期间保持西部战场的"安静"是为了避免两线作战，在之后暂时保持防御则是因为准备不足，

德国作家雷马克（Erich Maria Remarque）于1929年写成的小说《西线无战事》以对第一次世界大战期间德、法战线堑壕战的描写深受好评，小说在20世纪30年代被翻拍成电影，引发了欧洲社会对战争的反思与恐惧，催生了和平主义与绥靖主义

所以他并没有轰炸马其诺防线，也没有对英法大城市进行轰炸。这种假象却让英法开始了一场愚蠢的赌博。它们认为马其诺防线足够坚固，"祸水东引"即将实现，殊不知希特勒在和平的幌子下加紧军工生产，制造了大量飞机、坦克、大炮，增派西线兵力，战争一触即发。

二战时代

北欧沦陷
纳粹德国占领挪威和丹麦

> 恃强凌弱，弱肉强食，
> 是动物界的丛林法则。
> 纳粹的魔爪，
> 从不放过一个弱小的国家。

纳粹德国垂涎丹麦、挪威重要的战略位置和丰富资源，把侵略魔爪伸向它们。丹麦不战而降，挪威政府则号召全民抗战。英法为了保护侧翼安全，出兵支援挪威，但因军事部署失策和纳粹发动西线进攻，盟军被迫撤出，挪威投降。纳粹德国控制了北欧各国，改善了战略地位。

北欧的诱惑

在苏芬战争中，英法两国通过北欧中立国家援助芬兰，这引起了希特勒的极大关注。他认为丹麦、挪威具有重要的战略地位，占领后可以保证德国舰队在北大西洋和商船队从瑞典进口重要战略物资铁矿石的航道安全，同时可以对英伦三岛实行有效封锁，打破盟国的经济封锁。所以为了保障进攻英法时的北方侧翼安全，德国必须抢先一步占领这两个国家。

1939年底，挪威的亲纳粹奸细吉斯林向希特勒报告了英国将要占领挪威的消息，德国军方迅速制定了代号为"威希河演习"的侵略方案：德军用欺诈、突袭的方法夺取丹麦，进而攻打挪威；海军在空军的掩护下突击登陆，占领挪威主要港口。此外，希特勒还唆使吉斯林在挪威内部制造混乱，里应外合。

1940年4月9日，德国以保护丹麦中立为由，向丹麦外交大臣递交了一份备忘录，要求丹麦接受德国保护。同时，德国军队涌入丹麦领土，包围王宫。丹麦国王召开御前会议，宣布不作任何抵抗，下令投降，丹麦沦于德军之手。

挪威的硝烟

1940年4月5日，德国驻挪威公使馆举行了一场非比寻常的宴会，邀请了挪威各界名流政要，并指定了出席服装，请帖上写着"务请光临"的字样，但在宴会上除放映了一部德国清洗波兰的《火的洗礼》的影片之外，没有任何其他活动。特殊的宴会以挪威名流政要的不安和德国公使的恐吓而结束。

4月9日凌晨，德国公使向挪威政府递交了要求投降的最后通牒，德国军队同时发动全面进攻。挪威政府犹豫不决，不过很快发布了全面抵抗的命令。但由于部分陆军军官追随、听命于亲德分子吉

图为1940年4月9日部署于德国和丹麦边界布莱德韦德（Bredevad）的丹麦士兵，当天纳粹德国以保护丹麦中立为由，派兵占领丹麦。其中的士兵有2人在当天的抵抗中被德军杀害

1945年5月5日，丹麦战士在丹麦第三大城市欧登塞（Odense）同纳粹德国士兵进行战斗。欧登塞是童话大王安徒生的故乡

> **知识链接：童话王国的抵抗——丹麦国王克里斯蒂安十世**
>
> 丹麦是童话的王国，安徒生的故乡，它的民众善良而幽默。二战期间，丹麦国王克里斯蒂安十世（Christian X，1912—1947年在位）的作为充分体现了童话王国的风格。1940年4月德国大兵压境，国王宣布投降。但他拒绝出国避难，留在国内与纳粹侵略者周旋，帮助丹麦犹太人躲避纳粹的迫害，支持丹麦自由运动，命令丹麦商船队（120万载重吨位，5万多名熟练水手）协助盟军工作。1943年丹麦政府权力被纳粹全部剥夺后，国王每天都到哥本哈根街头骑马巡视，激励丹麦人民进行非暴力不合作式的抵抗。

斯林，下令士兵拒绝抵抗。德军没开一枪一炮就占领了运输瑞典铁矿石的重要港口纳尔维克港和西部城市特隆赫姆。

在挪威还存在另一种抵抗的声音。挪威海军指挥官拒绝投降，守卫瓦尔纳斯机场和卑尔根市的军队也奋起抵抗，克里斯丁驻军进行了相当规模的抵抗，但犹如螳臂当车，难以阻挡住德军的进攻。4月9日下午，德军占领了挪威西部和南部海岸的五个主要城市和最大机场的索拉机场。德国不但打通了获得给养的通道，还得以攻击挪威海岸沿线的英军舰队，空袭英国北部的海军基地，取得了制空权。

在攻克首都奥斯陆时，德国巡洋舰"布吕歇尔"号在奥斯陆峡湾入口遭到了鱼雷和大炮的攻击，军舰载着1600名德军沉入大海。奥斯陆陷落后，挪威国王哈康七世和政府撤离首都，在内陆城市继续领导抗战，号召300万挪威人民行动起来与法西斯德国抗争到底。在国王拒绝了卖国贼吉斯林的两次劝降后，纳粹恼羞成怒，于4月11日把挪威国王和政府暂住办公的纽伯格宋村夷为平地。

英法的支援姗姗来迟，4月14日英国军队在挪威萨兰根登陆，却立刻遭到德军的阻击，无所作为。英法两国为了援救挪威投入大批海、空军力量，但因军队装备差、协调不力而收效甚微。1941年5月10日，德军在西线对法国发起进攻，迫使英法军队撤出挪威。1940年6月10日，挪威宣布投降。

吉斯林和希特勒握手。吉斯林是二战期间挪威的卖国贼，他信奉纳粹主义，崇拜希特勒，帮助纳粹德国占领挪威，并组织傀儡政府，充当纳粹德国的帮凶。1945年被处以死刑。吉斯林在挪威成为"卖国贼"的代称

临危受命 丘吉尔组阁

疾风知劲草，乱世识忠臣。在英国的生死存亡之际，历史选择了丘吉尔。

在绥靖政策甚嚣尘上的20世纪30年代，坚决主张遏制法西斯扩张的丘吉尔（Winston Churchill）一直被视为"异类"，但历史的发展证明了他的先见之明。1939年9月，纳粹德国进攻波兰，欧洲战火越烧越烈，在生死存亡之际，丘吉尔挺身而出，担负起领导抗战的重任。

众人皆醉我独醒

丘吉尔一直反对签订《凡尔赛和约》，他认为这个苛刻的条约会激起德国民众的不满与仇恨，埋下战争的种子。果不其然，1933年德国纳粹党上台执政，开始逐步摆脱《凡尔赛和约》的束缚，重新武装，对外侵略扩张。然而在战后和平主义思潮的影响下，英国政府对即将到来的战争没有任何反应，推行绥靖政策。但在英伦三岛还存在着一批以丘吉尔为代表的具有远见卓识的政治家，他们反对绥靖政策，力主强硬对抗法西斯，并对绥靖政策予以批评。

1930年，丘吉尔说，希特勒和他的追随者一遇到适当机会就会诉诸武力。1932年，丘吉尔向英国下院提出了战争临近的警告，坚决反对英国政府纵容德国重新武装的政策，希望重整军备，做好战争准备。1938年德国吞并奥地利、策划肢解捷克斯洛伐克，丘吉尔尖锐批评了张伯伦首相的绥靖政策，提出联合法国、苏联和欧洲其他国家制止侵略的办法。《慕尼黑协定》签字以后，他严厉谴责了这个牺牲小国利益的协定，称它为欧洲最大的灾难，并说："这不过是算账的开始，这不过是以后每年还要递给我们的苦酒的第一口，第一次尝尝味道罢了"。1939年英、法、苏三国开始结盟谈判后，他又批评英、法政府的消极态度。但当时的英国政府仍旧做着"祸水东引"的美梦，对丘吉尔的大声疾呼嗤之以鼻。

绥靖政策受挫

1939年9月至1940年4月，德国进攻波兰，横扫丹麦、挪威，英法两国采取消极观望态度，以"静

在绥靖政策甚嚣尘上的20世纪30年代，坚决主张遏制法西斯扩张的丘吉尔一直被视为"异类"，但历史的发展证明了他的先见之明。1939年9月二战爆发后，欧洲陷入战争泥淖，在千钧一发之际，丘吉尔站了出来，于1940年5月出任英国首相，担负起保家卫国的重任

1940年5月10日丘吉尔出任英国首相，3天后丘吉尔首次以首相身份出席英国下议院会议，发表了著名的讲话："我没有别的，只有热血、辛劳、眼泪和汗水献给大家……你们问：我们的目的是什么？我可以用一个词来答复：胜利，不惜一切代价去争取胜利，无论多么恐怖也要争取胜利，无论道路多么遥远艰难，也要争取胜利，因为没有胜利就无法生存"

> **知识链接：哈利法克斯主动让贤**
>
> 哈利法克斯伯爵爱德华·伍德（Edward Wood, 1st Earl of Halifax）于1938年2月出任英国外交大臣，同张伯伦首相一起推行绥靖政策，纵容纳粹德国吞并奥地利、肢解捷克斯洛伐克。1940年5月张伯伦被迫辞职，推荐哈利法克斯出任新首相，得到了英国国王乔治六世的支持，但被哈利法克斯以自己不适合领导战时政府为由拒绝了，丘吉尔才有机会出任首相。

坐战""假战争"的方式，避免同德国作战，害怕激怒德国而妨碍以和平的解决问题。但丘吉尔主张把战争打到底，消灭纳粹主义，他领导的海军部展开了紧张的活动，在海上对德国进行了真正的战争。但是这三个国家很快就沦陷了，而且英军在挪威连遭失败后，希特勒开始向荷兰、比利时、卢森堡发动突然进攻，英法面临德国入侵的危险，绥靖政策彻底受挫。

重新组阁，力挽波澜

1940年5月10日，纳粹德国以压倒优势的兵力，从陆空两路侵入荷兰、比利时，法国面临威胁，且英国本土也面临着德国入侵的危险。此时英国朝野震动，张伯伦在舆论的声讨中被迫下台。这时，在战前多次批评张伯伦的对外政策，而且他的批评又多为事态发展所证实的丘吉尔，在英国的社会舆论中深孚众望，被看成是抵抗德国侵略的权威人士。

丘吉尔临危受命，登上了硝烟滚滚的历史舞台，重新组阁，肩负起了英国战时首相和三军最高统帅的重任。丘吉尔是在英国最困难的时刻掌权的，但他临危不惧，为了减少政府中的阻力和干扰，继续邀请张伯伦担任枢密院院长。然后，在全国实行总动员，把一切人力和财力都用于战争，大力生产军火，扩大陆海空三军，并建立了一支庞大的民兵队伍，与穷凶极恶的法西斯进行战争。从此之后，他力挽波澜，援救敦刻尔克、建立世界反法西斯统一战线、实行诺曼底登陆等，为世界反法西斯战争作出了巨大的贡献。

V字是英文和法文（胜利）的第一个字母，将中指和食指伸出来组成V字形表示胜利，在欧洲具有悠久传统，但将其发扬光大的，是二战期间的英国首相丘吉尔，他十分喜爱这种手势，经常用这种手势同别人打招呼，鼓舞士气。此后风靡欧洲，成为反抗法西斯侵略的标志

缓冲地带的陷落
德国攻占荷兰和比利时

在强大的德军装甲部队面前，弱小的荷兰和比利时没有还手之力。

依据曼斯坦因方案，1940年5月10日，纳粹德国突袭荷兰、比利时，西方一片震惊与不安，两国被迫宣战。英法协助作战，但因抵抗不力，在不到三个星期内，荷、比双双亡国，西方面临灭顶之灾。

曼斯坦因方案

1940年1月10日，纳粹德国进攻西欧的"黄色方案"因偶然事件而落入英、法手中，德军"A"集团军群参谋长曼斯坦因（Erich von Manstein）认为，继续执行此方案将难以达到战略突发性的效果，建议希特勒对此进行更改，并提出了避开与英军正面冲突、引诱英法联军陷入圈套、突破阿登森林、跨过缪斯河、直趋阿布维尔的曼斯坦因方案。然而这个令法西斯取胜的方案却遭到了最高统帅部的反对，他们将其视为大胆、危险、疯人的猜想，并没注意。但后来希特勒对这个方案的热情剧增，军事顾问们也开始赞成，在参谋总部军官的指挥下，曼斯坦因方案变得愈加完善。1940年2月24日，最高统帅部正式将其采纳，并下令准备执行。

五天剧变

依据曼斯坦因方案，德国人在西线部署了强大的兵力，等待进攻。1940年5月10日，天刚破晓，驻德比利时与荷兰公使就被里宾特洛甫召到了德国外交部，他宣称，为了保卫他们的中立，德国军队将开进他们的国家，以抵御英法部队即将进行的战争。此外，德国向他们发出最后通牒，要求两国政府不要进行任何抵抗，否则，造成的流血后果将由他们自己负责。与此同时，德国飞机早已开进荷、比两国上空进行野蛮轰炸。两位公使对这一史无前例的背信弃义和破坏文明国家之间正当关系的侵略行为提出了愤怒抗议，但法西斯给予的答复总是"抗议无效"。荷、比两国被迫撕去了中立的面纱，拉开抗击侵略的序幕。

德军对荷兰展开了全面进攻。10日早晨，强大的德国空降部队在海牙附近的机场登陆，占领了海牙军政目标，在荷军的英勇抗击下，德军被迫撤出了三个飞机场，荷兰暂时保住了首都；在北部，空降兵在后方登陆，夺占机场、桥梁、渡口；在东部，德军空袭鹿特丹；在南部，德军占领了马斯河的多尔德雷赫特及莫尔迪克两处桥梁和海峡，将荷兰军队切成了两段。但英法并没有立即采取援救荷兰的措施，

"闪电伯爵"曼施坦因在对法国的作战中，主张大规模使用装甲部队，越过阿登山区，绕过马其诺防线，直接进攻巴黎，迫使法国投降

步步惊心：战役

1940年5月，德国空军对荷兰的鹿特丹港进行了狂轰滥炸，港口区被炸成一片废墟

> **知识链接：奇袭埃本·埃马尔要塞**
>
> 1940年5月10日至11日，德军在进攻比利时的战役中，使用运输机69架、滑翔机41架，空降700人，其中包括伞降300人，隐蔽、突然地对埃本·埃马尔要塞实施空降袭击，德军以死亡6人、伤20人的较小代价，全歼要塞守军。比军要塞守备部队110余人被打伤、打死，1000余人被俘，通往比利时首都布鲁塞尔的大门从此被打开。

13日，德军的前锋就逼近鹿特丹。同日，德国再次向海牙进攻，女王威廉明娜及政府大臣、王室成员逃往英国，在那里组织流亡政府，继续指挥国内抵抗，但在临行前授权荷军总司令温克尔曼将军，在适当时机宣布投降。14日，"荷兰要塞"鹿特丹陷入德军之手；15日，荷兰投降，温克尔曼签署了正式投降书。

为期5天的时间，荷兰发生了翻天覆地的变化，由一个主权国家变成了纳粹德国的占领区。

比利时沦陷

1940年5月10日，德军在进攻荷兰的同时，也对比利时发动了突然袭击，地面部队迅速突破了比利时的防线，比利时军队正如预料中的一样不堪一击。在艾伯特运河上的三座桥梁，德军很快就控制了其中的两座。11日，被称为欧洲最难攻克的要塞"埃本·埃马尔炮台"（Fort Eben Emael）落入德军之手，德军大肆鼓吹发明了新式"秘密武器"，威力强大，搞得满城风雨、神秘莫测。12日，比利时军队从马斯河阵地撤退，着重防守安特卫普至那慕尔防线，德军进行猛烈攻击，英法联军陷入曼斯坦因方案圈套，将其盟军开入了比利时。14日，德军的坦克师和摩托化步兵师的第一梯队通过阿登山区并重创了盟军；15日，荷兰投降之后，德国加强了对比利时的进攻；16日，英法联军开始从比利时撤退；17日，比利时首都布鲁塞尔沦入德国之手。

此时比利时的防线大都已被德军突破，可谓到了山穷水尽之时。5月25日，利奥波德三世国王、首相和外交大臣的摊牌会议上，比利时军队总司令利奥波德三世国王不听内阁大臣的劝告，决定投降。28日，在政府未作任何决定的情况下，他独自命令比利时军队放下武器，停止抵抗，向德国无条件投降。

1940年5月10日，德国伞兵部队乘坐滑翔机攻占了比利时重兵把守的埃本·埃马尔要塞

二战时代

战争史上的奇迹
敦刻尔克大撤退

撤退并不意味着失败,
这是为了赢得最后胜利而积蓄力量。

在德军装甲部队的大纵深快速机动攻击下,数十万英法联军被切割包围,拥挤在敦刻尔克海滩上,英国不惜一切代价,从1940年5月26日到6月4日将34万英法军队撤回英国,为固守英伦三岛和日后发动反击保存了有生力量。

战略后备部队在哪里?

从1940年5月10日起,在"不得休息、不得松懈"的命令下,德国装甲部队快速突破阿登山脉,占领色当。法国内部一片混乱,预感到法国败局已定,英国远征军开始奉命撤退。5月16日,德军已深入法国60多英里,同时快速向巴黎和英吉利海峡推进。

绘画《发电机行动》。1940年5月26日晚上,英国开始执行"发电机行动",争取将困守在敦刻尔克的英国远征军运回国内,为此英国海军部动用了一切可以动用的力量,包括征用了大量渔船、渡轮、私人游艇等船只,到6月4日,随着最后一批法国军队登上英国轮船,敦刻尔克大撤退拉下帷幕

心急如焚的英国首相丘吉尔冒着被德军飞机袭击的风险飞到法国,商讨应对策略,却发现法国政府和军队犹如垂死的羔羊,陷入了绝望和混乱之中。当丘吉尔问法军总司令甘末林元帅法国的战略后备部队在哪里时,得到的答案竟然是干巴巴的"没有"两字。这使得丘吉尔在德军侧翼展开反攻,以消除德军快速突进所造成的"凸出部"的计划化为泡影。

5月20日,德军占领亚眠进入阿布维尔,英法联军在北方的三个军团陷入重重包围之中,与其余法军失去了联系。

启动"发电机行动"

5月19日英国战时内阁指示海军部制订远征军撤退的计划,代号"发电机行动",由多佛尔军港司令伯特伦·拉姆齐中将指挥,计划从法国沿岸的加莱、布伦和敦刻尔克三个港口,每天撤退10000人,并集中了30艘渡船、12艘扫雷舰。

5月23日,古德里安的德国第19装甲军突进到离敦刻尔克仅有16公里的地方,遭遇了英法联军的强烈抵抗。就在他准备集中力量、彻底消灭这些残兵败将的时候,他接到了希特勒的命令:就地停止前进,撤回先头部队,只准许执行侦察和警戒任务的部队继续前进。功败垂成,他只能仰天长叹。

利用这个间隙,被困在海岸上的英法联军彻夜赶修滩头阵地工事,同时法国政府命令法国第1集

步步惊心：战役

拥挤在军舰甲板上的英国士兵在等待船只启动开向英国

团军"在利斯河阵地上战斗到底，绝不后退"。

5月26日晚上，英国开始执行"发电机行动"，拉开了敦刻尔克大撤退的序幕。英国海军部动用了一切可以动用的力量在26日晚开始大撤退，当晚撤出1312人，27日撤出7669人。

与此同时，希特勒在发现活动频繁的运输舰后，下令德军恢复进攻，但在困兽犹斗的英法联军面前，遇到重重阻力。

艰难的撤退，突围的奇迹

5月27日比利时投降，正在撤退的英法联军失去了后卫掩护。英军被迫延伸防线，组成一条"逃避走廊"，同纳粹展开激战，挫败了德军的突击。5月29日，负责防守的英法联军开始有步骤地缩小防守圈，在纽巴特海港地区的英军掘开拦海大堤，让海水倒灌，以阻挡德国装甲部队的进攻。

在空中，德国的斯图卡式俯冲轰炸机整天在敦刻尔克、伊塞尔河的海滩上空骚扰，向聚集在海滩上的士兵投掷炸弹、进行机枪扫射，同时撤退船只还遭到纳粹潜艇鱼雷的袭击。爆炸声、轰鸣声、枪炮声、呻吟声混杂在一起，敦刻尔克犹如炼狱。

在这极端困难的条件下，到5月30日共撤退126606人，还有12万人在焦急等待，他们不断发出告急信号，要求派出所有可利用的船只进行营

> 🦉 **知识链接：船员阿瑟·D. 戴文回忆**
>
> 这幅画面将永远铭刻在我的记忆里：一队队疲惫的士兵排成纵队，犹如长龙一般从沙丘绵延到海滩，再到浅水区，在军官的指挥下缓慢移动，海水从脚踝没到膝盖，从膝盖没到腰间，从腰间没到胸口，排在最前排士兵的肩头都已经浸在海水中……前面的士兵被拉上摆渡的小舢板，后面的士兵就在海水中静静地等待下一波船只，许多人被炸弹和炮弹激起的海浪推倒在水中……摆渡舢板上挤满了人，船只倾斜得厉害，大船上也载满了人。

救。英国海军派出了30多艘军舰应急，皇家空军把可利用的战斗机都投入到了敦刻尔克上空的战斗中，击落多架敌机，使其不敢肆无忌惮地轰炸正在渡海的船只。

6月1日，恼羞成怒的希特勒命令德国空军对敦刻尔克发动大规模轰炸，同时命令装甲部队不惜代价尽快夺取港口。面对来自天空和地面的炮火，撤退只能依靠夜色的掩护进行，到6月4日，随着最后一批法国军队登上英国轮船，敦刻尔克大撤退拉下帷幕。

英国二战老兵登上当年参与撤退救援的私人游艇"法拉达公主"号，纪念敦刻尔克大撤退75周年

二战时代

难以洗刷的耻辱
法国投降

保守陈旧的军事战略，
避战自保的绥靖外交，
注定了法国败亡的命运。

英法联军完成了敦刻尔克大撤退后，恼羞成怒的希特勒下令发起对法国的总攻，已经丧失抵抗勇气的法国军队节节败退，巴黎陷落，投降派上台，法国宣布投降。

"巴黎不设防"

在敦刻尔克错失了歼灭英法联军的机会后，希特勒失去了耐心，1940年6月5日，进攻巴黎的"红色方案"下达。此时，德军已到达莱茵河上游一线，在法国北部发起新的攻势。德军猛轰巴黎空军基地，炸毁法国500架飞机，夺得了制空权。此后，德军地面部队也向法军防线猛攻。6日，法军"夫人大道"公路陷落，第6集团军在埃纳河撤退，索姆河一带出现防御危机。7日，"魏刚防线"崩溃。8日，德军在海峡和鲁昂之间发动进攻，装甲部队抵达塞纳河畔西北30多公里，法军继续后撤。9日，德军进攻苏瓦松至阿登山脉沿线，鲁昂失陷，德军紧逼巴黎，守卫塞纳河的法军崩溃。11日，德军占领兰斯，法军退守马恩河，法国政府迁到图尔，总司令部搬到布里阿尔，随后巴黎陷于三面包围之中。战事愈演愈烈，巴黎人心惶惶，议员、银行家、商人陆续逃往国外，政府机关纷纷焚毁档案，相继撤退。12日，法国内阁举行会议，投降派宣扬法国败局已定，法国统治集团决定向纳粹投降。此后，法军总司令魏刚元帅宣布巴黎为不设防城市，撤退一切法国军事力量，纳粹军队不费一枪一弹占领了巴黎。

马其诺防线的碉堡。1940年5月纳粹德国的装甲部队从西面强渡莱茵河，迂回绕过法国重兵把守的马其诺防线，完成了法国腹地的快速突破，让马其诺防线失去了作用

1940年6月23日，纳粹德国占领巴黎后，希特勒与建筑师施佩尔（左）和雕塑家布莱克（右）在埃菲尔铁塔下合影

"马其诺"神话破灭，法国沦陷

巴黎陷落前夕，德军迅速采取突击行动，猛攻阿沃耳德和萨尔布吕肯地带，强渡莱茵河，而其坦克集群推进朗格高原，从西面迂回推进马其诺防线，使其处在前后夹击之中。德军对其发起总攻击，经过两天战斗，占领萨尔布吕肯地区。之后德

1940年6月21日，也就是法国投降之前一天，希特勒在贡比涅森林中的福煦车厢前与纳粹德国军官聊天

军相继突破了法国北部、东部边境的马其诺防线。经过3天激战，德军把马其诺防线切成两段，将数十万法国大军包围在三角地带，并包围了阿尔萨斯地带。19日，德军占领了整个马其诺防线，50万法军被围，马其诺神话破灭。

在德军的强大攻势面前，法军节节败退，政府中弥漫着失败主义的情绪，甚至有人提出投降主张。内阁会议否决"英法联盟"方案之后，雷诺总理辞职。总统授权贝当组织新政府，18日下令停止抵抗，但德军继续追击败退法军，占领法国重要城市和战略要地。20日，法国停战代表团与德国代表会晤，22日，签署全部条约，25日，法国全境停战，法兰西战役结束，法国沦陷。

重回历史现场　在福煦车厢签订法国投降协议

1918年11月11日，按照法军总司令福煦元帅的指示，结束一战的德国投降仪式在贡比涅森林中的一节编号为2419D的车厢里举行。据说这节车厢是拿破仑三世的御用专列上的餐车，在1870年普法战争中拿破仑三世率领的法国军队惨败，他自己也成了德国"铁血宰相"俾斯麦的俘虏。1918年法国人想用这种特殊的方式来洗刷1870年的耻辱。此后这节"福煦车厢"名扬天下。

22年后的1940年6月22日，法国投降仪式在此举行。按照希特勒的指示，德国人将福煦车厢从博物馆里拉出来洗刷耻辱。

下午3时18分，希特勒抵达，在通往车厢的路上有座1918年建成的胜利纪念碑，上面雕着一只跌落的德国鹰。希特勒在纪念碑前停留了几分钟，脸上显现出复杂的表情，既有愤怒，也有复仇成功的轻蔑。

3时23分，希特勒登上车厢，坐在当年法国福煦元帅就座的那把椅子上，谈判桌对面有4把椅子，是留给法国代表的。

3时30分，法国谈判代表到达，他们目光呆滞，面庞阴沉而憔悴。希特勒轻蔑地看了看他们，一言未发，点头示意德方代表凯特尔元帅宣读停战条款。

3时42分，希特勒已经无心继续听下去了，他起身离开，戈林等人紧随其后。车厢里的气氛相对轻松了一点。

根据德国提出的停战协定，德国将占领法国北半部以及大西洋沿岸地区，解散法国军队，法国支付德国占领军的费用，交还所有的德国政治难民等。

法国人试图争取更宽松一些的条款，但凯特尔冷冰冰地说，你们只有接受与不接受的权利，不能讨价还价。

法国投降仪式结束后，希特勒命令炸毁德国战败纪念碑，把福煦车厢运往德国公开展览。当这节标记着法国战败之耻和第三帝国辉煌胜利的车厢到达柏林后，柏林沉浸在一片欢乐之中。

在1945年战败前夕，希特勒为防止车厢落入盟军手中作为羞辱德国的工具，下令将其销毁。1950年法国复制了一节车厢，将其摆放在贡比涅森林中。

二战时代

绝不屈服
欧洲流亡政府

> 波兰没有灭亡，
> 只要我们一息尚存，
> 波兰就不会灭亡。
> 举起战刀，收回失地
> 前进，前进！
>
> ——波兰国歌

"流亡政府"（Government-in-exile）是指某国合法政府由于遭受违背国际法的行为（如入侵）而无法继续执行法律权力，被迫驻在其他国家的临时性政治性组织。二战爆发后，法西斯的铁蹄一度征服了欧洲大多数国家，这些国家的流亡政府，在英国、美国和苏联的支持下继续对敌作战，赢得了最后胜利，但也有部分国家的流亡政府成为大国博弈的牺牲品，退出了历史舞台。

代表法兰西民族的"自由法国"

1940年6月法国沦陷后，流亡伦敦的戴高乐将军发起"自由法国"运动，成为捍卫法兰西民族尊严的象征。但在法理上，"自由法国"政权并不符合流亡政府的条件。

1940年7月，法兰西第三共和国的国会批准了贝当政府签订的《法德停战协定》并以压倒性多数通过了修改共和国宪法、选举贝当元帅为"法兰西国家元首"的决议，据此建立了以小城维希为首都的新政府，并得到美、苏等国的外交承认。虽然英国政府拒绝承认法国贝当政权，但流亡伦敦的戴高乐已经辞去了法国国防部副部长的职务，既无合法身份，又势单力薄。

戴高乐充分展示了政治家的才能。他首先竖起了绝不向纳粹投降、继续抵抗、捍卫法兰西民族尊严的爱国主义大旗，吸纳抵抗者，形成实际的交战团体，据此争取英美盟国的承认；其次寻求法属各殖民地和委任统治地区长官以及驻军的支持，瓦解维希政权的外围势力。

戴高乐的努力取得了一定成果：到1940年8月底，除加蓬以外的整个法属赤道非洲和喀麦隆都宣誓效忠戴高乐，尽管这些地区位置偏远，但为盟军在北非的行动和"自由法国"军队的编练提供了

1940年6月，法国贝当政府宣布向德国纳粹投降，戴高乐将军流亡英国。6月18日，戴高乐在英国BBC电台发表《告法国人民书》，宣称"法国的事业没有失败"，并在英国创建"自由法国"运动，组织流亡政府

帮助。活动于法国南部地区的左翼抵抗组织也和戴高乐建立了联系。苏德开战后，苏联也承认戴高乐政权的合法性。1941年9月"自由法国"运动组建了"法兰西民族委员会"（CNF），形成机构健全的流亡政府。

戴高乐领导下的"自由法国"军队，虽然人数不多，但积极投入战争，显示了力量。1942年春，"自由法国"第1旅独立抵挡住了德国非洲军团的进攻。1943年1月的卡萨布兰卡会议上，在丘吉尔和罗斯福的撮合下，"自由法国"军队与倒戈的原法国维希政府军队合作，成立了"民族解放委员会"（CFNL）。同时，戴高乐派遣让·穆兰回到法国，将各自为战的抵抗组织团结起来，并于1944年2月整编为"国内军"（FFI），为大规模反攻打

> **知识链接：凯莱奇酒店**（Claridge's Hotel）
>
> "请把电话转给国王。"
>
> "好的，很愿意为您效劳，不过，我很想知道，您找哪一位国王？"
>
> 这不是笑话，而是二战期间发生在伦敦凯莱奇酒店的真实一幕。酒店靠近白金汉宫，在二战期间成为欧洲流亡王室与流亡政府首脑的避难所，希腊、挪威和南斯拉夫的国王、荷兰女王以及波兰和捷克斯洛伐克的总统都曾经长期入住该酒店。

驾机参战的法国飞行员。戴高乐将军在英国领导的"自由法国"运动吸引了大批不愿意做亡国奴的法国人参加，法国空军和海军的广大官兵驾驶飞机、军舰逃亡到英国，加入戴高乐将军麾下，同英国军队共同作战

二战时代

巴黎解放。诺曼底登陆后，戴高乐将军统率的"自由法国"军队在盟军的协助下，解放了巴黎。1944年8月25日，戴高乐将军返回巴黎，受到法国民众的热烈欢迎

下了基础。到诺曼底登陆前夕，"自由法国"的军队已经超过30万人。1944年6月3日，即诺曼底登陆之前三天，戴高乐宣布成立"法兰西共和国临时政府"（GPRF），为接收本土做准备，戴高乐的领袖地位已经无可撼动。

1944年8月19日，法国"国内军"在巴黎发动起义，戴高乐命令"自由法国"第2装甲师前往驰援，8月25日德国守军投降，巴黎解放，戴高乐凯旋入城，重建法国政府。1945年11月，戴高乐当选为法兰西第四共和国总理。

坚强不屈的荷兰、比利时、卢森堡、挪威流亡政府

战争爆发后，夹在德、法之间的三个"低地国家"荷兰、比利时、卢森堡首当其冲，先后陷落。1940年5月，荷兰女王威廉明娜和政府成员飞往伦敦，组织流亡政府。太平洋战争爆发后，荷属东印度群岛被日军攻陷，撤往澳大利亚的荷兰军队编组了两个轰炸机和一个战斗机中队，参与太平洋方向的反攻，撤退到英国的部队则重组为一个步兵旅和三个空军中队，加入了1944年的反攻作战。

比利时的情况有所不同。国王利奥波德三世向德国投降，留在国内，但首相皮埃洛（Hubert Pierlot）在伦敦组织流亡政府并争取到比属刚果殖民地的支持。比利时流亡政府组织了一个旅的陆军、一支特种突击队和两个空军中队，参与了反攻欧洲大陆的行动。比利时解放后，利奥波德三世被迫退位。

卢森堡陷落后，女大公夏洛特到加拿大和美国巡回演讲，呼吁美国放弃孤立主义、援助欧洲各国的抵抗事业，卢森堡内阁在伦敦从事宣传活动，还编练了一支几十人的"自由卢森堡"武装。

1940年4月9日凌晨，德军发动"斩首"行动，试图逮捕挪威国王哈康七世及政府成员，迫使挪威投降，但计划暴露。此后哈康七世逃到伦敦，组织流亡政府，他坚持每周召开内阁会议，定期向沦陷区民众发表广播演讲，鼓舞地下抵抗者。挪威解放后，哈康七世受到民众的热烈拥戴，1947年挪威国民捐资购买了1600吨的游艇"挪威"号，敬献给哈康七世使用。

大国博弈的牺牲品——波兰流亡政府

1939年9月波兰亡国后，西科尔斯基将军在

巴黎组织流亡政府，并组建了4个师的陆军和4个中队的空军，同英法军队共同抵抗纳粹德国的进攻。法国沦陷后，波兰流亡政府撤退到伦敦。苏德战争爆发后，苏联与波兰流亡政府恢复关系，将波兰战俘41000人编成军队开赴中东，由英军中东司令部指挥，后来参加了意大利战役。

1942年2月西科尔斯基还将波兰沦陷区的各抵抗组织合编成"国内军"（Armia Krajowa），以暗杀、破坏铁路等方式进行抗德斗争，至1944年夏达到35万人。1943年4月，因卡廷森林惨案的揭露，波兰流亡政府与苏联关系恶化。苏联与波兰流亡政府断交，并组建由波兰工人党控制的"波兰人民军"。1944年7月苏联支持的"波兰人民代表会议"在卢布林市组成"民族解放委员会"，自称波兰最高行政机关，并宣布伦敦的波兰流亡政府为非法。1945年随着苏联红军解放波兰，同时也为了换取苏联放弃希腊，英国和美国宣布不再承认伦敦的波兰流亡政府。

助纣为虐的南斯拉夫流亡政府

1941年4月，南斯拉夫王国被德国和意大利占领，国王彼得二世在伦敦建立流亡政府，米哈伊洛维奇上校指挥的"祖国军"（JVUO）接受流亡政府的领导，聚集在塞尔维亚西部山区，开展抵抗运动。但流亡政府和"祖国军"信奉大塞尔维亚主义，与德占区傀儡政权相互勾结，消极抵抗，对克罗地亚裔共产党人铁托（Josip Broz Tito）领导的"人民解放游击队"则极端仇视。1941年底，"祖国军"甚至配合德军和傀儡政权共同进攻游击队，遭到英、美等国的反对。

1944年1月，丘吉尔宣布盟军的援助物资只提供给铁托的游击队，要求南斯拉夫流亡政府与铁托组织的"反法西斯会议"（AVNOJ）合作，国王

1944年7月，南斯拉夫抵抗运动的领袖铁托与他的狗在克罗地亚维斯岛山洞的军事总部

彼得二世被迫发表广播讲话，呼吁民众支持铁托。南斯拉夫解放后，在1945年11月的大选中，铁托领导的"人民阵线"获得了94%的选票，新国会宣布废除君主政体。

1944年，英国和法国代表会见比利时、荷兰和卢森堡代表，并签署比荷卢三国关税同盟协议，于二战后的1947年正式生效

鹰击长空
不列颠空战

英吉利海峡的天堑，
难以阻挡纳粹飞机的肆虐，
但勇敢的英国人，
从来没有服过输！

耗巨资打造的马其诺防线，在德国的装甲师面前不到一周就一溃千里；自由的法兰西人民在纳粹的铁蹄下，低下了高昂的头颅。希特勒欣喜若狂，德军在西线一路高奏凯歌；而在东线，斯大林早已签订盟约，此时正是一鼓作气拿下英伦三岛的天赐良机。而丘吉尔也十分清楚：英吉利海峡的风浪难以阻挡希特勒的野心，一场恶战在所难免。

"海狮"计划

法国投降后，德军在欧陆的军事优势达到顶峰。更令丘吉尔担忧的是：若世界第四强的法国海军并入德意舰队，那么英国皇家海军的优势从此消失。而对德国来说，要想彻底打败丘吉尔领导下决不投降的英国，只能登陆英国本土。希特勒在听取了海军上将雷德尔的建议后，果断发布了"关于准备在英国登陆作战的第十六号指令"，"海狮"是这次行动的代号。其主要构想是：依靠汽艇、运输船等工具将25万德国陆军运送到英国南部海岸，然后迅速攻入内陆。

但实行该计划需要首先歼灭英国空军。因此，德国元帅戈林便受命歼灭英国的空军。

目标伦敦

希特勒原将空袭日期定为1940年8月5日。但直到8月6日，戈林才正式将进攻的日期定为8月12日，名曰"鹰日"。截至1940年8月12日，德军共出动了5376架飞机，投弹1473吨，击沉英军4艘驱逐舰和18艘运输舰以及148架飞机。但德军也付出了相当大的代价：186架飞机被击落，135架被击伤。总体而言，第一阶段的作战是试探性的，规模有限。

1940年8月19—22日，天气骤然转变，根本不适合空袭。戈林经过研究，最终将目标定为英国飞机制造厂，并决定夜袭。8月24日晚，德军出动了大批飞机，跨过英吉利海峡，实施"夜袭"。由于一队轰炸机中队迷航了，在遭到防空火力打击后，将原本投放在飞机制造厂和油库的炸弹误投在伦敦市区，当即就造成8名无辜市民死亡。从这一天起，不列颠空战进入第二阶段。

不列颠空战期间，伦敦的民防人员在屋顶上的瞭望哨观测天空。背景是圣保罗大教堂

步步惊心：战役

不列颠空战期间，伦敦遭遇纳粹德国轰炸。图为泰晤士河及伦敦塔桥

> **知识链接：英国人民勇敢对抗空袭**
>
> 1940年10月14日，德国空军再次轰炸了伦敦。数万名伦敦市民涌入拥挤不堪的地铁站避难，但其卫生条件之差、难民之多简直超出了人们的想象。据美国战地记者厄尔·派尔回忆："他们从来不知道生活中的很多好东西，而现在他们就要在极度的不适中结束他们在地球上的日子……"面对满目疮痍的伦敦，英国人并没有因伤心而放弃抵抗。相反，伦敦人愈加坚定了抗击德军的决心。5万多市民自愿参加了对空监视任务，同时，伦敦还组织了庞大的全民防护组织和义务消防队，他们为减轻空袭所造成的灾难作出了不可磨灭的贡献。

9月14日，雷德尔提出，基于目前的空战情况，要执行"海狮"计划难度太大。但绝不能取消该计划，相反，对于伦敦空袭的力度要加大。希特勒向三军宣告：从现在起，我们对英国要打一场神经战——利用空袭和入侵的威胁渐渐拖垮英国人。

然而，奇迹并没有出现。9月15日，希特勒得到报告：英国皇家空军猛烈地轰炸了各个港口，从安特卫普一直延续到布伦。同时，德军出于报复，在继14日两次空袭英伦后，再次对伦敦进行了空中打击。一时间，不列颠空战达到高潮。此次作战，德军损失了60架飞机，而英军仅损失了26架。从此，9月15日被英国人定为"不列颠战役日"。随后，希特勒不得不无限期延迟"海狮"行动，"以使船只遭空袭的损失减少到最低的限度"。

黯然收场

不列颠空战的第三阶段实际上是希特勒掩人耳目的幌子。到了1941年5月，当进攻苏联的准备就绪时，德国空军开始大规模地转移到东线战场，不列颠空战就此结束。

在不列颠之战中，德军共出动飞机4.6万多架次，投掷了6万多吨的炸弹，自己损失了约1500架飞机。而英国空军损失了915架飞机，约8.6万平民被炸死炸伤，100多万栋建筑遭破坏。但是，英国人突然自豪地发现：他们能够与横扫欧洲的德军交手了，并且表现了大无畏的精神和高昂的斗志。

不列颠空战期间，为了避免人员伤亡，英国政府将伦敦的大量人口，如家庭妇女、儿童、老人疏散到了相对安全的乡村地区

/ 二战时代 /

海狼梦魇
大西洋护航与海战

"海狮"计划被无限期推迟，海上"狼群"却又伺机而动，大英帝国仍受纳粹梦魇的侵扰……

孤悬欧陆的英伦三岛全靠海上运输来保障其国计民生，因此，纳粹德国欲染指日不落帝国，需从空中和海上进攻以及切断其海上补给线。用德国海军司令雷德尔的话说："截断英国的进口贸易，就能迫使英国求和。"

嗜血"狼群"

虽然希特勒无限期推迟了"海狮"计划，但德国海军舰队仍在封锁英国的海上通道。德国海军只有破坏英国的海上生命线，才能在对英国的战争中实现釜底抽薪。

与雷德尔相同，邓尼茨预计：德国海军每月至少击沉英国商船70万吨以上，才能使英国经济崩溃并最终战胜英国。1935年，邓尼茨首创了"狼群战术"，即像群狼捕食一样，数艘甚至数十艘潜艇组成一个"狼群"，在广阔的大西洋上游弋。一旦"一头狼"发现英国的护航运输队，不要急于攻击，而是保持接触并将信息及时报告给指挥部，邓尼茨再组织"狼群"在夜间使用"凹形弧阵"对护航运输队展开集中进攻。1940年10月以后，德国海军开始运用"狼群战术"。据统计，仅1942年6月，德国U型潜艇击沉英国海运物资的总量就高达63.7万吨，平均每艘潜艇击沉359吨。

更令盟军不安的是，1943年邓尼茨接手了他所需的全部潜艇，并出任德国海军统帅。丘吉尔说：

狼群战术是第二次世界大战中德军对大西洋上的盟军商船和美国对太平洋上的日本运输船所用的潜艇战术。二战时纳粹德国的海军将领邓尼茨之所以被称为"狼头"，就是因为他首创了海战的"狼群战术"，使纳粹德国海军在二战初期猖狂一时。"狼群战术"与古德里安的"闪电战"并称为纳粹德国军队的海陆两大"法宝"

"战争中唯一令我担心的就是德国的U型潜艇。"

猎"狼"行动

为保障大西洋海上运输线的安全，英美两国决定对"狼群"实施猛烈的打击。于是，在辽阔的大西洋海域，猎人与猎物的角色正开始悄悄发生转变。

分析大量的统计数据后，盟军发现：无论目标船只的数量是多少，"狼群"每次袭击的船只数量基本不变。所以，只要增加海运船只的数量、减少运输的次数，就可将损失降到最低。同时，盟军也总结了一套行之有效的反潜艇作战法。

首先，是完善护航体制。英国用美洲的8个基

1942年，德国海军的U-71号潜艇用鱼雷击沉盟军的军舰

地换取了美国50艘旧驱逐舰。1941年4月后，英国海军真正做到了全程护航。在战术方面，英国海军组织了反潜支援队——由若干驱逐舰、护卫舰组成。支援舰队平时不承担保卫任务，其唯一的目标就是消灭被发现的潜艇。即当"狼群"攻击护航队时，支援舰队就会赶来增援并对每一艘被发现的潜艇穷追猛打，直至击沉。

其次，英国决定实行立体反潜。针对德国潜艇喜欢在所谓的"空隙海域"（远程飞机袭击范围之外的海域）袭击船只的特点，英国海军将航空母舰与护航舰队连在一起，让飞机先行侦查。于是，一个由护航舰艇负责近距离直接掩护、反潜支援舰队担负远距离掩护、航空母舰先行侦查的全方位的立体护航体系就此形成，大大提高了护航效率。

最后，就是武器的进步。有利式探照灯，它能突然照亮目标潜艇，便于轰炸机发起进攻；水下雷达使U型潜艇在水下行驶时，更容易被发现。不仅如此，英国海军还配备了一种名叫"刺猬"的迫击炮。它能从船头同时射出24发炮弹。一枚炮弹受压爆炸后，其他23枚同时被引爆。另外，爆炸产生的急流能让声呐失效15分钟。

> **知识链接：油轮遇袭——"圣艾米利亚诺"号油轮船长 T.D. 芬奇回忆**
>
> 二战期间，盟军的商船常常遭受德国U型潜艇组成的"狼群"袭击。1942年8月9日，"圣艾米利亚诺"号油轮也难逃厄运。事后，作为幸存者之一的T.D.芬奇回忆道："大约9点钟，我脱了衣服正准备上床睡觉，突然听到右舷传来爆炸声，紧接着又是一声巨响。我从床上跳起，跑到舷门处，门一拉就开。只见食堂着火了……这时，船身船尾都燃起了大火，天空被火焰照得通亮。我看到右舷的救生船已经坠落到海里，左舷的救生船还挂在吊架上……我们只好从遮蔽甲板跳到6英尺（1.82米）高的海浪上并顺势滑到救生船上。"

事实证明，英国在大西洋海战中取得了胜利。英国和盟军总计击沉德国潜艇781艘，仅1943年5月，德军就损失了43艘潜艇，占当时德国潜艇总数的五分之一，因而被德军称为"黑色5月"。由于德军U型潜艇损失惨重，邓尼茨不得不将其撤出大西洋。

1941年11月，英国在大西洋上的护航舰队和反潜飞机

邪恶的"轴心"
《德意日军事同盟条约》的签订

山雨欲来风满楼,邪恶的法西斯势力、纳粹势力、军国主义势力联合起来,向善良的人类世界发动了进攻。

1940年9月德意日三国同盟条约的缔结标志着第二次世界大战步入全球性联盟战争的新阶段。缔约的目的赤裸裸地为了战争,正如希特勒所说:"如果缔结同盟的目的不包括战争,这同盟就毫无意义、毫无价值。"

德意《柏林协定》

希特勒的外交政策在于"寻觅战友"。而早在其上台之前,他就将墨索里尼视为"战友",认为"谁都远远比不上"墨索里尼。然而,德、意在争夺中欧和巴尔干的霸权当中早已貌合神离,意大利甚至联合英法来制约德国,维护其在奥地利的利益。

西班牙内战暴露了意法两国固有的矛盾;同时,意大利在地中海西部的强国地位又与英国的利益发生冲突。为了对付英法,意大利除了德国没有更好的选择。1936年10月,德意双方经过几次会谈,正式签订了德意《柏林协定》,为此墨索里尼声明:"柏林—罗马垂直线……是一个轴心,可以在这个轴心周围团结所有愿意进行合作和维护和平的欧洲国家。"

德日反共协定

希特勒将意大利揽入手中之后,又将目光投向东方。希特勒的算盘是:在远东与日本结盟,以便利用日本打击苏联、牵制英法美的力量,解决德国的东顾之忧。对于日本来说,要想吞并中国,在亚洲和太平洋地区称霸,就必须将英法美三国的势力排挤出该地区。日本也需要德国在西欧牵制英、法的力量,在东欧制衡苏联。

"二二六兵变"后,日本军部势力控制了政府,在外交上积极与德国接触。1936年11月,双方在柏林签订了《德日反共产国际协定》。该协定主要是以反苏、反共为烟幕弹,掩盖他们同英法美争夺世界霸权的实质。

墨索里尼与希特勒在一起。从1936年德意共同干涉西班牙内战开始,意大利便被牢牢地拴在了纳粹战车之上

步步惊心：战役

轴心国。1940年9月27日，德意日三国在柏林正式签订了《德意日三国同盟条约》，意大利外长齐亚诺（坐者左一）、德国希特勒（坐者左二）和日本大使在签字仪式上。该《条约》规定：日本承认德意在欧洲的领导权，以换取对方尊重日本在东亚建立的新秩序；若缔约国之一遭受他国进攻，彼此相互援助。《条约》的签订标志着一个以重新瓜分世界为目标的法西斯侵略集团最终形成

三国军事同盟

德国在分别与意、日结盟后，又希望将双边同盟扩展为三国军事同盟。1937年9月，墨索里尼接受希特勒的邀请正式访问德国。在短短4天的访问里，墨索里尼坚定了站在德国阵营的决心，并同意加入《反共产国际协定》。11月6日，德、意、日三国代表在罗马签订了《关于意大利加入反共产国际协定的议定书》，柏林—罗马—东京轴心正式形成。

然而，德、意、日三国《反共产国际协定》并没有规定彼此间承担的军事义务。因此，他们都有意将三国轴心转变为三国同盟。早在1938年，德、日两国就提出了军事合作的建议，因故搁浅。此时日本态度积极，希特勒有意趁热打铁，拉意大利入伙。1939年初，墨索里尼接受了该建议。但由于日本内阁意见不一，致使三国缔约的计划搁浅。无奈，德意两国只能率先缔结同盟条约，即所谓的"钢铁盟约"。

1940年5月，德国仅一个月就击败法国、困20万英国远征军于敦刻尔克。欧战的胜利，重启

> **知识链接：轴心国**
>
> 轴心国是指第二次世界大战期间的法西斯国家联盟，以德国为首，意大利、日本及与他们合作的一些国家也包括在内。名称源于1936年11月墨索里尼评价德意同盟条约的一次演讲："柏林和罗马的垂直线不是壁垒，而是轴心。"此后，人们就把法西斯同盟称为"轴心"，参加国为"轴心国"。20世纪30年代后期，德意日三个法西斯国家相互勾结，结成了侵略性的军事政治集团。这个集团称为"柏林—罗马—东京轴心"，又称轴心国集团。

了德日两国同盟的谈判大门。是年9月，德日在东京恢复了谈判。9月27日，德意日三国在柏林正式签订了《德意日三国同盟条约》。条约规定：日本承认德意在欧洲的领导权，以换取对方尊重日本在东亚建立的新秩序；若缔约国之一遭受他国进攻，彼此相互援助。

条约的签订标志着一个以重新瓜分世界为目标的法西斯侵略集团最终形成。但是，由于它们只是出于自身利益的需要而相互利用，很难做到精诚合作。各怀鬼胎的三国，最终也只是"强盗的暂时联盟"，战场局势的变化使得条约很难真正得到尊重。

出版于1938年的日本明信片，儿童们挥舞着日本、意大利、纳粹德国的国旗，顶端的人物头像从左向右分别是德国希特勒、日本首相近卫文麿、意大利墨索里尼

巴巴罗萨计划
纳粹进攻苏联

西欧沦陷,法国投降,隔海相望的英国在苦苦挣扎,纳粹的战车无法停止,目标指向东方的苏联。

为了从地图上抹去苏联这个国家,从肉体上消灭斯拉夫人这个种族,纳粹德国制定了代号为"巴巴罗萨"的军事进攻计划,德军不宣而战,对缺乏防备的苏联发起闪电战攻击,给苏联造成巨大损失。

巴巴罗萨计划

1940年6月底法国投降,纳粹德国的军队占领了西欧大陆,只剩下孤悬海外的英国凭借海峡天险进行抵抗,但在希特勒看来也不足为虑了。此时这个恶魔的眼睛已经转向了东方的苏联。

1940年7月,希特勒主持召开高级军事会议,决定对苏联发动突然袭击,一举将其消灭。为此,希特勒命令德军总参谋部立即拟订对苏联作战的具体行动方案。该方案于12月底完成,并被定名为"巴巴罗萨计划"。1940年12月18日,希特勒向高级军官们宣布了这个对苏作战计划,主要内容有:(1)在对英作战结束之前,以一次快速的战役,在一个半月到两个月的时间内打垮苏联;(2)先以突袭的办法歼灭苏联西部各军区的部队,使其无法退往内地,然后以坦克部队为先导,并辅之以空军支援,分三路向苏联腹地进攻,占领莫斯科、列宁格勒和顿巴斯。德军三路发动进攻设想分别是:北方集群从东普鲁士出发经波罗的海三国向列宁格勒实施突击,芬兰军团从拉多加湖以东和列宁格勒正面协助

1940年7月,希特勒主持召开高级军事会议,决定对苏联发动突然袭击,一举将其消灭。为此希特勒命令德军总参谋部立即拟订对苏联作战的具体行动方案。该方案于12月底完成,并被定名为"巴巴罗萨计划"。1940年12月18日,希特勒向高级军官们宣布了这个对苏作战计划

步步惊心：战役

> **知识链接：布列斯特要塞保卫战**
>
> 1941年6月22日凌晨，纳粹德国不宣而战，对苏联发动突然袭击，驻守在布列斯特要塞的苏联红军卫戍部队在兵力极其悬殊的情况下，展开了一场异常惨烈的攻防战，浴血抵抗德军，坚守要塞二十余天，阻滞了德军大部队的前进，为其他苏军部队突破包围、后撤到有利的位置创造了条件。

1941年6月22日凌晨4时，纳粹德国不宣而战，向苏联发动了大规模的突然袭击。这是当天攻入苏联的纳粹德国士兵

进攻，挪威军团从苏联北部发起攻势；中央集群从波兰发动攻势，经明斯克、斯摩棱斯克，向东北进犯，一举占领莫斯科；南方集群从卢布林出发，向基辅方向进攻，推进到顿巴斯。此外，罗马尼亚等纳粹德国的仆从国将实行侧翼辅助突击。总之，纳粹德国从巴伦支海到黑海2000公里的战线上将投入723.4万人、190个师、5000架飞机、4000辆坦克，对苏联实施毁灭性打击。希特勒不无得意地说："当'巴巴罗萨计划'开始实施时，全世界将大吃一惊，并感到难以置信！"

大张旗鼓掩杀机

为了制造假象，迷惑苏联，掩饰德国大规模调兵遣将的真实意图，希特勒和德国军方制造了军事史上非常成功的假象，成功地让苏联领导人斯大林作出了战略误判。

1940年7月，希特勒下令制定一份代号为"海狮"的海上入侵英国作战计划，它将在德军取得适当空中优势与气候利于作战的时候实行。从某种意义上看，这个从未认真执行过的"海狮"计划反而成了掩饰德国进攻苏联企图的成功骗局。

1941年初，希特勒下令尽可能给英国造成惨重损失，德军空军加强了对英国的猛烈轰炸，使人觉得希特勒这是为从海上入侵英国本土创造条

纳粹德国出版的画报对莫洛托夫访问柏林的报道。1940年11月13日，苏联外长莫洛托夫访问德国，与希特勒会谈并签署了备忘录

纳粹德国的突然袭击让苏联措手不及,兵败如山倒,短短几天内便丧失了大量作战力量。这是一群纳粹德国士兵站在一辆被摧毁的苏联T-28B式坦克上

件。接着德军最高司令部发布了代号为"鱼叉""鲨鱼"的两份西线作战计划,要求德国驻挪威、丹麦和法国的部队着手准备对英国实施两栖作战,并在英吉利海峡地区频频举行两栖登陆作战演习,给人以纳粹将入侵英国本土的假象。同时,为渲染对英战争,在地中海地区又出现了德军的影子。1941年1月,德军飞机从意大利西西里岛起飞,成功空袭了驻扎在地中海和马耳他瓦莱塔港的英国军舰。同时,希特勒派出部分部队增援在阿尔巴尼亚山区作战的意大利军队和在北非立足不稳的意大利地面部队。"德国非洲军"在埃及边境发起反击,将人们的注意力吸引到对英作战中,并暗示德国的兴趣在这里,而不是苏联,这使得人们忽略了大量德国军队在波兰的集结。

除了军事欺骗手段之外,希特勒对苏联还进行了外交欺骗。1940年11月,苏联外长莫洛托夫访问柏林,德国外长里宾特洛甫亲赴车站迎接,希特勒也"亲切热情"地与莫洛托夫进行了会谈。在会谈中,希特勒张狂地说英国已被击溃,而且德、意在非洲取得了重大胜利,轴心国的胜利不久就会到来,现在应该考虑战后世界安排问题了。希特勒建议苏联加入轴心国集团,并从巴库向南往波斯和印度扩张。但当莫洛托夫要求希特勒就德国军事代表团在罗马尼亚、德国军队进驻芬兰的问题作出解释的时候,希特勒立刻"王顾左右而言他",避开了这些问题,千方百计地把话题引到莫洛托夫感兴趣的问题上,甚至在合影时还搂着这位苏联外交人员的胳膊。

1941年2月,希特勒批准了"巴巴罗萨计划"的作战序列,之后,德国陆军使用和平时期的火车时刻表,从德国本土调了8个师至距离苏联边境165公里的格但斯克地区,将部署在法国的14个师秘密运送并部署在离苏联边境90公里的柯尼斯堡、华沙、塔尔诺夫一线。

德国对苏联发动突然袭击

在战争爆发前夕,苏联情报部门和苏军高级将领多次发出战争逼近的警告,例如1941年6月13日深夜,苏联国防部部长铁木辛哥根据情报断定纳

粹德国即将发动不宣而战的入侵，心急如焚的他通过电话联系斯大林，提议边境部队进入作战状态，但是被拒绝。6月21日晚，铁木辛哥和苏军总参谋长朱可夫根据最新情报断定德军将在6月22日进攻苏联，他们立刻向斯大林汇报并命令边境部队进入一级战备状态。但斯大林坚信纳粹德国在攻占英国之前，绝对不会两线作战，因此也就不可能破坏《莫洛托夫—里宾特洛甫条约》，发动对苏联的战争。斯大林固执地认为各种警告都是英国制造的假情报。

1941年6月22日凌晨4时，纳粹德国不宣而战，向苏联发动了大规模的突然袭击。这一天正好是星期天，驻守前线的苏联红军军官们大部分都在休假，从莫斯科发来的战备通知也无法正常下达。这导致苏军没有做多少防备，在德军的进攻下损失严重，德军空军炸毁了66个飞机场和1200架飞机，夺得了局部制空权。另外，许多重要城市、通信设施、交通枢纽和海、空军基地也受到严重破坏。边境军区指挥机构陷于瘫痪，部队出现混乱。苏军边防值班队虽进行了抵抗，但得不到增援，德军如入无人之地，装甲部队深入苏联国境几十公里。斯大林虽然命令各个方面军必须组织坚决反击，消灭入侵之敌，但也难以扭转大局。

战役开始仅仅三个星期，德军就向苏联境内推进了几百公里，德军先锋装甲部队距离苏联首都莫斯科仅180公里了。希特勒口出狂言：几周之后，我们将进入莫斯科，然后我要把它夷为平地，在那里修一个水库，莫斯科这个名字必须删掉。

在此期间，尽管苏联共产党和苏维埃政府采取了一系列紧急措施，动员全国人民参战，但由于苏军缺乏空中掩护、车辆、油料、弹药，加上一些指挥上的错误，在进攻和反击中总是以失败而告终，遭到了重大损失。相反，在作战最初的几个月里，德军沿用之前在西欧大获全胜的闪击战术，横扫了大半个东欧平原，消灭并俘虏了上百万苏联红军部队，在短时间内取得了非常惊人的战绩。但希特勒和纳粹德国的将领们低估了苏联人民的坚韧意志和顽强精神，也忽视了拿破仑在莫斯科惨败的历史教训。在苏联红军的节节抵抗之下，寒冬降临了，苏联人民将用鲜血染红莫斯科的白雪，揭开打败纳粹侵略者的序幕。

1941年6月22日正值星期天，苏联军官和士兵都在休息，大量苏联飞机在机场上被纳粹空军摧毁

二战时代

莫斯科会议
美英援助苏联

纳粹闪击苏联，红军节节败退。为了摸清底细，美国派人访苏。莫斯科会议召开，达成援苏协定。

在纳粹德国的闪电战面前，缺乏准备的苏联损兵折将，前线部队溃不成军。世界舆论认为苏联很快就会亡国，美国和英国也在是否要援助苏联问题上摇摆不定，罗斯福总统派霍普金斯访问莫斯科以了解实际情况，随后英、美、苏三国在莫斯科召开会议，签订了援助苏联、共同打击纳粹德国的《莫斯科协定》。

哈里·霍普金斯的探路之旅

苏德战争爆发后，苏联节节败退，溃不成军，让整个世界大吃一惊，也让美英两国倍感沮丧。英国的军事专家认为苏军面对希特勒的进攻只能维持5—6个星期，美国军事专家则估计最多维持3个月。在这种悲观论调支配下，美国和英国的政治家认为苏联经受不住纳粹德国的进攻，更对与苏合作前景表示担忧。但是美国总统罗斯福却并不认同如此悲观的结论，为了解苏联的实际情况以及在援助方面的具体要求，他决定派总统特别助理哈里·霍普金斯访问莫斯科，直接与斯大林对话，听取苏联领导人的看法。

1941年7月27日—8月1日，哈里·霍普金斯在莫斯科会见了斯大林，同时与苏联政府讨论了美国对苏军事援助以及双方协同作战等问题，但是在他访苏期间，对美国援苏规模并未达成最后协议。即便如此，霍普金斯访苏仍具有重大意义。通过这次访问，他目睹了苏联强大的军事潜力，掌握了苏德战场上苏军英勇战斗的详细情况，向罗斯福

哈里·霍普金斯（Harry Hopkins）与罗斯福总统在启程参加雅尔塔会议的军舰上交谈。霍普金斯是罗斯福总统的密友，在二战期间负责协调美苏之间关系，也曾多次代表罗斯福总统访问苏联，与斯大林、莫洛托夫、米高扬等人会谈，商讨美国对苏联的军事援助等问题，成为沟通美苏两大同盟国的桥梁

表达了对苏联的深深信赖。所以，霍普金斯访苏使得美国当局对苏作战能力和作战前途有了新的认识，成了战时英、美对苏关系的转折点。

莫斯科会议的召开

为了加强英美之间的沟通与协调，1941年8月14日，美国总统罗斯福与英国首相丘吉尔在大西洋上的一艘美国军舰上会晤并发表了《大西洋宪章》，不久苏联声明同意宪章的基本原则，这为加强美、英、苏三国合作提供了基础。1941年9月29日—10月1日，苏、美、英三国代表在莫斯科

步步惊心：战役

1941年8月14日，富兰克林·罗斯福总统和英国首相温斯顿·丘吉尔在北大西洋的一艘军舰上举行会议，签署了《大西洋宪章》

> **知识链接：《大西洋宪章》**
>
> 又称《罗斯福丘吉尔联合宣言》。苏德战争爆发后，第二次世界大战范围进一步扩大，美、英迫切需要协调反法西斯战略。两国首脑于1941年8月在大西洋北部纽芬兰阿金夏海湾的奥古斯塔号军舰上举行大西洋会议，提出了对法西斯国家作战的目的以及战后重建的和平目标。这对国际反法西斯统一战线的形成和打败德、意、日侵略者起到了积极的推进作用，奠定了联合国宪章的基础。

召开会议，讨论如何有效地援助苏联作战问题，出席会议的分别是美国代表团团长哈里曼、英国代表团团长比佛布鲁克勋爵、苏联代表团团长莫洛托夫。在会议进行期间，三国代表曾产生过意见分歧，但是由于他们面对的共同敌人都是纳粹法西斯，而且必须合作才能战胜敌人，最后在10月1日签订了《莫斯科协定》。规定从1941年10月1日起至1942年6月30日，美、英两国每月向苏联提供飞机400架、坦克1100辆、高射炮300门，以及其他原料、武器和军用物资；苏联则向美、英提供军工原料和货物。10月30日，罗斯福总统写信通知斯大林，美国国会批准了《莫斯科协定》上的全部项目，决定向苏联提供10亿美元的无息贷款，帮助苏联解决采购物资上的财政困难。1941年11月7日，罗斯福总统又宣布《租借法案》适用于苏联。实际上在这9个月期间，英、美一共向苏联提供了价值大约为10亿美元的各种物资，而且还承担了协助运送供给苏联武器和军用物资的义务。

莫斯科会议的召开，在协调苏、美、英三国战时合作关系方面起了重要作用。虽然会议签订的协定并未满足苏联的全部要求，也未解决同盟国协同作战的重大战略问题，但这些援助仍然是对苏联的重大支持。尤其是在反法西斯的共同事业中，它不仅加强了三国的政治合作关系，而且在军事和经济方面也逐步联合起来，对推动反法西斯联盟的建立和促进苏、美、英三国的战时合作起到了积极作用。特别是尚未参战的美国直接向苏联提供了大量的武器装备、战略物资和粮食，这对加速德国法西斯的灭亡具有重要意义。

苏德战争爆发后，美国通过租借计划向苏联提供了大量武器装备和军事物资，这是苏联空军在美国阿拉斯加接收美国提供的道格拉斯A-20战斗机

兵临城下 列宁格勒保卫战

三面围城，背水一战，长达872天的坚守，见证了俄罗斯民族的顽强与坚韧。

列宁格勒保卫战是纳粹德国为攻占苏联第二大城市列宁格勒（圣彼得堡）而实施的军事行动，从1941年9月8日到1944年1月27日，历经近3年的战斗，在付出了巨大的伤亡后最终赢得了胜利。

三面围城

1941年6月22日，希特勒撕毁《苏德互不侵犯条约》，不宣而战，向苏联发动全面进攻。其中北方集团军群的29个师和760架飞机，从东普鲁士出发经波罗的海三国向列宁格勒实施突击，芬兰军团的15个师和550架飞机从拉多加湖以东和列宁格勒正面协助进攻。到9月8日，德军将列宁格勒三面包围，只有拉多加湖一面还在苏军手中。

原名圣彼得堡的列宁格勒是苏联十月革命的发源地，是苏联的精神象征，同时也是苏联第二大城市、工业重镇。希特勒叫嚣着一定要把列宁格勒"从地球上抹掉"。

苏联最高统帅部决定死守列宁格勒，派朱可夫将军负责保卫列宁格勒的重任。在1941年9月16—19日的4天里，列宁格勒军民以惨烈的牺牲挡住了德军最猛烈的进攻，坚守围城，岿然不动。

此后希特勒将进攻重点转到莫斯科，将德国北方集团军群的精锐部队陆续调走，留下部分德军严密封锁列宁格勒，希特勒宣称："我军的目的在于包围这个城市，用炮击和连续不断的空中轰炸，把它夷为平地……在一场争取生存的战争中，我们对这样一个大城市的人口连一部分也不想保留。"

被围困的列宁格勒很快陷入了饥荒。1941年9月8日，列宁格勒的粮仓被德军轰炸

从1941年9月8日纳粹德国军队开始围困列宁格勒，到1944年1月27日解围，在长达872天的坚守中，150万苏联军民冻饿而死，最终赢得了胜利

步步惊心：战役

三名收尸队员埋葬在 1942 年的列宁格勒围城之战中冻饿而死的居民

> **知识链接：生命之路**
>
> 列宁格勒三面被围后，在最困难的 1941—1942 年冬季，英勇的列宁格勒军民在封冻的拉多加湖冰面上开辟了一条冰上公路，成了取得外界支援的唯一通道，仅 1941 年冬季就通过这条公路运进 36.1 万多吨物资，其中包括 27.1 万吨粮食，缓解了饥饿形势，被誉为列宁格勒的"生命之路"。

机摧毁，数百万军民很快处于断粮状态。到 1942 年的冬季，在零下 40 摄氏度的严寒里，城市断水、断电、缺少供暖。由于没有炉子和食物，大量从德占区逃入城里的农村和郊区居民首先被冻死、饿死。城市居民每人每天能领到 125 克面包的供给，但远远不够。饥饿的人民想了很多办法填饱肚子，例如胶水汤（带点面粉做的可熬汤）、粮库土（粮食焚烧后渗入土中，提纯可吃）、煮毛衣（战前浆洗衣服时会用面粉，提纯可吃）、木屑酵母片（木头发酵后做成酵母）等匪夷所思的东西。到了 1942 年的春季，大家开始吃树叶、野草、老鼠。许多母亲为了省下一点粮食给孩子相继被饿死。饥饿让人发狂，在列宁格勒保卫战期间被警察抓获枪毙的抢劫犯、小偷和杀人犯多达 3000 人，是战前的 100 倍。

反击与解围

为了配合在斯大林格勒的反击战，1942 年 12 月 8 日，苏军最高统帅部下达了突破列宁格勒封锁的作战命令。1943 年 1 月 12 日，苏军发动代号为"火花"的突围战，集中 2000 门大炮和迫击炮向拉多加湖南岸的德军阵地进行了 2 个小时的猛烈炮火打击，随后发起进攻，经过 7 天激战，苏军突破德军阵地纵深 14 公里，打通了列宁格勒与沃尔霍夫的联系，获得了陆上补给线。

1944 年 1 月 14 日，苏军最高统帅部集中 3 个方面军向列宁格勒和诺夫哥罗德的德军发起歼灭式进攻，这是史称斯大林式"十次打击"中的第一次。经过激战，到 1 月 27 日，苏军收复红村、乌里茨克、普希金、诺夫哥罗德和卢加等城市，打通了列宁格勒通往莫斯科的十月铁路线，使列宁格勒从德军的长期围困中彻底解脱出来。当天，列宁格勒以 20 响礼炮欢庆保卫战的胜利。

绘画《列宁格勒反击战》。1944 年 1 月，苏军最高统帅部决定对列宁格勒和诺夫哥罗德的德军实施一次歼灭性打击，以彻底将这一地区的德军驱逐出去。围困终于在 1944 年 1 月 27 日以苏军的胜利、赶走了在市南面郊区的德军而结束

"闪击战"破产
莫斯科会战

莫斯科不相信眼泪,莫斯科相信鲜血和战斗,拿破仑、希特勒,都难逃失败的宿命。

苏联人民用鲜血和生命挡住了纳粹德国攻进莫斯科的道路,打破了德军不可战胜的神话,打碎了希特勒三个月灭亡苏联的狂妄野心。

任用贤将,雄壮阅兵

在重兵包围列宁格勒后,希特勒决定攻打莫斯科。1941年9月30日,德国陆军元帅冯·博克的中央集团军群从南翼向莫斯科发起进攻。斯大林号召全国军民:"誓死保卫莫斯科,绝不让纳粹血手玷污列宁的陵墓!"

10月2日,德军从中部突破了苏军防线。5日,斯大林决定由朱可夫指挥此场战役,但德军已进入尤赫诺夫,并将守卫维亚兹马地区的苏军合围,而且两翼情况严重。朱可夫把希望寄托在离莫斯科150公里的莫扎伊克防线上,同时他被任命为西方方面军司令员。朱可夫做了各种防御工作,并对德国机场进行袭击。13日,波洛苏欣指挥的部队把优势敌人挡了整整5天。

10月底到11月初,德军攻占了沃洛科拉姆斯克、卡卢加等要地,苏军经过顽强抵抗,将其阻止在纳拉河、奥卡河至阿列克辛一线,但莫斯科已成为靠近前线的城市。莫斯科西郊的战斗日益激烈,市民们冒着炮火一边疏散大型工业和企业,一边克服困难保证前线之急需。11月7日,为了庆祝十月革命胜利,在敌人的眼皮子底下,苏联人民在莫斯科克里姆林宫外的红场上举行盛大阅兵仪式,斯大林作了鼓舞人心的演讲。

德军再次进攻,苏军誓死抵抗

希特勒得知莫斯科红场阅兵的消息大发雷霆,命令博克立即执行再次进攻莫斯科的计划,从西南和西北两翼进攻莫斯科。11月13日,纳粹开始疯狂进攻,坚守国营农场西南阵地的苏军指导员克洛

莫斯科反击战。斯大林秘密集中大量包括远东和西伯利亚部队在内的预备队,又选择最有利的时机把预备队投入战斗达成突然性,造成斯大林式的闪电战,打破了对手不可战胜的神话

朱可夫获得"苏联英雄"荣誉称号。朱可夫是苏德战争中继斯大林后第二位获此殊荣的苏军统帅,因其在苏德战争中的卓越功勋被公认为是第二次世界大战中最优秀的将领之一,也因此成为仅有的四次荣膺"苏联英雄"荣誉称号的两人之一,深受俄罗斯人民的拥戴和敬爱

步步惊心：战役

1941年11月7日，苏联莫斯科红场举行了声势浩大的阅兵式。数十万红军官兵走过主席台接受斯大林等苏联党政领导人的检阅。之后，奔赴西部前线抗击法西斯德国军队的入侵。这次大阅兵极大地鼓舞了苏联军民的士气

> **知识链接：斯大林红场阅兵**
>
> 1941年10月，百万德军进抵莫斯科城下，为鼓舞全城军民斗志，斯大林决定在11月7日举行红场阅兵。阅兵开始后，无线电波把阅兵的消息从红场传到世界各地，斯大林发表了著名的演说，号召莫斯科军民不要撤离，坚守城市。受阅部队接受完检阅后随即开赴前线作战。这虽是苏联历史上时间最短的一次阅兵活动，但它产生的影响却是之后任何一次阅兵活动都无法相比的。

奇科夫和他的27名战士，在这一天的激烈战斗中全部英勇牺牲。

莫斯科保卫战进行得十分惨烈，德军占领了克林、索尔涅奇诺戈尔斯克、塔普萨地区并包围了图拉，形势异常紧张，朱可夫下达了"在11月底之前，各部队务必坚守阵地，不得从阵地后撤一步"的命令，而此时，博克元帅督促他的部队继续向前推进。在苏军的每一个防御地段上，都进行着白热化的斗争，师长潘菲洛夫在敌人的炮火中牺牲。博克发动了对苏联的最后进攻，德军推进速度缓慢，但频频得手，一步步逼近莫斯科，然而苏军的抵抗也十分激烈。不久，德军占领了克留科沃、红波利亚纳，但德军损失巨大，再加上莫斯科严寒的天气，士兵和坦克都受到了巨大影响，一线装甲部队指挥官提出了停止进攻、后撤防御的建议，但被希特勒否决，严令不准后退一步。

1941年12月6日，在朱可夫的统一指挥下，苏军集中了大约100万的兵力向德军发起了反击，许多德军在苏联红军的攻击下成建制的崩溃、溃逃，真是兵败如山倒。恼羞成怒的希特勒于1941年12月16日发布了死命令："不许后退！""坚守阵地至最后一名士兵战死"，并威胁称如果溃逃，将枪毙负领导责任的师长。但无论希特勒如何威胁恫吓，也阻止不了失败的命运。

到1942年4月20日，苏联红军已经彻底打破了德军对莫斯科的威胁，并收复了克林、卡卢加、加里宁等城市，解除了德军对图拉的包围，并向西推进了100多公里。根据苏军最高统帅部公布的数字，德军共伤亡50多万人，损失坦克1300余辆，火炮2500门，汽车15000多辆。

莫斯科保卫战的胜利，彻底打破了纳粹德国想一举消灭苏联的企图，给处于战争苦难中的苏联人民带来了胜利的希望，也消除了英国和美国对苏联军事能力的疑虑，认识到了苏联的强大战斗潜力。

胜利日二战女兵胸前挂满奖章

二战时代

兵不厌诈
日本偷袭珍珠港

偷袭珍珠港，
激怒山姆大叔，
日本的小算盘，
没算到惨败的厄运。

1941年12月7日凌晨，珍珠港仍然沉浸在睡梦中，忽然雾气缭绕的海面上传来了"嗡嗡"的飞机轰鸣声，一架又一架涂有醒目旭日标志的战机冲出云雾，扑向不远处的珍珠港，短短几分钟后，美丽的海港变成了人间地狱……

狼子野心

一战结束后，日本和美国为争夺太平洋地区的霸权，展开了激烈的海军军备竞赛。1937年日本发动全面侵华战争后，吞并亚洲的狼子野心日益明显。美国政府维持中立，但给予了中国大量援助，引发了日本不满。

1939年日本"北进"苏联战略受挫，转而"南进"太平洋，企图夺取英、法、荷在东南亚的殖民地，掠夺石油资源。为了在外交上施放烟雾弹，1941年4月日本派野村吉三郎与美国国务卿赫尔

珍珠港地处瓦胡岛南岸的科劳山脉和怀阿奈山脉之间平原的最低处，与唯一的深水港火奴鲁鲁港相邻，是美国海军的基地和造船基地，也是北太平洋岛屿中最大最好的安全停泊港口之一

进行缓和谈判，借此拖延时间。但在谈判期间美国对日本实行石油禁运，日本的战争机器踩足油门，加速运转。

秘密谋划

日本联合舰队司令山本五十六奉命策划行动。曾经做过驻美武官的他深知美国巨大的工业潜力，所以要想击败美国，必须采取偷袭的办法，毕其功于一役，一举打垮对手。但该偷袭哪里呢？山本将目光投向了珍珠港。

珍珠港位于夏威夷瓦胡岛南岸，港口条件优越。19世纪末夺取夏威夷之后，美国将珍珠港建成了世界上最大的军港，驻扎了太平洋舰队。山本认为，如果偷袭珍珠港，消灭太平洋舰队主力，可以迫使美国政府在谈判桌上接受日本的侵略主张。

出于这样的考虑，山本五十六于1941年初提交了夏威夷作战计划，主张将航空母舰作为奇袭的主力。在那个"大舰巨炮"的海战理念占据主流的时代，山本的计划显得十分新颖。经过一番争论，山本的作战构想获得通过。1941年11月5日，日军发布了《大本营海军部第一号命令》，命令联合舰队进行作战准备。

11月25日傍晚，已经连续进行了三次模拟攻击训练的"赤城"号、"加贺"号、"翔鹤"号等6艘航空母舰在单冠湾集结。26日凌晨，联合舰队拔锚起航，驶向万里之外的珍珠港。此时的美国仍然蒙在鼓里。

> **知识链接：山本五十六**
>
> 山本五十六（1884—1943年）是日军偷袭珍珠港事件的始作俑者，1941—1943年担任日本联合舰队司令官。偷袭珍珠港后又在1942年指挥了中途岛海战。1943年4月18日在乘坐飞机前往所罗门群岛的芭芭拉机场时遭到美军伏击，机毁人亡。山本五十六的死亡沉重打击了日本海军的士气。

惊天偷袭

要说美国军方一点也没有察觉到日本的行动，也不准确。华盛顿时间12月7日凌晨，负责情报搜集的特工部门破译出了日本对"赫尔备忘录"的全部答复，推测出日本将对珍珠港发动突然袭击。但由于美国军方反应迟钝，并没有把这一消息及时通知太平洋舰队司令金梅尔，等到情报送达珍珠港的时候，日军的袭击早就结束了。

火奴鲁鲁（檀香山）时间1941年12月7日5时30分，夏威夷北部海面上的晨雾仍然没有散去，海面上一个个暗灰色的轮廓越来越明显，日本联合舰队破浪而来，每艘航母的甲板上都密密麻麻地排满了

日本在二战中广泛使用海军航空兵飞机，但它只能携带一枚鱼雷

日本海军飞机准备从航空母舰上起飞

飞机,发动机发出"嗡嗡"的轰鸣声,头戴"必胜"白布的飞行员狂呼"万岁"之后,跳进了飞机座舱。

6时整,望着珍珠港的方向,舰队指挥官南云忠一下令:"起飞!"一架架飞机从甲板上滑翔而起,15分钟后,183架飞机集结完毕,如饥饿的蝗虫一般扑向珍珠港。

这一天是周日,珍珠港仍然沉浸在睡梦中。

突然,坐在飞机后排亲自指挥的舰队航空兵指挥官渊田美津雄的耳机中传来了激动的叫喊:"发现'亚利桑那'号!""发现'内华达'号!"渊田命令:"全军出击!"日本飞机马上掉转机头,向下俯冲,紧贴着海面投下一枚枚鱼雷。停泊在军港中的美军战舰毫无防备,顿时在爆炸声中燃起团团大火。

"亚利桑那"号是主力战列舰,瓦尔肯伯格舰长刚刚来到舰桥,就看到涂满旭日标志的日本飞机如黑云般压了过来,他尚未来得及发布命令,一枚炸弹就已经砸向甲板,引爆了舰首弹药舱。

与此同时,每架日本战机都按照计划攻击各艘舰艇。顿时,飞机的轰鸣声、炸弹爆炸声、刺耳的警笛声,加上人们的呼救声,让整个珍珠港变成了人间地狱。

当日军开始攻击时,美军中校拉姆齐正在司令部外观看升旗。7时55分,他看到远处一架飞机俯冲后投下了一个黑色的物体,便转身对部下说:"记下那家伙的机号,他违反了安全条例,连投弹器都照看不好,我要上报。"话音未落就听到巨大的爆炸声传来,拉姆齐这才明白过来:"这是日本飞机投下的炸弹!"他马上冲进发报室,用明码发报:"空袭!珍珠港!这不是演习!"7时58分,这条著名的电报传到美国。

此时太平洋舰队司令金梅尔正站在办公室外,目瞪口呆地看着日本飞机在军港上空来回盘旋投弹,也看着他心爱的8艘战列舰相继爆炸、起火、下沉。短短半小时后,太平洋舰队的战列舰队基本上全军覆没。

在几百海里之外的"赤城"号航母上,南云忠一收到了前方发回的"虎!虎!虎!"暗码,他压制不住内心的狂喜,向大本营发报:"我方奇袭成功!"

1941年12月7日上午10时10分,日军第一波攻击编队返回,美军共有4艘战列舰被击沉,4艘战列舰和2艘巡洋舰遭重创,约450架飞机被毁,而日军仅仅损失29架战斗机。渊田认为应该马上发动第二轮袭击,攻击珍珠港的船坞、油库和

日本海军联合舰队偷袭位于夏威夷珍珠港的美国海军基地，美国太平洋舰队的主力战舰大部分被击沉

补给，让美军在夏威夷无法立足。但较为保守的南云忠一考虑到美军三艘航母并不在港内，有可能攻击日本航母舰队，且第一波攻击已经取得了超出预期的战果，于是决定返航。历史证明，这个决定给美军留下了喘息时机，美国强大的造船能力很快能补充珍珠港的损失，但如果船坞、油库等基础设施遭到破坏，那么短时间内是很难修复的。接任美国太平洋舰队司令的尼米兹说："日本人未返回珍珠港一干到底，这是对我们的最大帮助。他们给我们留下了喘息之机，使我们可以恢复士气，重新组织力量。"

美国对日本宣战

珍珠港遭到日军偷袭的消息传回美国，立刻激怒了"山姆大叔"。华盛顿时间1941年12月8日上午，罗斯福总统向美国国会发表演讲，公布了日本偷袭珍珠港、造成巨大人员伤亡和财产损失的消息。美国国会议员们立刻群情激奋，抛弃了一切党派纷争，在对日宣战问题上达成了高度一致。当天，美国联邦参议院以82票对0票，众议院以388票对1票通过对日本宣战的决定。美国，这个工业实力最强大的国家，开始摆脱孤立主义的桎梏，加入到反法西斯阵营中来。英国首相丘吉尔得知珍珠港事件便说："感谢上帝！我们总算赢了！"

"亚利桑那"号纪念碑。在珍珠港事件中，美国海军战列舰"亚利桑那"号被击沉

"狐鼠"之争
北非战役

"狐鼠"逐鹿北非沙场，英美盟军对抗德意联军。

从1940年9月到1943年5月，为争夺对北非的控制权，德意联军与英美盟军在此展开了一场惊心动魄的殊死搏斗。

阿拉曼战役

1940年6月10日，为了分享德国的胜利果实，原本保持中立的意大利抢在法国投降之前向英法宣战。此时意大利军队驻守在北非的利比亚，对英国控制的埃及和被誉为大英帝国"生命线"的苏伊士运河构成威胁，驻守埃及的英军"先发制人"，对意大利军队发动攻击，揭开了北非战役的序幕。

从1940年7月到12月，意大利的北非军团先胜后败，被迫向德国求援。1941年1月，希特勒组建"非洲军团"，由隆美尔指挥，支援意军。1941年3月31日德意联军对英军发起进攻，英军败退至埃及边界。奥金莱克接任中东英军总司令职务之后，于1941年11月18日凌晨出其不意地向德军发起了"十字军"战役，经过数日的激烈交锋，最终迫使隆美尔向西撤退，留在埃及边界的德军纷纷投降，"十字军"战役达到了预期的目标。

然而，德意军队得到增援后于1942年1月21日向英军发动了反攻，并于2月8日前将战线向前推进了达600公里。5月26日，隆美尔率军对英军发动进攻，战争渐渐逼近阿拉曼防线。虽然从7月1日起，德军的多次进攻均遭到英军的阻击和轰炸，英军渐渐夺回了战场主动权，但到了8月，由于隆美尔得到大量增援，英军被迫放弃攻势，两军再次相持在阿拉曼战线附近。此时英国首相丘吉尔对奥金莱克的军事指挥能力极度不满，他任命蒙哥马利接替奥金莱克出任英国第8集团军司令，并下

"火炬"行动。美国士兵在北非阿尔及尔附近海滩登陆，标志着美国军队进入北非战场

隆美尔元帅，纳粹德国"非洲军团"的指挥官。对他的评价趋于两极化，支持的人将其称为纳粹战神，反对的人根据他战略的失误，将其称为"战术上的巨人，战略上的矮子"

知识链接：中国远征军在缅甸作战失利的大背景

由于北非战场失利，英美根据"先欧后亚"的战略，将本来计划支援中国军队的军事装备投入北非战场（其中美国提供的1800架飞机、1700辆坦克和25000辆军车中的大多数原计划准备提供给中缅印战区包括中国远征军使用）。为了支援北非战场，正在缅甸同日军作战的中国远征军彻底失去空中掩护，也丧失了大量先进军事装备，最终失利。

达命令要不惜一切代价打败隆美尔。

8月15日，蒙哥马利正式接任英国第8集团军司令后，首先对麾下的指挥官作了较大的调整，在阿拉曼防线上，他也加紧了针对隆美尔的军事部署。

隆美尔的部队于8月31日向英军发起进攻，然而英军对此已早有准备，将德军引进了在哈勒法山口为之布置好的雷区，德军遭到了英军的重机枪、大炮、迫击炮的猛烈射击，纷纷倒下。9月2日，隆美尔感到再也支持不住了，开始往回撤退，9月3日，德军加快了撤退速度。直至9月7日，隆美尔的"非洲军团"才完全走出陷阱，与此同时，蒙哥马利也下令停止战斗，他要继续做好准备，在确有把握的时候再向隆美尔发起全面进攻。

哈勒法战役的胜利极大地鼓舞了英军的士气，再加上海上通道已被英军控制，英军得到了有效增援，实力不断壮大。反观德意军队则处境不妙。此时由于在斯大林格勒战役中损失惨重，德意两国被迫于1942年秋季前大幅度缩减对非洲作战军队的支援，同时由于意大利军队对地中海航线保护的不

北非战役中的蒙哥马利。蒙哥马利在埃及港口阿拉曼打退了德军的进攻，遏制了德国陆军元帅隆美尔的进攻势头

阿拉曼战役中开展进攻的英国军队。阿拉曼战役，是第二次世界大战北非战场上，轴心国德国司令埃尔温·隆美尔所指挥的非洲装甲军团与英国伯纳德·蒙哥马利将军统领之英联邦军队在埃及阿拉曼进行的战役。这场战役以以英国为首的盟军的胜利而告终

得力，德军得到的补给已经少得可怜。德意军队已精疲力竭，武器、药和燃料奇缺。双方的实力对比也已经很悬殊。

在这样比较乐观的战略背景下，蒙哥马利决定彻底解决北非问题。为此他做了精心的准备，用"金蝉脱壳"之计将作战部队和车辆开至预设阵地，进行巧妙的伪装，躲过了德军的空中侦查。1942年10月23日晚，英军对德军突然袭击，阿拉曼战役爆发。损失惨重的德军无法正面对抗英军的进攻，为避免被围歼，隆美尔下令撤退，英军则乘胜追击。北非战局得到扭转。丘吉尔写道："在阿拉曼战役以前，我们是战无不败；在阿拉曼战役以后，我们是战无不胜。"

"火炬"行动

1942年7月，英美首脑决定实施夺取法属北非殖民地的"火炬"行动计划，丘吉尔主动提议由美国将军艾森豪威尔担任"火炬"行动计划的盟军总司令，负责具体的规划和指挥工作。

"法属北非"包括法属摩洛哥、阿尔及利亚和突尼斯。1940年6月22日法国投降后，贝当元帅在法国南部小城维希组织了傀儡政府，继续对法国的海外殖民地进行统治。法国维希政府在北非殖民地拥有大批军队和武器装备。但北非的地理位置和政治状况十分利于盟军的登陆作战，经过一番苦思，艾森豪威尔最终决定在卡萨布兰卡、奥兰和阿尔及尔登陆。为了执行"火炬"行动计划，盟军动

用13个师、300艘战斗舰艇和370艘运输舰编成东部、中部、西部三个特混部队，计划在英国航空兵的保障下，于11月8日凌晨在阿尔及尔、奥兰和卡萨布兰卡地区同时登陆，之后直驱突尼斯，夺取整个"法属北非"。

1942年11月8日，10余万盟军分别在阿尔及尔、奥兰和卡萨布兰卡登陆，由于大部分法军不愿与纳粹德国为伍，基本没有进行抵抗。11月8日盟军进入阿尔及尔城，10日占领奥兰，11日占领卡萨布兰卡，此后盟军从东西两面向突尼斯发动进攻。希特勒不甘心放弃拥有重要战略地位的北非，命令隆美尔率军退保突尼斯，与美英联军展开决战。但由于英国海军控制了地中海的制海权，切断了突尼斯和意大利、法国之间的海上通道，德意军队补给困难，战争物资极为匮乏。虽然在与英美联军的战斗中互有胜负，但隆美尔意识到如果继续留在突尼斯，那就等于自杀，于是向希特勒提出了撤兵返回欧洲的计划，但被拒绝。3月9日，隆美尔心灰意冷地告病回国休假，永远离开了北非，德军将领阿尼姆接过了德意军队的指挥权，意大利的梅塞元帅任司令。战斗越来越激烈，几番殊死较量过后，北非的德意军队终于山穷水尽，突尼斯战役对盟军来说已经胜券在握。5月6日英美军全线发起进攻，5月9日，德意军队竖起白旗投降，约10万德军、15万意军被俘，只有633人从海上逃走。

经过2年零8个月的拉锯战，1943年5月13日，北非战役以盟军的全面胜利宣告结束。经过此次战役，盟军彻底肃清了德意在北非的军事力量，并进而依托北非完成了对地中海制海权的全面控制，地中海航道从此畅通，使西方盟国能够通过苏伊士运河从大西洋向印度洋进行海上运输。在"火炬"行动计划中，盟军第一次使用登陆舰艇实现"由舰到岸"的大规模渡海登陆作战，在战役组织、装备使用等方面为尔后的西西里和诺曼底等登陆战役提供了经验。北非战役胜利以后，盟国开始向意大利本土开展进攻，德意法西斯灭亡的命运即将到来。

卡萨布兰卡，摩洛哥的第一大城市，东北距首都拉巴特88公里，濒临大西洋，树木常青，气候宜人

喋血瓜岛
瓜达尔卡纳尔岛争夺战

一场被戏称为"小本经营"的战役，却套住了一桩海陆会战的"大买卖"。

在珊瑚海和中途岛战役中，美国虽然获胜，但日军主力犹存。为了遏制日本对澳大利亚的进攻计划，美军主动出击，围绕瓜达尔卡纳尔岛（以下简称"瓜岛"）的攻防，双方投入大量海陆空军力量，进行了一场决定太平洋战局的大会战。

美军轻松攻占瓜岛

中途岛战役使日本第一次领教了美国铁拳的厉害，于是决定改变计划，先占领新几内亚岛北部再向澳大利亚进发。为了掩护登陆部队，日军开始在瓜达尔卡纳尔岛上修建机场，以保护重要的拉包尔基地。此时的日本，就好像舔舐好伤口的猛兽，准备向猎物猛扑过去。

1942年7月，美军太平洋舰队开始执行"瞭望台"方案，计划在所罗门群岛登陆，然后步步为营打下拉包尔。舰队司令尼米兹上将在获知日军在瓜岛的行动后，大为震惊，命令美军登陆所罗门群岛的同时"顺便"打下瓜岛，这样，原本不知名的瓜岛就成了一个重要目标。

1942年8月7日，范德格里夫特少将指挥的第一陆战师没有遭受抵抗，轻轻松松地攻占了瓜岛，这是因为日本没有想到美军会在瓜岛登陆，所以没有部署防御。而对于美军来说，遭遇的第一个敌人是恶劣的自然环境。瓜达尔卡纳尔岛地处南太平洋，是所罗门群岛第二大岛，气候潮湿闷热，瘴气弥漫，蚊虫肆虐，美军上岛没几天便有大量士兵感染伤寒、疟疾。

海陆大厮杀

日本首相东条英机获悉瓜岛失守的消息后，大为震怒，命令联合舰队司令山本五十六夺回岛屿。一场规模空前的海陆大厮杀由此展开。

1942年8月8日晚，日本第8舰队以轻微代价击沉美军"堪培拉"号等4艘巡洋舰。海战刚刚结束，日本第17集团军便登陆瓜岛，与美军展开争夺战。

8月23日和24日，掩护向瓜岛运输军队的日军第2舰队与美军第61特混舰队意外相遇，从美军"企业"号航母上起飞的飞机将日军"龙骧"号航母炸沉。此后日军只能在夜里用驱逐舰向岛上输

绘画《登岛》。美军第一陆战师登陆瓜达尔卡纳尔岛

步步惊心：战役

由于美国海军对瓜岛的严密封锁，日军只能使用驱逐舰在夜间向瓜岛输送部队，这被美军戏称为"东京快车"。图为得胜的美国官员乘坐"东京快车"合影

> **知识链接：瓜岛日军惨况**
>
> 夜里摸黑前进，白天躲躲藏藏；
> 瓜岛的森林呀，如此密密苍苍；
> 粮食早已吃光，野菜草根难饱肚肠；
> 几度跌倒又爬起，爬起又跌倒，全身泥浆；
> 连驱赶蚊子的力气也没有，生不如死的惨况。
>
> ——作者是参与瓜岛战役的日军上士吉田嘉七

送部队，这被美军戏称为"东京快车"，到10月17日，岛上日军已达2.2万人。

日军第十七集团军司令百武中将亲自指挥进攻马塔尼考河阵地和亨德森机场，妄图一举打垮美军。10月24日下午，伴着狂风暴雨，日军呐喊着冲向机场，但却被外围的铁丝网拦住，美军机枪将剪除铁丝网的日本兵打成了筛子。但出乎美国人的意料，日军不顾火力猛烈仍然源源不断地冲上来，阵地前尸横遍野，破碎的躯体四下散落。坐镇后方的百武得到消息，不得不下令撤退。

瓜岛陆地上的战事陷入胶着状态，但罗斯福总统认为瓜岛吸引了日军主力，正好进行会战，大量消耗日本的飞机、舰艇和兵员，削弱日军在太平洋其他地区的防御，为此，他严令美国军方全力支援瓜岛守军。

在美军的全力增援下，海战打得如火如荼。1942年11月12日晚，战列舰决战在瓜岛以北9海里的海域打响，由2艘战列舰和5艘巡洋舰组成的美军特混舰队对战日军战列舰队。美军充分发挥雷达优势，精确打击，日军毫无还手之力，"华盛顿"号战列舰的406毫米主炮更是一轮齐射就击沉了"雾岛"号战列舰。3天之后，战斗结束，美军不仅重创日方舰队，还摧毁了日本增援瓜岛的物资，这让罗斯福总统兴奋地宣布："这次战争的转折点终于来到了！"

日军取胜无望，在抛下了数万军人的生命后，1943年2月8日残余的1.19万日军全部撤出瓜岛。美日双方在这个不知名的小岛上进行的长达半年的厮杀终于结束。

瓜岛战役后在鳄鱼溪河口沙滩上横七竖八的日军尸体

二战时代

辉煌的转折
斯大林格勒保卫战

> 我们不能把城市交给敌人，不准后退一步，必须顽强地坚守每一个阵地，坚守每一寸苏联领土，尽最大力量去保卫它，直至流尽最后一滴血。

德军在莫斯科会战失败后，被迫放弃全面进攻，于1942年夏在苏德战场南翼实施重点进攻，企图攻占高加索和斯大林格勒，切断苏联红军的战略补给线。斯大林格勒万分危急，苏联红军奋起抵抗，在巷内和巷外与敌人展开斗争，取得了辉煌胜利。

斯大林格勒危在旦夕

1942年初，苏德战线稳定下来，但双方都在准备更大规模的战役，以争夺战略主动权。德军制定了企图占领罗斯托夫、沃罗涅日，控制高加索地区，向斯大林格勒前进的蓝色行动作战计划，但斯大林和苏联红军判断错误，把预备队的大部分兵力集中在莫斯科方向。5月，德军发起攻势，斯大林格勒会战开始。6月底，德军从哈尔科夫东北发起进攻，直指沃罗涅日和斯大林格勒。沃罗涅日方向上苏联红军所有方面军的预备队都投入作战，并抽调兵团加强布良斯克方面军使其局势稍有缓和，但并没有消除德军突破顿河以及沿顿河向斯大林格勒方面突击的严重风险。7月，德军冲破了苏联西南战区的防线，向斯大林格勒扑来，为了阻挡德军前进，斯大林组建了斯大林格勒方面军，并把莫斯科的预备队调往该城。根据命令，这些士兵昼夜奔向伏尔加河与顿河草原。5日，不等斯大林格勒的第四道防御战壕完工，战斗就已打响。17日，苏军和德军在顿河草原的普罗宁村相遇，揭开了斯大林格勒大会战的序幕，苏德双方从这一天起把各自越来越多的部队投入到这场血战中，并最终决定了双方的命运。23日，由于苏军失误，德军夏季作战十分顺利，然而在8月，希特勒得到了苏联人正在向斯大林格勒集结重兵的消息。他立刻调整作战计划，命令向高加索推进的德国第四装甲集团军转向顿河以南进攻，配合第六集团军的行动。苏军最高统帅部下达各种命令，经过一番调兵遣将，两军在顿河大弯曲部展开了激烈斗争。17日，德军以惨痛代价占领顿河左岸，战斗结束。

20世纪60年代，苏联在伏尔加格勒（斯大林格勒）城外的山丘马马耶夫岗建造了苏联战斗英雄塑像群，竖起了高达52米的"俄罗斯母亲纪念碑"

步步惊心：战役

德国军队进攻。斯大林格勒战役从 1942 年 7 月 17 日开始一直持续到 1943 年 2 月 2 日，苏联军队同德军进行了艰苦的城市巷战

惨烈的巷战

1942 年 8 月 19 日，德军前线指挥官保卢斯签署了进攻斯大林格勒的计划，23 日德军向雷诺克方向发起进攻，摧毁苏军阵地，直接威胁着北郊的拖拉机厂。数百架轰炸机投下了炸弹和燃烧弹，空袭中断了苏军通信线路，工人们和民兵队伍冲向前线与斯大林格勒战士并肩作战，挡住了德军的进攻。但德军已占领京古塔车站，经过战斗，突破了斯大林格勒方面的左翼防御，从斯大林格勒北郊向其拖拉机厂进攻，从拉托申卡地域向东突击，出现在伏尔加河，使苏军铁路供养线遭到严重破坏，形势万分危急。

> **知识链接：一座见证苏联历史的城市：斯大林格勒**
>
> 斯大林格勒位于伏尔加河下游右岸，在莫斯科南方 1000 公里处，是沟通伏尔加河和顿河的著名运河的起始点，交通便利、位置重要、经济发达，是苏联时代最重要的工业中心之一。在十月革命前的城市名称是察里津，1918—1919 年，斯大林在这里领导了著名的察里津战役，击溃了来势汹汹的哥萨克白卫军，为了纪念斯大林的卓越贡献，1925 年将察里津改名为斯大林格勒，1945 年被命名为"英雄城"。赫鲁晓夫执政时期否定了斯大林的历史贡献，反对个人崇拜，于 1961 年将其改名为伏尔加格勒。2013 年 1 月 31 日，俄罗斯伏尔加格勒市议会决定，在每年的卫国战争纪念日期间，将城市的名字改为斯大林格勒，以纪念斯大林格勒保卫战的胜利。

9 月 13 日，双方直接争夺斯大林格勒的战斗打响，德军突破了苏军在奥尔洛夫卡的防线。不久苏军近卫十三师赶来支援，他们冒着弹雨、炮火在伏尔加河登陆上岸，然后消失在市中心的大街小巷里，有力地阻击了

绘画《反攻》。斯大林格勒战役中，被击溃的纳粹德国第六集团军

85

德军第六集团军的机枪手。德军第六集团军是二战中德军的一支陆军部队,是斯大林格勒大会战中的德军主力部队,由保卢斯指挥

德军的攻势,并在德军据点与其展开了生死较量。苏军德拉甘部队在中央火车站采用迂回战术顺利拿下车站大楼,在德军主攻方向筑起了一座坚强的堡垒。叶林部队对马马耶夫岗发起进攻,士兵冲进堑壕,最终占领此地。

进入巷战的斯大林格勒已无战线可言,此城60万老百姓和苏军与几十万德军陷入一场真正的大混战。从10月3日起,德军向红十月、拖拉机厂发起猛攻,苏军奋起反击,14日希特勒下令整个苏德战场转入战略防御,但在斯大林格勒要发动更猛的进攻。德军将苏军第六十二集团军防线拦腰切断。苏军损失严重,阿纳泥耶沃营六连官兵全部阵亡,近卫士兵在与敌人搏斗中大部分阵亡,但是,在意志顽强的守军面前,德军攻势减弱,元气渐渐丧失,到10月底,进攻停止。

苏联红军的反攻

为了打破斯大林格勒僵局,使形势发生有利于苏军的变化,1942年11月19日早晨,苏军拉开"天王星"计划的序幕,西南、顿河方面军一线苏军3000多门大炮开始轰鸣,罗马尼亚第三军团遭到炮火猛烈袭击,保卢斯决心用其坦克军堵住溃败缺口,但是苏军的向西推进已对他的军队构成了严重威胁。不久,苏军又突破法军防线,保卢斯军队撤退至下奇尔斯卡亚,但元首断然否定了放弃斯大林格勒的主张,拒绝撤退,这道命令让其军队陷入了包围圈。23日,苏军完成了预定的战术突破,德军第六集团军成了苏军的囊中之物。

希特勒命令保卢斯不惜一切代价固守待援,并告知他12月初将实行救援行动。12日凌晨,曼斯坦因向霍特将军下达了进攻命令,在炮火猛轰之后,突破了苏军的前沿阵地,推进到阿克塞河南岸,即将突破苏军合围圈。不久,斯大林调兵增援,激烈争夺上库姆斯基。16日,苏军击溃意大

斯大林格勒战役中,苏联红军在进行巷战

步步惊心：战役

斯大林格勒战役遗址。残破的城市建筑今天仍然能唤起人们对这场残酷战争的回忆

利军团，把奇尔斯卡亚的德军驱回到河对岸，对德军顿河集团军群左翼实施纵深包围，甚至威胁到高加索地区的德军。形势危急，德国人把原计划协同霍特部队进攻斯大林格勒的部队调去填堵缺口。曼斯坦因一方面敦促元首同意第六集团军突围，一方面命令霍特继续进攻，以便被围困在城中的保卢斯部队集中全力从内向外突围。但是希特勒同意突围的前提是不放弃斯大林格勒，保卢斯拒绝突围，冬季风暴宣告结束。

24日，苏军展开全线反攻，月底苏军攻占了科捷利尼科沃西南机场、托尔莫辛、塔钦斯卡亚，并挺进到新卡利特瓦、威索奇诺夫、别洛沃茨克、伊列英卡、切尔内什科夫斯基一线，歼灭保卢斯军队的时机已经成熟。

1943年1月10日，"指环"计划开始，苏军炮火猛轰德军，步兵开始冲锋，相继突破德军主要防御阵地，进抵卡拉瓦特山谷和切尔夫连纳亚河南岸，皮托姆机场陷入合围。气急败坏的保卢斯在绝望中向大本营发报，但接到的回应是不能提供任何援助，并且除了指责、训斥外，命令他不惜一切代价死守阵地。苏军的进攻越来越猛，德军阵地不断丢失，包围圈越收越紧，德军不战自溃，保卢斯请求投降。1月31日上午，保卢斯元帅带领残部投降，1943年2月2日战斗终结。

斯大林格勒会战是纳粹德国在苏德战场上遭遇的惨重失败，它造成了苏德总体力量对比的根本变化，是1942年底反法西斯战争大转折的标志性事件。

斯大林格勒战役也是人类历史上最血腥和规模最大的战役之一。轴心国一方在这场战役中损失了其在东线战场的四分之一的兵力，对苏联而言，这场战役的胜利标志着收复沦陷领土的开始。因此，中外历史学家普遍认为，斯大林格勒战役是苏联卫国战争和第二次世界大战的转折点。

第88—89页：苏联战斗英雄塑像群

马马耶夫山岗是斯大林格勒保卫战中的主战场，是苏联红军与德国法西斯军队最后决战的地方。入口处，左右各有一座巨大浮雕，名为"世代永记"。拾级而上，两侧大树参天，战况浮雕与英雄塑像交替出现。高地中部，是誓死保卫广场，中间的喷泉池内有一个一手持枪、一手握雷的赤膊英雄雕像。再往上走，左右各有一面浮雕，名为"残垣断壁"，上面有许多英雄形象和战时的口号。当人们走近这些浮雕时，耳边就响起了当年的实况录音：敌机轰炸声，对空射击的机枪声，战士们冲锋杀敌的呼喊声。还有当年莫斯科广播电台著名播音员列维坦洪亮的声音。他在宣读捷报，号召人们为胜利流尽最后一滴血……

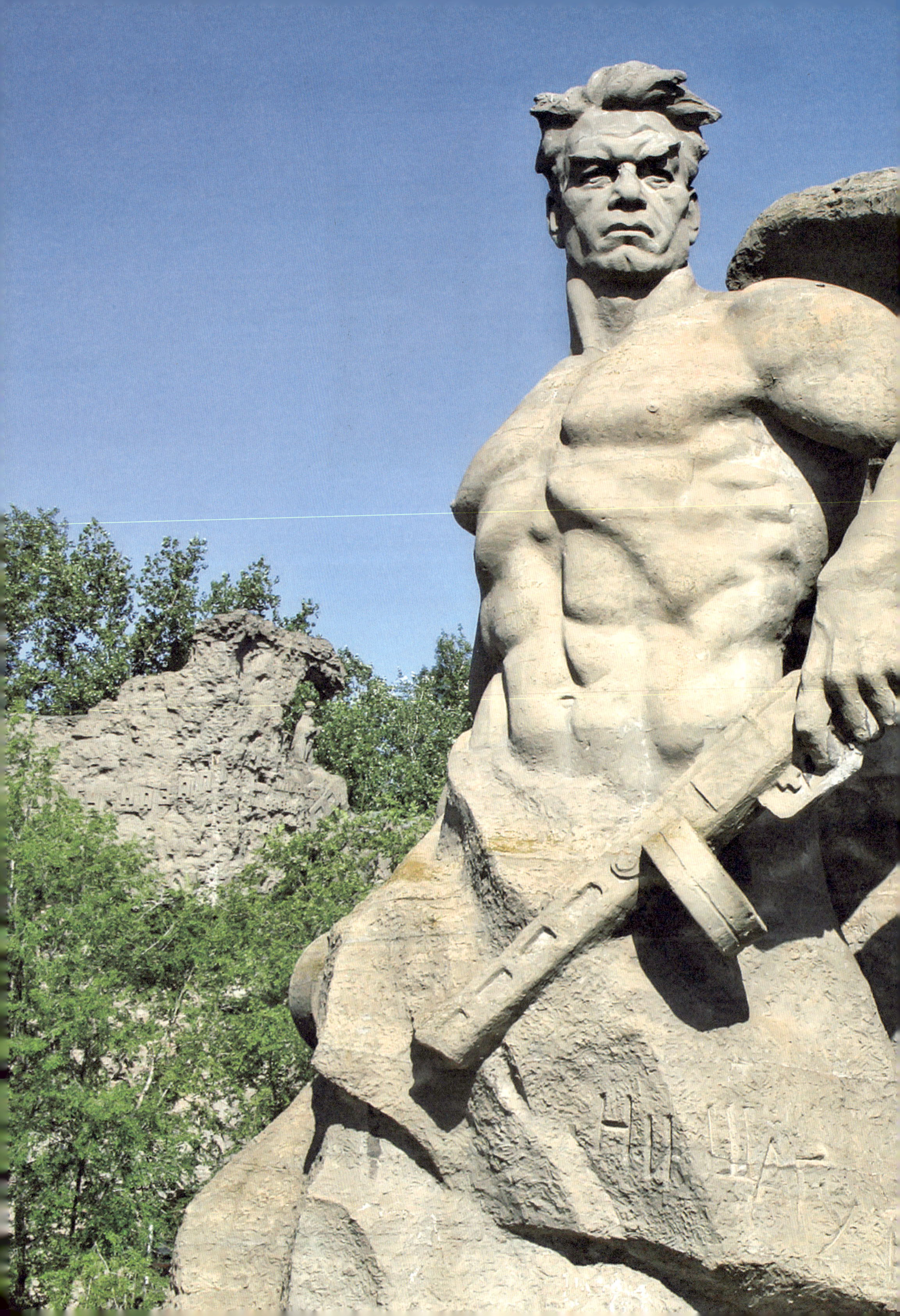

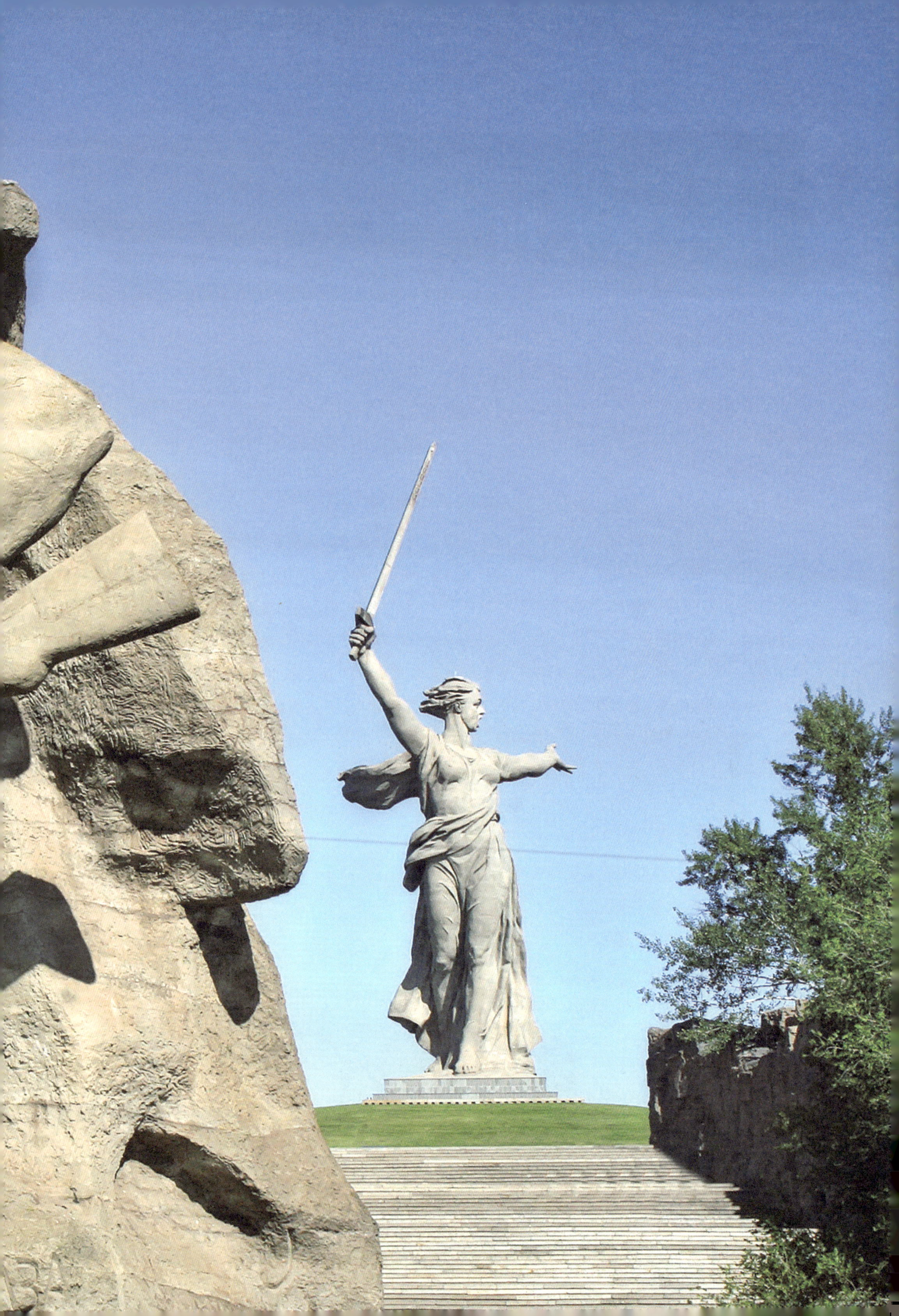

墨索里尼的末日
进军意大利

盟军跨过地中海，兵锋直指亚平宁，意大利望风而降，法西斯负隅顽抗。

盟军在北非战场上胜利后，为了打开欧洲的南大门，随即把目标锁定为轴心国链条中最弱的一环——意大利。经过将士们的浴血奋战，意大利获得了解放。

西西里登陆战

1943年1月英美首脑在卡萨布兰卡会议上确定了进军意大利、开辟南部战场的战略。1943年7月9日晚，盟军对西西里岛实施空降登陆作战，但由于德意军队早有防范，空降兵遭受重大损失。7月10日，盟军分别在西西里岛的西南部和东南部发动大规模登陆作战。意大利的海岸守备部队士气低落，望风而降，但德意航空兵对登陆舰船发动大规模空袭，迫使盟军加强空中掩护。

7月12日，蒙哥马利将军指挥的英国第八集团军攻克了锡拉库扎，但此后进展缓慢，美军第七集团军则在巴顿将军的指挥下猛打猛冲，所向披靡。7月22日，美军率先占领西西里首府巴勒莫，俘虏了意军5.3万人，8月17日，巴顿指挥的美国军队又抢先占领了墨西拿。历时38天的西西里岛登陆战至此宣告结束。

意大利南部战役

盟军登陆西西里岛加速了意大利墨索里尼政府的倒台。1943年7月25日，法西斯党最高委员会通过决议要求恢复君主立宪制，把军队的指挥权交给国王。当晚意大利国王维托里奥·埃马努埃尔三世召见墨索里尼，宣布撤销他的一切职务并将其软禁。

从8月3日起，以巴多里奥元帅为首的意大利新政府开始就投降问题与同盟国开展秘密谈判。意大利请求盟军占领意大利全境，以帮助摆脱德国的控制。但由于谈判一再延误，让德军获得了充足的时间来做准备。1943年7月26日，希特勒即命令德军控制法意和德意边境的所有山隘、桥梁，并抽调数个师开入意大利北部，组建B集团军群，由隆美尔任司令，与驻守在意大利南部的凯塞林元帅

西西里岛位于亚平宁半岛的西南，是地中海最大的岛。这里辽阔而富饶，气候温暖风景秀丽，盛产柑橘、柠檬和油橄榄。由于其发展农林业的良好自然环境，历史上被称为"金盆地"

墨西拿是西西里岛的门户，经陆路通往欧洲大陆的必经之路。二战中争夺墨西拿的战斗极为惨烈

> **知识链接：卡西诺山修道院**
>
> 卡西诺山顶的修道院是圣本尼迪克特建于公元529年，是本笃会的圣地，也是最重要的中世纪文化遗产之一。二战期间，德军以卡西诺山为基点建立了古斯塔夫防线以阻止盟军进军罗马，经过连番恶斗，最终盟军攻破了古斯塔夫防线，然而历史悠久的卡西诺山修道院也被盟军炸成了一片废墟。

领导的A集团军群形成南北呼应之势。

1943年9月3日英军渡过墨西拿海峡，在意大利南部登陆。9月8日意大利巴多里奥政府宣布无条件投降。德军立即解除了80万意军的武装并逮捕了大批意军军官，迅速占领了意大利各政府机关和要害部门，并于9月10日占领了罗马，意大利政府官员仓皇逃出罗马。

古斯塔夫防线

1943年9月12日，德军突击队救出被软禁的墨索里尼，在意大利北部成立了傀儡政府。与此同时，英、美、苏三国政府发表宣言承认意大利巴多里奥政府的同盟国地位。1943年11月驻意德军合编为C集团军群，建立了横贯意大利中部的"古斯塔夫防线"，号称坚不可摧的卡西诺山修道院就位于其中。由英国第八集团军和美国第五集团军组成的盟军被阻止在防线以南。

从1944年1月17日到5月22日，为了突破古斯塔夫防线，盟军先后发动了四次大规模的攻势，甚至不惜炸毁具有重要历史意义的卡西诺山修道院。到5月22日古斯塔夫防线全面崩溃，德军北撤。6月4日，克拉克麾下的美国第五集团军进入罗马。此后由于诺曼底登陆开辟了欧洲西部战线，盟军对意大利北部的进攻暂告一段落。

1945年4月，西线盟军和苏联红军从东西两线发动对德国的攻势，美国第五集团军和英国第八集团军同时向意大利北部发动进攻。4月28日，墨索里尼被意大利共产党游击队逮捕并击毙，尸体悬挂在米兰广场上示众。4月29日，驻意德军无条件投降。

在意大利战役中，盟军共伤亡32万多人，但歼灭了德军65.8万人，并牵制了德军1个集团军群的兵力，有力地配合了盟军在其他战场上的作战。

1944年5月参加盟军作战的"自由法国"军队看守被俘的德军，地点是意大利的卡斯泰尔福科尼亚诺

来自空中的复仇烈焰
轰炸德国

曾几何时,纳粹空军称霸欧洲的天空,投下的炸弹让多少无辜者葬身火海、无家可归。
以彼之道,还施彼身,盟军的空中轰炸,也让纳粹德国尝到了苦头。

从 1940 年 5 月至 1945 年 4 月,英美空军对德国本土及占领区进行了长达 5 年的战略轰炸,德国的炼油厂、军工企业、交通运输线以及一些较大的城市遭受了毁灭性的打击,加速了盟军胜利的步伐。

英国的报复性轰炸

在 1940 年的不列颠之战中,英国皇家空军主要承担本土防空和大西洋反潜的作战任务,但为报德国轰炸伦敦的一箭之仇,英国皇家空军决定以牙还牙——轰炸柏林。8 月 25 日晚,81 架英国战机夜袭柏林,28 日、29 日两天,英国空军再次轰炸柏林,造成了柏林市民的大量伤亡。随后,杜塞尔多夫、埃森等德国工业城市也相继遭受空袭。

1940 年 9 月之后,英国空军决定集中力量轰炸德国的石油工业,计划在 4 个月内摧毁德国的 17 个合成油料厂和炼油厂,同时还计划轰炸德国的 43 个主要城市。但由于轰炸机数量有限和为减少飞机损失,到 1941 年底,英国被迫减少轰炸活动。

美国的空中轰炸

从 1942 年 8 月 17 日起,美国在对德战略轰炸中开始扮演重要角色。在 1943 年 1 月的卡萨布兰卡会议上,罗斯福和丘吉尔决定发动代号为"直射"的空中战役,以摧毁德国的军事工业。为此,1943 年英国空军对鲁尔、汉堡、柏林进行大规模轰炸,与此同时,美国第八航空队也深入德国腹地,袭击其生产飞机、人造纤维和滚针轴承的工业城市。"直射"行动虽声势浩大,但离原先的战略目标仍有差距。

到 1944 年初,美国生产的 P-51 "野马"式远程战斗机大量投入实战,情况才发生了改变。不仅

第二次世界大战中以英国、美国为首的盟国空军对德国本土及其占领区实施的历时 5 年的战略轰炸,是军事史上迄今规模最大、时间最长的空中进攻作战

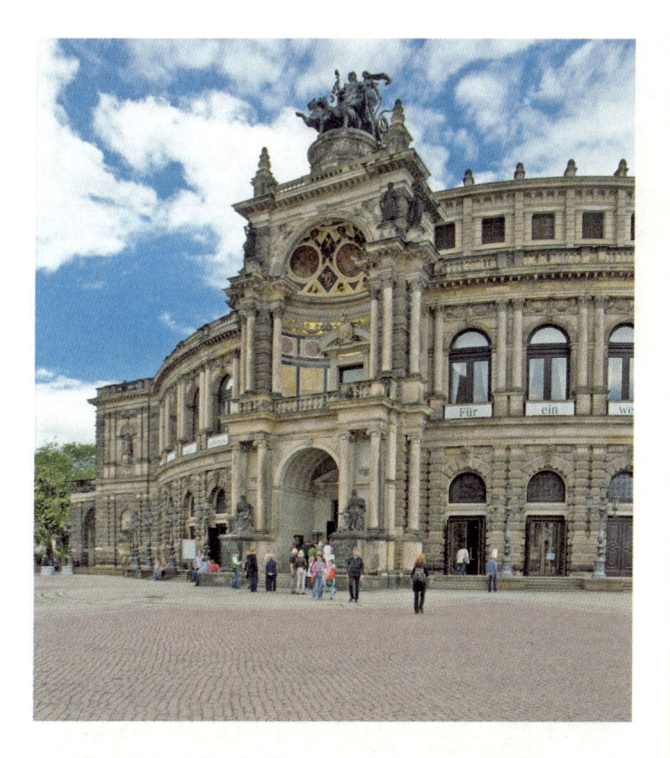

德累斯顿森伯歌剧院。德累斯顿不仅是一座文化古城，也是第二次世界大战期间德国军工生产的重要基地。二战期间，英国皇家空军和美国陆军航空队联合发动了针对德国东部城市德累斯顿的大规模空袭行动。今天它依然被看成二战历史上最受争议的事件之一

> **知识链接：德累斯顿大轰炸**
>
> 1945年2月13—15日，英国皇家空军和美国陆军航空队联合发动了针对德国东部城市德累斯顿的大规模空袭行动。2月13日晚间，英国皇家空军出动了796架兰开斯特轰炸机和9架蚊式轰炸机分两波空袭德累斯顿，总计投掷1478吨高爆炸弹、182吨燃烧弹。2月14日12时17分至12时30分之间，311架美国B-17轰炸机以铁路调车场为瞄准点，在德累斯顿投下771吨炸弹。在德累斯顿大轰炸之后不久，就有报告表明老城区和内城东面郊区整个被大火吞噬，包括住宅棚屋在内，约有12000所寓所毁于一旦。确切的死亡人数难以统计，是未知数。据当时德国官方记录，登记的掩埋人数约21271人，更有人将死亡人数估算为30万。

美国轰炸机深入德国本土的护航问题得到解决，而且英美的重型轰炸机增加到1600余架。1944年6月，盟军成功开辟第二战场后，英美空军再次集中力量进行战略轰炸。仅1944年7月到1945年4月的9个月内，投掷在德国土地上的炸弹相当于战争开始以来的总和。

战果累累

二战期间，英美空军共出动了1442280架次轰炸机，投弹2697473吨，炸伤78万人，摧毁民宅550万所，破坏了2000万人的基本公共设施，盟军也损失了4万架飞机。

战略轰炸在很大程度上牵制了德国的军事和工业力量。为应对英美空袭，德国军事工业不得不制造大量的战斗机和防空炮，这就减轻了盟军地面部队的压力。轰炸炼油厂使得德军油料供应严重不足，削弱了其作战能力。对运输线路的轰炸造成德国煤炭运输能力急剧下降，德国战时经济全面崩溃，加速了德国的战败。

二战中被盟军轰炸后的德国城市，轰炸导致数以百万计的德国人丧生

钢铁洪流
库尔斯克会战

> 德国人认为闪电战仍然有效，俄国人却想证明大纵深作战理论才是王牌。在这片库尔斯克平原上，苏德双方进行了一场永垂战史的生死搏斗。

1943年的库尔斯克战役是苏德战争的分水岭。此后德军丧失了战略主动权，转而采取防御，苏联红军则开始了大规模的全面进攻。

最强的东线德军

1943年3—7月，在苏联大地上持续了两年的炮火突然安静了下来，然而所有人都明白，平静只是一种假象，一场钢铁与火的暴风雨马上就要来临。

对于德军指挥官曼斯坦因而言，哈尔科夫战役的胜利使得德军又充满了信心，他希望通过一次主动进攻来歼灭苏军，重新夺回战略主动权。库尔斯克突出部成为首选目标，因为这个突出部犹如一个拳头从苏军的战线中延伸出来，正面长约400公里，而底部却不到150公里。曼斯坦因计划从突出部的底部发动钳形攻击，合围并歼灭整个突出部内的苏军。如果成功，将缩短德军的战线，提高部队的机动性。

希特勒全力支持曼斯坦因的计划，并将行动代号命名为"堡垒"。通过抽调西线部队和从国内征召近200万新兵等方式，德军实力不减反增：到库尔斯克战役爆发的1943年7月，整个东线德军已达196个师（其中2个师未满员），野战部队总兵力达334.5万人（加上其他仆从国部队，总数达380万人）。与此同时，德军坦克装备也得到了大量更新补充，在1943年3—6月这段时间里，德国

党卫军，德国纳粹党中用于执行治安勤务的编制之一，与纳粹党武装战斗执行部队的冲锋队并立的另一支纳粹党情报和监视、拷问行刑组织。图为1943年苏联库尔斯克战役中的纳粹党卫军第三装甲师的士兵

在东线补充了1607辆坦克和自行火炮，使东线坦克和自行火炮总数达到了3434辆（坦克2398辆，自行火炮1036辆）。然而，给予德军更大信心的，是他们新投入战场的无敌撒手锏——重型坦克。

劣势中的苏联红军

对于防御库尔斯克的苏联红军来说，前期的哈尔科夫战役已经证明由于大片领土尤其是工业基地沦落于敌人之手，苏军坦克装甲质量明显下降。而且德军利用苏军T-34坦克在起伏地形必须前倾作战的弱点，在战斗中大量采用占据棱线俯射的战术，让T-34的装甲倾角优势消失殆尽。

面对德军在技术上的明显优势，苏军意识到必

步步惊心：战役

1943年的库尔斯克战役是苏德战争的分水岭。此后德军丧失了战略主动权，转而采取防御，苏联红军则开始了大规模的全面进攻

> **知识链接：普罗霍洛夫卡遭遇战**
>
> 在库尔斯克战役中，最让后人津津乐道的，是在7月12日爆发的普罗霍洛夫卡之战。这场遭遇战，以史上最大的坦克会战而闻名——苏军近卫第五坦克集团军对阵纳粹党卫军第二装甲军和第三装甲军。苏军集结了425辆坦克，德军有211辆坦克。德军坦克数量虽少，但有约140辆坦克配备长管75毫米和56倍径88毫米炮，可以在500米—1000米距离击穿苏军最好的T-34坦克正面装甲。此外，德军还占据地形优势。勇敢的苏联坦克发动一波又一波连续不断的攻击，让德军疲于应付且弹药消耗殆尽。最后苏军投入了第二梯队共100多辆坦克发动最后的总攻，迫使德军败退。

须利用人数上的优势建立纵深防御，不断迟缓德军的装甲攻势，直至其实力消耗殆尽，再投入预备队发动反击。理论上这和斯大林格勒的战略指导思想没有什么差别，但这次没有城市作为依托，只能在原野上和德军装甲部队硬碰硬。虽然，苏军在总兵力和装备数量上都超过德军，但是面对德军在重型武器和战斗人员的经验和训练上的优势，能否依靠人海战术取得胜利，苏军最高统帅部其实心中无底。

1943年7月4日，人类历史上规模最大的坦克决战——库尔斯克战役爆发。德军从南北两翼发动钳形攻势，北面是莫德尔将军指挥的第九集团军、第二集团军（一部）共计6万德军在400辆坦克和自行火炮的带领下，在北面战场

普罗霍洛夫卡坦克战从1943年7月12日早上一直进行到黄昏，双方都遭受了惨重的损失。相较之下德国坦克由于防护性能较好、射速较快以及乘员的素质更高等原因，所以损失要轻一些。苏德双方损失的坦克和自行火炮各自为400辆和70辆

20公里宽的正面战场上像一道装甲洪流般涌向苏军阵地，但在苏联红军的英勇抵抗下，德军在突破6—8公里后陷入僵持。7月5日，曼斯坦因指挥的南方集团军群也发动猛攻，但他们仅前进了3公里就陷入了苏军地雷阵。普罗霍洛夫卡之战后，希特勒以盟军在意大利登陆需要支援为理由，将党卫军的装甲师调走，在事实上中止了库尔斯克战役。

二战时代

苏联纪念库尔斯克会战胜利20周年的邮票。

步步惊心：战役

第 96—97 页：坦克大战

第二次世界大战最大规模的一场对攻战役，德军与苏联红军共出动了 8056 辆装甲车在库尔斯克爆发的一场会战。参战双方共投入了约 280 万名士兵，空军部队参战飞机超过了 2000 架，也创下两个纪录，就是史上规模最大的坦克会战和最大规模单日空战。库尔斯克战场遍布着数以百计烧焦的坦克和飞机的残骸，以及无数的尸体。双方的区别在于：苏联红军在遭受了巨大损失的情况下仍然能按照计划开出防线发起全面反攻，而欧洲东线德军则再也无法扭转整个东线战局。

自由的烽火
法国抵抗运动

> 法国并未失败，法兰西抵抗的烽火永远也不会被扑灭。
> ——[法]戴高乐

1940年6月22日，法国贝当政府同德国签订停战协议，在南部小城维希建立了傀儡政府。但是爱好自由的法兰西人民从来也没有屈服于纳粹的铁蹄，他们以各种方式开始了反抗侵略者的艰难斗争。

法共的抵抗运动

法国共产党是抵抗纳粹侵略的重要力量。在贝当政府投降后，法共发表了著名的"七月号召"，呼吁人民团结一致反对德国占领军，法国抵抗运动从此如星火燎原，日益壮大。到1940年9月，法国共产党在巴黎地区已经建立起110个人民委员会，组织工人罢工、怠工等各种活动。1941年春，法共组织并领导诺尔—加莱海峡10万煤矿工人的罢工，使德国占领军遭受重大损失。为吸引更多社会阶层的人士参加到反侵略斗争的行列中来，法共于1941年5月号召建立统一的民族阵线，开展广泛的抵抗运动。

随着形势的发展，法共的抵抗运动逐渐升级为武装斗争，例如破坏铁路等交通设施、刺杀占领军官兵等。1941年8月，法共党员法比安在巴黎地铁巴尔贝站成功枪杀一名德军海军军官，在法国各界引起轰动，点燃了法兰西人民内心的"复仇"之火。此后不久，法共领导成立了"法国自由射手和游击队"，并不断发展壮大。

全民抵抗运动

法国各阶层民众纷纷加入到抵抗运动的洪流中来，他们出版地下刊物、散发传单、收集情报、切断占领军的交通线、袭击占领军等，更为冒险的活动是帮助在法国或比利时上空被击落的盟军飞行员逃生。法国抵抗运动帮助超过2000名跳伞或紧急降落的盟军飞行员逃脱了纳粹党卫军的追捕，同时也付出了巨大牺牲，平均每帮助一名盟军飞行员脱险就有一名抵抗运动战士牺牲。

1943年，维希政府为讨好德国，强制征召法国劳动力为侵略者服务。许多法国人逃往深山老林和人烟稀少之处，组成"马基"游击队，开展游击

法国游击队除了其游击战争的活动，也是地下报纸出版商，通过第一手情报信息，帮助被困在敌人后方的盟军士兵和飞行员逃生。其成员包括不同的经济水平和政治倾向者：流亡者、保守的罗马天主教徒、犹太社区成员、无政府主义者和共产主义者

步步惊心：战役

法国抵抗战士在国内张贴反抗纳粹侵略的标语

> **知识链接：抵抗运动的英雄——让·穆兰**
>
> 让·穆兰（Jean Moulin，1899—1943年）是法国的民族英雄，1943年5月他召集国内各抵抗组织代表在巴黎召开秘密集会，成立"全国抵抗运动委员会"并担任主席。7月被叛徒出卖而遭逮捕。在长达一个月的时间里，纳粹党卫军用尽一切酷刑来折磨他，用尽一切花招来劝降他，但却没有任何收获，最后恼羞成怒，将其杀害。穆兰在反法西斯斗争中表现出来的爱国精神赢得了法兰西人民的尊敬和爱戴。1964年，他的遗体被移到先贤祠，供世人瞻仰。

战争，牵制了至少1万名纳粹士兵。

抵抗运动的统一和壮大

抵抗运动具有极大的分散性，多是各自为战，行动独立，很难对敌人产生强大的破坏力，甚至会招致敌人大规模的血腥报复。因而将分散的抵抗运动组织统一起来，集中力量打击敌人，成为紧迫的任务。

这个重任落在了让·穆兰的肩上。1941年12月31日，时年43岁的让·穆兰作为戴高乐将军和"自由法国"的代表，只身伞降到法国南部萨龙地区。经过多方努力，让·穆兰建立了"自由法国"与国内抵抗组织的联系，并得到了各抵抗组织和包括法国共产党在内的众多政党的大力支持。1943年5月27日，全国抵抗运动委员会在巴黎成立，宣布接受战斗在海外的"自由法国"的领导，至此法国抵抗运动的统一战线最终形成。

抵抗运动的星星之火，终成燎原之势。1943年法国游击队共发动2009次袭击，同年9月，法国游击队解放了科西嘉岛，歼灭和俘虏了德军1.2万人。1944年3月，法国抵抗运动下属的各派武装力量统一整编为法国内地军，接受戴高乐将军的领导。同年6月4日盟军在诺曼底登陆，法国内地军积极配合盟军作战，解放了全国28个省份。1944年8月19日，巴黎人民及内地军发动巴黎大起义，在"自由法国"第二装甲师的配合下消灭了大量德军，解放了巴黎。

法国抵抗运动的英雄让·穆兰纪念邮票

二战时代

蛙跳战术的典范
马里亚纳战役和菲律宾战役

在岛屿星罗棋布的太平洋上，利用美国海军优势，绕过防御坚固的一线岛屿，跳跃前进，越岛攻击，抓住重点，直捣核心。

瓜岛战役后，日本丧失了中南太平洋的制海权，美国夺取了向日本进攻的重要支点，开始发动战略进攻。在这样的背景之下，美军不再和日本人逐岛争夺，而是借助海军舰队的掩护，跳过防守严密的岛屿，转而夺取对美国战略进攻有实际帮助的岛屿，以加快进军速度和避免巨大伤亡。这样的进攻方式被称为"蛙跳战术"。

马岛鏖战

美军将进攻的目标锁定为马里亚纳群岛。马里亚纳群岛绵延400多海里，战略地位重要，这里起飞的B-29轰炸机可以将日本本土纳入其作战半径，这对于摧毁日本工业、打击侵略士气非常重要。日本也深知马里亚纳群岛对本土防御的重要性，以该岛为核心建立了"绝对国防圈"，准备做最后一搏。攻守双方的目光都聚焦在这里，一场大战在所难免。

1944年6月15日凌晨，美军对马里亚纳群岛的核心——塞班岛发动攻击。美军战列舰的大炮轰鸣，日军炮兵也不甘示弱，一发发炮弹在空中呼啸而过。顶着日军的猛烈炮火，几百辆装甲登陆车踏着海浪，冲向滩头阵地，到15日天黑之时，岛上的美军已有2万余人。6月16日，日军两个大队奉命支援塞班岛，但由于美军的严密封锁，登陆失败，就在此时，美军指挥官下达了对塞班岛制高点——塔波乔峰的进攻命令。

6月22日，美军陆战队第二师、第四师和陆军第二十七师发动了对塔波乔峰的进攻，美国第五舰队的所有火力一齐向日军阵地倾泻而来，一时间，弹如雨下，

北马里亚纳群岛联邦首府塞班岛。1944年6月15日凌晨，美军在这里对日军发动攻击并占领该岛，成为重要的空军基地

地动山摇。26日，在炮火支援下，美军攻占了塔波乔峰。日方统帅南云忠一见大势已去，吞枪自杀。

实际上，在美军进攻之前，日军就制定了"阿"号作战方案，希望在美军登陆马里亚纳群岛之际，由海军机动舰队乘机对美军发动攻击。

6月19日凌晨，日军航母的侦察机发现美军舰队。19日上午，日军率先发动攻击，涂有旭日标志的鱼雷机在零式战斗机的掩护下，向美军舰艇直冲而来。但美军舰艇并不慌张，而是以整齐的队形躲避着鱼雷，美军战斗机飞行员更是毫无畏惧，疯了一般冲向日军机群，顿时，舰队上空上演了一场空战好戏。由于美军战斗机性能远超日本零式战斗机，战斗呈现了一边倒态势，日本战机一架接一架爆炸坠落，事后，美军飞行员戏称其为"马里亚纳打火鸡"。空中鏖战之时，美军"棘鳍"号潜艇偷偷摸到了日本航母边上。19日中午，日本"大凤"号和"翔鹤"号航母被鱼雷击中，沉入海底。

> **知识链接：巴丹行军**
>
> 这是太平洋战争中日军制造的虐待俘虏罪行。珍珠港事件后，日军向菲律宾进攻，在菲律宾巴丹半岛被困的78000名美菲联军因为缺乏补给，于1942年4月9日向日军投降。这些战俘被强行押解到120公里外的集中营，6天行进途中，他们没有得到任何食物供应，还遭到日军肆意殴打、侮辱和屠杀，共有15000名战俘倒毙途中。这次事件暴露了日军的残酷无情，被称为"巴丹死亡行军"。

20日上午，美军发动反击，从"企业"号和"大黄蜂"号上起飞的舰载机相互配合，一举击沉了日本"飞鹰"号航母，胜负已成定局。

8月1日，美军一鼓作气攻下关岛和提尼安岛，取得马里亚纳群岛战役的胜利，为下一步夺取菲律宾打下了坚实的基础。

美军从1944年6月11日起以航空和舰炮火力摧毁塞班岛上的大部分地面工事。15日，美国第二陆战师、第四陆战师在塞班岛西岸查兰干诺地区登陆

莱特湾战役中，日本"武藏"号战列舰被美军飞机击沉

重返菲律宾

马里亚纳群岛战役后，日本苦心经营的"绝对国防圈"被打破，美军陆军将领麦克阿瑟和海军将领尼米兹就下一步的主攻方向发生分歧。尼米兹认为，美军下一步行动应该撇开菲律宾群岛，直取日本占领下的中国台湾岛、硫磺岛、琉球群岛（冲绳）。麦克阿瑟坚决反对这一计划，认为应该夺取菲律宾群岛，再进攻日本本土。麦克阿瑟是"蛙跳战术"的创始人，在这样的关键时刻却反对"跳过"菲律宾，显然是有自己的考虑。

麦克阿瑟是美国军界有名的青年才俊，1927年他奉命担任驻马尼拉美军司令，此后开始了与菲律宾近半个世纪的渊源。1942年3月，面对日军摧枯拉朽般地进攻，麦克阿瑟不得不率部撤出菲律宾，当时他便发誓一

麦克阿瑟将军重返菲律宾。麦克阿瑟整个军事生涯和菲律宾结下了不解之缘：自这里正式开始军旅传奇，在这里发迹又坠进人生中的万丈深渊，又重新爬上成功的巅峰

定要打回来。所以在这次战略谋划时，他坚持要解放菲律宾。经过麦克阿瑟的努力，罗斯福总统和尼米兹同意了他的方案。

1944年9月5日，美军发布了代号"雷诺"的菲律宾战役计划。10月17日，美国登陆舰队开始向莱特岛前进。这支舰队的规模堪称历史之最，拥有20艘航母和几百艘战舰。茫茫大海上排满了银灰色的战舰，遮天蔽日的机群之下，每艘战舰拖出白色的航迹，远远望去犹如蓝色夜空中划过的一道道银色流星。

10月20日上午，登陆开始；中午，美军夺取了滩头阵地。下午2时30分，登陆艇的舷梯刚刚放下，急不可耐的麦克阿瑟就跳入齐膝深的水中，在陪同人员的簇拥下，缓慢地拖动脚步向沙滩走去。岛上战斗仍未结束，不时有"隆隆"的炮声传来，甚至还有子弹呼啸而过，但麦克阿瑟毫不在意，他极力抑制住内心的激动，口中喃喃说道："菲律宾，我回来了！"

日军统帅丰田副武得知美军登陆莱特岛时，决定实施蓄谋已久的"捷1"号作战计划。这是一个

美国王牌飞行员亚历克斯,二战期间共击落日本飞机19架,其中6架是在1944年6月的塞班岛战役期间击落的

赌博性的计划,他将手中最后的王牌——世界上最大的战列舰"大和"号和"武藏"号组成主力舰队,用于最终决战,同时命令小泽治三郎率领4艘航母组成诱饵舰队驶向吕宋岛,吸引哈尔西将军的第三舰队离开莱特湾,进入主力舰队打击范围内。对此,哈尔西毫不知情。

但在10月23日这天情况有了转机,2艘美军潜艇意外发现了一支日军舰队,哈尔西接到情报,马上下令攻击。这正是丰田用于决战的主力舰队。

"海鲫"号潜艇接到命令,向日舰发射鱼雷,成功击沉日军旗舰"爱宕"号。24日清晨,哈尔西已经掌握了日本主力舰队的详细情报,但他内心仍感不安,因为日军的航母舰队一直没有出现。事实上,由于阴差阳错,小泽率领的作为诱饵的航母舰队一直在吕宋岛海域航行,等着被美军发现,而担任主攻的主力舰队却早早暴露行踪。

24日上午,美国航母舰载机发现了"大和"号和"武藏"号战列舰,马上发动攻击。两艘巨型战列舰扭动着笨重的身躯,努力躲避着鱼雷。但"武藏"号还是被20多枚鱼雷击中,沉入海底。眼看形势不妙,日军主力舰队司令栗田健男率领舰队逃出美军航母的攻击范围。10月25日凌晨,经过修整的栗田舰队发现了美军的一支小型航母编队,立刻进行攻击。美军无法抵挡,只能一边求援一边后撤。11时20分,这支美国舰队已经弹尽粮绝,而栗田舰队已经处于莱特湾口,湾内麦克阿瑟的登陆部队已经全部在日本舰炮的射程之内。但是,不可思议的事情发生了,栗田下令撤出莱特湾!与此同时,哈尔西的美军第三舰队则抓住时机,攻击刚刚发现的小泽诱饵舰队,日本重型航母被悉数击沉。

莱特岛失守,菲律宾屏障尽失,日本大本营只能将25万人的部队全部集中在吕宋岛,做最后一搏。而麦克阿瑟通过一系列迷惑行动,使美国登陆部队在1月9日成功登上了吕宋岛北部林加延。1月10日,美军向马尼拉进发,麦克阿瑟身先士卒,乘坐吉普车到达前线指挥战斗,美军士兵受到鼓舞,士气高涨。1月31日,美军发动对马尼拉的总攻,2月27日马尼拉解放。美军成功解放菲律宾,获得了向冲绳进攻的跳板,日本联合舰队主力被摧毁,败局已定。

最漫长的一天
诺曼底登陆

千帆竞渡，万船齐发，"最漫长的一天"里的浴血奋战，已经敲响了纳粹灭亡的钟声。

1944年6月6日，盟军在法国西北部的诺曼底海滩登陆，开始了对德国法西斯的战略进攻，一举突破了德军的"大西洋壁垒"防线，成功开辟了欧洲第二战场。

"霸王行动"

苏德战争爆发后，苏联就希望英国能在西欧开辟第二战场，以减轻苏联的压力，但英国无暇他顾。在1943年11月召开的德黑兰会议上，在斯大林的强烈坚持下，罗斯福和丘吉尔商定在1944年5月1日开展登陆作战，代号"霸王行动"。为扩大登陆地区和获得更多的登陆艇，又将日期暂定为1944年2月2日，艾森豪威尔就任诺曼底登陆作战的盟军最高司令后立刻着手制定登陆作战计划，但由于缺乏足够的登陆舰艇，决定将登陆作战日期推迟到6月5日。

根据计划，盟国海军要护送7000多艘舰船横渡英吉利海峡，并按时抵达登陆海滩。参加登陆的盟军总兵力共计29个师，约288万人。这支舰队将是人类历史上最大的一支。因而，对于登陆海滩的选择，盟军自然要经过一番斟酌。

德国虽然轻松攻占了欧洲的大部分领土，但在敦刻尔克却让英军逃脱。这对德国来说，无疑是一个隐患。为防止盟军登陆，希特勒从1941年起就开始构筑永久性防御工事。至1944年5月，德军在西线的法国、比利时、荷兰总共只有60个师，约76万人，而"大西洋壁垒"（从挪威到西班牙海岸建立的防线）却远没有完工。盟国远征军参谋本部通过分析和研究，列举了加来、诺曼底和科唐坦半岛等几个候选的登陆地点。联合总部原本倾向于在加来登

"大西洋壁垒"上的德国海防炮台。二战期间纳粹德国用来防御西线的军事设施，该防线自挪威沿海岸北部至法国和西班牙的边界，长达2700公里，主要用来防止盟军登陆欧洲大陆

步步惊心：战役

陆，因为加来地区离英国近，海峡窄，且便于英军战机支援。然而，德国人也考虑到这点，重兵把守加来。盟军只能退而求其次，选择在诺曼底登陆。

整装待发

根据诺曼底登陆计划，盟国海军必须首先要确保登陆部队在既定的时间内抵达敌岸。其次，保证在登陆开始后的六周里，增援部队可以持续不断地登陆。除了运送登陆部队外，盟国海军还需要准备一定数量的战列舰、重炮舰、巡洋舰和驱逐舰以压制德军的岸防火力。至于空军，则要配合海军，对德军实行联合打击。为防止德军增援诺曼底，盟军还决定将法国的交通切断：持续对72个目标进行至少3个月的轰炸。在登陆前的4个月，76200吨炸弹被盟军轰炸机投到80个交通目标。在盟军登陆前一天，距诺曼底海滩150英里以内的所有区域中，75%的德国车辆不能通行，整个欧洲西北部的铁路系统不能运作。

除了做好登陆准备外，盟军还煞费苦心地运用了"明修栈道，暗度陈仓"的手段，成功将德军主力吸引在加来地区。其主要手法是严格隐蔽诺曼底登陆的真实企图，故意显露将在加来地区登陆的假象。为此，美

> **知识链接：登陆奥马哈海滩**
>
> 1944年6月6日6时34分，美军第五师在奥马哈海滩突击上岸。登陆后，旋即遭遇德军的抵抗，致使伤亡惨重，美军被阻海滩数小时。各师的预备队遂提前登陆，却也是难有进展。由于海滩登陆部队长时间没有音讯传来，海军指挥官意识到奥马哈滩头的形势十分严峻，于是17艘驱逐舰不顾自身危险，近距离为登陆美军进行火力支援。先前被阻滩头的美军也开始冲锋。中午时分，登陆部队第二梯队提前登陆。至此，德军的防御基本崩溃。

军还特意在加来海岸对岸的多佛尔设立了一个假司令部，打着"美国第一集团军群"的番号，甚至还任命赫赫有名的巴顿将军为这个"集团军群"的司令。不久，在多佛尔地区的泰晤士河口和梅德韦河上出现了大量的假登陆艇。这些"障眼法"都给人一种重兵集团驻屯地军营的感觉。为迷惑德军，盟

美国步兵第一师登陆奥马哈海滩。奥马哈海滩是二战的诺曼底战役中，盟军四个主要登陆地点之一的代号。这片位于法国北部海岸，并且直接面对着英吉利海峡的滩头全长有8公里。负责进攻此海滩的是美国陆军，而美国海军与英国皇家海军则负责将登陆部队送上滩头

盟军坦克登陆舰在向诺曼底奥马哈海滩的先头阵地上输送军事装备

军在地面和水面都加大了对加来的侦察工作。凡是派一架飞机侦察诺曼底，就必须要派2架飞机到加来侦察。盟军的这些活动，牢牢牵制住了德军的19个师，直到盟军在诺曼底登陆，德军还认为盟军的主攻方向在加莱地区。

万事俱备，只欠东风。诺曼底登陆只欠缺天时，包括天文、地理、气候诸因素。在每个太阴月中，只有三天是月亮、潮水和日出同时出现。具备这三个自然条件的正好是1944年6月的5日、6日、7日三天。而具体日期的确定还是要取决于当时的天气。为了决定把6月5日作为进攻日期，盟军总司令部在6月4日凌晨4点召开了最后一次会议。此时，最高司令接到的报告却是令人沮丧的："云层低，风大，波涛汹涌。"盟军最高统帅艾森豪威尔在权衡利弊后，决定推迟进攻，召回已经出海的舰队。为重新确定登陆日期，盟军总司令部又在当晚召开了新的会议。6月5日凌晨三点半刮来大风暴，随即大雨滂沱。气象专家们报告说6月6日晨天气将好转。这一短暂的良好天气出现在两个恶劣天气之间。艾森豪威尔当机立断，决定6月6日进攻。而命令发布的时间是6月5日凌晨4时15分。

登陆诺曼底

历史上最漫长的一天开始了。1944年6月6日凌晨，英美盟军的2395架运输机和847架滑翔机，装载着3个空降师从英国20个机场起飞。黎明时分，英国皇家空军的1136架飞机猛烈轰炸德军海岸炮垒。天亮后，美军第八航空队在德军海岸防线投下了1763吨炸药。从5时50分起，盟军海军战舰也加入了对沿岸敌军阵地的攻击行列。一时间，炮声不断，德军龟缩在钢筋混凝土的掩体内。

6日凌晨6时30分，美军在犹他和奥马哈滩头登陆。在犹他滩头，盟军的实际登陆地点比预定

盟军坦克登陆舰运输登陆部队冲向诺曼底的奥马哈海滩

步步惊心：战役

加拿大士兵在展示一面缴获的纳粹旗帜

地向东偏移了 1.6 公里。好在德国守军不多，盟军仅仅花了 3 小时就成功跨越了滩头，控制了沿海的公路。到当天夜里，盟军又向内陆推进了 6.5 公里。历数所有的登陆作战，犹他滩登陆战的伤亡最少，2.3 万官兵中仅伤亡了 197 人。而在奥马哈滩，美军却付出了不小的代价。可以说，它是诺曼底登陆战中打得最激烈的一战。巨浪、晨雾、烟尘和侧面气流早让登陆部队在登陆之前就没有了气力，负载沉重的士兵晕头转向地走下船来，随即遭遇德军步兵第 352 师顽强抵抗，伤亡惨重。同样的情况还发生在后续的登陆部队身上。面对危局，美军两个突击营借用绳梯爬上了海岸的陡峭山壁，摧毁了敌军的海岸炮台。但敌军的剩余火力点依旧压制住美军，美军第一步兵师师长许布纳立即决定，命令驱逐舰向德军炮群射击，尽管这样做会殃及自己人。

很快，德军士兵从工事里面走出来投降。经过浴血奋战，美军第一步兵师终于占领了滩头阵地。截至 6 日晚，先后有 3.4 万美军登岸。

英军则于 7 时 20 分开始登陆。在金滩，英军第 50 师在皇家海军"艾杰克斯"号的强大火力掩护下，逐渐瓦解了德军的斗志。到傍晚时，已有 2.5 万盟军顺利登陆，并深入内地 8 公里。在朱诺滩，加拿大第 3 师将滩头的德军肃清后，很快就推进到卡昂—贝叶公路。与此同时，英军第 3 师在剑滩遭遇了激烈的抵抗之后，到傍晚就与第 6 空降师成功会合了。

当西线德军意识到盟军正在进行大规模登陆时，马上向希特勒求援。他们希望能调动 2 个装甲师和盟军空降部队决一死战。然而，希特勒却坚称这只不过是盟军声东击西的佯攻，在情况未明之前，他拒绝出动这支战略预备队。这时，德军统帅隆美尔正在柏林为爱妻露茜庆生。接到消息后，隆美尔面无表情地自言自语道："我太笨了！"等到 6 月 7 日，希特勒让隆美尔指挥 5 个装甲师绝地反击之时，德军大势已去。英美的后续部队陆续抵达，登陆场逐渐扩大，补给也源源不断地运来。在战役打响的 6 天里，约有 32 万盟军登陆。到 6 月 12 日，几个滩头阵地已经连成一条完整的阵线。

1944 年 8 月 1 日，在法国圣朗贝尔达尔投降的德国士兵

功败垂成
施陶芬贝格刺杀希特勒

贵族子弟，立志报国，
误信纳粹，猛然觉醒，
狼穴刺魔，功败垂成。

他是一名具有崇高荣誉感的德国军人，为了从纳粹手中挽救国家，毅然深入"狼穴"，刺杀希特勒。

从小立志，振兴德国

克劳斯·冯·施陶芬贝格（Claus von Stauffenberg）于1907年出生在德国小城叶廷根的一个有着悠久历史的贵族家庭，父母都是符腾堡宫廷的成员，他继承了家族的高贵血统，从小品学兼优。在施陶芬贝格7岁那年，一战爆发，他为德国在战场上的胜利而欢呼，也为1918年德国的战败感到耻辱。他说："我的德国不能这样沉沦下去，如果它现在真的沉下去，总有一天会重新强大的。"

为了学以致用、振兴国家，施陶芬贝格毫不犹豫地投笔从戎，1926年加入了骑兵团，开始了他的军旅生涯。纳粹党兴起后，施陶芬贝格也被希特勒的"个人魅力"所感染，加入了纳粹冲锋队。

觉醒和密谋

1939年9月德国突袭波兰，第二次世界大战全面爆发后，德国军队横扫欧洲，所向披靡，让德国国防军的高级军官们相信德国将是战争的赢家。但是1941年6月希特勒撕毁《苏德互不侵犯条约》，悍然进攻苏联，使德国陷入两线作战的困境。1943年以后德军在苏联战场陷入困境，失败的趋势已经显现。但希特勒下定决心继续战争，直到最后一刻。这使得施陶芬贝格和许多清醒的将领们意识到希特勒在滥用军队，必将导致德国的完全毁灭。

施陶芬贝格刺杀希特勒失败后，涉案的德国军官几乎全被党卫军残酷处死

刺杀希特勒、接管政权并与同盟国和谈，是当时德国国内反纳粹组织的主要纲领，他们获得了大批德国后备军军官的支持。虽然在北非作战时失去了左眼和右手，左手也失去了两个手指的施陶芬贝格并非是刺杀希特勒的最佳人选，但当时除了他，没有第二个人愿意并且能够将炸弹送进希特勒的"狼穴"。

"狼穴"刺杀，功败垂成

原定于1944年7月11日和15日的两次刺杀行动都因故未能进行，增加了刺杀计划泄露的风险。但幸运的是，1944年7月19日施陶芬贝格接到通知，要他次日13时到"狼穴"汇报编组新的"人民步兵师"的情况。施陶芬贝格立刻决定再次启动刺杀计划。7月20日，施陶芬贝格飞往位于东普鲁士拉斯腾堡的行营"狼穴"，并在公文包里携带

步步惊心：战役

"狼穴"是希特勒位于德国东普鲁士拉斯滕堡密林中的一座钢筋混凝土堡垒

知识链接："狼穴"

"狼穴"是希特勒位于德国东普鲁士拉斯滕堡密林中的一座钢筋混凝土堡垒，建成于1940—1941年。堡垒内有建筑物80多处，四周布满野外防御工事和犬牙交错的地雷网。1941年纳粹入侵苏联前，"狼穴"成为希特勒的主要指挥中心，纳粹军队的许多军事计划在这里制定，除希特勒外，里面还住着2000多名纳粹分子，包括多名高级军官。盟国在1945年对"狼穴"进行地毯式轰炸，将其化为灰烬。

了两枚炸弹、一个定时引爆装置和一件衬衫。到达后，最高统帅部长官凯特尔将军通知他会议提前到12时30分举行，他只好匆忙走进厕所组装炸弹，但由于时间紧迫，他只组装好了一枚炸弹。

会议开始后，施陶芬贝格借口听力不佳，要求凯特尔将其安排在希特勒旁边，并借机把装有炸弹的皮包放在了离希特勒约两米远的桌子腿旁。在炸弹还有5分钟就要爆炸时，施陶芬贝格借口要出去打个紧急电话，趁机溜出会议室。12时42分炸弹准时爆炸。施陶芬贝格看见会议室里冒出浓烟，他确信屋内所有人或被炸死或受重伤。

施陶芬贝格抵达柏林后随即启动"瓦尔基里计划"，派出德国后备军接管了柏林和巴黎的许多重要军事和政府部门。然而希特勒却没死！当天晚上6时，希特勒发表讲话："一伙野心勃勃、毫无理智的军官企图篡夺领导权……可天意让我继续为人民服务。"参与刺杀行动的成员都被抓获并判处死刑。年仅36岁的施陶芬贝格在临刑前仍然高喊："我们神圣的德意志帝国万岁！"

刺杀希特勒图片集锦。施陶芬贝格在"狼穴"利用定时炸弹刺杀希特勒后的现场及被逮捕后审判的场景

二战时代

乘胜追击
解放法国和比利时

诺曼底登陆后，
盟军乘胜追击，
德国溃不成军……
法国和比利时人民终于重获自由！

诺曼底登陆后，盟军乘胜追击，直捣黄龙，直逼法国心脏地区。此时的德军早已在法国全线溃退，盟军出入有如无人之地。映入盟军眼帘的是顺畅宽阔的公路，两旁的青葱翠绿更是不见尽头。巴顿将军属下的法国第二装甲师师长勒克莱尔在重返法国时，不禁感叹这仿佛是"重演了1940年的战局，只是胜负双方颠倒了过来——在我军出奇制胜的攻击下，敌人乱作一团，溃不成军"。

解放法国

1944年8月15日，美军和法军如期在法国南部登陆。19日，盟军攻占了塞纳河西岸的芒特。就在这一天，巴黎人民打响了武装起义的枪声，人们解放了首都巴黎。此时，盟军都奔赴在塞纳河上，强攻渡口，追剿残敌。直到8月25日，法国第二装甲师才从巴黎的南门和西门进入首都。是日，勒克莱尔将军奉艾森豪威尔之命，接受了德军的投降。

巴黎的解放宣告了诺曼底战役的结束。截至8月25日，有40多万德军伤亡和被俘，盟军缴获或摧毁了敌方1300辆坦克，2000辆军车，500门迫击炮和1500门野炮和重炮。盟军伤亡209672人，其中有3676名将士阵亡。

法国的解放离不开盟军反攻以及法国人民的支持。根据德黑兰会议，在实行"霸王计划"和诺曼底登陆的同时，盟军应在法国南部配合进攻。1944年8月15日凌晨，在海岸后侧一支英美伞兵空降的同时，法国装甲部队配合美军第七集团的3个师，从圣特洛佩兹两边的5个登陆地点登陆。之后，美军便重走拿破仑的路，一路向北，直奔格勒诺布尔，并于8月22日攻占该城。而法国第一集团军则挥师西进，连克土伦、马赛。

在盟军登陆诺曼底之际，法国人民在法共和戴高乐的领导下，开展了如火如荼的抵抗运动，义勇军和游击队有力地支援了盟军的登陆。从布列塔尼到阿尔卑斯，从比利牛斯到汝拉山，随处可见法国

1944年8月26日，巴黎民众在协和广场上躲避纳粹狙击手的冷枪

1944年8月26日，巴黎民众在枫丹白露大街两侧列队欢迎"自由法国"军队通过凯旋门

人民的抵抗身影，整个法兰西掀起了全民起义的高潮。

8月15日以后，游击队的活动更为频繁，怠工和破坏行动瓦解了敌人的战斗力。小规模的战斗更是难以估算。仅瓦尔一省，就发生了100多次。许多地方的政权都是由抵抗运动所取得。当时在美国司令部工作的拉尔夫·英格索尔是这样赞扬他们的："如果历史只是在法国和比利时的盟国的胜利，而胜利的勋章仅仅归于大炮和飞机，那么这就不完全是历史。事实表明，法国的抵抗运动至少相当于我们多加了20个师，甚至还多一些。后来，我们坚信的一点是，当盟军的第一个战士出现在巴黎时，我们就已击垮了那里的德国驻军。"

解放比利时

比利时的解放与法国有着相似之处。随着盟军在西欧登陆，比利时人很快就清楚他们重获自由的时刻即将来临。因为，武装袭击活动迅速发展起

> **知识链接：戴高乐将军重返巴黎**
>
> 在法国巴黎解放后，戴高乐也率领法兰西共和国临时政府重返巴黎，接管法国政权。早在1944年6月13日，戴高乐就将法兰西民族解放委员会改组为法兰西共和国临时政府，自己担任主席，所以，此时戴高乐是以临时政府主席的身份重返巴黎的，并在巴黎群众中引起了强烈的反响，戴高乐被视为法国的民族英雄。

来，怠工和破坏使得生产陷入瘫痪。比利时国王也要求民众保持"英勇和团结"，即使此时他已声名狼藉、被送到德国。1944年9月3日，盟军解放了布鲁塞尔，安特卫普等城市也相继得到解放。9月9日，美军第一兵团从德国手中解放了比利时几座城市后，又转向东部战场。盟军的先头部队受到了比利时人民的热烈欢迎。在烈日下，比利时人民欢迎美国大兵几乎到了疯狂的地步，他们拍打着美国士兵的后背，读着自德军占领以来第一次没有经过审查就出版的报纸。

1944年8月26日，数以百万计的巴黎群众热烈欢迎戴高乐进入巴黎

伟大的转折
苏联大反攻

1944年，德军已是强弩之末，北极熊亮出了利爪，大反攻开始了。

从1943年下半年开始，苏德战争的天平逐渐向苏联倾斜。斯大林一直在等待着冬季的来临，誓要希特勒重蹈拿破仑的覆辙。

南路反攻

1944年，在苏德战场的南部战线，克里米亚半岛和乌克兰成了苏德双方争夺的关键点——苏军唯有解放该地区才能推进到巴尔干半岛；而对德军而言，死守这两地才能获得一线生机。因此，苏德双方蓄势待发，一场集中最大力量的生死之战就此拉开帷幕。

1944年1月3日，苏军占领诺沃格勒—沃伦斯基一带，次日，攻克拉亚泽尔夫，紧接着别尔基切夫也落入苏军手中。一连三个月，德军不断败退。至5月6日，苏军向西推进了250—450公里，在乌克兰的德军被拦腰斩断。而在克里米亚半岛，德军的伤亡最为惨重。其中第十七集团军在陆地作战中损失了10万人，被俘虏的就多达6万人，德军装备几乎全被苏军缴获。苏联黑海舰队航空兵和舰艇击沉了大量德国船只，仅5月3日至13日，就有4.2万德军葬身鱼腹。5月12日，德军在克里米亚最后一道防线被苏军突破，克里米亚全境得到解放。

1944年3月，苏军在反攻德军的途中设置边界柱

苏联士兵在克里米亚半岛海滩上俘虏德国士兵。1944年5月12日，苏联红军粉碎了克里米亚陆上德军，在赫尔松涅斯角俘德军2.1万人，缴获大量技术装备和武器。此战，德军第十七集团军被彻底击溃

北路反攻

从1944年1月开始，为彻底解除德军对列宁格勒的威胁，苏军在苏德战场北部开始了反攻：列宁格勒方面军和沃尔霍夫方面军负责进攻德军第十八集团军，而波罗的海沿岸第2方面军则负责牵制德军第十六集团军和北方集团军的预备队。

1月11日，列宁格勒方面军在海军航空兵的强大火力掩护下，突破了德军的主要防线，重创德军第3坦克军。与此同时，沃尔霍夫方面军从南北两个方向向诺夫哥罗德实施夹击。为配合作战，波

绘画《列宁格勒反击战》。此画描绘了苏军对围困列宁格勒的德军进行鏖战的场景。苏军最终取得战役胜利，结束了列宁格勒长达 900 天的围困。解放列宁格勒的 1 月 27 日后来被俄罗斯联邦政府设为"俄罗斯军人荣誉日"

罗的海沿岸第 2 方面军于 1 月 12 日在新索科利尼基地区发起了持续九天九夜的进攻，使德国第十六集团军和北方集团军的预备队无法对第十八集团军进行增援。至 1 月底，苏军向前推进了 60 公里，为列宁格勒州的全境解放奠定了基础。

盛怒之下的希特勒以莫德尔上将为北方集团军的总司令，然而却改变不了战场的局面。2 月 15 日苏军强渡卢加河，迅速向西部推进。至 3 月中旬，列宁格勒绝大多数地区和加里宁州的部分地区获得了解放，苏军成功地攻入了爱沙尼亚。

中路反攻

在苏德战场中路，苏军在 1944 年初发动的反攻遭到了德军中央集团军的顽强抵抗，进展甚微。到 4 月中旬苏军转攻为守，进入全线防御，积蓄力量等待发动夏季攻势的时机。

5 月下旬，苏军统帅部制定了实施白俄罗斯战役，歼灭德军中央集团军，从而解放白俄罗斯的计划。即苏军在 6 个地段同时向德军防线猛烈突击，然后围歼德军中央集团军。从 6 月 23 日至 7 月 31 日，苏军按计划完成了战略目的。苏军成功解放了白俄罗斯和立陶宛、拉脱维亚的一部分，并攻入波兰东部，向普鲁士边境挺进。

> **知识链接：悲壮的华沙起义**
>
> 1944 年 7 月 18 日苏联红军跨过寇松线，攻入波兰，24 日凌晨攻克了波兰东部重镇卢布林，26 日攻占了布列斯特，29 日进抵华沙近郊的维斯瓦河畔，德军炸毁了维斯瓦河大桥，部署数个精锐坦克师严守河防，挡住了苏军的攻势。为了争夺对战后波兰的主导权，总部位于英国伦敦的波兰流亡政府领导其控制的波兰抵抗力量——"国内军"（Armia Krajowa）于 8 月 1 日发动起义，试图抢先解放华沙。华沙市民纷纷响应，德军迅速调重兵镇压。
>
> 英美盟军与波兰流亡政府要求苏联红军支援，但波兰"国内军"拒绝与苏军联系。苏联不赞成华沙起义，也不允许盟军利用红军机场为华沙空投武器和物资。孤立无援的华沙起义者坚持到 10 月中旬，全军覆没。1945 年初，苏联红军发起维斯瓦河—奥得河战役，于 1 月 17 日解放了华沙。
>
> 苏联认为是美英支持的波兰流亡政府为了争夺战后波兰的领导权，要抢在红军前面占领华沙，不顾一切地进行冒险，才导致了华沙起义的失败。西方则认为是斯大林为了控制波兰，故意不支援华沙起义者，才有了悲剧的产生。

1944 年 6 月，白俄罗斯战役期间被击毁的纳粹德国坦克

历史性的握手
美苏军队会师易北河

> 跨过易北河的两岸，美苏两国将士的大手握在一起，欧洲东西部两大战场胜利会师。

1945年4月25日，美军第一集团军的一支侦察队与苏联第5近卫集团军第58近卫步兵师在德国易北河畔的托尔高（柏林以南120公里）不期而遇，这就是二战中著名的易北河会师。东西两线并肩作战的两支盟军终于实现了历史性握手，从而将德军据守的地区截成南北两段。易北河会师成为反法西斯战争欧洲战场的胜利曙光。

美苏会师易北河

当盟军跨过莱茵河攻入德国本土时，西线德军尚有3个集团军，号称60个师，但实际兵力还不到半数，不堪一击，仅存少数法西斯狂热分子负隅顽抗。1945年4月，西线盟军发起鲁尔战役，包围并歼灭德军32.5万人。为了争取早日与东线的苏军会师，美国第一集团军和第九集团军日夜兼程，每天以50—80公里的速度向东挺进。美国第九集团军的先头装甲部队于4月11日到达易北河边，建立了两个桥头堡。与此同时，4月16日苏军在朱可夫元帅指挥下发起柏林战役，在战争胜利在望之际，东西线盟军更需要加强沟通，避免误判和误伤，因此，实现会师成为当务之急。

4月19日，美军占领了莱比锡，4月25日，美国第一集团军第69师的一部在柏林南部的托尔高与苏军会面，建立了面对面联系。4月26日，在托尔高城举行了两军会师仪式和庆祝大会。成群的人围着煎鸡蛋、面包、沙丁鱼和通心面兜圈圈，人们唱啊、跳啊，仿佛和平已经来临。这天，美国联合新闻社的记者安妮·斯特林格和国际新闻社的摄影师阿兰·杰克逊乘飞机到达托尔高城，并乘苏联人的小船到了易北河东岸。杰克逊拍了很多苏联人和美国士兵在一起说话、喝酒、交换纪念品的照片。

盟军攻占德国

在德国北部，英军第二集团军从奥斯纳布吕克—不莱梅一线向东北移动，5月2日占领卢卑克，前出波罗的海，与苏军会师于维斯马。5月3日汉

1945年4月25日，一支美军侦察队与一队苏军在这里不期而遇，这就是二战中著名的易北河会师。东西两线并肩作战的两支盟军终于实现了历史性握手，将负隅顽抗的纳粹德国拦腰截为两段。这激动人心的一幕通过照片迅速传遍整个世界

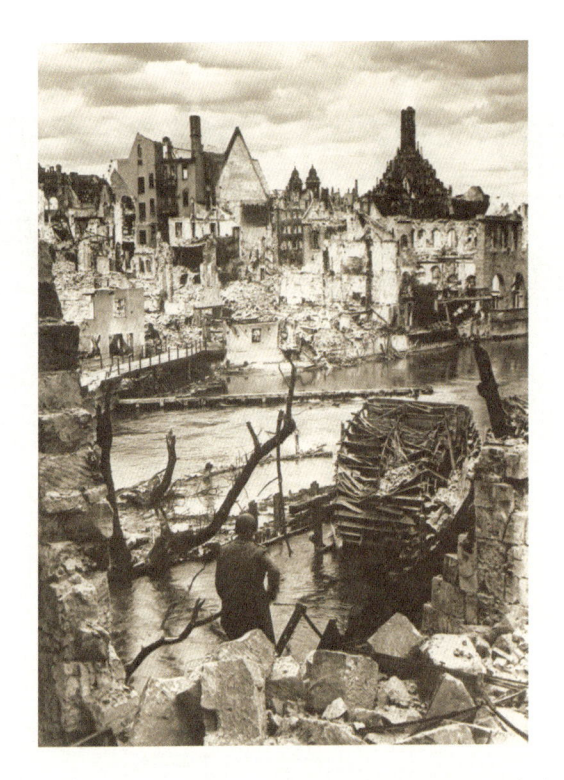

1945年被炸毁的德国纽伦堡城市街景。纽伦堡市在巴伐利亚州，是德国重要的工商业城市

堡德军投降，5月5日，荷兰、丹麦以及德国西北部的德军向蒙哥马利投降。

在德国中南部，美军第三集团军占领了哥特、埃尔富特，并挥戈东南，向捷克斯洛伐克和多瑙河流域推进。5月1日，巴顿的部队进入捷克斯洛伐克，另一支部队则进入了奥地利。

在德国南部，美军第七集团军经过三昼夜的激战，攻占了纽伦堡，渡过多瑙河，进入巴伐利亚平原，解放了慕尼黑。5月4日，美军占领了萨尔茨堡。同日另一支盟军占领了希特勒的山间别墅伯希特斯加登。这里并没有德军据险死守的状况。为彻底摧毁希特勒的黑巢，美军第8航空兵将其炸成一片废墟。美军第七集团军的另一支部队进入奥地利，5月3日拿下因斯布鲁克，在奥地利游击队的帮助下，他们进入伯伦纳隘口，5月4日同意大利北部的第五集团军会师。

在德国的最南部，法国第一集团军沿莱茵河东进，占领了卡尔斯鲁厄、斯图加特；5月1日肃清

美苏在易北河上会师

1945年4月25日下午1时30分，美国第一集团军69师的威廉姆·罗伯逊少尉率领3名士兵开着一辆吉普车进入了易北河西岸的托尔高城，他们没有信号弹和无线电，只是听到河对岸有枪炮声。罗伯逊认为对面应当是苏军，为此他挥舞着用床单制成的美国国旗，大声喊着"美国人""同志"。对岸枪声停止，并释放了绿色信号弹，这更加坚定了罗伯逊的判断，他派人在托尔高城的德军战俘营找来一名苏联战俘，让他用俄语向河对岸喊话，总算获得了对岸的回应。罗伯逊爬上易北河上一座被炸毁的大桥，在易北河湍急的河水之上，罗伯逊和对方一名叫安德烈耶夫的苏联士兵在桥中央相遇了。两人不知说什么好，只是努力地微笑并互相拍了拍肩膀，此时是4月25日下午4时，历史在此定格。

了瑞士边境康斯坦茨湖以西的敌军。

至此，除了柏林之外的整个德国，都已经在盟军的控制之下。

1945年4月25日，美国第一集团军威廉姆·罗伯逊少尉与苏联红军少尉亚历山大·萨尔瓦斯基在"东方遇见西方"的标语牌前亲密拥抱，标志着盟军在德国易北河的胜利会师

第三帝国的覆灭
攻克柏林

> 朱可夫兵临柏林,
> 希特勒穷途末路。
> 柏林——德国的心脏,
> 第三帝国就此灭亡。

1945年初,德国法西斯犹如一艘千疮百孔的航母,随时都有可能在激战中沉没。伴随着苏军在东线战场上发起的强大攻势,柏林的陷落已是在所难免,但希特勒企图做困兽之斗,迫使苏联红军对柏林发起总攻。

大军压境

1945年1月,部署在东线的德国装甲师共有18个,其中7个部署在匈牙利,2个部署在库尔兰,4个部署在东普鲁士,留守维斯瓦河的部队总人数虽然高达50万,但仅有5个装甲师,其他都是新组建的步兵,战斗力不强。古德里安和盖伦都向希特勒建议撤回部署在西线和匈牙利的德军以对付苏军,但希特勒固执己见,拒绝改变部署。

此消彼长,此时苏军正源源不断地向维斯瓦河增加部队,希望能一举攻克纳粹德国军队据守的河流天堑,扫清进攻柏林的最后障碍。斯大林将柏林定为进攻的最终目标,并下达了赶在盟军之前占领柏林的命令。1945年1月12日,苏军采取了波浪式的突击方式,先是发动5个小时的猛烈炮击,紧接着从桑多梅日—马格努谢夫的大登陆场向德军发起攻势。

面对苏军强大的突击,德军节节败退。在维斯瓦河—奥德河战役中,德军35个师被苏军消灭,25个师遭受重创,14万德军被俘,大量武器装备也都落入苏军手中。在苏军对维斯瓦河—奥德河发动总攻的同时,在东普鲁士作战的苏军两个方面军也发动进攻,切断了东普鲁士与德国其他地区的联系,为维斯瓦河—奥德河战役的胜利提供了保障。希特勒的末日即将来临。

柏林陷落

在苏军的强大攻势面前,德军节节败退,处于一片混乱之中。近乎疯狂的希特勒下令后卫部队摧毁一切对盟军有价值的东西。他曾扬言:"一旦战败,德国将会灭亡……连原始的物质基础也毁掉,亲手把它毁掉。"为此,德国统帅部甚至动用了刑警队——没有炸毁桥梁或者临阵脱逃的军官将面临死刑。此时的德军只能靠铁血高压手段来维系其内

维斯瓦河是波兰最长的河流,全长1047公里,流域面积19.2万平方公里。该河发源于贝兹基德山脉,流经克拉科夫、华沙、托伦,最后在格但斯克流入波罗的海。苏军于1945年1月12日—2月3日在维斯瓦河—奥德河发动的战役最终以苏联的胜利告终,为二战的最后胜利打下了良好的基础

苏军正在用重炮攻击柏林

> **知识链接：红旗插上德国国会大厦**
>
> 1945年4月30日，苏联红军攻克德国国会大厦，斯大林下令5月1日之前必须把红旗插到帝国议会大厦楼顶！在此命令下，米宁等5名士兵携带一面红旗爬到德国国会大厦楼顶，米宁把红旗的金属旗杆插入楼顶制高点，并用自己的皮带将红旗固定，红色的苏联国旗飘扬在德国国会大厦上空，宣告了纳粹德国的灭亡。米宁也因此获得了"苏联英雄"称号。

部凝聚力。

兵源和补给的严重匮乏是削弱德军的另一个重要因素。此时，德国已经失去了所有的欧洲盟友，政治孤立以及经济崩溃使得德国不得不通过征召15岁以下的未成年人来弥补兵员损失。

为守住柏林，3道纵深为20—40公里的防御阵地在柏林地区的奥德河—尼斯河一带被开辟出来。希特勒准备好与苏军在奥德河一决雌雄。为此，他还编织了一个"美好的设想"来继续欺骗德国人民：击退苏军后，德军将会集中兵力进攻西线盟军，至少把他们赶回莱茵河。

1945年4月16日凌晨4时，苏军总指挥朱可夫将军下达了总攻柏林的号令。随着三道绿色火焰的升空，炮兵开始射击。由于德军正从322公里以外的人工湖放水，原本的平川变成沼泽，苏军陷入齐腰深的泥沼之中。再加上探照灯的光束被浓烟所反射，晃花了苏军士兵的眼睛，一时间，苏军的战斗部队很快就消耗殆尽。第二、第三梯队踏着同伴的尸体前进，但也没能逆转战局。

当天晚上，斯大林和朱可夫进行了两次愤怒的电话长谈。斯大林要求次日必须攻克泽洛高地，若他无法完成任务，大本营会另派坦克集团从南面对柏林发起进攻。于是，朱可夫采取了疯狂的攻势。次日傍晚苏军攻克泽洛高地。

到4月25日，苏军扫清了柏林外围防线，攻入柏林郊区，26日苏军对柏林发起猛攻，攻入市区的苏军同拒不投降的纳粹党卫军展开了激烈巷战。四面楚歌的希特勒终于意识到大势已去，4月30日凌晨2点半，希特勒及其妻子爱娃先服毒后开枪自杀。在苏军的强大压力和必须无条件投降的最后通牒面前，5月2日，守卫柏林的德军残余部队举起白旗投降。苏联红军在付出巨大代价后，取得了柏林战役的完全胜利。

1945年4月30日，苏联红军攻克德国国会大厦，将红旗插上国会大厦

二战时代

和平降临欧洲
德国无条件投降

穷途末路的希特勒自杀身亡，被战火摧残的欧罗巴和平降临。

美、英、法盟军渡过莱茵河，占领了德国西部大片领土，苏联红军从东线发动总攻，兵临柏林城下。斯大林决定把攻克柏林的光荣任务留给劳苦功高的朱可夫元帅。在穷途末路之际，希特勒选择了自杀，而纳粹德国却没有选择，只能无条件投降。

希特勒自杀

1945年4月27日，苏军推进到柏林市区的第9区，德军的凯特尔元帅发给希特勒一封电报，如实陈述了现状："第十二集团军无法继续前进，第九集团军被苏军包围，突围无望。"此时，希特勒才如梦初醒。柏林守备司令魏德林建议其从柏林突围，并保证"元首安全离开柏林"。魏德林沮丧地说道："所剩弹药只能再支撑两天，粮食和药品都没有了。"德国陆军总参谋长克莱勃斯也认同突围计划，并从军事角度论证了该计划的可行性。

但是，当时困守柏林的德军被苏军包围在15公里宽、16公里长的狭窄地带，突围计划彻底无望。4月29日，希特勒的盟友墨索里尼被意大利共产党游击队逮捕处决，曝尸于米兰的洛雷托广场。坏消息还不止如此，负隅顽抗的德军此时被分割在3个包围圈中，已是案上鱼肉，任人宰割。

希特勒明知失败不可避免，仍下令放水淹没柏林地铁，此举使得不计其数在地铁避难的德国妇女、儿童和伤兵被淹死。然而这也无法阻止苏军强大的攻势。4月30日，苏军成功进入"堡垒地区"，对国会大厦——这座德军最后的据点发起了猛攻。坚守大厦的是希特勒第三帝国最忠诚的狂热分子——纳粹党卫军。他们誓死抵抗，使得苏军每前进一步，都付出了极高的代价。

面对这无可奈何的困境，希特勒心如死灰。早在1945年4月20日，也就是希特勒56岁生日那天，所有人都劝他离开柏林，但为希特勒所拒。夜幕降临后，希特勒命令秘书把文件焚毁，并和爱娃在私人住处共度了几个小时。4月30日凌晨两点半，希特勒走出了房间，依次与随行人员握手告别，谁

爱娃·布劳恩，是阿道夫·希特勒的妻子，出生于德国慕尼黑市。1929年她在海因里希·霍夫曼的照相店中工作，当时霍夫曼是纳粹党元首阿道夫·希特勒的专用摄影师。由此，爱娃认识了希特勒，并逐渐与其发展成恋爱关系，长期作为希特勒的伴侣。1945年4月，在希特勒自杀前夕与其结婚，随后和希特勒一同自杀

德军防区的核心是始建于 1884 年的德意志帝国议会大厦，它是纳粹第三帝国权力核心的象征。苏军 T-34 中型坦克、JS-2 "斯大林" 重型坦克和 Su-100 自行火炮的凶猛炮火几乎将其打透

也不知道他嘟哝些什么，只是看见他满含泪水。中午时分，当他得知苏军离总理府只有一排楼房时，他终于下定决心和爱娃一起自杀。

德国无条件投降

希特勒的自杀为德军的投降提供了先决条件。5 月 1 日凌晨 3 时 55 分，德国陆军总参谋长克莱勃斯将军打着白旗从地下暗室钻出，前往苏军第八集团军的前线指挥所谈判。苏军第八集团军司令员朱可夫立即把情况用电话向斯大林作了报告。十几分钟后，斯大林从莫斯科发出最高指令："德国只能无条件投降，不许进行任何谈判。"

5 月 1 日上午 9 时 45 分，朱可夫根据斯大林的指示，代表苏军向柏林德军发出最后通牒：德军必须彻底投降，否则苏军将在 10 时 40 分对德军实施最后的强攻。朱可夫让克莱勃斯把这份通牒带给戈培尔等人。戈培尔知晓没有任何讨价还价的余地，于是与妻子及 6 个孩子自杀。5 月 2 日 15 时，驻守柏林的德军全部向苏军投降。

欧洲胜利日的狂欢

1945 年 5 月 8 日，欧洲陷入狂欢，庆祝纳粹德国投降。在伦敦，人们自发地聚集在一起尽情狂欢，不知疲倦。美国水手和姑娘们在皮卡迪利大街中心排成一队跳康加舞，通宵达旦。在法国，人们得知了胜利的消息，无不开怀大笑，街上到处都是庆祝活动，在凯旋门，人们唱歌跳舞，放烟花。胜利的狂欢淹没了欧罗巴。

1945 年 5 月 8 日 24 时，德国无条件投降仪式在柏林正式举行。仪式由苏联的朱可夫元帅主持。德国无条件投降书宣布德国一切陆海空军及目前仍在德国控制下的一切部队向苏联红军最高统帅部和盟国远征军最高司令部无条件投降，投降自 1945 年 5 月 9 日零时开始生效。这标志着欧洲的战争结束，和平重新降临。

1933 年，希特勒及纳粹党执政后，戈培尔被任命为宣传部长。上任后第一件事即是将纳粹党所列的禁书焚毁，他对德国媒体、艺术和信息的极权控制随之开始。1945 年希特勒自杀前任命他为德国总理，在希特勒自杀不久后，戈培尔在毒杀自己的 6 个幼小孩子后，随即在晚 8 时与妻子在总理府地下室外自杀

永绝后患
四国分区占领德国

曾经疯狂的战争怪兽，
这个难得的和平时代，
胜利者杀死了怪兽，
胜利者创造了新的时代。

二战结束后，如何处置德国成了重要问题。苏、美、英、法四大盟国不同的利益诉求和对和平的共同渴望，决定了在处置德国的过程中合作与分歧并存的局面。

早在反法西斯同盟正式建立之前的1941年8月，在美国的"奥古斯塔"号重型巡洋舰上，就起草了最早的关于如何处置战后德国的方案——《大西洋宪章》。随着战事的推进，美、苏、英、法四大盟国对战后德国的构想也摇曳不定。但在宏观原则上达成了共识，即让德国永远丧失主动发动战争的机会、肃清德国纳粹余毒、德国务必赔偿被侵略国的战争损失。

盟国对德管制委员会的成立

1945年6月，苏、美、英、法四国代表在柏林签署了《关于击败德国并在德国承担最高权力的宣言》等3个文件，确定四国分区占领德国和柏林。四国占领区总司令组成盟国对德管制委员会，在对德政策上需四国通过该委员会一致同意方可行动。委员会由苏联元帅朱可夫、美国五星上将艾森豪威尔、英国元帅蒙哥马利和法国科尼希将军等组成。在没有条件创立一个能维持秩序的德国中央政府的情况下，形成了东部为苏占区、西北部为法占区、西南部为美占区、西部为英占区的四国分区占领的局面。

剥夺德国战争能力

美国总统罗斯福曾说过："我们不得不对德国采取严厉态度，我指的是对全部德国人而不仅仅是对纳粹分子。我们要么不得不把德国人全部阉割掉，要么你不得不以这样的方式来处置他们，从而使他们不能再繁殖希望走老路的人。"对于在对德战争损失惨重的苏联和亡国的法国来说，一个不再具有发动战争能力的德国才是保障和平最保险的方法。在盟国的强制推进下，最大限度地剥夺德国的军事能力。

现代战争的发起离不开强大的工业生产能力。以苏战区为例：大批工业设备被拆除运往苏联本土，

苏美英法分区占领德国是第二次世界大战结束后，苏、美、英、法四国处置德国的一种形式。1945年6月5日，四国驻德占领军总司令在柏林正式声明把德国分成四个部分，东区归苏、西北区归法、西南区归美、西区归英。"大柏林"区由四国共同占领

步步惊心：战役

1945年6月5日，苏美英法四国占领军最高司令在柏林合影，左起：英国蒙哥马利、美国艾森豪威尔、苏联朱可夫、法国科尼希

> **知识链接：4D 计划**
>
> "4D 计划"是盟国在四大占领区实行的非工业化、非军事化、非纳粹化和民主化的简称。盟国对德管制委员会以"4D 计划"作为战后削弱和改造德国的指导原则，对德国肃清纳粹影响意义深远。

这其中几乎涵盖了德国工业领域的各个方面。除了物质上的掠夺，还有人才、专利、商标等知识财富的转移。苏联在此期间获得大批军事科技领域的专家，大大推进了原子弹研制的进程；剥夺德国战争能力的同时，也获得了战争赔偿。

四国都十分重视肃清纳粹残留势力。英国为审判纳粹战犯，组织了军事法庭，并以德国刑法为审判主要依据，通过司法审判也使德国人民意识到纳粹思想的邪恶。美国则不仅组织德国人参观臭名昭著的集中营，观看相关影像资料，还专门制定《解脱法》对美占区进行大规模司法审判。苏联和法国也对残存的纳粹分子实行严厉逮捕，避免纳粹势力残留于世。

浴火重生——战后分区的建设

战后初期，德国食物供应极度匮乏。美国在对德索取赔偿的同时，还要提供大量食品供给德国。罗斯福提出："没有人再想要使德国成为一个完全的农业国，没有人想要'完全消灭德国在鲁尔和萨尔的工业生产能力'。"从1948年到1951年，美国通过马歇尔计划对西欧的经济援助达130亿美元。其中西占区受惠很大。德国投降后三年的时间内，西占区在美、英、法的扶持下，德国完成经济的统一和恢复，同时也为政治上建立西德做好了准备工作。苏联在其占领区实施了土地改革，消灭了土地私有制，同时对苏战区大批国有企业实施国有化。在此过程中苏联也掌握了其德国占领区的经济命脉。东西占领区不同的经济手段也为日后两德分裂埋下了隐患。

四国管制状态的结束

1949年5月在西占区上成立了联邦德国，随后的10月，在苏联的扶持下民主德国在苏战区成立。两德的分裂正式宣告四国管制德国局面的结束。进入50年代后，冷战愈演愈烈，由于德国特殊的地理位置，分裂后的两德成了美苏冷战的前沿地。德国真正摆脱大国的操纵，要等到两德合并之日了。

1946年，法国军队行进在德国柏林帝国大厦前面，此时法国可算是一雪二战的耻辱

二战时代

决战的前哨
夺取冲绳岛

"神风"失效,"大和"翻沉,"武士道"也挽救不了军国主义灭亡的命运。

马里亚纳群岛战役和菲律宾战役之后,美军彻底撕碎了日本苦心经营的绝对国防圈,并依靠一系列的"蛙跳"战术夺岛,逐渐接近了日本本土。日本海空精锐力量则消耗殆尽,本土防御捉襟见肘。但此时日军大本营仍未放弃,而是企图以冲绳岛作为最后的据点,拼凑起剩余的海空兵力,来和美军决一死战。

登陆冲绳

冲绳岛是琉球群岛中最大的岛屿,距离日本九州340公里,是进攻日本本土最理想的跳板。1944年10月,美国参谋长联席会议下达了进攻冲绳岛的命令,由太平洋舰队司令尼米兹将军统筹全局,斯普鲁恩斯上将和特纳中将分别负责海陆军行动。日军则派遣牛岛满中将指挥三个师团防御该岛,并部署大量自杀飞机作为支援。原本宁静的小岛上气氛紧张,一场暴风雨即将来临。

为使夺岛行动不受干扰,美军首先集中力量轰炸冲绳周围的日本空军基地。1945年3月18日、19日,美军航母舰队出动上千架飞机对吴港、神户、九州各机场进行轰炸,遭到日本空军的激烈抵抗,美军三艘航母受创。3月25日,美军夺取了冲绳附近的庆良间列岛,作为后勤补给基地使用。这样,经过几天的战斗,美军最大限度地削弱了冲绳周围的日军力量,岛上敌人已成瓮中之鳖。

1945年4月1日凌晨,太平洋战争中最大规模的登陆战开始了。

冲绳岛海边一片宁静,在月光照耀下,海面上洁白耀眼的斑点闪烁跳动,海浪拍打着礁石,发出"哗哗"的声响。这时,海面上出现了一座座巨大的黑色轮廓,劈风斩浪而来,刚要分辨出其形状之时,黝黑的"小山"上喷射出一条条耀眼的火舌,震耳欲聋的轰隆声响彻云霄。炮口喷

冲绳位于日本九州岛和中国台湾省之间,古代称琉球群岛,藩属于中国。1945年美军登陆冲绳,打败日本守军。1945—1972年由美军直接管辖冲绳。1972年美军单方面交还冲绳予日本,但美军仍然驻守其在冲绳建立的军事基地

冲绳岛战役是太平洋战争末期，1945年4月1日，美军在冲绳岛对日军发动的登陆战役。由于冲绳岛在日本本土防御中的重要战略位置，该战役成为第二次世界大战太平洋战场中规模最大的两栖登陆行动。冲绳被誉为日本的"国门"，因此冲绳岛登陆战就被称作"破门之战"。

> **知识链接：日本大肆屠杀琉球人**
>
> 冲绳岛所在的琉球群岛，曾经是琉球王国的领土，居住在这里的琉球人说汉语、写汉字，长期同中国历代王朝保持友好关系，大量福建人也移居到琉球，促进了当地经济社会的发展。日本明治维新后四处扩张，于1879年灭亡了琉球王国，当时的中国清朝政府为此同日本进行了长期交涉，还曾请美国格兰特总统出面调停。日本占领琉球后，把琉球人民当作奴隶，进行残酷的殖民统治，大肆屠杀。
>
> 在美军对冲绳岛发动攻击前夕，已经预感到战败不可避免的日本军国主义政府，竟然以担心"琉奴"（日本对琉球人的蔑称）带领中国人清算日本为由，于1945年4月下达所谓"玉碎令"，要当地驻军杀光琉球人。以当年在"满洲"实施"三光"政策而臭名昭著的琉球驻军司令牛岛满，再次故伎重演，对琉球人民展开疯狂的屠杀。有资料显示，冲绳大战之前，冲绳本岛的人口是47万人，到美军占领冲绳后，岛上居民只剩下11万人。剩下的36万人哪里去了？最大可能是死于日本人的屠刀之下。日本政府应该就"玉碎令"的实施过程和后果，给琉球人民和国际社会一个真实的交代。

射的火焰照亮了海面，也照亮了美军战列舰威武雄壮的身姿。

早上8时，第一抹霞光冲散了淡淡的晨雾，特纳中将命令："开始登陆！"数百艘登陆艇排着整齐的队形，冲向冲绳岛，激起的水汽汇集在一起，在太阳映射下形成了斑斓的彩虹。

8时32分，第一波登陆艇成功登岛，然后是第二波、第三波……到4月4日美国海军陆战队占领岛屿中部，第一阶段目标顺利达成。

"神风"失效、"大和"翻沉

为了挽救守岛日军，日本大本营决定出动驻扎在九州的第五、第六航空联队对美国舰队发动攻击。1945年4月6日，699架日本战斗机直扑美军舰队，代号"菊水作战"的行动开始了。出动的日军战机中，有一个非常奇怪的现象，那就是将近一半的小型战斗机挂载了巨型的炸弹，这就是日军在垂死挣扎中，用于"特攻"作战的"神风"自杀攻击机。

6日上午，美军舰队上空传来轰鸣声，很快遮天蔽日的日本机群映入眼帘，斯普鲁恩斯上将赶紧喊道："防空火力准备！"随着各舰指挥官一声令下，黑洞洞的防空高射炮的炮口指向空中，如米粒一般密集的子弹在空中形成了一道道火红的大网，企图捞住一架架飞鱼般灵巧的战机。

1945年5月26日，日本神风特工队的飞行员在鹿儿岛合影，抱着小狗的飞行员名叫纪夫荒木，战死时才17岁。日本军国主义者为了挽回失败的命运，蛊惑十几岁的少年进行自杀式攻击

就在美军注意力被吸引到高空时，海面上突然闪烁着一片片金属反光，仔细一看，成群结队的"神风"自杀式飞机采取超低空飞行战术，避开美军的侦察，如鬼魅一般悄悄接近着舰队，原来这才是日军的主攻方向！美军舰艇马上朝海面猛烈开火，子弹"嗖嗖"飞过，日机周围被打出一道道水柱，好像整齐排列的稻草一般；不断有飞机被击中，机翼折断，拖着火红的轨迹一头栽进大海。但敌人数量实在太多，几架突破防空火力网的"神风"飞机朝着"邦克山"号航母直冲过来。眼看无法躲避，舰长赶忙喊道："撞击准备！"话音刚落，舰长室的地板"哗"地震了一下，一阵抖动之后，"轰隆"一声巨响，舰体尾部发生猛烈爆炸，甲板上的飞机如同玩具一样被抛到几十米高空，连舰桥的窗户也被震碎。

在发动"神风特攻"的同时，日军决定以超级战列舰"大和"号为核心组成"敢死舰队"，袭击冲绳海域的美国海军。该舰队携带的燃油仅够单程需要，而且没有任何空中掩护，这是一次彻头彻尾的自杀行动。出征前的例行酒会，没有往日的欢声笑语，只有沉默和悲凉，所有人都明白此次作战将有去无回。

4月7日，日本的"敢死舰队"到达预定海域，早就埋伏于此的美军战机马上直冲而下发动攻击，"大和"号先后被10枚鱼雷、24颗炸弹命中，带着日本军国主义的绝望沉入海底。"大和"号的沉没，标志着联合舰队的彻底覆灭，也宣告了大舰巨炮主义的破产。

"大和"号战列舰是二战中的日本帝国海军建造的"大和"级战列舰的一号舰，是人类历史上最大的战列舰，曾号称"世界第一战列舰""日本帝国的救星"。1945年4月7日，"大和"号在冲绳岛战役中，被美军飞机击沉于日本九州西南50海里处，成为日本军国主义"特攻"作战精神的炮灰

步步惊心：战役

1945年4月19日，美军三个师从那霸以北约6.5公里处发动大规模进攻。日军充分显示了其顽强的战斗意志，每一个山头、每一个碉堡、每一个坑道，甚至每一块岩石，美军都必须经过多次血战，才能夺取下来。直到5月27日美军才攻占了那霸

日军这一系列的自杀行动虽然给美军带来一些损失，但对于整个战局的走势影响不大。

"武士道"毒害下的自杀式冲锋

眼看敌我力量悬殊，冲绳岛上的日军指挥官牛岛满妄图在原来琉球王国的首都——首里城同登陆的美军展开决战。他主动收缩防线，将80%的兵力部署于此，妄图最大限度地增加美军伤亡。

4月8日，推进到首里城附近的美军遭到日军的激烈抵抗。日军利用悬崖峭壁、山峰沟壑等险要地形构筑起隐蔽的碉堡，往往等美军火力覆盖完毕，地面部队接近之后才突然开火，使美军伤亡惨重。

在灭绝人性的武士道精神蒙蔽下，不断有日本敢死队员怀揣炸药包，扑向美军坦克，猛烈爆炸之后，残肢断臂四下横飞，呐喊呻吟之声不绝于耳。

每一个高地、每一个堡垒、每一个战壕，甚至每一块岩石，美军都要经过多次血战才能拿下。

4月22日，美军采取两翼包抄战术，终于取得进展，5月27日美军攻占那霸，5月31日，美国海军陆战队进入首里城。就在所有人都以为战斗已经结束的时候，死硬的军国主义分子牛岛满却将参与的日军集中在冲绳岛的南部，以两座山峰为依托，继续抵抗。

5月31日，美军到达山谷前准备发动攻击，却发现大批平民缓缓走来，他们衣衫褴褛，携家带口，步履蹒跚，脸上没有任何表情，就在美国士兵不知所措之时，突然"万岁！"的喊声响起，大批埋伏在平民身后的日军端着刺刀直冲过来，山顶机枪也喷射火舌，美军马上还击，一时间，血肉横飞，惨叫连连，很多平民被击中倒下。日军敢死队疯了一般冲向美军阵地，甚至一些平民也引爆了身上的炸弹。激烈的战斗一直持续到6月22日。

经过艰苦卓绝的作战，美国获得了进攻日本本土的战略基地，彻底消灭了日本海、空军力量。进攻日本本土只是时间问题了。

日本地方法院驳回了日本冲绳民众要求对在二战期间遭受的损失进行赔偿的诉讼请求。这是不服判决的民众在进行抗议

犁庭扫穴
美军轰炸日本

> 败局已定却试图负隅顽抗，死于美军轰炸的无数日本平民，做了军国主义的陪葬品。

随着马里亚纳群岛和菲律宾战役的尘埃落定，美国获得了直接进攻日本本土的空军基地，为了减少不必要的伤亡，美军决定在登陆日本之前先对其进行大规模的战略轰炸。

轰炸东京

用于轰炸日本本土的理想武器是B-29轰炸机，它是B-25"空中堡垒"轰炸机的改进型，绰号"超级空中堡垒"，重量达到60吨，能携带7吨炸弹，时速达563公里，最高能飞1万多米，日本当时大多防空武器都鞭长莫及。

1944年10月，第一架绰号"东京玫瑰"的B-29轰炸机到东京上空进行高空侦察，安全返航。11月24日，美军111架B-29轰炸机起飞对日本进行首次大规模轰炸。

这天上午，东京街头还是一如既往的平静，主妇们在杂货铺前焦急地排着队，孩子们在破败的木屋间嬉笑打闹，好奇地注视着满载士兵的卡车飞驰而过。突然间，天空中传来沉闷的轰鸣声。不一会儿，就有几架巨大的飞机探出云层，然后是十几架、几十架……片刻之后，整个天空就被密集的飞机布满。一颗颗炸弹伴着尖锐的鸣叫倾泻而下，伴随着震耳欲聋的巨响，东京陷入一片火海。

从这一天开始，美军对日本进行了不间断轰炸。1945年以后，考虑到日本的房屋多为木结构，容易引发火灾，美军在轰炸中开始大规模使用燃烧弹，这对日本造成了更大的破坏。日本的老百姓修建简易防空洞，组织民间消防队，把儿童疏散到农村，但在美军的狂轰滥炸面前都无济于事。

美军的核突击

在爱因斯坦、费米等著名科学家的游说下，1939年10月21日，罗斯福总统下令成立研究原子武器的委员会。1942年8月11日，美国开始实施著名的"曼哈顿计划"，在核物理学家奥本海默的领导下，集中全美顶尖的科学家进行原子弹研发。1945年7月美国终于制造出三枚原子弹，分别命名为"小男孩""大男孩"和"胖子"。7月16日，"大男孩"在新墨西哥州的沙漠中试爆成功。

就在此时，不甘心失败的日本军国主义政府第三次发布总动员令，集中兵力370万，飞机7000架，企图与盟国进行本土决战。为了尽快结束战

1945年3月9日拍摄的鸟瞰照片，显示了东京隅田川沿岸工业区被美军轰炸后的场景

代号为"胖子"的原子弹在运输装载过程中

> **知识链接:"不内疚也不后悔"的美国老兵**
>
> 西奥多·范·柯克是执行轰炸广岛任务的"埃诺拉·盖伊"机组12名成员中最后一名去世的美国老兵,当时他担任领航员。面对二战后日本一些所谓的"核武器受害者"要求美国道歉的做法,柯克的表态很有代表性,他说:"我不以轰炸广岛为荣,但还能怎样赢得战争呢?那些发起战争的人都是疯子。"
>
> 柯克和其他执行任务的轰炸机机组人员声明"永远不后悔投弹",因为他们认为对日本投下原子弹的决定是正确的,这加速了日本军国主义投降,从长期角度看是"挽救生命"。柯克说:"我完成了自己的使命,我不内疚也不后悔。因为我们让这场战争结束了。"

争,避免无谓伤亡,美国总统杜鲁门果断决定向日本投放原子弹。

第一个目标选在广岛。1945年8月6日凌晨,三架B-29轰炸机起飞,其中的"埃诺拉·盖伊"号轰炸机上装载了"小男孩"原子弹,上午7时9分,机队飞抵广岛上空,地面防空警报响起,对轰炸早就习以为常的人们抬头一看只是三架飞机,便没有介意。8时14分,驾驶员蒂贝茨从瞄准镜中望去,广岛大桥的中心逐渐接近准星,在稍纵即逝的刹那间,他按下了扳机,"小男孩"摇晃着落了下去,三架飞机马上以最快的速度返回,45秒后,天空中强光一闪,向下望去,大地上出现一团火球,马上就变成了紫色的烟云和火焰,然后迅速膨胀,变成了无比庞大的蘑菇云,数秒后,冲击波传来,机舱内发生了剧烈的抖动。

原子弹爆炸将方圆11平方公里的广岛城区夷为平地,有7万人在爆炸中瞬间丧生,另有7万人由于受伤或受到过量辐射在后来相继死去。3天后的8月9日,美军使用代号为"胖子"的原子弹轰炸了长崎,同样造成了巨大伤亡。

面对原子弹的强大威力,加上苏联对日宣战,日本政府彻底绝望。1945年8月15日,日本天皇发布停战诏书,宣布无条件投降。给全人类带来巨大灾难的第二次世界大战终于结束了。

原子弹降临日本。左边:广岛被原子弹轰炸的场景;右边:长崎被原子弹轰炸的场景

最后一击
苏联对日宣战

八月风暴行动,消灭了日本关东军,也摧毁了日本最后的希望,除了投降,别无选择。

史学界将苏联对日本关东军的进攻称为"八月风暴行动"。作为二战最后一场大规模军事行动,日本在中国东北溃败之迅速、彻底,的确像经历了狂风暴雨的洗礼。八月前半段,日本先后经历本土遭受原子弹轰炸、北部遭受苏联进攻的双重打击,中国国共双方也都明确表态对日进行最后一击。日本投降的关键因素,则是苏联占领了库页岛以南以及南千岛群岛,消灭了其在中国东北和朝鲜北部的军事力量。

精彩的突袭

早在雅尔塔会议上,苏联就作出纳粹德国投降三个月内对日宣战的承诺。苏联在对德战争结束前夕就将欧洲战场的精锐部队不断向东方调集,但表面上苏联维持着与日本友好的气氛,所以当1945年8月8日晚上11时,苏联外长莫洛托夫突然向日本驻苏联大使佐藤尚武递交宣战书时,日本仓促应战。一个小时后,苏联兵分三路同时向中国东北进军。与此同时,苏联切断了中国东北关东军与日本本土的通信,很快苏联大军投入战场与日军展开战斗。

1945年8月8日苏联对日宣战后,苏军攻入中国东北的城市

毫无悬念的战争

苏联军队在欧洲战场上的长期实战,可谓装备精良、训练有素、经验丰富,尤其是二战进入尾声时,苏联国力迅速崛起成为超级强国已是不争的事实。与此相对的是,日本关东军早已陆续将精锐部队调离中国东北,南下作战,驻留部队战斗力很低,诸多参战的关东军士兵都是刚刚放下农具迁移至中国东北的日本农民。再加上苏联几近不宣而战的策略,导致日军措手不及。

苏军由远东司令部指挥,从当时满洲的东、西、北三个方向同时展开进攻,总兵力达157万,且配有火炮、多管火箭炮、坦克、自行火炮以及3700多架飞机。而此时的日本关东军只有缺乏训练的60多万士兵、为数不多的装甲部队,以及年久失修的飞机,这样的关东军,远远抵挡不住久

步步惊心：战役

苏联军队进入中国城市哈尔滨，图片中的水兵隶属于苏联阿穆尔军区舰队

> **知识链接：日本关东军**
>
> 关东军是1919年至1945年日本驻扎在中国东北的部队。在1942年全盛时期，关东军有装备精良、训练有素的军队。1943年，随着太平洋战争的深入，大批关东军被调至太平洋战场。随着欧洲战势明朗，日本为防备苏联调军进攻，迅速将部队扩充至70万人，但兵源素质低，武器装备落后。在苏联的打击下，关东军全军覆没，大批战俘被送往西伯利亚强制劳动。

经战场考验的苏联红军。事实上，从经济角度看，中国东北是值得日本捍卫的地方，因为经过数十年经营，东北有大量日本可利用的原材料，以及军工业齐全的工业地区，然而日本的军队，已经无力与苏联军队抗衡。此外，日本军队在战术上也做了许多错误估量，无论是对苏联发起进攻时间的推测，还是对苏联进攻路线的推测，都有严重错误。

在开战的前18个小时，日军通信被切断，无法作出有效指挥。苏联红军还将部队空降到各大中心城市，所以日军在高度机械化的苏联精锐部队多方夹击之下，根本没有招架之力。战斗进行到1945年8月15日，日本裕仁天皇宣布日本无条件投降，第二天苏联与日本停止交火。整个中国东北和朝鲜"三八线"以北的日军武装被解除，蒙疆地区也被红军占领，60万日军战俘被送往西伯利亚强制劳动。

胜利下的阴影

尽管日本法西斯被彻底击溃，但是战争带给中国东北的惨痛是刻骨铭心的。苏联将东北由日本建立的各大工业设备拆走运回苏联，并把东北各大银行的贵金属、债券、纸币运回苏联。苏联的野蛮掠夺使中国东北经济遭受重大的打击。

关押日军俘虏的苏联战俘营，由日本战俘绘制

二战时代

二战结束
日本宣布无条件投降

> 日本投降矣!
> ——重庆《大公报》1945年8月15日号外

两次世界大战给人类带来的苦难,罄竹难书。尤其是二战——人类历史上罕见的残酷战争。那个被军国主义洗脑的国家日本,在二战局势已经明朗的情况下,依然惨无人道地屠戮被征服地区的无辜平民。其在反法西斯阵线钢铁般的意志和强大实力面前必然失败。

最后的挣扎

自中途岛战役后,日本在太平洋战场上节节溃败。德国投降,日本作为仅存的法西斯国家,面临更强大的军事压力。可深受传统武士道影响和军国主义洗脑的日本军事高层,依然不愿接受投降的命运。但在军事战略上,日本不得不收缩战线。对苏联采取避战求和,并在有利条件下对美国采取以战求和的策略,达成停战协定。其最终目的,则是为了保持在日本本土和中国东北以及朝鲜半岛的既得利益。

美、苏均拒绝了日本的求和方案。1945年7月16日,世界上第一颗原子弹在美国研制成功。美国排除了空中轰炸和之后在日本本土登陆作战的计划,

日本代表来到美国战列舰"密苏里"号上签署投降书

1945年8月14日,杜鲁门总统宣布日本已无条件投降,二战结束

因保守估计,登陆作战将导致美军至少50万人丧生。所以当原子弹研制成功后,美国总统杜鲁门决定对日本进行核打击,向广岛和长崎分别投下原子弹。

苏联也拒绝了日本的求和,在中国东北地区以绝对优势军力横扫日本部队,日本接受着来自各方的强大军事压力。

中国军队随后也进入大决战,1945年8月9日,毛泽东发表了《对日寇的最后一战》,号召中国所有抗日力量迅速投入大反攻。中国作为遭受日本侵略时间最久的受害国,终于在大反攻中迎来胜利的曙光。

"密苏里"号的受降仪式

面对来自多方面摧枯拉朽的打击,日本濒临崩溃。1945年8月15日,日本裕仁天皇的停战诏书通过广播向全世界散布,所有遭受日本侵略的国家举国欢庆。

1945年9月2日,受降仪式在东京湾美军的

1945年9月2日,驻日盟军总司令麦克阿瑟将军在停泊于日本东京湾的美军战列舰"密苏里"号上签署日本投降文件

"密苏里"号战舰上举行。盟军最高统帅麦克阿瑟主持仪式,随后,日本代表团在全体盟国严厉的注视下接受规定的"羞辱五分钟"。这些犯下滔天罪行的战犯们迎接的是严厉的战争审判,中国则派出了陆军上将徐永昌参加受降仪式。

首先签字的是日本外务省长官重光葵,随后是曾任日军参谋总长梅津美治郎。最后是全体盟国代表签字,代表中国签字的是徐永昌上将。签完字后,由数百架盟军飞机组成的强大机群呼啸着飞过"密苏里"号上空。7天后的9月9日,侵华日军总司令冈村宁次在南京签署了投降书,抗日战争及第二次世界大战至此正式结束。

美国一家独占日本

波茨坦会议上苏、美、英三大同盟国对战后日本曾有一个分治计划,同盟国意欲仿效战后德国与奥地利模式,在日本划分各自的势力范围,分割占领。同盟国依据波茨坦宣言,要求日本无条件投降后,必须放弃自明治维新之后不法取得的领土,将日本本土北海道、本州、九州、四国地区交由同盟国占领统治。

美国在日本投降后,邀请同盟国英国和中国驻军日本。英国忙于战后本国恢复及对德国的占领,只是象征性派了一小部分人,接受美国占领军司令麦克阿瑟领导。蒋介石忙于内战,只象征性派了军事观察人员。美国为了抵制苏联的野心,压根就没有邀请苏联驻军。于是,日本投降后,事实上

> **知识链接:侵华日军的投降仪式**
>
> 1945年9月2日,在停泊于日本东京湾的美国"密苏里"号战列舰上举行了日本向同盟国投降的签字仪式,中国代表徐永昌上将参加了签字仪式。1945年9月9日,在中国南京中央陆军军官学校大礼堂举行了中国战区日军投降签字仪式,日本投降代表冈村宁次在投降书上签字,何应钦将军代表中国战区接受日军的投降书。来自中国、美国、英国、法国、加拿大、荷兰、澳大利亚、苏联等同盟国家的47名代表见证了仪式。这宣告了自1931年九一八事变以来中国人民抗日战争暨世界反法西斯战争的胜利。

变成了美国独自占领日本。二战后盟国分割占领日本的计划就这样夭折了,美国独占日本的局面从此形成。

胜利之吻。1945年8月14日发生在纽约时代广场的一幕亲吻。时值日本宣布无条件投降,纽约民众纷纷走上街头庆祝胜利。一位水兵在时代广场的欢庆活动中亲吻了身旁的一位女护士,这一瞬间被《生活》杂志的摄影师抓拍下来,成为传世的经典历史画面。从此以后,每年8月14日都有数百对男女在时代广场重现"胜利日之吻",以纪念二战结束

大浩劫
战争的代价

不管用什么方式衡量，
第二次世界大战：
代价最惨重，破坏性最大，
是人类之大浩劫。

纳粹德国、意大利和日本等法西斯国家发动的第二次世界大战是人类历史上史无前例的大浩劫，给全世界人民的生命财产带来了巨大损失。

数以亿计的人类生命损失

战火燃及欧洲、亚洲、非洲、大洋洲四大洲及大西洋、太平洋、印度洋、北冰洋四大洋，作战区域面积超过2200万平方千米，战争的铁蹄蹂躏了40个国家的国土，参战国更是多达61个，卷入战争的人口达17亿之多，动员的武装力量总人数超过1.1亿。

在抗击德、意、日法西斯的战争中，中国坚持了14年，英国坚持了6年，苏联坚持了4年2个月，美国坚持了3年9个月。双方动员的军事力量超过1.1亿，其中苏联参战军队高达2200万人，美国有1500万人，英国有1200万人，轴心国德意日三国军队人数达3000万。中国受战争的荼毒时间最长，损失最大，共有4.5亿人卷入战争。

据不完全统计，战争中军民共伤亡9000余万，其中死亡总人数在5500万—7000万之间。交战双方军事人员共战死约2524.63万人，其中苏联士兵战死者高达1070万人，人数最多；其次为中国，牺牲士兵380万人；英国及英联邦国家战死57.5万人；美国战死41.68万人；法国战死21.76万人；波兰战死16万人。法西斯国家方面，德国战死士兵553.3万人，日本战死212万人，意大利战死30.14万人。此外，其他各国共牺牲士兵142.25万人。

二战中大量平民沦为战争的牺牲品。据不完全统计，平民因战争而非正常死亡的总人数高达4732.22万人。其中中国平民在战争中非正常死亡人数最多，高达1620万人，苏联死亡1240万人，波兰死亡544万人，英国及英联邦国家死亡156.85万人，法国死亡35万人。法西斯国家方面，德国非正常死亡平民176万人，日本死亡100万人，意大利死亡15.31万人，其他国家共死亡平民845.06万人。

这些战死的士兵和因战争而非正常死亡的平民，包括了南京大屠杀中死于日本侵略者屠刀下的

1943年8月1日，苏联女飞行员莉狄亚·利特维亚克在行动中牺牲，80万妇女在苏联卫国战争期间在军队中服役

步步惊心：战役

1941年3月13日晚，纳粹德国的飞机空袭了苏格兰的克莱德班克市，大量房屋及街道被摧毁

知识链接：毁于战火的文化珍品

在二战中，无数的重要建筑和艺术珍品被战火毁灭，如英国考文垂的大教堂、德国德累斯顿的巴洛克建筑、苏联列宁格勒的官殿等。其中以意大利卡西诺修道院被炸毁最令人惋惜。这座修道院始建于529年，是天主教本笃修道会的创始地，也是西方修道院制度的鼻祖，在基督教历史上具有重要意义。在盟军进攻意大利的战斗中，德军利用修道院的制高点提供观测和指挥，被盟军空袭炸毁。

30万亡灵，包括了死于纳粹行刑队和集中营中的600万犹太人和500万波兰冤魂，也包括了被法西斯侵略者杀害的1200万苏联平民。

无数财富化为战争的硝烟

战争使人类财产蒙受巨大损失。军费开支总计约13520亿美元，若加上物资损失、财政消耗，总数更达4万亿美元之巨。为战胜法西斯匪徒，各国人民节衣缩食，赤诚奉献，美国为战争花费3500亿美元，英国为1500亿美元，中国为1000亿美元以上；据俄罗斯历史学家估算，战争消耗了苏联国家财富的30%，相当于2000亿美元。

反法西斯同盟国家和人民为了赢得战争，作出了巨大的牺牲，作为罪魁祸首的法西斯国家同样为战争付出了沉重代价。据估计，纳粹德国的战争支出约为2720亿美元。这些国家的人民不仅饱尝战争的苦难，数以百万计的平民生命成为战争的牺牲品。例如在盟军发动的大规模轰炸中，德国工业城市德累斯顿被夷为平地，超过25000人丧生火海；美国在广岛投下的第一枚原子弹使当场死亡者达78150人，负伤失踪者为51408人；全市76327幢建筑，全毁者48000幢，半毁者22198幢；此后在长崎投下的第二枚原子弹造成了3.5万人死亡，6万人受伤。

白俄罗斯哈腾（Khatyn）纪念馆雕塑《永不屈服的人》，纪念1943年3月22日被纳粹德国屠杀的白俄罗斯哈腾村居民。1943年3月22日，哈腾全村29户人家、149人被德国法西斯烧死，整个村子被焚毁

二战时代

人类惨剧
纳粹屠犹

种族主义的恶果，
纳粹屠犹的暴行，
凝结在这里，
奥斯维辛没有可以做祷告的地方。

反犹主义是欧洲社会的毒瘤，纳粹党的犹太人种族灭绝行动达到极端。纳粹党的反犹太主义蒙上所谓"科学"的外衣，在今天看来是十分荒谬的理论，但在当时却蒙蔽了许多人，使他们成为纳粹屠杀犹太人的旁观者、支持者和执行者。

希特勒的畸形种族主义

种族主义是欧洲社会的毒瘤，这种理论认为人类不同种族的遗传基因、体质特征同个性、智商以及文明发展程度之间存在着因果关系，进而把人类区分为"优秀种族"和"劣等种族"，主张所谓的"优胜劣汰"。

希特勒在《我的奋斗》第十章"人和种族"中提出了畸形的种族主义，希特勒认为雅利安人——北欧日耳曼人是一切高级文明的创造者和维护者，而犹太人和吉卜赛人则是劣等种族和文明的破坏者，应当被淘汰和灭绝。希特勒相信最强大的种族有权利，甚至有义务歼灭更弱小的种族，以保证人类的更高发展。

希特勒还借用19世纪流行的颅相学（一种通过测量人的头盖骨的长度来判定种族的方法）理论，为其畸形种族主义提供所谓的"科学"依据。在实际操作中，纳粹党先将犹太人划归到劣等民族，再在形式上进行身体形态的各种测量，为种族划分寻求支撑。

纳粹迫害犹太人的三个阶段

种族主义是纳粹主义的核心，1933—1945年，纳粹德国对内独裁、对外扩张的思想基础就是种族主义。纳粹党夺取德国政权后，煽动社会广泛存在的"反犹"情绪，树立打击对象，迎合大多数人的心理，获得了一大批追随者。他们高喊着口号"唯有在扫除掉犹太人时，日子才能一天天好起来！""让所有的犹太人受罪，让他们去死！"……一步步将犹太人逼入了绝境，犹太人的噩梦从此

人们目睹了纽伦堡"水晶之夜"的惨重损失。1938年11月9日至10日凌晨，希特勒青年团、盖世太保和党卫军袭击德国和奥地利的犹太人教堂和商店的事件，被称为"水晶之夜"。此事件标志着纳粹对犹太人有组织的屠杀的开始

1933年4月1日，纳粹党的冲锋队在柏林弗里德里希大街抵制犹太人开设的商店。牌子上写的话是："德国人，注意！这家商店是由犹太人所有。犹太人损害德国经济、剥削德国工人，主要所有者是犹太人内森·施密特"

开始！

纳粹党对犹太人的迫害大致分为三个阶段。1933—1939年为第一阶段，主要进行反犹宣传，煽动种族偏见和种族歧视，在德国本土颁布一系列反犹法案，在政治、经济、文化诸领域对犹太人进行大规模的、自上而下的迫害。1939—1941年为第二阶段，他们着手剥夺犹太人的生存权利并进行驱赶和隔离，并且随着德国对外侵略扩张，纳粹的反犹政策和法令照搬到德占领地区，发展为驱赶和隔离相结合的行动方针。1941—1945年为第三阶段，罩在犹太人身上的恐怖之网日益收紧，纳粹当局转而实行"最后解决"政策，即从肉体上消灭整个犹太民族。

1939年9月纳粹德国占领波兰后，对生活在波兰的犹太人进行驱逐和迫害，共有350万名波兰籍犹太人被驱逐

> **知识链接：奥斯卡·辛德勒**
>
> 奥斯卡·辛德勒（Oskar Schindler）于1908年4月28日出生，1939年加入德国纳粹党。德国占领波兰后，辛德勒接管了一家搪瓷器工厂并雇佣犹太人工作，而这些犹太人就成为纳粹眼中所谓"有用的人"，因而得到了暂时的安全。1942年冬天，纳粹党清洗波兰克拉科夫地区的犹太人让辛德勒发生转变，他列出一份所需工人的名单，保护了至少1200名犹太人的生命。1974年辛德勒去世后，被作为"36名正义者"之一安葬在耶路撒冷。

对德国犹太人而言，1938年11月9日是一个转折点——从那时起，纳粹对待他们的方式从压制性的立法升级为有组织的暴力行动。纳粹以一位犹太难民杀死了一名德国军官为由，进行全国性的报复。纳粹分子们砸碎犹太教堂和犹太商店的玻璃，将近100名犹太人被杀，数千人受到凌辱。街道和

1944年4月，亲纳粹的匈牙利政府命令所有犹太人必须佩戴大卫之星符号，这是布达佩斯街头的一对犹太夫妇

人行道上洒满了闪闪发光的玻璃屑，给这个夜晚赋予了一个名字——"水晶之夜"。"水晶之夜"行动之后，纳粹党将德国犹太人全部隔离圈禁起来。

从1939年初开始，纳粹党在继续剥夺犹太人生存权利的同时，开始出现将犹太人驱逐出德国的计划。党卫军头目希姆莱曾说："我希望采取大规模放逐方式，将所有犹太人送去非洲或其他殖民地，以使犹太人的观念在欧洲彻底根除。"世界其他国家低估了德国犹太人面临的灾难，拒绝伸出援手接纳被放逐的犹太人。同样具有反犹传统的波兰政府甚至向德国境内的波兰犹太人关上了大门。1939年5月，美国政府将载有900名欧洲犹太难民的"圣路易斯"号轮船拒之门外；1940年美国国会否决了向犹太难民开放阿拉斯加的议案；1941年美国国会又拒绝了接纳2万名德国犹太儿童的建议。而随着波兰被占领，德国又增加了处理250万波兰犹太人的额外负担。在"驱逐"的计划失败后，从肉体上消灭犹太人提上了纳粹的议事日程。

"最后解决"的大屠杀

1942年1月20日，纳粹党制定了大规模屠杀犹太人的"最后解决计划"。计划分三个步骤，一是立刻消灭没有劳动能力者，二是通过劳动逐渐消灭剩余人群，三是灭绝残存者。1942年1月30日，希特勒在柏林运动场发表演说宣称："历史上最邪恶的敌人即将被消灭……战争将随着犹太人的被灭绝而告结束。"

灭绝犹太人的主要机器有两个，一个是"特别行动队"，另一个是让人闻风丧胆的集中营。1942年上半年以前，纳粹使用枪杀来灭绝犹太人，纳粹行刑队在德国国防军的配合下，枪杀了100万平民及俘虏（包括部分非犹太人）。由于集体枪杀的速度太慢，从1942年夏季，纳粹党开始采取集中营的方式对犹太人进行流水线式的屠杀。

分散在各地的犹太人像货物一样被塞进货车车厢运往死亡集中营，到达目的地后，这些犹太人便会被命令朝左或朝右走。那些朝左走的人在一两小时内就被送往毒气室。而那些朝右走的人则被拉去参加高强度的体力劳动，他们每天在军备厂、煤矿、橡胶厂或农场里干12个小时，营养不良让他们在一个月里就筋疲力尽。当他们身体太虚或者生病时就将被送往毒气室。

在这些死亡集中营中，每500—1000人住在一

波兰马伊达内克集中营

阴森恐怖的奥斯维辛死亡集中营

间大工棚里，没有公共厕所、盥洗设备，食不果腹，疾病流行。每天都有无数的犹太人在伪装成淋浴室的毒气室中痛苦地死去，堆积成山的尸体被不断焚毁。

暂时存活下来的人忍受着警卫们残忍的虐待与折磨。而纳粹除了用枪杀、毒气等大规模的屠杀手段外，还把犹太人当作"小白鼠"，在他们的身体上进行大量的绝育和阉割实验。各种残忍的手段被实施在那些实验对象身上，成千上万的犹太人在极度痛苦中死去。

1945年5月，当德国投降的消息传到巴勒斯坦、美国及世界各地的犹太人社区时，人们在欢庆胜利的同时升起了镶有黑边的旗帜，以悼念在大屠杀中死去的同胞。1942年1月时，欧洲大约有1100万犹太人，到战争结束时，超过600万犹太人丧生。纳粹屠犹不仅对犹太民族犯下了滔天罪行，也给德意志民族乃至全人类带来了毁灭性的灾难。

1945年4月12日，拉格豪森犹太集中营，其中2万名犹太人已经死亡

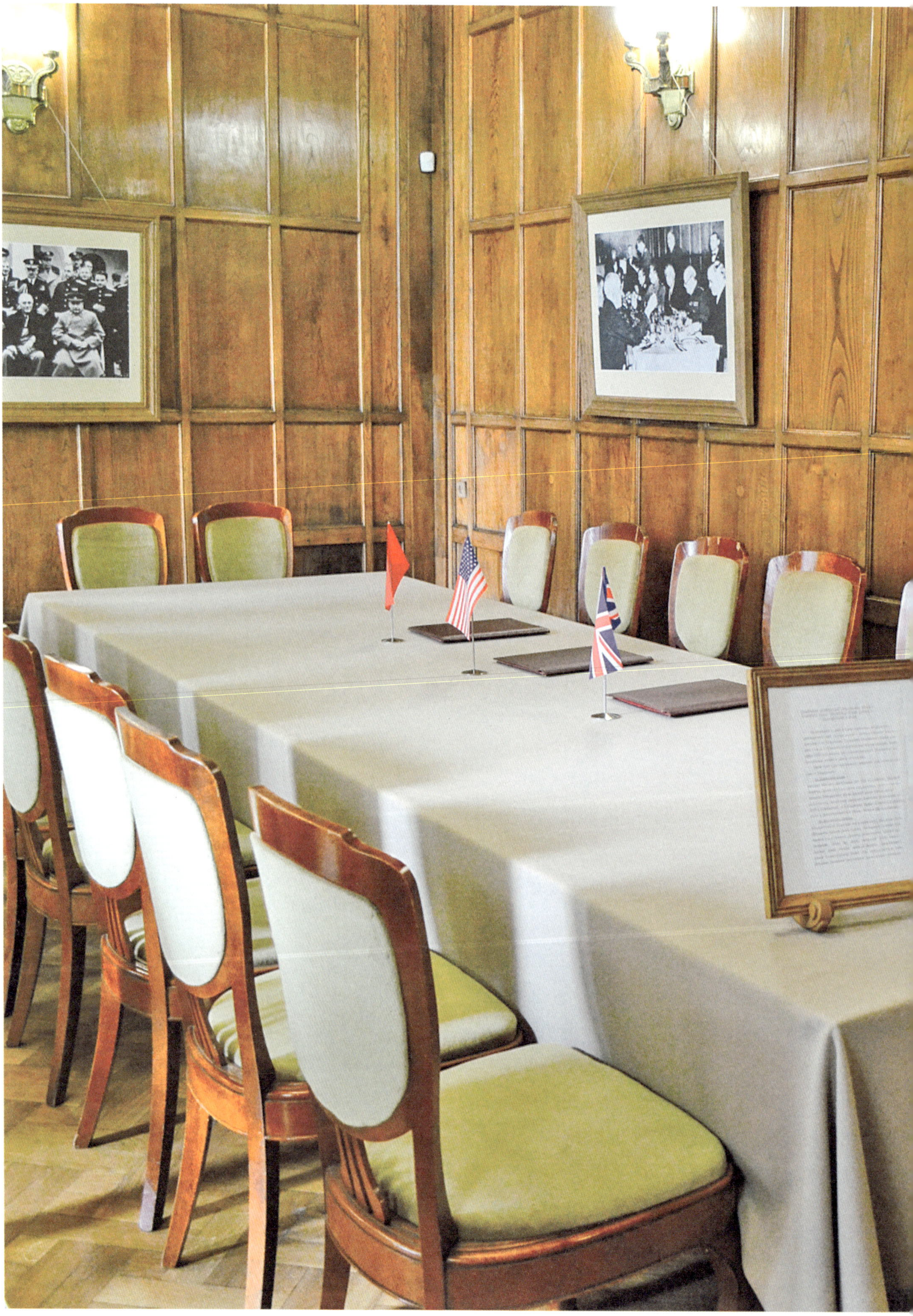

正义伸张：
战时会议和战后审判

在战争中，只有依靠联合的力量，才能争取最后的胜利。同盟国的领袖们抛弃了意识形态的偏见，多次会晤，为打败法西斯敌人协商合作，为战后世界规划美好蓝图。

二战期间主要会议有1943年的卡萨布兰卡会议，盟军宣称要将战争进行到德、意、日三国无条件投降为止；1943年的开罗会议，中、美、英三国签署了《开罗宣言》，声明盟国将坚持对日作战，直到日本无条件投降为止，明确规定日本侵占的中国领土，如东三省、台湾、澎湖群岛等归还中国，允许朝鲜自由独立；开罗会议一结束，苏、美、英三国首脑在伊朗首都德黑兰举行会议，盟军三巨头商议1944年在欧洲开辟第二战场的计划；1945年2月雅尔塔会议，会议主要讨论了德国问题、波兰问题、对意大利等战败国的基本政策和黑海海峡问题等；1945年7月召开的波茨坦会议，盟军向日本发出《波茨坦公告》，敦促日本尽快投降。一系列大国会议还有一个重大贡献就是催生了战后联合国的诞生。

战后纽伦堡审判和东京审判是历史上最早对侵略战争的组织者、阴谋者、煽动者和计划执行者进行的国际审判，开了将战犯押上国际法庭接受法律惩处的先河。

建立统一战线
阿卡迪亚会议

法西斯国家日益猖獗，
反法西斯阵营日益壮大；
正义与正义的联合，
见证于阿卡迪亚。

德、意、日法西斯国家的侵略促进了反法西斯国家的联合。1941年12月太平洋战争爆发后，美、英、澳、中等国相继对日宣战，国际反法西斯力量进一步壮大。在华盛顿召开的阿卡迪亚会议建立了世界反法西斯统一战线。

美国参与欧洲战争

一战结束后，美国外交重回孤立状态，不在政治和军事上介入欧洲事务。1939年9月战争在欧洲爆发后，美国的孤立主义外交开始逐步松动。1940年底，英国首相丘吉尔向美国请求支援，美国开始通过"租借"武器和战略物资的形式为反法西斯国家提供支持，英美结盟的态势逐渐形成。在德国入侵苏联后，1941年8月罗斯福和丘吉尔发表《大西洋宪章》，呼吁世界反法西斯国家共同作战，1941年11月美国政府宣布租借法案适用于苏联。1941年12月7日，日本偷袭美军珍珠港事件发生后，美国对日宣战，同时日本又向东南亚和西太平洋进攻，占领原属法国、英国、荷兰的广大殖民地，促使美国、英国、澳大利亚、中国在对日作战问题上形成统一战线。

阿卡迪亚会议的召开

太平洋战争爆发后，美国总统罗斯福和英国首相丘吉尔为协调两国在反法西斯战争中的战略和加强两国之间的合作，拟订共同作战计划，于1941年12月22日在华盛顿举行了代号为"阿卡迪亚"的会议，史称"阿卡迪亚会议"。在会上，双方确定"先欧后亚"的全球战略，批准在1942年实施北非登陆作战的"火炬"计划，并一致同意继续加大对苏联的援助。参加会议的还有美国总统特别助理霍普金斯、英国军需生产大臣比弗布鲁克以及美英军方领导人。此次会议并无严格程序，除正式的全体会议外，还有各种专门会议和个别会晤，主要讨论了广泛的政治、军事和经济问题。

为了加强两国战时经济合作，会议决定成立联合军需品分配委员会、联合原料委员会和联合船舶调度委员会。此外，为加强两国军事合作和共同作战，决定成立美英联合参谋长委员会和东南亚盟军司令部，并决定将缅甸、泰国和越南从盟军东南亚

1941年3月11日，富兰克林·罗斯福签署《租借法案》，向英国提供了大量军事物资。这是运抵英国的水冷式机枪

正义伸张：战时会议和战后审判

1941年12月，富兰克林·罗斯福总统签署对日宣战法令

> **知识链接：《联合国家宣言》**
>
> 1942年1月1日阿卡迪亚会议期间，美、英、苏、中等26国在华盛顿签署了《联合国家宣言》，标志着世界反法西斯联盟正式形成，为世界反法西斯战争的最后胜利奠定了基础，也为联合国的创建奠定了基础。除原签字国外，截至1945年5月1日，申明加入该宣言的还有法国等21个国家。

战区中划出来，与中国战区组成"中缅印战区"，由蒋介石出任战区总司令，史迪威担任战区参谋长。1942年2月，美英"联合参谋长委员会"成立。

签署《联合国家宣言》

阿卡迪亚会议倡导建立反法西斯国家联盟，审议通过了由美国起草的《联合国家宣言》，在同中国和苏联协商并获得同意后，1942年1月1日，罗斯福、丘吉尔、苏联外交部长李维诺夫和中国外交部长宋子文代表各自国家在白宫签署《联合国家宣言》，1月2日，澳大利亚等26个国家的大使依次签署。

《联合国家宣言》声明各签字国赞同《大西洋宪章》的宗旨与原则，保证运用本国军事与经济的全部资源对轴心国及其仆从国家作战；彼此相互合作，不与敌国单独缔结停战协定或和约；欢迎现在或将来在战胜希特勒主义的斗争中给予物质援助和贡献的其他国家加入。

《联合国家宣言》的发表标志着世界反法西斯联盟的正式形成，鼓舞了世界人民反法西斯的斗志，加速了世界反法西斯战争的胜利进程，也为战后建立联合国打下了初步基础。中国作为世界反法西斯战争中的4个领衔签字国之一初步确立了中国在国际社会上的重要地位。

1942年1月14日，阿卡迪亚会议顺利结束，这次会议为美国和英国的全面合作奠定了基础。

1942年7月，26个对德国宣战的国家签署成立联合国的协议

二战时代

大国协调
卡萨布兰卡会议、开罗会议、德黑兰会议

面对凶残的德、意、日法西斯，同盟国只有联合起来、协调一致，才能打败侵略者，夺取胜利，从卡萨布兰卡到开罗，再到德黑兰，中美英法苏五大国联合起来了。

1943年是二战的转折年，反法西斯国家从战略防御转入战略进攻，《联合国家宣言》的发表标志着反法西斯战线的形成。为了夺取更大的胜利，美英法三国在摩洛哥的卡萨布兰卡召开会议，协调北非作战；美英中三国首脑在开罗协商中国和东南亚战场的作战方案以及战后处置日本方案；美英苏三国领导人召开德黑兰会议，协调在欧洲开辟第二战场和苏联对日作战问题。

卡萨布兰卡会议

1942年11月"火炬"计划结束，美国军队成功在北非登陆，此时罗斯福和丘吉尔先后向斯大林发出了会晤邀请，但由于此时苏德战场正处于僵持状态，斯大林无暇他顾。因此英美二巨头决定邀请法国抵抗运动的领导人戴高乐和法国驻北非军队的司令吉罗将军举行会议，共商大计。

自法国投降后，美国支持在北非法属殖民地握有重兵的吉罗将军，但英国支持戴高乐及其领导的"自由法国"运动。在由谁代表法国参加会议的问题上，英美存在分歧。丘吉尔希望让戴高乐参加卡萨布兰卡会议，而罗斯福则认为吉罗代表法国出席更合适，这让戴高乐大为不满，表示拒绝参会。丘吉尔做了大量协调工作，向戴高乐施

1943年1月14日，卡萨布兰卡会议期间美、英、法三国领导人合影。从左起：亨利·吉罗（法属北非军队司令）、罗斯福、戴高乐、丘吉尔

美国电影《卡萨布兰卡》剧照

加压力,最终戴高乐同意与吉罗合作,参加会议。

1943年1月14日,卡萨布兰卡会议正式召开,经过紧张的磋商,会议最终取得了以下成果:

(1) 确定1943年英美联军的进攻方向,决定出兵西西里岛,迫使意大利投降,然后向巴尔干半岛方向进攻,切入欧洲腹地。同时盟军将继续在英国集结,并加大对苏联的援助。

(2) 组建法兰西民族解放委员会作为法国抵抗运动的最高领导机关,由吉罗和戴高乐共同担任主席。

(3) 为了便于盟国向巴尔干进军,会议决定力争土耳其参加盟国方面对德国作战。

(4) 明确了战争的最终目的是迫使轴心国集团无条件投降。

(5) 英国同意美国提出的对日作战方案。

(6) 通过了收复缅甸的"安纳吉姆"计划。为了支援英军在缅甸的作战,美国向英国提供护卫舰以及登陆艇。

英美两国领导人还发布了卡萨布兰卡训令,要求英美空军联合起来以英国为基地对德国进行战略轰炸。

此外,美英还签订了在亚洲划分势力范围的秘密协定,将土耳其划为英国的势力范围,中国被划为美国的势力范围。

知识链接:波兰问题

波兰问题是德黑兰会议的重要议题之一。苏联于1939年9月出兵占领了波兰东部大片领土,英、美政府一直对此不能接受,而苏联则坚持1941年6月卫国战争爆发前的西部疆界。丘吉尔为了换取苏联承认英国在巴尔干半岛的利益,并考虑到当时苏军已经占领并解放了东欧大片土地的现实,打破了英国政府对波兰流亡政府的承诺,牺牲波兰的领土以迎合苏联的要求,罗斯福对此并未表示任何反对。就这样,美、英、苏三国为了各自的利益背着波兰人民做出了处置波兰领土的决定。最终三国一致赞成战后重建独立的波兰,苏联可得波兰东部一些土地作报酬,同时将波兰边界西移,把德国东部的部分地区并入波兰。

开罗会议

为协调对日作战,1943年11月22—26日,美、中、英三国政府首脑在埃及首都开罗举行会议。早在1943年6月初美国总统罗斯福就向中、英、苏三国政府首脑发出会议邀请,但斯大林以苏联尚未对日宣战为由,反对同蒋介石会面。为此,蒋介石致电罗斯福和丘吉尔,建议中、美、英三国首脑举行会谈,协商共同对日作战问题。1943年11月22日,蒋介石率领中国国民政府代表团出席了开罗会议。

会议讨论了三国联合对日作战和战后处置日本问题。罗斯福为扩大美国对中国的影响与控制,主张从印度经缅甸向中国方向进攻,将日军逐出缅甸,恢复与中国的陆上交通;蒋介石也希望在缅北发动战役,以促使美、英增加对中国的军事援助,巩固其实力地位。但丘吉尔不愿意中国和美国军队参与解放英国前殖民地缅甸的作战,因而予以反对。经过罗斯福的协调,三方最后作出在滇缅路对日作战的决定。但在战后如何处置被日本侵占的殖民地问题上,由于英国坚持恢复殖民统治,未能达成一致意见。

1943年12月1日,中、美、英三国同时在中国重庆、美国华盛顿、英国伦敦发表了《开罗宣言》,明确宣告:对日作战之目的在于制止及惩罚日本之侵略;宗旨在剥夺日本自1914年一战开始后在太平洋所夺得的或占领之一切岛屿,使"满洲"(中国东北)、台湾、澎湖群岛等归还中国;决定在相当时期,使朝鲜自由独立;三国将坚持长期作战,使日本无条件投降。《开罗宣言》表达了同盟国打击并惩罚侵略者、维护国际正义的共同政治意愿。但是宣言只规定剥夺日本占领的太平洋岛屿的统治权,却不谈如何处理;关于朝鲜独立日期的规定含糊不清;对香港的地位亦未作出明确规定。

开罗会议为中国领土完整奠定了基础,是中国自鸦片战争100多年以来第一次以世界大国身份参加的会议,提高了中国的国际威望。开罗会议和《开罗宣言》也为中国战后收回被日本侵占的领

滇缅公路是中国抗战期间获得英美军事援助的唯一陆上通道

土提供了依据,为结束战争和战后处置日本提供了依据。

德黑兰会议

开罗会议结束后2天,1943年11月28日美、英、苏三国首脑在伊朗首都德黑兰举行会谈,商讨在欧洲开辟第二战场问题。

会上,斯大林强调必须早日开辟第二战场。其实早在1941年德国入侵苏联后不久,斯大林就向丘吉尔提出了在西线开辟第二战场减轻苏联压力的要求,但遭到了拒绝。后来美英两国虽然答应了开辟第二战场的要求并制定了"霸王行动"计划,却迟迟不采取行动。在德黑兰会议上,丘吉尔试图以"地中海战略"取代"霸王行动"计划,主张英美从地中海进攻意大利,然后进军巴尔干半岛。

丘吉尔是想让苏联的军力在对德作战中消耗殆尽,在战后形成一个虚弱的苏联。丘吉尔的建议遭

1943年开罗会议期间合影,左起:蒋介石、罗斯福、丘吉尔、宋美龄

正义伸张：战时会议和战后审判

1943年，美、英、苏三国召开德黑兰会议，左起：斯大林、罗斯福、丘吉尔

到了斯大林的坚决反对，他强调必须尽快执行"霸王行动"计划，在西欧开辟第二战场。丘吉尔又提出从巴尔干和西欧两路并进的主张，实际上还是想以巴尔干为主战场，企图从巴尔干打进中欧，以便在苏联红军到达之前抢占奥地利、罗马尼亚和匈牙利。

美国总统罗斯福支持斯大林的意见，表示不想推迟"霸王行动"。经过反复磋商、争论，三方最终达成一致意见，决定在1944年5月由英、美在法国诺曼底登陆作战，实现"霸王行动"，开辟欧洲战场。而苏联也同时发起攻势，以阻止东线德军西调。

除此之外，德黑兰会议还讨论了以下问题：

（1）关于战后成立联合国的问题；

（2）战后处置德国的问题；

（3）战后重建独立的波兰，将波兰边界西移，将德国东部的部分地区并入波兰；

（4）苏联同意在欧洲战场结束后半年内参加对日作战，但提出日本归还库页岛南部、苏军可以进入中国大连，大连可以在国际监督下成为自由港等条件。

会议还通过了《关于伊朗的宣言》，承认伊朗在对德战争中的贡献，同意给予经济援助，并赞成伊朗维持独立、主权和领土完整的愿望。

1943年12月1日，会议顺利结束，三国首脑发表了《德黑兰宣言》，号召所有国家积极参加对德作战。这次会议对彻底打败德、意、日法西斯产生了重大作用和影响，但三大国为了自身利益也达成了某些损害他国利益的妥协，对战后世界产生了不良影响。

德黑兰会议还有一个小插曲。为了阻止美、英、苏三巨头会面，破坏反法西斯统一战线，希特勒指定亲信斯科尔采尼负责刺杀"三巨头"，但在美、英、苏三国安全部门的严密保卫和会议主办方伊朗的配合下，暗杀行动遭到惨败。

1942年2月，应英国请求，中国远征军进入缅甸对日作战，这是中国远征军在萨尔温江畔战斗

二战时代

规划战后蓝图
敦巴顿橡树园会议和雅尔塔会议

德日法西斯尚在苟延残喘,美、英、苏三国钩心斗角,在重建世界和平的名义下,弱国成了强权政治的牺牲品。

德黑兰会议后,盟军在反法西斯各个战场都转入了反攻,并取得节节胜利,尤其是在欧洲战场,敌我形势发生了根本性的变化。在西线,英美盟军在法国开辟了第二战场,并一路高奏凯歌,跨过法国北部边界,全力追击德军。在东线,苏联红军也越出国境,反攻东欧。希特勒的失败是在所难免,盟军胜利在望。在这种形势下,战后的和平安排,特别是建立一个强有力的国际安全机构的问题,便摆在各大国面前。

敦巴顿橡树园会议

美国从战后的全球战略考虑,对建立新的国际组织格外热心。早在1944年7月18日,美国政府就提出了一个"普遍国际组织暂定草案",送交中、苏、英三国政府,并希望邀请三国来华盛顿附近的敦巴顿橡树园举行会议讨论该草案。苏联以自己未向日本宣战为由,拒绝中国参加会议。不得已,会议被分为两个阶段进行。

第一阶段从1944年8月21日至9月28日,由美、苏、英三国先行讨论。与会各国看法基本相同,很快就达成了以下四项协议:(1)新的国际组织应包括四个基本部分,即大会(全体会员国都有代表参加)、安全理事会(各大国将享有常任理事席位,另由大会选举一些小国代表参加)、秘书处和国际法院;(2)维护和平与安全的主要权力归安理会,大国在安理会中享有永久的代表权,其决议对所有会员国都有约束力;(3)大会的重要决议应取得会员国三分之二的多数票支持,其他应以多数决定;(4)成立一个专门的社会和经济理事会,对大会负责,其执行委员会有权提出有关这两个领域的任何建议。

1944年召开的敦巴顿橡树园会议为联合国的成立奠定了基础

正义伸张：战时会议和战后审判

2015年5月16日联合国秘书长潘基文和他的妻子对敦巴顿橡树园进行非正式访问，纪念联合国成立70周年

> **知识链接：雅尔塔会议趣闻**
>
> 在雅尔塔会议上，罗斯福、斯大林和丘吉尔在一周内规划了战后世界命运，但这次会议的条件确实非常"艰苦"。三个国家的代表团各住一座宫殿，但除了罗斯福和丘吉尔有专用私人厕所，包括斯大林在内的其他人员都得排队上公厕，例如在美国人下榻的利瓦季亚宫，100多人只有九个卫生间，为了应急还在院子里挖沟修建了一个临时厕所。无处不在的虱子臭虫也让英、美代表团苦不堪言，如罗斯福总统的女儿安娜·罗斯福就抱怨说：臭虫、虱子和其他"恐怖的爬虫"泛滥成灾，就连吃饭也不安全，因为蚊子躲在桌子底下。丘吉尔此时也通过亲身实践，发现了英国威士忌在雅尔塔的"妙用"："能治斑疹伤寒，并且对虱子有致命的作用。"

然而，第一阶段的会议仍遗留两个问题没有解决。首先是关于创始会员国的资格问题。美国主张除1942年在《联合国家宣言》上签字的国家之外，还要加上8个没有和轴心国交战的国家，其中6个是拉美国家。苏联则认为，美国的这项提议是想在未来的国际组织中取得多数的优势，因而强调创始会员国应该是对轴心国宣战的国家。双方一时陷入僵局，不料苏联又提议：若依美国的提议，则苏联的16个加盟共和国都应当被列为创始会员国。此言一出，英、美大骇，这个问题被迫搁置下来。

其次是常任理事国在安理会的否决权问题也产生了分歧。英国认为，如果一个常任理事国是事端的当事国，则它不应该享有否决权。但苏联认为在任何情况下，大国都享有否决权，主张大国之间的一致应作为采取任何行动的一项绝对必要条件。为解决这

1945年2月4日至2月11日之间，美、英、苏在黑海北部的克里木半岛的雅尔塔皇宫内举行的关于制定战后世界新秩序和列强利益分配问题的一次关键性的首脑会议。前排左起：丘吉尔、罗斯福、斯大林

克里米亚里瓦几亚宫，雅尔塔会议会址，曾经是俄罗斯末代沙皇尼古拉二世的行宫

一问题，罗斯福专门写信给斯大林称：苏联"不能忽视目前存在的某些无稽的偏见，这种偏见往往妨碍苏联采取真正客观的态度"。由于双方分歧太大，决定将这一问题留待以后再议。

总体而言，第一阶段会议的成果是规定了联合国的宗旨和原则、会员国的资格以及联合国的主要机构等，实际上已经初步勾勒出联合国宪章的基本轮廓。

第二阶段的会议从9月29日到10月7日，由中、美、英三国参加。中方主要提出了三点建议：（1）和平解决争端，适当考虑正义和国际法；（2）大会应着手制定国际法的编撰；（3）经济和社会管理会的活动应扩大到教育和其他文化合作。这三条建议经英、美两国同意，后又获得苏联的首肯，作为四大国一致同意的提案提交旧金山大会，被纳入《联合国宪章》。

雅尔塔会议

为了讨论尽快击败德国和如何协同对日作战以及战后的国际安排问题，1945年2月4—11日，美、英、苏三国首脑在苏联克里米亚半岛的雅尔塔举行了为期8天的会议。

会议是在雅尔塔的里瓦几亚宫举行的。在2月4日的第一次全体会议上，斯大林提议由罗斯福主持开幕式。罗斯福首先表达了对斯大林殷勤接待的感谢之情，并称他与斯大林之间"已经进行了良好沟通"，使得每个人都可以"坦率和自由地说出心里话"。接着，苏联副总参谋长和美国陆军总参谋长分别就东西线的军事形势作了详细的报告。

三国领导人就德国战败后将要产生的政治问题进行了讨论，确定把德国划分为几个占领区：德国东部由苏联占领，德国西北部由英军占领，德国西南部由美国占领。在丘吉尔的提议下，英美在各自占领区内划分一部分交由法国占领。英国此时需要一个强大的法国作为战后的盟国，这样既可牵制苏联，又可制衡美国。

在德国赔款问题上，丘吉尔和斯大林展开了激烈争论，罗斯福则扮演了调解人的角色。苏联以对战争贡献大、损失多为由，要求享有德国200亿美元赔款的50%。在罗斯福的斡旋下，三国最后同意了苏联提出的赔款方案，同时决定在莫斯科成立一个赔款委员会，以便对该问题进行研究。

会议的另一个焦点是波兰领土问题。苏联要求按照1920年英国外交大臣寇松提出的建议确定战后苏波边界，这意味着苏联合法侵占波兰的大片领土，

雅尔塔会议使用的里瓦几亚宫会场

雅尔塔会议决定对德国和柏林进行分区占领。图为战后柏林的美国占领区

为了补偿波兰领土损失，波兰与德国之间的边界线大幅度向西扩张，以奥得河及西尼斯河划界，这又意味着波兰合法地得到了德国的大片领土。苏联的提议遭到英、美的强烈反对，但此时苏军已经解放了波兰所有领土，由苏联支持的波兰临时政府掌握政权。在既定事实面前，英、美两国已无可奈何。

危害中国主权的雅尔塔秘密协定

罗斯福参加雅尔塔会议的主要目的在于促成苏联在欧战结束后早日对日用兵。而在这场政治交易中，中国的权益只是美、苏两国协商的筹码而已。斯大林早在1944年12月中旬会见美国驻苏大使哈里曼时，就提出了苏联对日作战的政治条件。雅尔塔会议间，斯大林和罗斯福二人邀请丘吉尔共同在协议书上签了字。以下便是雅尔塔秘密协定上，苏联在欧战结束后的2个月或3个月对日作战开出的价码：

（1）外蒙古（蒙古人民共和国）的现状须予维持。

（2）由日本1904年背信弃义进攻所破坏的俄国以前权益须予恢复，即：

① 库页岛南部及邻近一切岛屿须交还苏联；

② 大连商港须国际化，苏联在该港的优越权益须予保证，苏联之租用旅顺港为海军基地须予恢复；

③ 对担任通往大连之出路的中东铁路和南满铁路应设立一苏中合办的公司以共同经营之；经谅解，苏联的优越权益须予保证而中国须保持在东北地区的全部主权。

（3）千岛群岛须交予苏联。

苏美双方还一致同意，对该协议严格保密。直到罗斯福去世，杜鲁门总统才于1945年6月14日让美国驻华大使赫尔利将协议内容告知国民政府。

雅尔塔会议标志着美、苏、英三国之间的军事和政治合作达到了一个新高峰。它确定了打败德国和日本的战略方针，加速了世界反法西斯的胜利。但这次会议带有大国强权政治的色彩，严重侵害了中国的利益。

美苏两国的海军官兵在阿拉斯加庆祝日本投降

胜利在望
波茨坦会议

德国投降，日本败局已定，美、英、苏三巨头的最后一次会议，确定欧洲战后格局，决定对日最后一击。

1945年5月8日，纳粹德国正式宣布无条件投降。这个曾经不可一世的疯狂帝国，终于在世界反法西斯国家付出惨重代价后，结束了其罪恶的存在。纳粹德国带来世界格局的剧烈变动，随着其灭亡面临重新规划的局面。尤其在欧洲，那些被德国占领过的国家和地区，需要重新获得独立建国的权利。同时，日本虽然穷途末路，但在完全丧失理性的日本军部坚持下，依然负隅顽抗。为此，1945年7月17日，苏、美、英三国首脑相聚柏林近郊小城——波茨坦，商讨战后欧洲格局重塑及对日继续作战的问题。

战后德国问题

在处理对德基本原则方面，三国首脑达成一致，即：

其一，用民主化原则取代原先的纳粹遗毒。军事上解除纳粹德国全部军事武装、摧毁一切军事工业、解散一切纳粹组织和严惩战犯等措施；经济上分散德国主要工业领域过分集中的状况，从而达到政治上的民主化。

其二，对德国进行严厉的经济索赔。在这一点上，美国、英国和苏联达成共识，由于苏联在战争中遭受损失最大，苏联坚持索取所有赔偿物总数的一半。此外，苏联还可以从西方占领区所拆迁的工业设施中无偿得到10%和以商品支付的15%作为赔偿。

其三，关于欧洲国界重新划分的议题。希特勒邪恶政权倒台后，其原先吞并的领土面临重新建国的需要，而在反法西斯斗争中兴起的新的社会势力诸如东欧各国共产党的兴起，也使新民族国家国界的划分和领导党派的诞生充满未知数。

最终于8月1日签署了《柏林会议议定书》，为处理战后德国和欧洲问题定下了基调。

对日作战的催化剂

在波茨坦会议召开之时，反法西斯战争的胜利已是大势所趋，但疯狂的日本军国主义依旧垂死挣扎，试图与对手同归于尽。

波茨坦会议的另一重要议题，便是商讨已从欧洲战场抽身出来的其他大国，尤其是苏联对日作战问题。其中1945年7月16日，美国在新墨西哥州成功试验人类历史上第一颗原子弹，这一威力巨大的新型武器让第一次出席三巨头会议的美国总统杜鲁门非常骄傲，在同英国和苏联领导人的会谈中表现得非常强势。对此，斯大林虽然保证履行对日出

《波茨坦宣言》的签署地德国波茨坦的采西林霍夫宫

正义伸张：战时会议和战后审判

波茨坦会议上的丘吉尔（左）、杜鲁门（中）和斯大林（右）。1945年7月，英、美、苏三国首脑在德国柏林近郊波茨坦举行会议，商讨对战后德国的处置问题和解决战后欧洲问题的安排，以及争取苏联尽早对日作战

> **知识链接：波兰问题**
>
> 波兰作为历史上三次被强邻侵犯而亡国的国家，战后独立建国成了重要议题。尽管美、英国家对由苏联支持成立的波兰临时政府非常不满，但由于波兰和东欧都处于苏联红军的控制之下，英、美两国无力干预。经过协商，英国和美国为了自己的利益，无视承诺，放弃了对波兰流亡政府的支持，英国政府甚至出动警察查封了波兰流亡政府设在伦敦的总部，将其强制解散。同时波兰的边界问题引发争议，会议最终决定以奥德河—尼斯河线作为德波边界线，而以寇松线作为苏波边界。

兵的承诺，但对出兵的具体日期却尽量拖延。

在《波茨坦公告》里促令日本政府立即宣布所有日本武装部队无条件投降，重申《开罗宣言》必须实施，而日本的主权必将限于本州、北海道、九州、四国及所决定的其他小岛之内，日本霸占中国的东北、台湾、澎湖列岛等地要归还中国。这项公告是以美、英、中三国共同宣言的形式公布的。苏联在对日出兵后也正式签署了该公告，所以这份四大国签署的对日领土条款，无疑具有权威的法律效益，是日本战后归还其非法占领的理论依据。

冷战前的预演

波茨坦会议是三大国首脑在战争期间召开的时间最长的一次会议，也是最后一次会议。这场会议确定了战后世界尤其是欧洲的新格局，以及对日作最后一击的决定。但是苏、美、英三大国之间，尤其是苏联和西方国家之间的矛盾也迅速凸显出来，成为冷战的预示。在划分世界格局中，每一个议题都经历唇枪舌剑的争夺。但是波茨坦会议还是一场意义影响深远的会议，其两大成果——《波茨坦公告》和《波茨坦协定》为尽快结束法西斯势力，在濒临绝望中建立一个新世界打下了坚实基础。

1945年7月26日，英、美、苏三国首脑在德国柏林近郊波茨坦举行会议，讨论对日作战。图为波茨坦会议会场

和平之花
创建联合国

战争的伤痛,
时时警醒世人,
和平的甘露势要重撒人间,
要的是谈判桌,
不要战场上的拔刀相向。

有人把人类的全部历史浓缩为一部战争史。20世纪上半叶的两次世界大战,给人类带来巨大的伤痛。摒弃战争、重拾和平是人类的共同期盼,然而如何长期乃至永久地保存这来之不易的和平是自二战爆发后不断探寻的问题。最终,盟国决定成立一个致力于维护和平与发展的国际组织:联合国。

联合国的成立过程

联合国一词由罗斯福最初提出。当时仅仅停留在对战后世界重建的大致构想上。1941年8月14日,美国总统罗斯福与英国首相丘吉尔在美国军舰"奥古斯塔"号上签署了《大西洋宪章》,表明了建立一个"广泛而永久的普遍安全制度"是战后尽快实现的目标。这是盟国首次就战后国际组织的构想,为日后联合国的建立奠定了基础。

1942年1月1日,以美、苏、英、中为首的26国代表在华盛顿签署了《联合国家宣言》,宣布以《大西洋宪章》的宗旨和原则作为盟国的共同纲领,以确保合作对抗希特勒为首的法西斯势力。联合国的大致轮廓更加清晰了。这也是"联合国"一词最早应用于正式文件中。

随着二战局势日益明朗,联合国建立的步伐务必加快。随后的德黑兰会议、敦巴顿橡树园会议和雅尔塔会议上,关于联合国的具体组织方案、宪章等议题逐渐形成,联合国的筹备工作日渐完善。最终在1945年4月25日至6月26日期间,由美、苏、英、中四国发起、50个国家参加的旧金山制宪会议上正式宣告联合国成立。

成立过程中的争执

在国家利益面前,联合国问题成了美、苏、英三国的博弈场。首先在关于中、法之于联合国中的地位起了争执。中国为抗击日本法西斯受到巨大的伤亡并为反法西斯斗争的胜利做出了不可磨灭的贡献。美国坚定支持中国作为联合国五大国成员之一。罗斯福曾说过:"我们没有忘记,中国人民在这次战争中是首先站起来同侵略者战斗的;在将来,一个仍然不可战胜的中国将不仅在东亚,而且

1941年8月,美国总统罗斯福(坐者左)与英国首相丘吉尔(坐者右)在大西洋的纽芬兰海美国军舰上举行会谈,并签署《大西洋宪章》

正义伸张：战时会议和战后审判

联合国总部大楼（又称联合国大厦）位于美国纽约市曼哈顿区的东侧，其西侧边界为第一大道，南侧为东42街，北侧为东48街，东侧可以俯瞰东河。大楼于1949—1950年间兴建

> **知识链接：中国参与联合国的组建**
>
> 中国反法西斯的胜利，一雪自近代以来对外屡战屡败的局面，大大提升了中国的国际地位，中国参与联合国的创建便是重要标志之一。1944年的制宪会议上，中国代表团除了提出3项关于安理会职权的议案外，还提出并获得通过了"托管领土朝着独立的道路发展"这一关乎第三世界弱小国家独立自主发展的提议。1945年的旧金山会议上，中国派出宋子文、顾维钧、董必武等90余人组成的代表团参与《联合国宪章》的签署。中国在联合国创建过程中发挥了作为反法西斯大国的应有的作用。

在全世界要为维护和平、繁荣，发挥它应有的作用。"战后的英国势力大减，国际事务上更多地追随美国的脚步，对中国加入五大国无甚异议。苏联担心亲美的中国政治势力的崛起将威胁苏联在东亚的安全，故而强烈反对这一提议。在法国问题上，英国极力支持法国成为5个常任理事国成员之一，英国需要联合法国才能抗衡欧洲大陆上德国和苏联的威胁。罗斯福不赞成这个方案，但随着法国实力的增强、英国的大力支持，尤其是面临美苏矛盾的逐渐升级，使罗斯福总统转变了态度。斯大林看到美英两大国均达成共识，也就没有继续极力抗争。

美、苏、英都试图把自己的同盟国推向创始国的位置。经过激烈的争执妥协，最终乌克兰、白俄罗斯和拉美6个未向法西斯宣战的国家与英联邦成员国一起成为创始国。

联合国的组成与宗旨

联合国由联合国大会、安全理事会、经济及社会理事会、托管事会、国际法院、秘书处和联合国专门机构组成。这些机构共同为实现其宗旨："维护国际和平与安全"，"促成全球人民经济及社会之进展"而努力。在会员国平等的基础上，各会员国应以和平的方式解决与他国之间的争端，不可进行武力威胁和使用武力。这无疑符合各国人民对和平的强烈愿望。在和平与发展日益成为当下主题的今天，联合国无疑将起着愈加重要的作用。

中国首席代表顾维钧在联合国宪章上签字，左一为中国共产党代表董必武。1945年10月24日，联合国正式宣布成立，中国成为联合国创始国和安理会常任理事国

正义在发声
纽伦堡审判

> 战争无可避免，
> 就用枪炮把法西斯无情消灭。
> 战斗烟消云散，
> 就用文明把野蛮行径审判。

胜利者以何种手段处置战败者，是人类战争史上回避不了的问题。二战的胜利，除了传统意义上的战争胜利之外，更是一场属于全人类的文明战胜法西斯主义的胜利。在文明的光芒下，让法西斯无处遁形。粗暴的武力复仇解决不了保障和平的根本问题，一场针对法西斯战犯的世纪大审判拉开帷幕。

审判前的准备与争执

在对待战后处置德国战犯的问题上，美、苏、英三国领导人都曾一度态度十分决绝：以最严厉、直接、粗暴的方式处决或是流放这些罪恶滔天的法西斯战犯。斯大林甚至主张立即枪决5万名德国军官，其余战俘流放发配。

与此同时，反对的声音也日趋鲜明：简单地以暴制暴治标不治本。通过严肃的法律审判，将法西斯主义的邪恶和恐怖完全公布于众，并作为珍贵的精神财富流传下去，能避免悲剧重演。最终，这个方案得到广泛支持。

审判的法律基础是1945年8月8日由苏、美、法、英四国联合颁布的《伦敦协定》，其中的第六条是审判的主要依据，该条共列举了四条罪状：共同计划或共谋罪、破坏和平罪、战争罪、反人道罪。

正义在审判桌上的荣耀

纽伦堡曾一度是德国纳粹党代会的举行地，将审判地设在这里具有象征意义。为了使审判客观缜密，在开庭前即收集了超过1000吨重的文献资料，包括近10万份文件、10万英尺胶片和2.5万张照片，整个庭审录像的胶片连起来长达数英里。1945年11月21日，为期一年多的纽伦堡审判拉开帷幕。审判的被告中，包括大名鼎鼎的戈林、里宾特洛甫等原纳粹军政首领22名，以及包括德国内阁在内的纳粹组织6个。最终，戈林、里宾特洛甫、原国防军最高统帅部长官凯特尔等12人被判处绞刑。希特勒的第二继承人赫斯等3人被判处无期徒刑；2人被判处20年有期徒刑；1人被判处15年有期徒刑以及1人被判处10年有期徒刑，另有3人在经过严谨持久地审判之后被判为无罪释放，其中包括原德国总理弗兰茨·巴本。德国政治领袖集团、秘密警察、保安勤务处、党卫队被宣判为犯罪

这座战争期间被盟军轰炸成废墟的纽伦堡又恢复生机，这里成为战后审判纳粹分子的所在地

正义伸张：战时会议和战后审判

纽伦堡审判中的犯人席，站立者是纳粹领导人赫尔曼·戈林正在受审

组织。在听到判决结果之后，这些往日不可一世的大魔头丑态百出，里宾特洛甫手脚瘫软，弗兰克更是吓得当场尿了裤子。

正义之光照亮未来

纽伦堡审判是国际法上第一次给予侵略战争的密谋、组织、执行者以公开公正的法律惩处，正如美国首席检察官杰克逊所言："纽伦堡判决的重要性并不在于它怎样忠实地解释过去，它的价值在于怎样认真地警戒未来。"因此，这场审判赋予了核定纳粹所犯罪行和规定新形成的国际法基本原则的双重目的。

在战争尘埃初定、复仇的呼声一浪高过一浪的时期，纽伦堡审判选择用理性记录下那个黑白颠倒、人类生死存亡的时代。用文明战胜野蛮，比简单地以眼还

1945年11月，在纽伦堡审判庭上的戈林。在对他行刑前几小时，他服用了氰化物自杀

> **知识链接：纽伦堡原则**
>
> 确定哪些行为构成战争罪的一系列指导性原则，共有七点：（1）从事构成违反国际法的犯罪行为的人应承担个人责任，并受惩罚；（2）不违反所在国的国内法不能作为免除国际法责任的理由；（3）被告的官职地位，不能作为免除国际法责任的理由；（4）政府或上级命令，不能作为免除国际法责任的理由；（5）被控有违反国际法罪行的人，有权得到公平审判；（6）违反国际法的罪行包括危害和平罪、战争罪和违反人道罪；（7）参与上述罪行的共谋是违反国际法的罪行。纽伦堡原则构成了现代法中关于战争罪及惩罚的框架基础。

眼、以牙还牙的暴力复仇要深刻得多。肃清纳粹思想余毒，同时给后世留下宝贵的思想遗产，警醒后人不要让悲剧重演。如今德国对二战罪行的反思十分彻底，1970年12月7日，时任西德总理的勃兰特更是在华沙犹太隔离区纪念碑前下跪忏悔。这种对战争深刻反思的结果，与纽伦堡审判留下的精神财富是分不开的。纽伦堡审判也为后来的国际刑事审判创立了学习、效仿的榜样。紧随其后的东京审判便受纽伦堡审判影响颇深。

> **第156—157页：纽伦堡审判**
>
> 1945年11月20日—1946年10月1日，欧洲国际军事法庭在德国纽伦堡对二战中的纳粹战犯进行控告和审判。由苏、美、英、法四国各指派1名检察官组成的检察与起诉委员会，对24名（实际参加的有22名，有2名因自杀和精神错乱没有被审判）纳粹军政首领和包括德国内阁在内的6个组织进行了国际大审判。

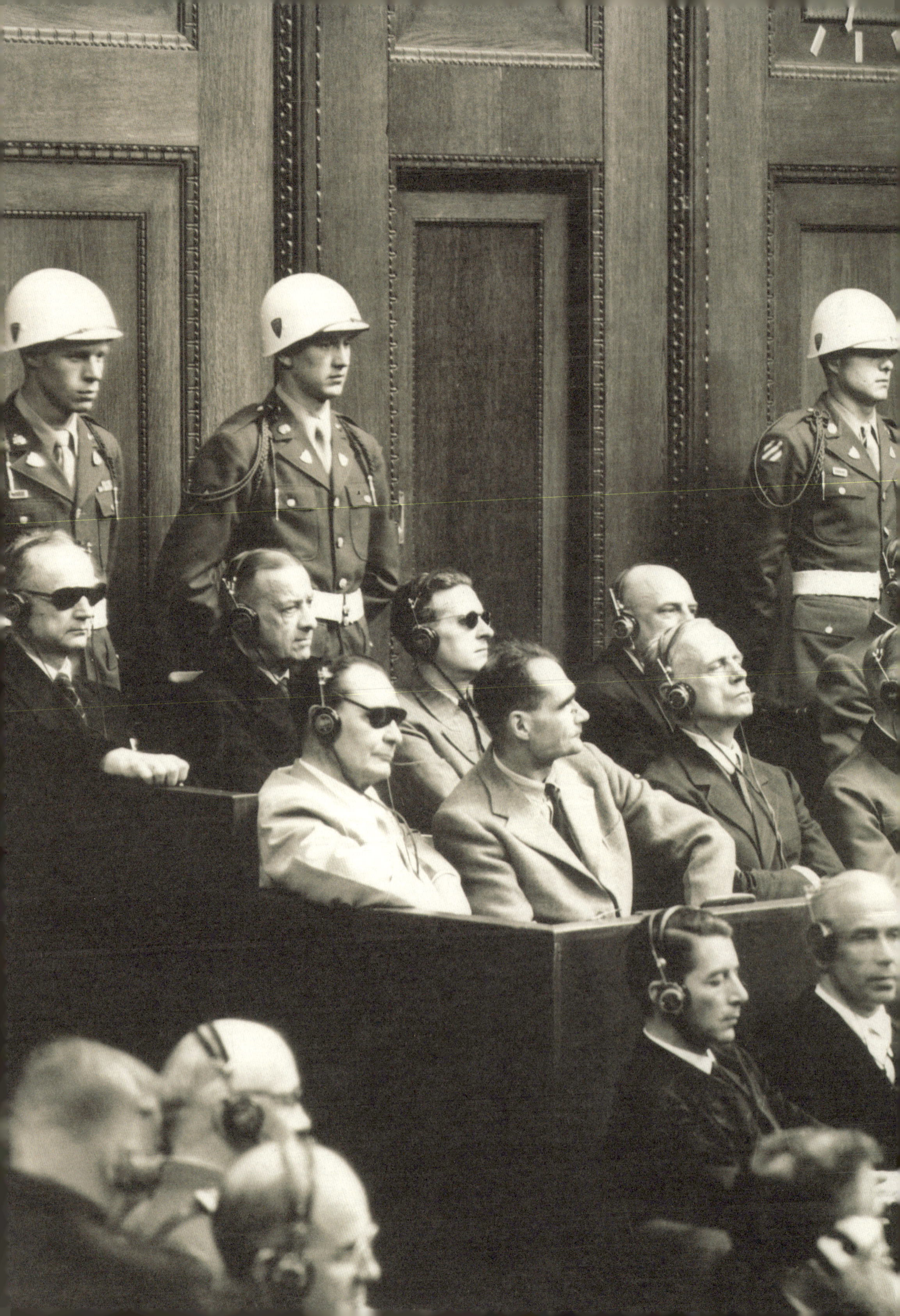

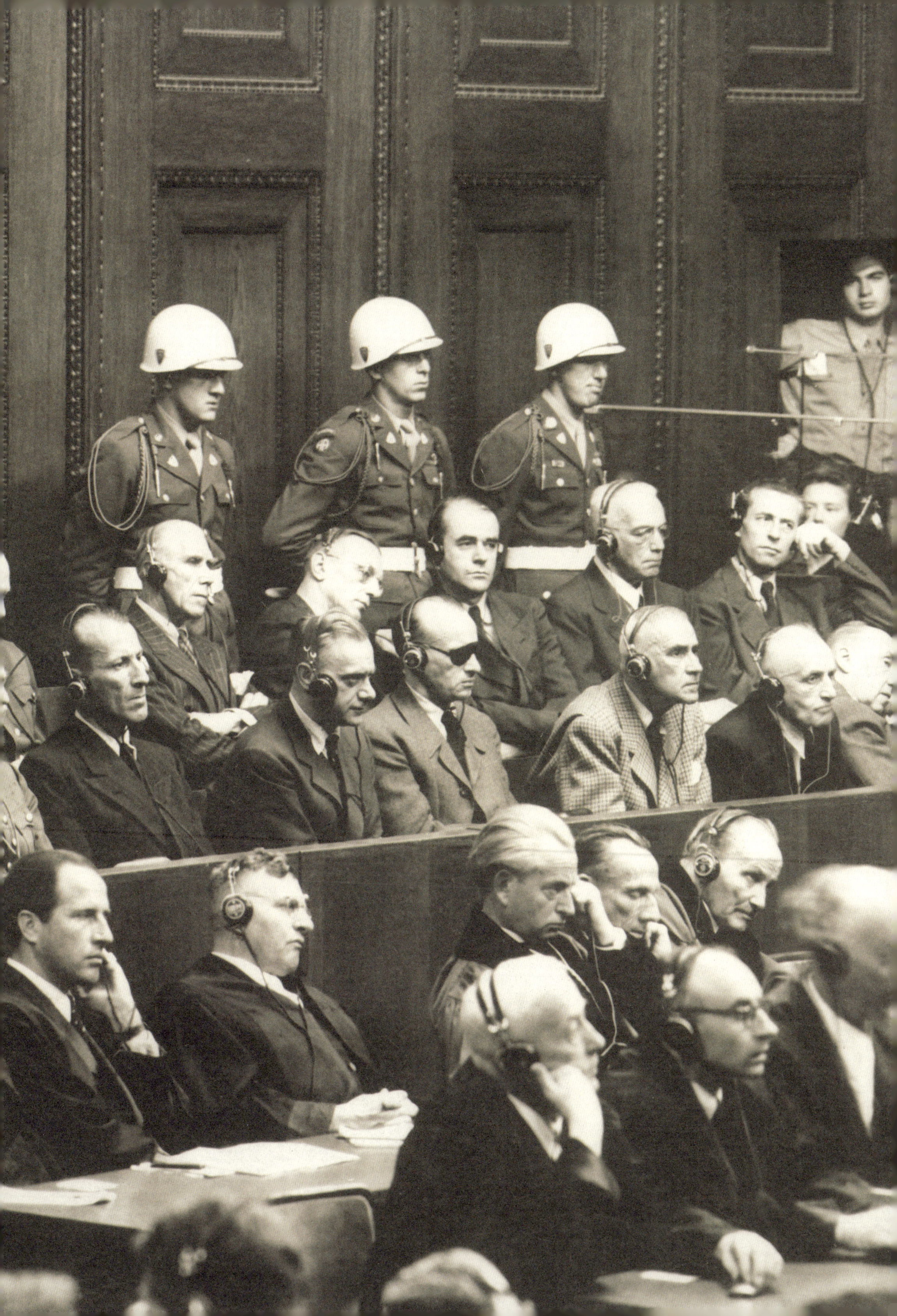

对魔鬼的控诉
东京大审判

> 双手沾满鲜血的刽子手，他们必将接受最严厉的审判，来自正义，来自全人类的尊严。

日本正式投降一年后，审判日本法西斯战犯的远东国际法庭在东京成立。1946年4月至1948年11月，近两年半的漫长审判，昭示了受害国对惩治邪恶、赢得正义的决心。相较于纽伦堡审判，东京审判带有明显的局限性——如今日本国内对二战反思不彻底与这场不彻底的审判有千丝万缕的联系，这无疑是这场正义审判留下的遗憾。

"文明的审判"

1946年1月19日，驻日盟军最高统帅麦克阿瑟根据二战中盟国签署的一系列关于处置战后法西斯的相关文件，颁布了《特别通告》和《远东国际军事法庭宪章》，作为远东国际军事法庭的审判依据。由于东京审判举行于纽伦堡审判之后，因此在法庭设置和法律依据上与纽伦堡审判有很大的相似性。首席法官由麦克阿瑟任命的澳大利亚法官韦伯担任，中、苏、美、英等11国各指派1名法官。首席检察官也由麦克阿瑟钦点1名美国律师担任，上述11国共聚集了30名检察官参与审判。针对日本在二战中犯下的诸如：南京大屠杀、强征慰安妇、731细菌部队等惨绝人寰的罪行，受害国要让军国主义分子在铁的事实面前没有异议地俯首认罪。《法庭宪章》中规定，所有被告可以自由选择辩护律师。而事实上，被告不但有美国陆军部配置的美国籍义务律师各1人，还自聘了日本律师帮其辩护。可见这场审判的性质是完全公正的、文明的。

带着遗憾的正义

1946年4月29日，对日本28名甲级战犯进行审理。除了2名自然死亡和1名精神衰弱者没有被起诉之外，以6票对5票的微弱优势判处东条英机等7名甲级战犯绞刑；16名战犯被判处终身监禁。然而，上述获罪战犯除3名死于狱中外，其余自20世纪50年代以来，均陆续获得假释出狱。

审判日本甲级战犯的远东国际军事法庭

正义伸张：战时会议和战后审判

日本甲级战犯东条英机在远东国际军事法庭上接受审判

> **知识链接：甲级战犯**
>
> 甲级战犯为犯有破坏和平、发动侵略战争的战犯。详细控罪指：作为领袖、组织者、鼓动者或从犯，策划、执行计划或秘密计划，发动侵略战争或违反国际条约的战争。远东国际法庭上的甲级战犯全部被控以上罪名。甲级战犯一般在军队或政府中身居要职。

作为侵略战争的头号战犯的日本天皇，却没有在审判中得到应有的惩罚。裕仁天皇曾主动承认其战争罪责，他在投降后首次求见盟军总司令麦克阿瑟时曾说："我是作为对我国人在进行战争时在政治和军事方面所做出的一切决定和所采取的一切行动负完全责任的人来到这里的，是向你所代表的那些国家投案并接受审判的。"麦克阿瑟为了降低其统治成本反对惩罚天皇。到了1948年底，随着中国国共内战局势的变化，美国为了保全其在远东的国际战略，加速了其对日审判态度的转变。在东条英机被处决的次日，美国竟释放了19名在押甲级战犯。到了50年代，又陆续释放了包括重光葵在内的刑期未满的甲级战犯。美国操纵下的审判，为臣服于其本国利益而草草收场，给后来日本军国主义的抬头埋下了隐患。

中国在发声

中国作为开始时间最早、持续时间最长受害程度极深的抗日国家，理应在审判中占据重要位置。以梅汝璈为法官的中国代表团前后共17名成员参与到审判中去。相比于苏联和美国，虽然人数不多，但都是法律或外语领域的专家学者。中国代表团主要负责审理的战犯是松井石根、土肥原贤二和板垣征四郎，审判中最大的困难是材料少，证据不足。除了蒋介石政府对代表团支持不足之外，中国对审判本身了解程度不深也是在审理过程中居于相对劣势的原因。审判是依照英美法的诉讼程序进行的，既要让战犯在法庭上作充分的辩护和说话，又要有大量具体的证人、证言、材料，否则就不能定罪。总体而言，这是中国在国际舞台上一次重要的正义发声，揭露日本军国主义在中国的罪行，将被永远记录在历史中以警示后人。

1945年，远东国际军事法庭的法官在审判日本战犯。右二为中国法官梅汝璈

独霸日本
美国对日本的占领和改造

在一片废墟之上，
重建美好家园。
胜利者将昨天不共戴天的敌人，
带向何方？

苏美英法分区占领德国，让美国感到诸多不便。因此，美国在独自占领日本问题上寸步不让。如何把满目疮痍的日本改造成去法西斯主义的现代化国家，如何保障日本人民的日常生活得以维持，如何定位日本在战后世界中的位置……这一连串的问题摆在驻日美军面前。日本战后迅速崛起，并在20世纪后半期保持仅次于美国的世界第二大经济体位置，跟美国为日本量身打造的全套体制以及强制性监督其执行是密不可分的。

独占日本与政治改造

早在日本投降一年前，美国便制定了战后对日政策的《赫尔5·9备忘录》。此后出台的一系列对日文件均传达出美国独占日本的态度。罗斯福总统更是公开表示："对日占领不能重蹈德国覆辙，我不考虑分区占领！"盟国最高司令官麦克阿瑟成为美国对日政策的实际执行者。到1945年底，美国彻底切断日本与外国的贸易文化和外交关系，从而将日本全部掌握在自己手里。

破除旧式军国主义思想需要政体改革。首要问题，便是把天皇拉下神坛，还原其为普通国民的形象。除了天皇亲自通过广播播报投降书之外，在日本投降一个多月后，美国更是将天皇与麦克阿瑟单独会晤的全部经过报道出来，逐渐打破天皇身上神秘的神的光环。最终美国以强制立法的形式，将天

盟军总司令道格拉斯·麦克阿瑟从位于日本的联合国军司令部大楼走出

皇国民化写入宪法固定下来。同时，新版日本宪法确立了西方式的新闻自由、言论自由、民主内阁议会制等。尤其是剥夺日本主动发动战争权的第九条宪法，在法理上解除了日本的战争威胁。

经济改革

战后初期，作为对战败国的正当惩罚，美国曾设想将日本的经济水平长期控制在其20世纪30年代中期的水平，同时对日本的经济物质和工业设备强制拆走作为战争赔偿。

然而随着冷战帷幕的拉开，日本作为美国冷战

正义伸张：战时会议和战后审判

1945年9月27日，日本天皇裕仁和麦克阿瑟将军在美国驻东京大使馆

> **知识链接：盟国对日管制委员会**
>
> 由美国、苏联、英国、中国、澳大利亚、新西兰和印度代表组成，成立于1945年4月3日。委员会的主要任务是实施《波茨坦公告》，在日本投降和对日占领管制问题上与盟国占领军最高统帅进行协商与提出建议。但是盟军最高统帅麦克阿瑟被赋予了极大的权力，盟国对日管制委员会实际上成了一个有名无实的盟军最高统帅的咨询机构。1952年4月，在《旧金山和约》生效后宣布解散。

前头哨战略地位十分突出，美国不得不重新确立对日经济规划。尤其在朝鲜战争期间，美国以军需订货的方式将1000多亿日元的滞销物资一扫而光，大大刺激了日本经济的发展，促进了日本的就业率、外汇储备和对外贸易，帮助日本平稳地解决了战后通货膨胀和大幅度失业问题。伴随着直接的物质援助和有利的经济制度规划，到1951年日本的工业生产能力就已经达到1937年的水平了。1947年，美国一国的出口更是占据日本进口总额的77%。物质援助集中在煤、油、矿石等日本极其匮乏的工业原材料上，为日本工业的复苏奠定了物质基础。强制性结束封建土地所有制、解散财阀以及效仿西方的劳动体制改革，让日本解除了经济制度上的枷锁，为日本经济腾飞奠定了坚实基础。

教育与科技的焕然一新

日本战前的教育和科技水平不低，只是军国主义思想将日本教育带上邪路，教育思想和内容畸形发展。美国坚决肃清教育内容中的军国主义余毒，用现代的美国式民主自由教育取而代之。1947年日本颁布了《教育基本法》，其中贯彻了美国对日本的教育思想。教育机会均等、九年义务教育、男女同校教育等现代教育思想被贯彻到教育法中。在科学技术领域，美国一改先前日本以德国为蓝本的局面，使日本科技研发范式越来越向美国靠拢。仅1945—1946年，美国名校组成科学情报调查团、学术顾问团多次赴日本进行学术交流，向日本开放美国科学杂志，把日本科学教研彻底纳入美国学术轨道上。

1950年11月，朝鲜战争时期，时任盟军驻日本最高司令官的道格拉斯·麦克阿瑟在飞机上凝视着鸭绿江

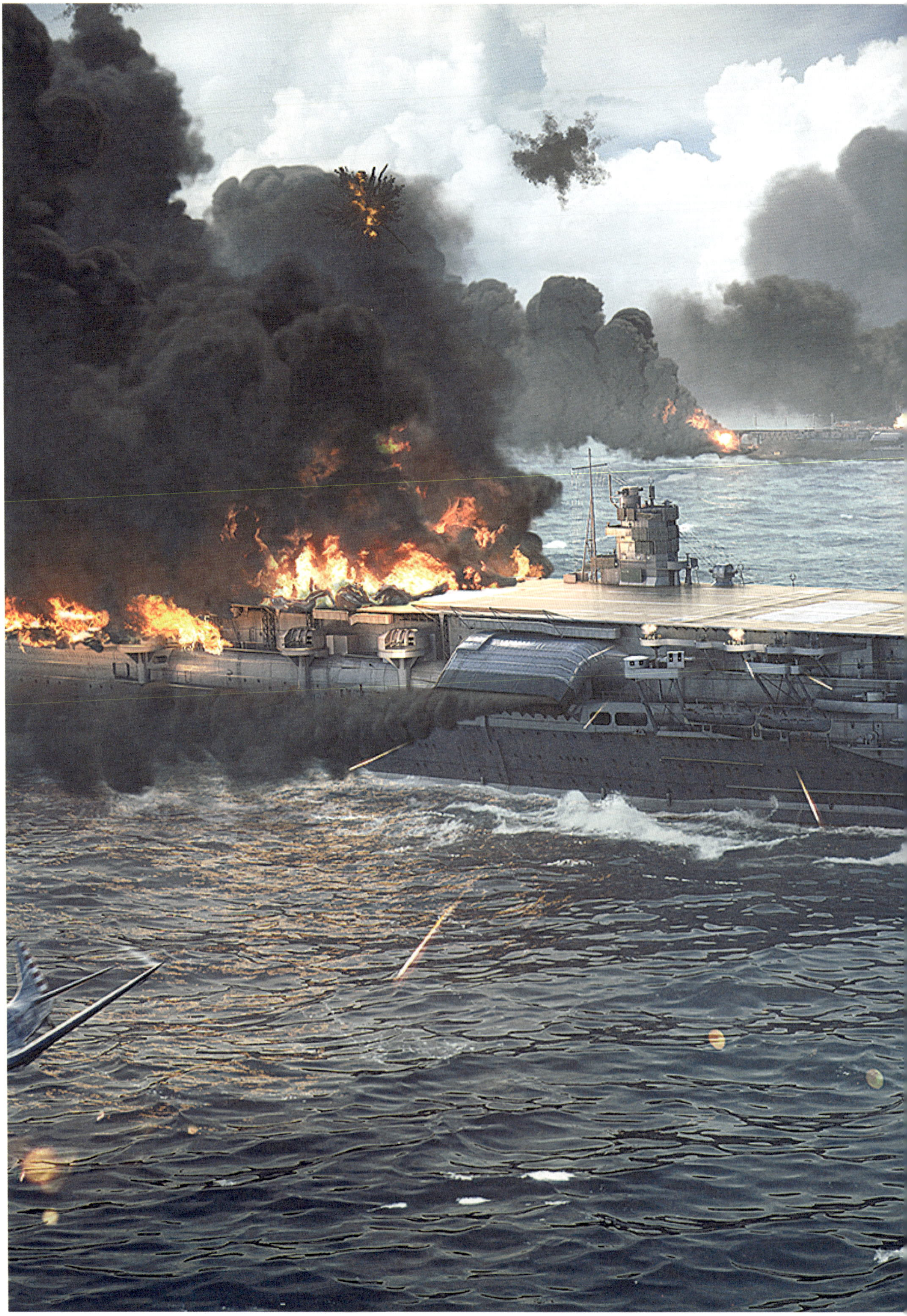

立体战争：军种

第二次世界大战是人类历史上第一场真正意义上的工业化战争。坦克、自行火炮、战斗机、轰炸机、航空母舰、潜艇、V型导弹、原子弹，这些威力巨大的新型武器装备，催生了全新的军事作战方式，也孕育出了全新的军种。

以坦克为主力的装甲部队，既拥有大炮的攻击力，又具有碉堡的防御能力，还具有骑兵的快速机动力，成为欧洲战场、北非战场、中国战场上的陆战之王。

飞机在二战中主宰了战场的天空。推力更大的发动机、更坚固的铝制机体，让飞机的留空时间更长、飞行距离更远、载弹量更大。

陆上铁甲洪流，势不可挡；空中银翼蔽空，电闪雷鸣。纳粹德国最早将装甲部队和空军相结合发动迅雷不及掩耳的"闪电战"，横扫欧洲大陆，所向披靡，波兰亡国、法国败降、苏联溃败。

空军和海军的结合，催生了全新的海军航空兵。吨位不断增大的航空母舰作为飞机的维护保养基地和起降机场，在大洋之上自由航行，随时出击，彻底改变了第一次世界大战中战列舰列阵对轰的海战模式。

凤翔九天，龙潜深渊。体积更大、续航能力更长的潜艇部队在二战中大放异彩，特别是在封锁港口和海上航道的作战中，战绩突出。

新时代、新军种、新战法，带来了更惨烈、更伤痛的战争与死亡。

不列颠上空的雄鹰
英国空军

> 在人类战争领域里，从未有过这么少的人对这么多的人作过这么大的贡献。
> ——英国首相丘吉尔对不列颠空战中英国空军的评价

英国空军起源于1911年成立的皇家工兵航空营，1918年正式成立英国皇家空军，到二战爆发前夕，共装备有各型飞机2000余架。但是开战后的两年间，特别是法国战役期间，英国空军损失了半数以上的作战飞机。

不列颠空战

1940年6月，纳粹德国制定了"海狮计划"，企图入侵英国。为此需要夺取制空权，并消灭英国空军。纳粹集结了德国空军主力3个航空队和2669架飞机，战斗机和轰炸机各占一半，而英国只有700架战斗机和500架轰炸机，德国占有2∶1的优势。

1940年7月10日至8月23日为空战第一阶段，德国空军主要攻击英吉利海峡的护航船队、袭击南

1940年不列颠空战，英勇的英国皇家空军飞行员与凶残的纳粹德国空军展开了激战

部港口，企图诱歼大量英国战斗机。英国空军指挥官道丁将军综合使用战斗机、雷达和高炮，编织了立体防空网。至1940年8月12日，道丁所部以损失150架飞机的代价，使德国空军损失286架飞机。

1940年8月24日至9月27日为空战的第二阶段，德国空军企图消灭剩余的英国战斗机并摧毁其地面设施和飞机制造厂，对伦敦实施集中轰炸。道丁命令派遣尽可能多的战斗机去保护南部的飞机制造厂，并对进攻地面设施的敌机实施截击。从1940年8月24日至9月6日，德国空军损失380架飞机，英国空军则消耗了286架战斗机。英国空军主力用于保护军事设施，致使伦敦遭到38次严重空袭，但是这给了英国空军喘息之机，实力不断增强，最终德军干脆放弃了对英国的大规模轰炸。

1940年纳粹德国轰炸伦敦，一条伦敦马路上被炸出的一个大坑

英国皇家空军少校道格拉斯·巴德1931年在飞行事故中丧失了两条腿，但二战打响后，他依靠假肢继续驾驶飞机作战

1940年11月底，不列颠空战结束。德国空军损失1818架战机，英国皇家空军损失995架。

不列颠空战彻底粉碎了纳粹德国企图进犯英国的计划。使二战开始以来在欧洲战无不胜的德国军队第一次尝到了失败的滋味。

战略轰炸

第二次世界大战中，英、美空军对德国本土及其占领区进行了为期5年的战略轰炸。这是军事历史上规模最大、时间最长的空中进攻。英国空军很早便意识到了摧毁德国战争机器之战略轰炸的重要性，丘吉尔曾在其写的备忘录《对于战局的回顾》中阐述了他对战略轰炸的看法："在日益扩大的规模上猛烈而无情地轰炸德国，不但可以摧毁德国包括潜艇和飞机生产在内的战争力量，也会造成德国大多数人民所不能忍受的条件。"

历时5年的对德战略轰炸中，英美联合进行了44.4万次轰炸，出动轰炸机144万余架次，歼击敌机268万架次，投弹270万吨。德国损失极为惨重。据美国统计，从1939年10月至1945年5月，英、美对61个10万人以上的城市投弹50万吨以上。这些城市人口共2500万人，占总人口的32%。德

> **知识链接：空战英雄道格拉斯·巴德**
>
> 道格拉斯·巴德（Douglas Bader，1910—1982年），英国皇家空军少校，1931年在一次飞行事故中痛失双腿。然而二战打响后，他装上假肢继续驾机作战，总共击落22架纳粹敌机。1941年8月，巴德的战机被德军炮火击中后坠落起火。当他被德军俘虏时，后者才震惊地发现，这位英军王牌飞行员居然是名"无腿飞将军"！二战中出现了史无前例的一幕：德国战斗机总监、王牌飞行员阿道夫·加兰德下令专门开辟一条安全通道，通知英国空军，让后者将巴德急需的替换假肢空降过来。
>
> 其后，巴德辗转于多个战俘营，坚强地等到了盟军的反攻。战后，巴德被授予了英国军队的最高荣誉——维多利亚十字勋章。1945年9月15日，英国为5年前那场被丘吉尔称为"不列颠之战"的空战举行了盛大纪念活动，巴德率领着300架飞机呼啸着飞过伦敦上空。在他的下方，无数的英国人挥舞着鲜花，向这位传奇英雄致敬。

国平民伤亡逾百万人，无家可归者750万人，毁房360万户，占全国住房的20%。战略轰炸使德国战争机器陷入瘫痪，但对平民的无节制攻击也引起了后世的非议。

英国使用重型轰炸机对纳粹德国的军工设施进行轰炸，这是一架英国"兰开斯特"式轰炸机在德国汉堡上空

二战时代

无可奈何花落去
英国海军

> 沉没、着火、毁掉，三者都不允许发生！海军建造一艘战列舰需要三年，但改造一种传统需要三百年。
>
> ——英国海军元帅
> 安德鲁·布朗·坎宁安

从18世纪开始直到二战前夕，英国皇家海军都是世界上最为强大的海军力量，奠定了英国18世纪与19世纪的世界霸主地位，是英国得以维持其殖民帝国的有力保障。一战期间，德国组织了规模庞大的公海舰队，但也未能威胁英国海军的霸主地位。然而，英国海军的霸主地位随着大萧条后英国经济的衰退和技术的飞快进步受到了巨大挑战。

大厦欲倾的老牌海军强国

第二次世界大战爆发前夕，英国海军编有本土舰队、地中海舰队、远东舰队和后备舰队，总兵力19.5万人，作战舰艇主要有战列舰12艘、战列巡洋舰3艘、航空母舰6艘、重巡洋舰15艘、轻巡洋舰49艘、驱逐舰119艘、护卫舰64艘、扫雷舰45艘、潜艇69艘，总吨位约130万吨。英国兵力虽然庞大，但却要应付德国的破交战、封锁德国和大西洋艰苦的反潜战，以及地中海意大利海军的挑战，并要监视投降后的法国海军；还要保护亚洲的殖民地利益，监视咄咄逼人的日本海军。战线过长造成兵力捉襟见肘。

不对称的海战

由于纳粹海军水面舰队的孱弱，英国海军从战争开始便夺得了大西洋战场的制海权。英国使

纳粹德国高速战列舰"俾斯麦"号，1940年8月建成服役，是当时吨位最大的战列舰，也是第二次世界大战时德国所建造的火力最强的战列舰。1941年5月27日被60余艘英国皇家海军的各型军舰及数架飞机围攻，沉没于大西洋底

用大量水面舰队封锁德国，迫使德国采用快速战舰与潜艇为主的破交战。德国最初派出以"斯佩海军上将"号、"俾斯麦"号为代表的高速战列舰突袭英国运输线，但在英国海军的围剿下，先后被击沉。随后德军调整战略，收缩水面兵力，发动了无限制潜艇战，完全依赖潜艇和岸基航空兵作战。意大利海军水面舰队实力远胜德军，但由于落后的战略与官僚主义作风，也未能对英国海军造成严重威胁。太平洋战场上，在日本海军的强势进攻下，英国远东舰队损失殆尽，直至美国

英国海军战列巡洋舰"胡德"号，1941年5月被德国"俾斯麦"号击沉

海军进行全面反攻后才得以恢复在太平洋的军事存在。

航母、驱逐舰与护卫舰在争夺制海权与反潜作战中表现突出，但英国传统优势的重型舰船的表现却大相径庭。以战列舰为代表的重型舰船在潜艇与俯冲轰炸机的攻击下非常狼狈。1939年10月14日，"皇家橡树"号在英国斯卡帕湾被德国海军U-47号潜艇发射鱼雷击沉。1941年5月，"胡德"号战列巡洋舰被德军"俾斯麦"号击沉。1941年12月，"伊丽莎白女王"号和"勇士"号战列舰在亚历山大港内遭到意大利海军袭击坐沉海底。最为惨痛的损失莫过于"威尔士亲王"号同"反击"号战列巡洋舰的沉没。两艘新锐战舰于1941年12月10日在马来亚海域由于缺乏空中掩护被日军轰炸机击沉。种种战例表明，为应付海上炮战的战列舰已经不能适应新的战场环境。此后，英军将重型舰艇主要用于护航航母编队与掩护登陆作战。

皇家海军最终保住了大西洋的制海权，封锁了德意法西斯，支援了阿拉曼战役、突尼斯战役、意大利战役与诺曼底战役，为欧战的胜利作出了巨大贡献。但由于战争期间的巨大损耗，英国经济力量元气大伤，无法再维持庞大的舰队。几乎是转瞬之间，皇家海军的重型战舰被送进拆船厂，日不落帝国的美梦也随之破灭。

> **知识链接：奇袭塔兰托**
>
> 二战中，英国海军的经典战例是奇袭塔兰托军港。塔兰托位于意大利半岛的南端，是意大利海军的主要基地。严重威胁了英国地中海运输线。1940年11月，在安德鲁·坎宁安将军的指挥下，英国地中海舰队的"鹰"号航母突袭塔兰托军港。英国航母仅有24架落后的双翼剑鱼轰炸机，且只能装载一枚鱼雷，但却仅用一个多小时便奇迹般地击沉意大利战列舰1艘，重创2艘，击伤意大利巡洋舰及辅助舰各2艘，英军只损失2架飞机。这次战役改变了二战初期地中海的海军力量对比（战前4:6，战后4:3），使得英军在地中海周边区域处于战略优势。

英国海军战列舰"伊丽莎白女王"号，1941年12月在埃及亚历山大港内遭到意大利海军袭击而沉没

二战时代

海洋新霸主 美国海军

> 等我们打完这场仗后,只有在地狱里才能见到说日语的人!
> ——美国海军上将小威廉·弗雷德里克·哈尔西

美国海军成立于美国独立战争时期,前身是北美殖民地海军。1922年,在美国的推动下,主要海军大国签订了《五国海军条约》。美国海军取得了与英国海军并驾齐驱的地位。

至太平洋战争爆发前,美国海军共拥有战列舰17艘、航空母舰8艘、重巡洋舰18艘、轻巡洋舰19艘、驱逐舰165艘、潜艇106艘,共计333艘主力舰船,约143万吨。其中太平洋舰队有战列舰9艘、航空母舰3艘、重巡洋舰12艘、轻巡洋舰9艘、驱逐舰67艘、潜艇12艘。

太平洋战场上的美国海军"约克城"号航空母舰,远处是一艘油料补给船。"约克城"号于1941年建造,1942年日军在中途岛海战中击沉了舷号CV-5的"约克城"号,美军在稍后将建造中的CV-10更名为"约克城"号,以作纪念

血战太平洋

1941年12月7日,日本悍然偷袭珍珠港,击沉击伤美国战列舰8艘,美国太平洋舰队主力损失过半,被迫采取了收缩战略。日本联合舰队趁机掌握了太平洋制海权,控制了东南亚和太平洋西岸的广袤区域。虽然美国确立了"先欧后亚"的战略,但由于德意海军威胁很弱,美国海军的战略重点便集中于太平洋战场。

1942年5月,日本为了切断美国和澳大利亚的联系,进攻所罗门群岛,在珊瑚海附近爆发了人类历史上第一次航母之间的海战。日本损失1艘轻型航空母舰,另有2艘航空母舰受到重创,而美军损失1艘航母。日军对莫尔兹比港的进攻被遏制。

1942年4月,美国海军在哈尔西中将的指挥下,搭载16架B-25中型轰炸机轰炸日本东京、神户等地,虽然造成的损失微乎其微,但刺激了日本神经。日本认为这些飞机来自中途岛,匆忙间发起中途岛战役。而美国在此之前就破译了日军密码,对日军战略了如指掌。在中途岛海战(6月5—6日)中,日军兵力分散,对美军估计不足,且指挥混乱,损失4艘精锐的航空母舰,1艘重巡洋舰沉没,损失飞机300多架,许多富有经验的航空人员阵亡。美军仅损失了1艘航母。中途岛海战也是太平洋战争的转折点。

1942年8月至1943年2月,在瓜达尔卡纳尔岛的消耗战中,日美双方在6个月的时间里进行大小海战30余次,双方损失的驱逐舰以上的作战舰艇各24艘。瓜达尔卡纳尔岛与萨沃岛之间的水域因为沉没大量军舰被称为铁底海峡。更为致命的是,1943年4月日本联合舰队司令官山本五十六

立体战争：军种

"赤城"号活跃在太平洋战场上，从初战的偷袭珍珠港到最后中途岛海战被美国海军"企业"号（CV-6）击伤，鉴于坚持损管没有意义，被山本五十六下令用鱼雷击沉

在前往布干维尔岛前线视察途中被美机伏击毙命，日本海军指挥陷入混乱之中。

1944年6月，马里亚纳海战爆发。日本海军倾巢而出，企图扭转战局，但却付出了3艘航母沉没、600余架战机被击落的惨痛代价。美国海军仅有2艘航母与战列舰轻伤，无一沉没。太平洋上的制海权和制空权随之落入美军之手，美军得以从容进行夺岛作战。由于战果惊人，这次战役也被称为"马里亚纳猎火鸡"。

1944年10月，日本海军再次孤注一掷，在菲律宾的莱特湾与美军展开激战。美国海军出动航空母舰16艘、护航航母18艘、战列舰12艘、重巡洋舰11艘及千余艘支援舰船，飞机近2000架。在战斗中美军被击沉航空母舰1艘、护航航母2艘，损失飞机162架，人员伤亡不足3000人。日本海军在战斗中被击沉航空母舰4艘、战列舰3艘、重巡洋舰6艘、轻巡洋舰4艘、驱逐舰10艘，损失飞机288架，人员伤亡超过10000人。日本海军几乎丧失了远洋作战的能力，完全丧失了战场制海权，只能依赖神风特攻招架美军攻势。

莱特湾海战是发生在二战中太平洋战场上菲律宾莱特岛附近的一次美日海战。海战进行的时间是从1944年10月20日持续至26日，以两军投入战场的军舰总吨位而言，莱特湾海战堪称历史上最大的海战，也是迄今为止最后一次航母对战，该战彻底摧毁了日本的航母力量

> **知识链接：太平洋的狼群——二战美国潜艇部队**
>
> 1943年后，美军潜艇整体规模不断扩大，潜艇的建造速度大大超过损失数量。在整个1943年，美国潜艇共击沉总吨位超过150万吨的商船，使得日本的物资进口减少了15%。美国军方对潜艇部队的看法较以前也有了很大转变，美军潜艇开始在吕宋海峡附近水域作定期战斗巡逻，并且重点打击通往日本本土或岛屿的油轮，战绩也不断飙升，潜艇部队官兵的士气也因接踵而至的胜利而受到鼓舞。
>
> 美国潜艇部队还模仿德国海军的"狼群"战术攻击日本运输船只，取得了惊人的战果。

战争机器

美国海军从战争伊始便确立了以航母为核心的先进战术，日本海军则抱守大炮巨舰的战列舰主义。而在整个战争期间，美国生产了航母（包括护航航母在内）141艘、战列舰10艘、巡洋舰48艘、驱逐舰355艘、护卫舰498艘、潜艇203艘。此外，美国又生产了数万艘登陆舰支援欧洲与太平洋战区的登陆作战。强大的军工生产与成功的海军战术成为海战获胜的关键。

经过战争的洗礼，美国海军成为战后最为强大的海军。至今仍然是世界上规模最庞大、吨位最高、装备最先进的海军力量。

喋血海岛
美国海军陆战队

> 死伤：无数！伤亡比例：不知道！战况：我军必胜！
> ——吉尔伯特战役中美国陆战队士兵的战况汇报

在二战之前，美国海军陆战队并未受到足够重视，在建制上从属于美国海军，装备落后。到1940年春天，这支仅有2.5万名士兵的兵种还使用着落后的M1903式栓动步枪、M1917A1水冷重机枪等一战时期的剩余装备，几乎没有任何重型战斗车辆。但在此后的太平洋战争特别是在海岛争夺战中，美国海军陆战队用无畏的牺牲、光荣的战绩，确立了自己无法撼动的地位。

1945年2月，美国海军陆战队登陆硫磺岛。硫磺岛战役被认为是太平洋战场最为残酷的战役。其间日军顽强坚守硫磺岛，但美军最终经过浴血奋战还是将其占领

扬名瓜达尔卡纳尔岛

1942年8月7日，范德格里夫特少将指挥海军陆战队第一师占领所罗门群岛以南的瓜达尔卡纳尔岛，作为进攻拉包尔的第一块跳板。随后日本派遣日军第17军反击瓜岛，驻岛美军陆战队在海军支持下与日军作战6个多月。

在瓜岛的地面作战中，美军参战兵力最多时达到6万人，阵亡1592人，负伤4200余人，日军投入瓜岛的陆军兵力约3.6万人，战斗中阵亡或失踪近2.38万人。瓜达尔卡纳尔岛战役使美国海军陆战队一战成名，获得总统优异部队嘉奖。美国国内大肆宣传，陆战队一跃成为明星军种，装备也得到极大改善。

布干维尔岛（Bougainville Island）是西南太平洋上所罗门群岛中的最大岛，美国海军陆战队在攻占布干维尔岛后，在防空洞前合影

残酷的夺岛作战

太平洋战争初期，日本陆军挟横扫东南亚之淫威，藐视美国海军陆战队，经常采用疯狂的人海战术与万岁冲锋，但在美军优势火力的压制下，屡

二战时期美国海军陆战队的传奇战斗英雄约翰·巴斯隆

> **知识链接：战斗英雄约翰·巴斯隆**
>
> 约翰·巴斯隆（John Basilone，1916—1945年），二战时期的美国海军陆战队的传奇战斗英雄。1942年10月24日，在瓜达尔卡纳尔岛争夺战中，巴斯隆所在的阵地遭到了近3000名日军的攻击。日军不顾美军火力封锁，疯狂发动万岁冲锋。在接下来的48小时里，全班15名战士有12人阵亡，只剩下巴斯隆和另外两个负伤战友。巴斯隆用两挺机枪和手枪顶住了日军持续的冲锋。从24日一直到25日凌晨援军到来的这段时间里，巴斯隆不得不亲自穿越火线到处搜罗弹药以顶住攻击，日军最终也没能突破其防线。巴斯隆遂一战成名。瓜岛战役结束后，巴斯隆被授予美国军方最高荣誉：荣誉勋章。他是第二个获此殊荣的海军陆战队队员。在获得荣誉勋章后，巴斯隆返回美国，成了明星战士，并参加了战争债券募集活动。但他拒绝来自军方的优待，坚决要求返回战场，并参加了硫磺岛战役。不幸被迫击炮击中阵亡，被追授海军十字勋章。

屡惨败。贝里琉岛战役期间，日军使用了全新的战术，放弃阵地冲锋，转而依托精心修筑的工事不断打击美军部队，并使海军陆战队在登陆第一周就蒙受了3946人的伤亡。整个战役中血鼻岭的战斗最为惨烈，陆战一团在不足一周的时间内伤亡超过1600人，失去了作为团级战斗单位参加战斗的资格，以至于很多老兵战后回忆说："那简直就是屠杀！"在登陆后的第30天，陆战一师共阵亡1252人，受伤5274人，被陆军第81步兵师换防。

1945年2月的硫磺岛战役被认为是太平洋战场上最为残酷的战役，此次战役中6821名美军士兵阵亡或失踪，19217人受伤，2648人在惨烈的战斗中患上战斗疲劳症。22000人的日本守军最终也只剩212名生还。美军伤亡总数竟然超过了日军，充分说明了美国海军陆战队士兵的英勇顽强。美国太平洋舰队司令尼米兹上将在硫磺岛战役之后曾说："在硫磺岛作战的美国人，非凡的勇敢是他们共同的特点！"

此役海军陆战队官兵获得的各类勋章是历次战役之最，有4人获得美国最高荣誉国会勋章。也正是在硫磺岛战役期间，海军陆战队员为了鼓舞士气，拼死在折钵山升起了一面美国国旗。后来被塑造成《国旗插在硫磺岛上》，至今矗立于阿灵顿国家公墓，成为美国精神的象征。

美国海军陆战队始终是太平洋战场夺岛作战的主力，也正是通过二战的残酷战斗，海军陆战队得以确立自己的军事地位，最终成了独立军种。

美国海军陆战队战争纪念碑位于弗吉尼亚州阿灵顿公墓，赞扬了自美国独立战争以来的海军陆战队的英雄们，基座上刻有牺牲军人的名单

大洋狼群
德国潜艇部队

> 在你面前的敌人不管是劣势的、均势的,甚至是优势的,你都要战斗、再战斗,切勿由于某些往往表面看来似乎是正确的想法而过早地中断战斗,因为这些想法无非是出于你自觉或不自觉地为自己的安全担忧。
>
> ——德国潜艇部队司令卡尔·邓尼茨

从1939年9月1日至1945年5月8日,围绕大西洋海上运输线的破交与保护,盟国海军同纳粹德国的潜艇部队展开了长期的拉锯战,史称大西洋海战。其结果对欧洲战场上的西欧战场、苏德战场以及地中海和北非战场都具有重大影响。

无限制潜艇战的传统

德国是最早发展潜艇与实施潜艇战的国家之一。一战中德国潜艇击沉的商船总数达5906艘,总吨位超过1320万吨,沉重打击了协约国的战争潜力,几乎将英国逼到绝境。希特勒上台后决定大力发展海军,但对具体怎么做德国内部却有很大分歧。德国海军总司令雷德尔元帅主张建立大型舰队,与英国争夺制海权。潜艇部队司令邓尼茨则认为,英国不会对德国海军的造舰计划熟视无睹,必须赶在英国干涉前制造足够的潜艇,通过切断海上补给线的方式击败英国海军。

"狼群"战术的缔造者是德国潜艇部队司令邓尼茨

1942年3月26日,盟军油轮"迪克西箭"号在哈特拉斯角被德国海军U-71潜艇发射的鱼雷击沉

大西洋的"狼群"

战争爆发前夕,德军仅有57艘潜艇,且仅有半数能够在大西洋执行任务。但德国潜艇部队司令邓尼茨(Karl Dönitz,1891—1980年)发明了"狼群"战术,使用6—12艘潜艇组成协同作战的水下"狼群",白天尾随英国的护航舰队,夜晚钻入护航

立体战争：军种

纳粹德国王牌潜艇指挥官奥托·克雷齐默尔

队中用直航鱼雷实施近程攻击。这种战术取得了不俗的战绩。1940年10月，一个由12艘潜艇组成的"狼群"就击沉了32艘舰船，而自己安然无恙。到1941年，德国用潜艇击沉盟军舰船的总数已达1150艘，到1942年上升到1600艘。

德国对美宣战后恢复了无限制潜艇战，并建造了许多适用于远洋作战的大型潜艇和运油潜艇，后者被戏称为"奶牛"。德国潜艇击沉的船只数与同盟国造船能力之间是一场大竞赛，虽然德国潜艇部队不断重创盟军运输船，但依靠强大的造船能力，盟军的海上运输线始终没有被切断。

1943年以后，盟军增加了护航力量，并在舰艇、飞机上加装了反潜雷达，德军潜艇的美好时光一去不复返。此外，盟军对德国在大西洋沿岸的潜艇基地和德国本土的潜艇工厂进行了频繁轰炸，严重干扰了德国潜艇部队的作战部署。盟军护航力量的增强使舰船沉没数量降低了65%，1944年只有200艘舰船被击沉。

战绩与损失

纳粹德国在战争中投入1188艘潜艇，共击沉同盟国和中立国的运输船2828艘，总吨位达1468.7万吨，平均每月击沉41.4艘，21.5万吨。其中1943年3月击沉108艘，计62.7万吨，为最

> **知识链接：王牌艇长奥托·克雷齐默尔**
>
> 奥托·克雷齐默尔（Otto Kretschmer，1912—1998年）于1936年加入德国潜艇部队，二战爆发后担任U-23号潜艇指挥官，并于1940年2月击沉了英国驱逐舰"大胆"号。
>
> 1940年4月，奥托担任新型潜艇U-99号的艇长，并开始了辉煌的"猎杀潜航"，对盟军的护航船队发起9次攻击，击沉多艘盟军舰船。特别值得一提的是，他击沉了三艘由商船改装的英国辅助巡洋舰："Laurentic"号（18724吨），"Patroclus"号（11314吨），"Forfar"号（16402吨）。到1940年11月，他击沉的军舰吨位超过46000吨，成为德国潜艇艇长中的"吨位之王"。他的战术要点是深入护航队中间，从靠近和易于袭击的方位发射鱼雷。1941年奥托的潜艇遭到英国军舰多次攻击，损毁严重，奥托也受伤被俘。

高月战绩。

除了运输商船外，德军潜艇还击沉了盟军舰艇175艘，其中包括航空母舰6艘、战列舰2艘、巡洋舰6艘、驱逐舰42艘、护卫舰46艘、潜艇5艘。此外，德军潜艇还进行了120余次布雷行动，共布雷2041枚，炸沉各型船只40余艘。

德军潜艇部队也付出了巨大代价，共损失潜艇778艘，其中719艘潜艇是被盟国海空军击沉，其余59艘则是由于碰撞或事故等其他原因损失的。在被击沉的潜艇中，被英军击沉的约500艘，占了绝大多数。

战争期间在德军潜艇部队服役的官兵总共约4.1万人，阵亡和失踪的达2.8万人，被俘0.5万人，伤亡总共约3.3万人，伤亡率高达80%，是德国陆海空三军中伤亡率最高的部队。

雷霆突击 德国装甲突击集群

> 进攻、进攻、再进攻！
> ——[德] 隆美尔

德国装甲部队被认为是二战期间最为优秀的地面武装力量，以闪电战闻名世界，在二战初期攻城略地，所向披靡。但多行不义必自毙，无论多么强大的武装力量，也无法挽救纳粹德国的灭亡。

装甲闪电战横扫欧洲大陆

1939年9月二战爆发的时候，德军仅装备3000多辆中轻型坦克，其中仅有不足300辆先进的三号与四号坦克，在数量与质量上均落后于英法盟军。尽管如此，德军大胆的突击和穿插仍然取得了对法国战役的胜利。海因茨·威廉·古德里安（Heinz Wilhelm Guderian，1888—1954年）的部队在色当突破盟军防线后，便一路冲击到英吉利海峡，打垮了北进的盟军主力。德国人清楚地认识到坦克和步兵的相互依赖关系，并给支援部队配备机械化装备，使他们能够跟上坦克。火力支援不再依靠固定火炮，而是由攻击机、坦克和履带式突击炮机动力量提供。

古德里安提出应该将坦克集中起来使用，坦克与飞机密切配合，突破对方的某一狭窄地区，然后迅速向纵深推进，摧毁敌军补给与通讯，扩大占领区域，实施合围，最终歼灭敌方部队。德国装甲部队在战争前期创造了27天征服波兰、1天征服丹麦、23天征服挪威、5天征服荷兰、18天征服比利时、39天征服号称拥有"欧洲最强陆军"的法国等军事奇迹。

德军闪击苏联时只有19个装甲师和14个摩托化步兵师。其余112个师都是徒步的步兵师，显然没有做好同幅员辽阔的邻居全面交战的准备。然而由于苏联自身指挥的混乱，德军装甲部队再次取得

古德里安是提倡坦克与机械化部队使用于现代化战争的重要推动者，在他的组织与推动下，德国建立了一支当时作战最具效率的装甲部队，屡屡击败敌军，是联合兵种作战和前线指挥等战争形态发展的推动者

立体战争：军种

1939年9月，纳粹德国在进攻波兰中使用的轻型坦克，为了弥补火力的不足，在坦克炮的旁边加装了机枪

空前的战果。"巴巴罗萨计划"实施后，短短的数月间，便占领了苏联西部的大片领土，逼近苏联首都莫斯科，并歼灭苏军200多万人。

东线的困境

德军虽然在1941—1943年间的多次战役中占尽便宜，然而，苏德战场也暴露出德军装甲师的不少缺陷。苏联T-34坦克的出现使德军坦克直接过时。苏联道路设施落后，寒冷泥泞的战场环境也给装甲部队带来巨大困难。德军不得不把宝贵的油料浪费在运输过程中。闪电战遭遇了一个始料未及的悖论——德军装甲集群虽然可以重复在西线上演过的大纵深穿插推进，但在辽阔的俄罗斯平原上，这种战术使用得越多，就意味着油料消耗越快，给后勤补给造成的压力就越大。其结果是，闪电战从德国原先赖以立足的"神兵利器"蜕变为套在德国自己脖子上的绞索，实行得越成功，绞索就勒得越紧。捉襟见肘的资源储备打乱了德国原先有条不紊的战争计划，希特勒为了争夺战争资源和燃料不断

库尔斯克战役纪念邮票。库尔斯克战役中，德国和苏联双方参战坦克超过5000多辆，被誉为史上规模最大的坦克战

二战时代

"猎虎"重型坦克歼击车,纳粹德国在战争后期制造,装备有高达128毫米的大口径火炮与近200毫米的前装甲

变换命令,这成为莫斯科会战与斯大林格勒会战战败的重要原因。

库尔斯克会战中,德军第一次集群使用了新式的虎式坦克与豹式坦克等新型装甲车辆,虽然其性能非常优秀,但仍被苏联坦克压倒性的数量优势所湮没。库尔斯克战役双方参战坦克超过5000辆,被誉为史上规模最大的坦克战。

此后,德军装甲部队再也不能组织起大规模的装甲进攻,只得将有限的装甲力量用于机动防御作战。集中装甲精锐的重装甲营成为战争后期德军装甲部队的主要机动单位,著名的502与

"黄蜂"自行榴弹炮,纳粹德国开发出来的一款自行火炮,装有一门105毫米榴弹炮

503装甲营摧毁战车数量均在1400辆以上，创造了无数以少胜多的战例，也诞生了如奥托·卡尤斯、米歇尔·魏特曼和约翰尼斯·鲍尔特等坦克王牌。

1944年12月，德军调集最后一点油料储备，在西线的阿登森林地区发动了反击战。战役前期的走向证明，即便面对装备、兵力都远胜于自身的盟军，德军装甲集群仍能实现战役目标，但由于严重的油料短缺和缺乏空中支援，大量装甲车辆因缺乏燃料被抛弃，强大的德军装甲兵团成了泥足巨人。

德军装甲集群是二战期间最为强大的装甲力量之一，其战例至今仍为人屡屡谈起。其战斗历程表明装甲作战不仅需要大胆的战略与精心制定的战术，更要依赖国家经济力量的支撑。

希特勒的动物园

二战期间，德军装备了种类繁多的数万辆坦克与辅助装甲车辆。令人惊奇的是这些装甲车辆多以动物的名称命名，因而也被戏称为"希特勒的动物园"。

德军装备的主力坦克中许多以猫科动物命名，如"虎"式坦克、"豹"式坦克、"山猫"坦克、"虎王"坦克等。"豹"式坦克和"虎"式坦克是德国人在苏联遭遇"T-34危机"后，针锋相对研制出来的坦克。"豹"式坦克于1943年服役，装备75毫米火炮。根据美军的统计数据，平均一辆"黑豹"坦克可以击毁5辆M4"谢尔曼"式坦克或大约9辆T-34/85坦克。

"虎"式坦克则拥有100—130毫米厚装甲、安装88毫米火炮，战车全重达57吨。其改进型"虎王"坦克则被公认为二战中火力和防护最强的坦克。"山猫"坦克改进自落后的二号坦克，在战争中后期用于侦察部队。

在"希特勒的动物园"中，坦克歼击车也以动物命名。"猎豹"坦克歼击车被后世西方军事评论家誉为二战中最出色的坦克歼击车。1944年初开始批量生产，并被元首亲自命名为"猎豹"，是盟军在二战中最头疼的几个对手之一。

在库尔斯克战役期间，苏联红军发现在"虎豹"成群的德军装甲部队中，有一种比"虎"式坦克还要庞大、凶狠的新型战车。苏军所有的坦克在面对这个怪物时都显得无能为力，这就是"斐迪南/象"式重型坦克歼击车。"猎虎"则是继"象"式之后，德国发展重型坦克歼击车的又一极端体现，装备有高达128毫米的大口径火炮与近200毫米的前装甲，最大限度地追求火力和装甲厚度而忽视了机动性。可以在远距离上摧毁盟军坦克。但由于机动性低劣，经常因油料耗尽而被抛弃。

德军的自行火炮也以动物命名，如"黄蜂"自行榴弹炮与"野蜂"自行榴弹炮。"黄蜂"装备105毫米榴弹炮，"野蜂"则是扛着150毫米榴弹炮的大家伙。此外德军还装备有改装自坦克底盘的"犀牛"反坦克歼击车与"黄鼠狼"反坦克歼击车。

德军以动物命名装甲车辆并无固定规律，但其目的更多的是为了迷惑敌军。德军吨位最大的重型坦克被命名为"鼠"式，而德军的遥控微型履带式炸弹车却被命名为"巨人"（歌莉娅）。

同仇敌忾
大英帝国自治领远征军

> 一个国王、一面旗帜、一支军队、一个帝国。
> ——1941年"帝国日"的宣传口号

第二次世界大战爆发后，几乎所有大英帝国自治领都参加了保卫英国的战斗。在敦刻尔克大撤退后，英国本土岌岌可危，各自治领迅速向英国派遣军队加强防御，仅加拿大派遣的部队到1941年就达到47万人。在美国参战前，正是自治领和殖民地的支持，使英国渡过了战争之初最困难的时刻。

从"英帝国"到"英联邦"

第一次世界大战使英国元气大伤，从世界最大的债权国变成了债务国，国内债务比战前增长了9倍，20世纪30年代的经济危机又沉重打击了英国经济。英国被迫裁军，无法维持对全球殖民地的控制。

为避免大英帝国的崩溃，伦敦不得不再次作出重大让步，在1931年颁布了《威斯敏斯特法》。根据这项法律，自治领在内政自由的基础上，进一步获得了外交上的完全平等，英帝国转变成为英联邦。这也意味着，和一战不同，自治领（加拿大、新西兰、南非、澳大利亚、纽芬兰等）不再有义务在战争中无条件地支持英国。但在二战爆发后，各自治领在"一个国王、一面旗帜、一支军队、一个帝国"的口号下，同英国一起投入了波澜壮阔的反法西斯战争。

自治领军队中，加拿大、南非与西非部队主要在欧洲战场作战，澳大利亚和新西兰军队在太平洋战场对日作战。印度军队除支援欧陆外，主要负责缅甸战区。只有加拿大、

宣传画《英联邦二战士兵》，画中的标语意为"团结一致"。英联邦成员大多为前英国殖民地或者保护国

立体战争：军种

1945年4月，加拿大步兵占领里森-霍尔滕（Rijssen-Holten）

产值约为3.07亿美元，一年后就增长到8.05亿美元，他们提供了比美国更多的防空炮和各种装甲车辆。英国第八军的交通工具全部来自加拿大。加拿大建立了英联邦的训练基地，其中的帝国空军训练计划截至1944年共培训了83.6万名飞行员。1939—1942年，加拿大单独给予英国15亿多美元的金融援助，并向所有

南非和澳大利亚军队拥有独立的军官系统，印度与西非殖民地军队则接受英国军官的指挥。

中东是大英帝国交通线的枢纽，对英国的重要性仅次于本土。一旦中东失守，英国不仅难以得到石油，粮食运输也将极为困难。丘吉尔将英国本土安全置于至高无上的地位，还不断将海外士兵运送回国，仅在中东留下3个步兵师。正是自治领和各殖民地军队组成的9个师成为中东防御的主力。

加拿大与二战

1939年9月10日，加拿大响应英国的号召，向德国宣战。第一支参加二战的加拿大军队是1939年12月登陆英国的加拿大步兵师。新组成的加拿大陆军在组成后并没有急于被派往第一线，而是在漫长的训练中等待联军安排，以便作为先头部队进入欧洲大陆。

当不列颠空战正酣，英军在法国丧失了几乎所有重型武器时，自治领担负起了为帝国军队输送军火的任务。1939—1940年，加拿大的军火

英联邦军队纪念碑位于希腊克里特岛，以纪念1941年5月澳大利亚、新西兰海军帮助英国撤退军队

中唯一一支成规模的海军力量,主要从事反潜任务。至战争结束,共计拥有舰艇 400 余艘,人员 95750 人,在所有盟国海军中实力排名第三,仅次于美英两国。值得一提的是,加拿大造船企业生产的军舰不仅装备加拿大海军,还有很大部分提供给了英国皇家海军,为装备严重短缺的英国海军注入了急需的新鲜血液。

加拿大陆军则参与了北非战场和欧洲战场的大部分战役,并成为英国将军们所依仗的精锐力量。战争期间共有 2 万多人阵亡。

南非与二战

1939 年 9 月 6 日,南非正式对德宣战。由于南非的种族政策,兵员只能在 20—40 岁之间的 32 万名欧洲血统的男性公民中筛选。战争期间南非共计投入 33.4 万人作战(其中包括约 21.1 万名白人,7.7 万名黑人和 4.6 万名其他人种及印度人),其中 11023 名南非将士在战场上牺牲。

南非扼守着主要航道,它向北非战场提供了大盟国提供了占总需求 30% 的铝、12.5% 的铜、20% 的铅、75% 的石棉和 70% 的镍。

1939 年至 1945 年间,加拿大空军逐渐扩大到 20 多万人,共有 17000 多人在战斗中牺牲。到 1945 年,战果累累的加拿大空军也成长为世界第四大空军。

加拿大海军则是自治领

1944 年 6 月,法国一辆加拿大装甲部队的 M4 "谢尔曼" 式坦克及其乘员

1941 年,南非军队在东非肯尼亚击败入侵的意大利军队后,展示缴获的意大利国旗

立体战争：军种

批机械师，并为车辆、坦克和飞机补充零配件，成为盟军的修理库。在地中海航线被德、意封锁后，盟军船队被迫绕道好望角，损坏船只大多在南非修理。

澳大利亚与二战

澳大利亚也紧随英国对德宣战，但其真正发挥重大作用则要等到太平洋战争爆发。日本偷袭珍珠港后，迅速挺进东南亚，取得了新加坡战役的全胜，有1.5万多名澳大利亚军人被俘。1942年2月，日本开始对澳大利亚进行空袭。

面对可能发生的入侵，澳大利亚从中东调回了主力军队，并在美国的援助下重新进行武装。整个战争期间，700万人口的澳大利亚曾有57万多人参军，每10个18—35岁的男子中就有8人曾在军中服务。澳大利亚共有33826人阵亡，另有18万人受伤。

1944年末，当时仍是农业国家的澳大利亚和新西兰已经向英国输送了1万吨肉、73万吨黄油、64万吨奶酪。在中东战场，人口仅为英国1/7的澳大利亚派出了20万人的军队。

总的来说，自治领的参战为英国取得战争胜利作出了巨大贡献，减轻了英国本土的战争压力，从军事与经济上支援了英国本土。但也正是在战争中，

> **知识链接：新西兰战斗英雄查尔斯·乌普海姆**
>
> 新西兰士兵查尔斯·乌普海姆（Charles Upham，1908—1994年）是唯一的一位在二战期间两次获得维多利亚十字勋章的人。维多利亚十字勋章是英国为对敌作战中最英勇的人颁发的最高荣誉，从1856年设立以来，已经颁发了1357次，只有3人曾不止一次获得这项殊荣。查尔斯·乌普海姆于1939年自愿加入新西兰军队。1941年德军进攻克里特岛期间，他屡立战功，获得第一枚维多利亚十字勋章。1942年7月25日，他在阿拉曼战役中获得第二枚维多利亚十字勋章。在保卫鲁瓦伊萨特山脊期间，他冒着枪林弹雨用手榴弹炸毁了一辆满载德军士兵的卡车。后来他开着一辆顶部架有德国机枪的吉普车通过敌军阵线传送情报，还曾说服意大利士兵帮忙把车推出柔软的沙地。在一次白刃战中，他肘部被刺，仍忍受着手臂负伤的疼痛继续战斗，而在这时，德军已经包围了新西兰人，但乌普海姆坚持战斗，直到无法走路为止。乌普海姆总对自己的英勇只字不提，1945年9月，他对一位记者说："实际上，我为这项荣誉感到骄傲，但是其他几百位所做的比我多。"

自治领取得了更大的政治自主权，美国借机取代了英国的影响。战后，英联邦殖民地纷纷宣布政治独立，英国的全球殖民体系土崩瓦解。

新西兰士兵查尔斯·乌普海姆塑像

二战时代

锋利的暗箭
英国秘密部队

> 我们将在海滩上战斗，我们将在田野里战斗……至于我，没有什么可以奉献的，只有辛劳、鲜血和眼泪。
> ——[英] 丘吉尔

英国特种空勤团（SAS）是目前世界上著名的特种部队之一，其前身"哥曼德"在二战时期也曾经大显神威。它创建于第二次世界大战初期，是世界上最早出现的特种部队之一，并成为后来世界各国特种部队建设效仿的楷模。

"哥曼德"的组建

1940年6月，英军被迫从法国的敦刻尔克大撤退。溃不成军的英军几乎遗弃了所有装备。英军根本无力组织越过英吉利海峡的大举反攻。尽管如此，达托莱·克拉克陆军中校却主张通过特种作战袭扰德军。他提议用少数小规模部队连续偷袭挪威西海岸的纳尔维克至法国的比利牛斯山脉一线的德军阵地，消耗德军的攻击力量。这一提议得到了英国战时内阁与丘吉尔的赞赏。

克拉克中校于1940年6月下旬组建了世界上第一支独立的执行特殊任务的特种部队。最初编为10支"袭击部队"，每支部队辖2个小队，每支小队有3名军官和47名士兵，由血气方刚、机智勇敢的青年战士组成，配备了当时较为先进的汤姆逊冲锋枪、越野摩托车及轻型战斗车辆。"哥曼德"（Commando）特种部队诞生不久，就积极寻找战机，来证明自己的价值。

深入敌后的特种作战

1940年夏，"哥曼德"接连以微弱的代价摧毁了位于法国的多处德国据点。虽然这些袭击战果不大，但德军的连连受挫，鼓舞了英国的战斗士气。

1941年3月，"哥曼德"成功地偷袭了挪威的罗弗敦群岛，俘虏德军士兵216名，抓获60名纳粹党员，击沉11艘德国舰艇，炸毁岛上德军用于制造甘油（制造火药的原料）的鱼油加工厂。而袭击部队损失甚微，只有1名军官意外阵亡。

在第二次世界大战之前，英军并没有空降部队。战争初期德国伞兵和空运部队的频繁活动，刺

英国特种空勤团成立于第二次世界大战初期，最开始的名字是"空降哥曼德"。这支部队经历了所有的沙漠战役，在意大利和欧洲西北部，因以训练精良的小型团体深入敌后独立作战，被德国称之为"红色魔鬼"，就连德军著名统帅，有"沙漠之狐"之称的隆美尔也无奈地下令："对抓获的'哥曼德'俘虏就地枪决"

立体战争：军种

绘画《挪威行动》。英国特种部队在1941年成功地偷袭了挪威的罗弗敦群岛，图片中的士兵装备了汤姆逊冲锋枪

激了英国决定必须拥有一支空降突击力量。于是，英军组建了一批空降"哥曼德"部队。这支部队官兵头戴红色贝雷帽，臂佩"皇冠和月桂叶"的徽标，手持汤姆逊冲锋枪，经常从空中渗入德军后方，对港口、机场、仓库和交通线等重要目标展开不间断的破袭，沉重地打击了德军，被德军称为"红色恶魔"。

"哥曼德"的一系列突袭行动令德军高层极为震怒。1942年10月，希特勒发布了著名的"根绝命令"，命令对英军的"袭击破坏部队"，无论是否穿制服，无论是否武装，务必"斩尽杀绝"。这从侧面说明了"哥曼德"在战争中的震慑作用。战后，"哥曼德"划归海军陆战队，后来被改编为英国特种空勤团，即大名鼎鼎的SAS。

英国皇家海军陆战队特种部队属于英国皇家海军的轻型步兵，并兼为两栖作战或海陆空协同作战部队，及雪地作战、山地作战，是一支能够全天候、独立行动的突击部队。图为1944年6月6日，英国皇家海军陆战队特种部队在战场增援途中

> **知识链接：神鹰行动——"哥曼德"奇袭重水工厂**
>
> 1940年4月，德军向丹麦、挪威发起突袭。德国的入侵行动，表面上看是为了满足其扩张、掠夺资源的需要，但另一个鲜为人知的目的，就是占领挪威制造重水的维莫克化工厂。
>
> 重水是制造原子武器的战略物资。当时世界上能提炼重水的工厂只有挪威的维莫克化工厂。德军占领挪威后，希特勒立即命令这家工厂夜以继日地生产重水。英国首相丘吉尔知道后决定彻底摧毁维莫克化工厂。最初他们想派飞机轰炸，可是维莫克化工厂四周群山环抱，轰炸困难。于是，战时内阁将这项任务交给了"哥曼德"特种部队。
>
> 1943年2月，"哥曼德"特种部队选出的6名队员组成"神鹰"突击队踏上征程。2月27日20时，突击队趁德军换岗潜入工厂。他们只花了不到3分钟就找到了通向重水车间的电缆线通道。迅速控制重水车间，并在重水电解池周围安放炸药。之后，队员们迅速撤离。随着一声沉闷的爆炸，德国苦心经营数年的重水工厂顷刻瘫痪。希特勒制造原子武器的美梦也化为泡影。

异军突起
美国装甲部队

> 我的命令就是进攻,不断地进攻,直到把汽油用光。
> ——[美]巴顿

二战之前,美国装甲力量的发展是各主要大国中最为滞后的。然而却后来居上,美国战车的足迹遍及太平洋战场和欧洲战场,奠定了战后美国的霸权地位。

坎坷的建军之路

美国发展装甲部队之路极为坎坷,主要原因在于大洋彼岸没有陆上强国毗邻,没有任何国家能够直接从陆上威胁到美国。当第一次世界大战进行到如火如荼的时候,大洋彼岸的美国参考了英军编制,增设了坦克部队。一战结束时,美军仅装备1000多辆M1917坦克(美国版雷诺FT17坦克)。1920年,美国还通过了国防法案废除了坦克部队的编制,把剩下的装甲部队全部划归步兵指挥。并且明确装甲部队的任务就是"在进攻中支援步兵的持续推进"。

1930年,在新任陆军参谋长道格拉斯·麦克阿瑟将军的大力支持下,美国重建了装甲部队,但在1931年旋即解散。直到欧战爆发,美军装甲部队仍然处于雏形阶段。尽管装甲部队的组建历经曲折,但美国装甲作战理论并未停止。乔治·巴顿是美国装甲战理论的核心人物,在两次世界大战期间,他坚持宣传装甲作战理论,并在战前多次演习中向美军高层展示了装甲战的威力。

德军以坦克为主的闪电战在欧战初期的惊人战绩最终触动了美军高层。1943年,美军建立了真正意义上的装甲师。与德军不同,美军装甲师取消

美国演员布拉德·皮特在电影中扮演一辆美国"谢尔曼"式坦克的指挥官

团一级建制,实行行政管理与作战指挥分开的制度,美军装甲师人数更多,装备的装甲车辆与支援火炮数量远胜德军,德军装甲师战车数量只有美军的78%左右。得益于美国强大的工业能力,美军装甲师实现了全机械化,信息化与集成化程度也是参战国中最高的,而德军的后勤单位和支援火力还处于半机械化,甚至依赖原始的马车。

二战坦克装备

美军二战期间装备的主力战车以M2"格兰特"式坦克、M3"斯图亚特"式坦克和M4"谢尔曼"式坦克为主,均为战场催生的应急产品。"谢尔曼"式坦克的生产数量超过5万辆,虽然设计谈不上先进,但在战争期间不断改进,M4A3E2和M4A3E3等改进型坦克已经能与"虎"式坦克一较高下。战争末期,美国才设计出"潘兴"重型坦克。

M3"斯图亚特"式坦克，美国车辆和铸造公司20世纪40年代的产品，主要用于侦察、警戒或遂行快速机动作战任务，亦称"斯图亚特"轻型坦克

虽然装备精良，但美军装甲战术却存在不少误区。主力"谢尔曼"式坦克的主要任务是攻击敌步兵，而不是攻击坦克。按照美军的作战思路，如果坦克遭遇敌方坦克的阻击，应该召唤坦克歼击车。坦克歼击车装甲薄、速度快、装备威力巨大的反坦克炮，它的任务是迅速赶到敌方坦克出没的地点提供火力支援。二战结束时，美军装甲师和步兵师都装备有M10、M18和M36三种坦克歼击车。实战证明，本来应该支援步兵的"谢尔曼"式坦克不得不频频对抗德军坦克，而坦克歼击车老派不上用场，只好充当野战火炮，为步兵

知识链接：装甲奇才——巴顿将军

乔治·巴顿（George Smith Patton，1885—1945年）是美国装甲作战的领军人物。早在战前，就是装甲部队的倡导者。在突尼斯战役、西西里岛战役、诺曼底登陆与阿登战役中，巴顿屡立战功。巴顿指挥的装甲部队大胆穿插袭击德军侧后，并频繁利用空军战术支援、空投汽油与弹药，其进攻速度令熟谙闪电战的德军也惊诧不已，亦无计可施。巴顿极力强调装甲部队战斗时需不断打击敌人的必要性。巴顿曾说："战斗的时间越短，死伤的人就越少。因此官兵的自信心和战斗热情就越高，要想进行一场短时间的战斗，坦克必须迅速，但不是仓促地前进。"战争期间，巴顿因其对战斗的热忱而得了一个"血胆老将"的绰号，在他领导下的士兵有时调侃道："我们的血，他的胆量。"

德军高层敬重巴顿胜过其他任何一位盟军将领，并认为他将是任何从英国进军欧洲军事行动的核心。正因为如此，盟军设计的欺诈计划将巴顿作为诱饵，成功地分散了德军在诺曼底的兵力。德军名将龙德施泰特被俘后曾对讯问的美军将领说："巴顿，他是你们最好的。"

提供火力支援。

美国装甲部队是第二次世界大战的后起之秀，但得益于美国强大的经济实力，在战争期间却后来居上，直至今天还是西方世界最为强大的装甲力量。

法国巴斯托尼的美国装甲部队纪念碑主体是一辆美国"谢尔曼"式坦克，在1944年圣诞节前夕，巴顿将军率领美国第三军在此击败了德国发起的反攻，救出了美国101空降师的士兵

后来居上
苏联装甲部队

英勇的苏联装甲，强大的纳粹敌人，双方的殊死较量，诠释了铁甲灵魂。

在第二次世界大战期间，苏联装甲部队经历了由弱到强、由小到大的发展过程，最终成为德国装甲部队的克星，赢得了卫国战争的胜利。

苏联装甲部队的发展

1929年在图哈切夫斯基元帅的主持下，苏联建立了第一支机械化实验部队，随着苏联工业化的发展，装甲部队的编制和数量也不断扩大。至1938年年底，苏联共建成了4个坦克军，包括24个独立轻型坦克旅、4个重型坦克旅、3个喷火坦克旅以及若干编入步兵师的独立坦克分队。1940年，苏联又成批生产了先进的重型、中型坦克。1941年8月，苏联又重新编组了坦克旅。随着战时国防工业的迅速发展，到1943年6月，苏联装甲部队已拥有各类型坦克和自行火炮1万余辆，组成了5个坦克集团军、24个坦克军和13个机械化军。

苏联装甲对决德国装甲

在卫国战争初期，苏联装甲部队装备了2.2万多辆坦克，但大部分是战斗力有限的轻型坦克，再加上坦克部队的训练水平参差不齐，所以发挥的作用很有限。但部分装备了最新型的T-34和KB重型坦克的重装坦克旅，凭借坚固的装甲防护和大威力的主炮，在与德国重型坦克的对决中并不逊色。然而由于缺少步兵、炮兵和空军的配合支援，自身又缺少电台，苏联装甲部队独木难支。训练有素的德国装甲部队能通过良好的坦克车载无线电台实施巧妙的战术协同，在无法打穿T-34和KB坦克装甲的情况下，先打断其履带，迫使它们丧失机动能力，然后通过攻击其装甲薄弱处或者炮兵和工兵配合将其摧毁。因此，在卫国战争初期，苏联装甲部队的表现比较糟糕。

随着战争的进行，苏联

苏联红军第1近卫坦克师即顿河坦克军（荣获列宁勋章、苏沃洛夫勋章的近卫红旗顿河坦克军），1942年7月在莫斯科州组建，番号为坦克第26军。编有坦克第19、157、216旅、摩托化步兵第14旅和其他部队

T-34 型坦克，苏联在二战中设计生产，装备了 76.2 毫米高速坦克炮和坚固的倾斜装甲，被誉为"最优秀的坦克"。在二战中，苏联共生产了超过 8 万辆各类型的 T-34 型坦克

装甲部队在战火中不断成长，部队整体素质得到了很大的提升。到战争中后期，苏联装甲部队的战斗力已经非常接近德国装甲部队，甚至部分精锐的近卫坦克部队的作战能力已经超过了德国。例如 1944 年 8 月，苏联坦克第六军第 53 旅的亚历山大·奥金斯中尉指挥一辆 T-34/85 中型坦克，伏击了德军第 501 重坦克营 3 辆火力最强、装甲防护最好的"虎王"重型坦克，一举将其全部击毁，而自身毫发未损。正是由于奥金斯中尉懂得充分发挥自身坦克性能的特点和伏击战的突然性，最终完成了这个"不可能完成的任务"。

苏联还充分依靠强大的重装甲集群部队和空中支援作战部队，强势穿插分割德国作战部队，集中优势兵力各个击破，书写了二战期间机械化作战的不朽神话。

"以彼之矛攻彼之盾"

德国的装甲部队在战术素质、装备性能等方面都要超过苏联装甲部队，但是到二战的后期为何屡屡败于苏联装甲部队之手？

在二战后期，虽然苏联的坦克生产数量超过德国，可是要及时运到前线，经过训练并投入战斗需要很长时间。但苏联装甲部队通过修复战场上敌我双方的战损坦克车辆，然后继续使用的方式，达到了"以彼之矛攻彼之盾"的效果。据统计，苏军在战争的最后一年几乎修复了近 10000 辆坦克和自行火炮，在短时间内就恢复了坦克装甲部队的实力。而德国因为失去对战场最后的实际控制权，自己大量的战损坦克无法回收修理，无法形成战斗力，不少精锐装甲部队因为得不到及时的补充，战斗力越打越弱。这也是苏军在二战中的一个制胜法宝。

在苏联卫国战争初期，由于部队训练水平不高，导致装甲部队的战损率非常高，在 1941 年 6 月 24 日苏军第 22 机械化军对入侵的德军发动反击，仅仅 5 天后，便丧失了 81% 的战斗力，到 1941 年 7 月 1 日全军覆没

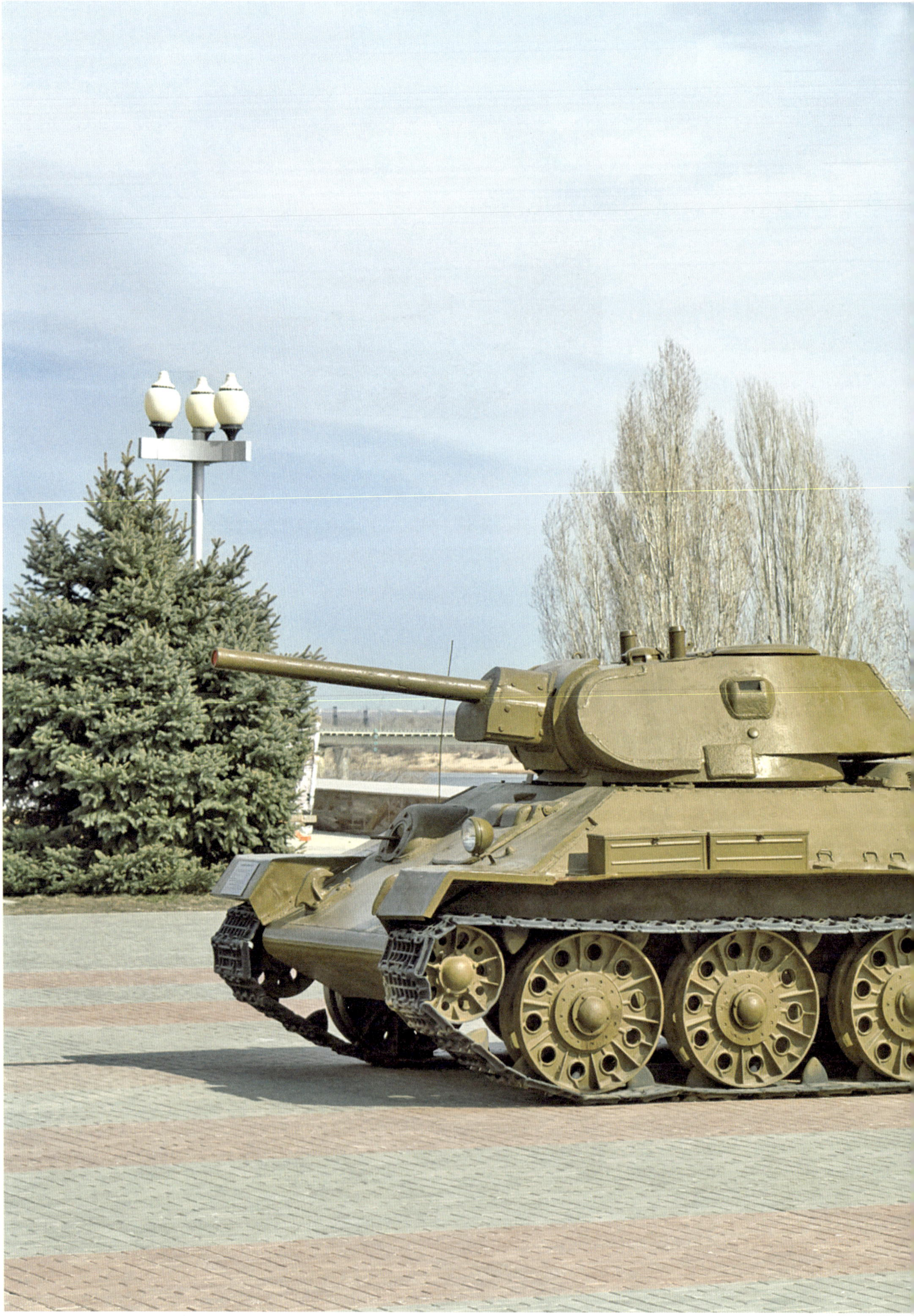

工业与科技的结晶：武器

武器不能决定战争的胜负，但能够影响战争的进程。第二次世界大战是一场工业化时代的战争，大工业释放的巨大生产能力造出了万吨级的航空母舰、威力惊人的重型坦克、翱翔天空的远程战斗机和轰炸机。这些新型的"杀人利器"又将无数的城镇炸成废墟，将无数的生灵化为齑粉。人类创造的一切文明，又险些毁于人类创造并操作的武器之手。

大工业支配下的二战，创造了人类历史上史无前例的军工生产能力，也建立了人类历史上最为庞大的军队。

发动战争的纳粹德国开足马力进行军备生产，到1941年2月，德国及其占领区的钢产量达到3180万吨，在1944年，德国共生产39870架飞机，2.7万辆坦克，8.7万门各类型火炮，装备了130个步兵师和40个装甲师。

1941—1945年，美国共建造了131艘航空母舰、355艘驱逐舰、498艘护卫舰、8万多辆坦克，此外每年还要生产4万架飞机，1945年时，美军总兵力达到1050万人。

在这段时间内，苏联平均每年要生产出2.7万辆坦克、近21万门火炮和迫击炮、34250架飞机，在整个二战期间苏联共生产了10.8万辆坦克和自行火炮、82.5万多门火炮和迫击炮，总兵力达到1100万人。

正是依靠美国和苏联强大的军工生产能力和世界各国反法西斯人民的浴血奋战，才最终赢得了胜利。

陆战之王 二战中的坦克

> 不要担心我们的侧翼，让敌人去担心他们的侧翼吧。我们唯一要做的就是前进、前进、再前进。坦克的发动机和主炮一样，都是武器。让开道路，我们没有时间俘虏你们！
>
> ——[德] 古德里安

坦克诞生于第一次世界大战期间，是为了应付堑壕战而开发的新型武器。两次世界大战之间是坦克的战术与技术发展的探索实验时期，各国的分歧造成了战争初期迥然不同的结局。

法国和英国的军界固守一战经验，仅仅将坦克视为支援步兵突击的机动堡垒，苏联的图哈切夫斯基元帅和法国的戴高乐将军都提出了大规模使用坦克进行机动作战的理论，但并未引起重视，反倒是以古德里安为首的德军将领在接触这一理论后，将之投入实战，开创了二战初期所向披靡的"闪电战"。在战争的中后期，苏德战场上曾多次出现有数千辆坦克参加的大会战。

在第二次世界大战期间，交战国共生产了约30万辆坦克和自行火炮。按照战斗任务，坦克也被分为轻型坦克、中型坦克与重型坦克。轻型坦克是战争初期的主力，重机动轻防护，火力较弱，在战争过程中逐渐被淘汰。中型坦克自始至终都是二战战场上的核心力量，实现了防护、机动与火力的均衡，能够适应绝大多数作战环境。重型坦克是坦克战的杀手锏，具备扭转战场局势的震慑力。

德国的"虎"式与"豹"式坦克

"虎"式坦克是二战中最著名、最具有传奇色彩的坦克，从1942年下半年服役起至1945年德国投降，一直活跃于战场第一线，德军称其为"无敌坦克"，盟军则"谈虎色变"。

在"巴巴罗萨计划"中，纳粹德国的坦克在对

"虎王"重型坦克，二战时期德国重型坦克，主要针对"斯大林"重型坦克生产。由于制造价格昂贵、消耗工时久，并且制造工艺极其复杂导致生产数量较少，因此它的出现对整体战线并没有太大的影响

"豹"式坦克。在1941年"巴巴罗萨"行动后,为了应对俄国研发的T-34中型坦克,而研发生产的新型坦克,是二战中最成功的中型坦克之一。在1943年的库尔斯克会战中首次投入实战,一直服役到了第二次世界大战结束

抗苏联的T-34和KV坦克时相形见绌,促使德国开始研制重型坦克。"虎"式坦克于1942年8月开始批量生产,至1944年8月生产了1355辆,主炮是88毫米高射炮,精度惊人,可以在1600米的远距离交战中击穿所有盟军坦克的正面装甲。

"虎"式坦克的自身防护能力惊人,车体前装甲厚102毫米,炮盾装甲厚135—150毫米,侧面装甲厚82毫米,这使它的自重达到56吨。

"虎"式坦克并未采用后世普遍采用的柴油发动机,而是使用了易燃易爆的汽油发动机,这使它的安全性和机动性不如苏军坦克,且油耗惊人,严重影响了其作战效率。再者,"虎"式坦克的生产成本是T-34坦克的三倍和IS-2坦克的两倍。

1943年后,德国制造了489辆"虎"Ⅱ重型坦克,亦称"虎王"坦克。"虎王"坦克采用了倾斜装甲,并换装了威力更大的火炮,重量却达到惊人的69吨(美军现役的M1A2才63吨),由于动力没有改进造成发动机负载过重,越野行程只有90公里,战争后期其机械故障和抛锚现象非常普遍。

为了弥补"虎"式坦克的缺陷,纳粹德国又生产了"豹"式坦克,这款坦克参考了苏联坦克的设计思路,采用倾斜装甲,增加了防护能力,坦克全重43吨,较宽的履带和较大的负重轮也大幅改善了在松软地面上的机动性。"豹"式坦克装备一门70倍口径的75毫米火炮,穿甲能力甚至强于"虎"式坦克。可以说,"豹"式坦克实现了火力、机动性和防护的完美统一。

> **知识链接:马利诺沃村坦克遭遇战**
>
> 1944年7月20日,奥托·卡尔尤斯(Otto Carius,1922—2015年)率领8辆"虎"式坦克前往贝尔维根阻击苏军,在马利诺沃村与苏军发生遭遇战。在不明朗村里的情况下,卡尔尤斯率领2辆"虎"式坦克进村,侦察并切断苏军联系;鲍尔特率6辆"虎"式在丘陵地带掩护。
>
> 苏军万万没有想到刚刚溃退的德军会明火执仗地反扑过来,当卡尔尤斯的217号车快到村口时,大部分苏军坦克仍然在维修与热车。进村后,卡尔尤斯降低车速搜索苏军。突然,1辆身管很长、有着流线型炮塔的重型坦克冲了出来。刹那间,217号的炮手迅速开炮,敲掉了这辆坦克——这就是刚在东线出现不久的IS-2重型坦克。没等苏军反应过来,13辆IS-2坦克就被击毁。德军全部控制了马利诺沃村,共击毁17辆IS-2坦克和4辆T-34/85坦克。
>
> 之后,卡尔尤斯命令所有"虎"式坦克埋伏在苏军进攻的要道上。苏军大部队对先头部队的惨败毫不知情,大摇大摆地沿着道路浩浩荡荡地行进,结果落入了德军坦克的伏击圈。15分钟后,苏军撤退,德军又击毁了包括26辆坦克和自行火炮的大量苏军装备。

战斗中的苏联 T-34 坦克。T-34 坦克具备出色的防弹外形、强大的火力和良好的机动能力，特别是拥有无与伦比的可靠性，易于大批量生产，是二战期间总体设计最优秀的坦克

德国人对于精密机械的痴迷在"豹"式坦克上表现得淋漓尽致，它运用了许多新技术，如红外瞄准镜、燃气轮机、橡胶履带、迷彩涂装、防磁涂层、烟幕弹发射器和夹层装甲等，这些技术启迪了后世的坦克发展。

二战期间"豹"式坦克共生产了 6042 辆，在欧洲战场上大出风头。据统计，美军平均损失 5 辆"谢尔曼"式坦克才能击毁一辆"豹"式坦克。苏联军队和法国军队也曾经装备过缴获的"豹"式坦克。

英国"马蒂尔德"式坦克

二战爆发前夕，英军将坦克分为主要注重机动性和突破能力的"巡洋坦克"和主要注重防护和支援步兵的"步兵坦克"。"马蒂尔德"式坦克便是英国步兵坦克的代表。"马蒂尔德"式自 1938 年开始装备英军，前装甲厚 70 毫米，然而机动性和火力却与防护极不相称，最大速度仅为 13 公里 / 小时，并装备一门早已落后的 2 磅坦克炮。

"马蒂尔德"式坦克在二战初期仍有立足之地，在北非战场和意大利坦克势均力敌。但随着装备大口径长身管的德军坦克大量服役和 88 毫米高射炮的广泛应用，"马蒂尔德"式坦克被迫退居二线。其后，"马蒂尔德"式坦克便被改装为各型特种车辆，继续在战场上服役。

苏联 T-34 坦克

T-34 坦克是二战期间苏联最主要的中型坦克，T-34 系列在二战中的产量达到 8 万多辆，在坦克发展史上具有举足轻重的地位。

T-34 的火力、防护、机动以及易生产性均属上乘。1941—1942 年，T-34 的性能全面压倒当时德国的大多数坦克。导致了德军坦克的过时，被迫推出新型坦克以应付局面，史称"T-34 危机"。

"马蒂尔德"式坦克。英国陆军受保守思想的影响，将陆军分为步兵和骑兵。根据这种分类，英国陆军也将坦克分为步兵坦克和巡洋坦克。其中，突出火力和装甲防护的坦克为步兵坦克，代表型号为"马蒂尔德"式坦克和"丘吉尔"式坦克

工业与科技的结晶：武器

M4"谢尔曼"中型坦克是二战时美国开发、制造的坦克。虽然在型号上统称为M4，但车身、引擎、炮塔、炮、悬挂、履带等几乎是每种型号就是一种新规格，可以说是一部多类型式的坦克。"谢尔曼"式坦克是二战中产量最大的坦克之一，其产量达49234辆

T-34坦克的炮塔是整体铸造而成，并大量采用倾斜装甲，极大地提高了防护能力。在战争初期，德军坦克在500米的距离上都不能击穿其正面装甲。T-34采用的V2柴油机，体积小、动力强，公路最高时速达到55公里，行程可达540公里。相比之下，德国"虎"式坦克的行程仅有90公里。在悬挂系统上，T-34使用美国专利的克里斯蒂悬挂。履带宽，越野能力出众，这是苏军装甲部队大纵深攻击战术的硬件基础。

1943年，为了对抗德军新式坦克，增强了火力和防护、加装无线电和增加乘员的T-34/85坦克投产服役，成为T-34系列中产量最大的一款。在其基础上改进的T-44坦克成为后世闻名世界的T-54坦克的前身。T-34坦克是二战时苏军的象征，至今仍战斗在世界的一些角落。

型坦克。早期"谢尔曼"式坦克的火力虽略显不足，但其坚固、可靠和耐久性却享誉军界。

"谢尔曼"式坦克的改型多达数十种，虽然外形丑陋，看似粗制滥造，但车体零部件通用性高、生产性极佳，且机动性良好。但其火力无法正面对抗德国的"虎"式和"豹"式坦克，装备的汽油发动机也增加了被击中后起火燃烧的危险，且车体高大，增加了中弹面积，因此早期型号的"谢尔曼"式坦克得到了"朗森打火机"的绰号。

二战中共生产了约5万辆"谢尔曼"式坦克，除了主要装备美军，英国、加拿大、苏联、自由法国、波兰和中国等盟国也装备了很多。"谢尔曼"式坦克的后期改进型足以与苏联的T-34坦克和德国的"豹"式坦克相媲美。

美国M4A3"谢尔曼"式坦克

如果要评选二战中最受争议的坦克，那么非美国的"谢尔曼"式坦克莫属。对"谢尔曼"式坦克的评价呈现两个极端，反映出"谢尔曼"式坦克曲折的发展过程。

1940年美国军方根据战争的需要开始设计中

马利诺沃村坦克遭遇战中的德国"虎"式坦克

银翼雄鹰
二战中的战斗机

> 飞机使有关国境线的全部观念都成为过去。整个国家都变成了国境线,都暴露在敌人的空袭之下。
> ——[美] 米切尔

战斗机是指用于在空中消灭敌方航空武器、夺取制空权的军用飞机,又称歼击机、驱逐机。在第一次世界大战中,刚发明不久的飞机被用于侦察、校射和轰炸等任务。飞机的出现使得后方不再安全,将敌我双方的一切资源都纳入战场范围,改变了传统的战线形式。

突飞猛进的飞机制造

一战后,飞机制造技术获得巨大进步。首先,活塞发动机得到改良,飞行速度从每小时200公里上升到600公里;其次,飞机气动布局改善,从多翼机转变为单翼机,升力与机动性大为提升;再次,材料学的进步,出现了铝合金、钢制结构等,机体更加坚固,载弹量和航程大为提高。

两次世界大战之间,空战理论也逐渐成熟。1921年意大利军事理论家杜黑发表《空权论》,1925年美国空军将领米切尔发表了《空中国防论》,指出在空军面前,任何地面力量都居于劣势,未来战场制胜的关键在于抢夺制空权,对敌方实施空袭。

战争是技术进步的助推剂。二战期间战斗机的更新换代非常迅速,在大战结束前,活塞式战斗机的发展已经达到顶峰,并开始尝试采用喷气动力。在机载武器方面,各国开始大量装备大口径机枪与机炮,甚至出现了使用空空导弹的尝试。

"有勇敢的飞行员,有老飞行员,但没有勇敢的老飞行员。"二战中各国装备的战斗机性能接近,没有哪一款机型的飞机具备全方位压倒优势,因此飞行员的素质成为决定战场胜负的关键因素,出现了许多王牌飞行员。但令人羡慕的空军人员也是伤亡率最高的兵种。

英国"喷火"战斗机

1938年开始装备的英军"喷火"战斗机是英国在二战期间设计生产的第一款全金属结构飞机,也是性能最出色的战斗机,在不列颠空战中立下了

英国"喷火"战斗机。在整个第二次世界大战期间,"喷火"战斗机始终战斗在战争的最前线。它参加过无数次重要战役,建立了不朽的功勋,成为世人公认的欧洲最优秀的活塞式战斗机

工业与科技的结晶：武器

两次世界大战之间的活塞式单翼战斗机。早期的飞机，不但有双翼的，而且还有三翼的。这种飞机的三个机翼，一个叠着一个，重力妨碍了飞机承载力。从20世纪30年代以后，活塞式单翼战斗机占据主流

不朽功勋。它的造型精美，性能优异，各型的"喷火"战斗机共计生产了20124架。

它采用的新技术包括：单翼结构、全金属承力蒙皮、铆接机身、可收放起落架、变矩螺旋桨和襟翼。"喷火"战斗机的技术指标为：机长9.83米，翼展12.19米，空机重量2983千克，最大起飞重量3648千克，发动机功率1230千瓦，最大飞行速度655千米/小时，升限12550米。它的武器系统主要为2门机炮与4挺7.7毫米机枪，外加一组250磅炸弹。

德国"梅塞施密特"系列战斗机

1934年，巴伐利亚飞机制造厂设计师梅塞施密特设计的Bf-109型单发单座单翼全金属活塞式战斗机在竞争试飞中获胜，成为此后十年间纳粹空军最主要的主力战斗机，"梅塞施密特"几乎成为德国空军的代名词。在长达12年的时间里累计生产了33000架Bf-109型战斗机，这在世界航空工业史上非常罕见。

Bf-109型战斗机装备两门机炮和两挺机枪。

> **知识链接：塔斯克基航空队**
>
> 二战前夕，美国种族歧视盛行，非裔美国人在服役期间经历了严重的种族歧视和隔离。但随着二战的进行，非裔美国人和新闻媒体很快认识到，二战会给非裔美国人争取民权带来难得的历史机遇。他们不再是简单地响应和追随政府"为民主而战"的号召，而是提出了自己的战斗目标"双重胜利"，即在国外赢得反法西斯的胜利，在国内赢得民主的、开辟争取自由和平等的第二战场的胜利。
>
> 1940年初，在杜鲁门与罗斯福夫人的推动下，美国政府被迫在亚拉巴马州建立专门训练黑人飞行员的塔斯克基（Tuskegee）训练场。最终组建了第332战斗机大队，这是美国军事历史上最早的非裔美籍的空军力量。虽然他们在军队内外都遭遇了种族歧视与隔离，但他们仍坚持训练，并取得了非凡的战绩。
>
> 大战期间，这支空军共击落112架敌机。战绩最佳者是利尔·阿彻，有5个空战胜利和6个地面摧毁战绩。第332战斗机大队最骄傲的是在其护航期间从未损失过一架轰炸机。他们在服役期间取得了不可思议的成就，其事迹还被改编成电影。

1939年9月，纳粹空军派出100多架Bf-109掩护轰炸机入侵波兰，在实战中创造了"掩护—攻击"组合战术。

马尔塞尤、哈特曼等德国王牌飞行员驾驶Bf-109型战斗机创造了人类空战史上的绝对纪录，其中仅哈特曼一人就击落敌机352架。

到二战后期，德国梅塞施密特飞机公司又设计生产了梅塞施密特Me-262型战斗机，并于1944

二战时代

在二战初期，日军"零"式战斗机以转弯半径小、速度快、航程远等特点压倒美军战斗机。但到战争中期，美军俘获一架完整的"零"式战斗机后，其弱点被研究出来，并随着 P-51 野马、F-4U 海盗、F-6F 地狱猫等高性能战斗机的大批量投入战场，"零"式战斗机的优势逐渐失去

日本"零"式战斗机

A6M 战斗机在 1940 年（昭和十五年）正式服役，因该年是日本皇纪 2600 年，因此被称为"零"式战斗机。该型飞机首次采用全封闭可收放起落架、电热飞行服、大口径机关炮、恒速螺旋桨、超硬铝承力构造、大视界座舱和可抛弃的大型副油箱等设备。

"零"式战斗机超轻型的机体结构为该机提供了优良的推重比和低空机动能力，在挂载副油箱的条件下最大航程达 2000 公里，同时装备两门 20 毫米机炮和两挺 7.7 毫米机枪，超远的续航能力和优越的低空机动能力使其在战争初期的空战中占尽便宜。

太平洋战争初期，在和盟军的各型战斗机对抗中，"零"式战斗机大获全胜，一度形成了"零式神话"。1942 年 6 月，一架"零"式战斗机迫降在盟军控制区，盟军随即对其进行了细致研究和分析，从而发现了"零"式的弱点。在此基础上，盟军设计了高空俯冲和打了就跑的战术，致使"零"式战斗机的优势荡然无存。等到盟军装备了新式战机后，"零"式战斗机风光不再，只好被改装为"神

年夏末首度投入实战。Me-262 型战斗机是世界上第一种投入实战的喷气式飞机，与同一时期英国制造的流星型战斗机齐名。该机采用的诸多革命性设计对战后战斗机的发展产生了非常重大的影响，Me-262 型战斗机的机头配备具有防弹能力的水泡形座舱，装备 4 门 30 毫米机炮和照相枪，近三角形的尾翼呈十字相交于尾部，两台轴流式涡轮喷气发动机的短舱直接安装在后掠的下单翼上。作为世界上第一种投入实战的喷气式战斗机，Me-262 的出现极大地震动了盟军。虽然燃料缺乏使得 Me-262 未能完全发挥其性能优势，但该机仍取得击落敌机 509 架、自损 100 架的战果。

二战期间德国梅塞施密特 Bf-109 型战斗机——单发单座单翼全金属活塞式战斗机，产量超过 3.3 万架

工业与科技的结晶：武器

美国非洲裔黑人组成的塔斯克基航空队成员在战机前合影

风特攻机"进行自杀式袭击。

美国"野马"战斗机

"野马"战斗机原本是北美航空公司为英国设计生产的，在太平洋战争爆发后，美国空军也装备了这款新型战斗机。

"野马"战斗机采用先进的层流翼型，新型全金属蒙皮和高度简洁的机身设计，它的气动阻力大大下降，赋予了无与伦比的升力、速度和灵活性，宽距起落架和可收回的尾轮使得它的着陆更加方便；合理的机内设备布局，使"野马"战斗机在尺寸和重量与同类飞机相当的情况下，载油量增加了3倍，挂载副油箱的情况下航程超过3000公里，这使"野马"战斗机成为护航战略轰炸机编队的首选。

"野马"战斗机在欧洲战场的制空权争夺战中大出风头，到1944年下半年，"野马"战斗机已牢牢控制了西欧大陆的制空权。二战期间，在欧洲战场，"野马"战斗机出动13873架次，投弹5668吨，击落敌机4950架，击毁地面敌机4131架，被誉为"最优秀的活塞式战斗机"。

"野马"战斗机在远东和太平洋战场上也创造了佳绩，特别是在中国战场上，"野马"战斗机在中国和美国飞行员的驾驶下夺取了制空权，且不断深入到日军占领区，发动空袭，为中国抗日战争的胜利立下了汗马功劳。

P-51"野马"战斗机诞生于二战之中，属轻型战斗机，是美国陆军航空队在二战期间最有名的战斗机之一，也是美国海陆两军所使用的单引擎战斗机当中航程最长、对于欧洲与太平洋战区战略轰炸护航最重要的机型，并且一直使用到朝鲜战争为止

197

空中堡垒 轰炸机

> 不许采取规避战术动作，每一颗炸弹都必须投到目标。
> ——[美] 柯蒂斯·李梅

轰炸机具有突击力强、航程远、载弹量大等特点，是航空兵实施空中突击的主要机种。在飞机发明后不久，一些国家就开始尝试使用飞机进行地面轰炸。1913年2月，俄国人西科尔斯基设计的世界上第一架轰炸机首飞成功，1917年德国使用轰炸机对伦敦和英格兰南部进行了持续轰炸。

轰炸机竞赛

两次世界大战之间，航空技术的进步为轰炸机带来了突飞猛进的发展，至二战前夕，主要参战国已经制造出各种大型轰炸机。1921年意大利军事理论家杜黑出版了《制空权》，认为使用飞机作战特别是轰炸机将是未来战场的唯一制胜方法，他认为空军在夺取制空权后，即可通过大规模轰炸敌人的政治经济中心而取得战争的胜利。

英国一贯重视战略轰炸机的研制，因此先后有

1943年5月英国的"兰开斯特"型轰炸机担负了第二次世界大战中最为著名的一次攻击行动。5月16—17日夜间，第617轰炸机中队的"兰开斯特"式轰炸机执行了代号为"惩罚行动"的飞行任务——攻击德国工业中心周围的水坝，进而打击德国的军事工业生产

二战中英国仅次于"兰开斯特"（Lancaster）的第二大轰炸机——"哈利法克斯"型轰炸机，在1941—1945年主要用于夜间轰炸

"哈利法克斯""兰开斯特"等优秀机型参战。美国依靠强大的工业生产能力，在二战后期大批量生产了如B-17、B-24、B-25和B-29等优秀轰炸机。苏联虽然在战前便制造出了TB-3战略轰炸机，但由于迷信前线轰炸的战术，重型轰炸机发展缓慢。德国重视战术轰炸机，特别是俯冲轰炸机的生产，战略轰炸机的技术几乎没有进展，所以当需要从空中攻击英国和空袭苏联时，才发现没有可用的武器。日本受技术力量和财力所限，战略轰炸机的发展亦很滞后。

英国"兰开斯特"轰炸机

1941年，英国在"曼彻斯特"轰炸机的基础上设计生产了"兰开斯特"轰炸机，航程3000公里，可装载9980公斤炸弹，这一载弹量在B-29服役

工业与科技的结晶：武器

存放在美国第八航空博物馆里的B-17型轰炸机的机头。B-17轰炸机是二战初期美军的主要战略轰炸机，波音公司制造，共生产了12700架。它拥有13挺重机枪，是一个名副其实的"飞行堡垒"

前是盟军轰炸机中最多的。缺点在于自卫能力一般，仅装备了7.7毫米机枪。1942年3—6月，英军以"兰开斯特"轰炸机为主力对德国鲁尔区的埃森、科隆、杜伊斯堡、杜塞尔多夫进行夜间轰炸，特别是对科隆、埃森、不来梅的三次"千机大轰炸"，沉重打击了德国的士气。"兰开斯特"轰炸机的各种型号一共生产了7377架，在战斗中损失了3498架，共计出击156000架次，投弹604612吨，战损比优于其他重型轰炸机。

美国 B-17、B-29 轰炸机

B-17轰炸机是美国波音公司在20世纪30年代为美国陆军航空队所研发的四发动机重型轰炸机。主要武器为10-13挺12.7毫米机枪，最大航程约3000公里。至1945年4月最后一架B-17出厂时止，共生产了12731架。

B-17轰炸机装备了诺顿投弹瞄具。诺顿投弹瞄具是一种以陀螺稳定的瞄具，能够快速计算出飞机的前进速度和偏航率，并为投弹作出修正。诺顿投弹瞄具被军方视为最高机密，规定只能在起飞前安装在飞机上，并且必须要被帆布包覆，

火攻东京

马里亚纳海战后，美军第一次具备了直接空袭日本本土的能力。1944年底，素以勇猛著称的柯蒂斯·李梅调任太平洋战区组织对日轰炸。李梅发现在欧洲惯用的高空昼间精确轰炸战术不适用日本，在35000英尺的高空，风速达到200英里/小时，根本无法保证投弹精度。

1945年初，李梅终于想出了对策——用燃烧弹在夜间低空轰炸日本。他还想出了使300架B-29轰炸机的载弹量增加一倍的办法。他命人拆卸掉机上所有机炮及其配弹，并限制油量。3月9—10日对东京进行的首次空袭中，飞行员们被告知，他们将在完全没有武装的情况下，在5000英尺的低空轰炸日本。闻知此言，飞行员们被吓呆了。但李梅的估计是正确的：日本的夜间防空能力十分薄弱。

这次轰炸极具威力，飞行员们甚至能在轰炸机里闻到人的皮肉被烧焦的味道。到了6月份，燃烧弹已毁掉东京56.3平方英里的土地和其他城市的大部分土地。随后，李梅组织了对日本投掷原子弹，火攻战术造成了近50万日本平民死亡，800万平民流离失所，244万幢建筑物被毁，还有难以计数的人死于营养不良、肺结核以及其他由无家可归和食物不足带来的疾病。96个日本城市遭到轰炸，其中主要大城市的城区被烧毁面积均超过50%。

着陆后必须立即拆除，这些拆装过程必须要在武装卫兵的监督之下进行，轰炸机的机组人员必须宣誓以生命来守护瞄具的机密，在飞机迫降被俘前先破坏诺顿瞄具。

B-17轰炸机具有优良的高空性能与出色的抗打击能力，往往在遭受到巨大的战斗创伤后仍能继

续飞行，而多达十余挺的大口径机枪为该机提供了强大的防御火力，因此成为对德国进行昼间轰炸的主力机型。

B-29轰炸机的命名延续自B-17"空中堡垒"，是美国陆军航空队在太平洋战场上的主力战略轰炸机。B-29轰炸机的研发经历了许多曲折和挫折，直到1943年6月才真正定型生产。该机最大航程达到6000公里，转场航程达到9000公里，载弹量9吨，遥控炮塔中装备12挺自卫的12.7毫米机枪。机体充分考虑了气动布局和安全性能，除装备大量精密导航与轰炸仪器之外，部分型号还装备有先进的雷达。许多性能都创下了世界纪录。

B-29轰炸机在太平洋战场上大显身手，对日本全境进行了长达15个月的地毯式轰炸，累计出动34790架次，投弹170000吨以上。不计算两次使用原子弹轰炸的战果，共摧毁日本178平方英里的市区，导致40万日本人死亡，250万户住宅被毁，900万人流离失所，但美军仅仅损失414架飞机。

德国轰炸机

二战中，德国空军以"闪电战"为指导思想，空军最主要的任务是直接或间接支援陆军和海军，所以德国不像英、美那样重视重型轰炸机的发展，而是集中精力发展中型和轻型轰炸机与对地攻击机。因此，尽管德国的航空工业在二战期间达到了很高的水平，但其重型轰炸机的发展仍然非常有限，与英、美相比差距很大。仅有的亨克尔He-

B-29轰炸机绰号"超级空中堡垒"，是美国波音公司设计生产的四引擎重型螺旋桨轰炸机。B-29轰炸机命名延续自B-17"空中堡垒"，是美国陆军航空队在第二次世界大战中亚洲战场的主力战略轰炸机。1945年8月，B-29轰炸机向日本的广岛和长崎投掷了原子弹

工业与科技的结晶：武器

德国军事博物馆里的亨克尔 He-111 型轰炸机。自第二次世界大战早期阶段，亨克尔开始成为在德国空军轰炸机中数量最多且最主要的机种。它被用作执行任何可能的任务，例如，在不列颠空战期间作为战略轰炸机、在大西洋海战中用作鱼雷轰炸机及在西战线、东战线、地中海中东非洲战线作为中型轰炸机及运输机等

177、He-274 和 He-277 轰炸机战绩寥寥，许多设计仅停留于图纸阶段。

二战中德军轰炸机最重要的机型是 He-111、Ju-88 和 Ju-87。亨克尔 He-111 型轰炸机最大航程约 2000 公里，载弹量 3 吨，是德国在二战期间使用最频繁的轰炸机，早在西班牙内战时期便投入战场。在闪击法国、不列颠空战与苏德战场均为德军主力轰炸机，虽然一度取得了不俗的战绩，但由于战术思想的限制，始终没有进行大规模改进，在战争后期已颇显老迈，成为盟军战机的标靶。容克 88（Ju-88）轰炸机飞行速度更快，加速能力更好，且具备俯冲攻击和低空机动能力。但两者普遍存在防御火力不足、载弹量偏低、航程较短的缺点。

Ju-87 俯冲轰炸机是二战中最为成功的俯冲轰炸机。其最易辨认之处便是海鸥般弯曲的机翼、固定的起落架及其独有低沉的尖啸声。它于开战初期的闪击战中战果卓著。德国在非洲战场及东部战线大量投入 Ju-87 轰炸机，尤其在东线战场，它更发挥出强大的对地攻击能力。

1945 年 3 月 9—10 日凌晨美国空军的 279 架 B-29 轰炸机对日本东京进行大规模轰炸

登峰造极的大炮巨舰
战列舰

> 奇数炮塔向右射击，偶数炮塔向左射击。
> ——战列舰旗语

战列舰是一种装备了大口径火炮和厚重装甲的大吨位海军作战舰艇。19世纪末欧洲各国受"大炮巨舰主义"的影响，掀起了疯狂的造舰狂潮，战列舰的数量与吨位被认为是海军实力的代表。在甲午战争、美西战争与日俄战争中，战列舰都大出风头。

日薄西山

两次世界大战期间，各海军强国掀起了军备竞赛，重新开始战列舰的建造工作，战列舰的火力、防御力和速度都有巨大改进。但战列舰的作战能力受到了飞机与潜艇的挑战。1939年10月，英国"皇家橡树"号战列舰被德军潜艇击沉。随后，德军"斯佩上将"号战列巡洋舰与"俾斯麦"号战列舰在英军的围猎下战沉。在苏德战争的第一年，苏军多艘战列舰与重型船只又被德国空军炸沉。种种迹象表明，战列舰的地位已经摇摇欲坠。太平洋战场则进一步凸显了战列舰的尴尬地位。

战列舰虽然加装了大量防空武器与装甲，但面临空袭时依旧十分脆弱。在日军偷袭珍珠港事件中，有7艘战列舰被击沉或重伤。航母的出现颠覆了战列舰的核心地位，航母具备更强大的火力投放能力与续航力，"威尔士亲王"号、"大和"号的命运更证明了战列舰在现代战场上的脆弱，而各型航母则在海战中大显神通。战列舰上大口径火炮原有的优势已不复存在，目标大、易遭攻击、防空反潜能力较差等缺点，使其退居为航母的陪衬与扈从。

英国"威尔士亲王"号战列舰

1936年7月，英国海军部决定制造乔治五世级战列舰的二号舰，即"威尔士亲王"号。为了对抗德国俾斯麦级战列舰，英国在该型军舰上增设了许多新装备，增强了装甲防护。该舰排水量约35000吨，航速最大29节，主要装备为10门365毫米舰炮。为了对付日益增加的空中威胁，装备有50门不同口径的防空炮。1941年3月，该舰下水。

英国"皇家橡树"号战列舰，1939年10月被德军潜艇击沉

工业与科技的结晶：武器

英国海军"威尔士亲王"号战列舰，1942年在远东被日本轰炸机炸沉

由于德国海军的孱弱，"威尔士亲王"号在欧洲战场难逢敌手。大部分情况下，"威尔士亲王"号不得不作为豪华战地观光团而存在。1941年8月，丘吉尔偕"威尔士亲王"号与罗斯福会晤，签订了著名的《大西洋宪章》。

其后，为了遏制日军对东南亚的侵袭，以"威尔士亲王"号为核心的一支小舰队奔赴远东。由于缺乏空中掩护，"威尔士亲王"号战列舰与"反击"号战列巡洋舰被日本轰炸机炸沉，结束了短暂而尴尬的服役生涯。丘吉尔后来哀叹，这是对他"一生中最沉重和最痛苦的打击"。

美国"密苏里"号战列舰

"密苏里"号战列舰是1944年美军建造的依阿华级战列舰。该舰排水量45000吨，装备9门406毫米主炮和20门127毫米副炮，并配有百余门不同口径的防空火炮。此外大幅度提高了动力功率，依阿华级的动力装置的主机功率是当时输出功率最大的舰船动力装置，设计航速高达33节，是历史上主机功率最大、航速最高的战列舰，使该舰可以跟上快速舰队，成为航母编队的核心力量。

"密苏里"号还是二战后期世界上装甲最厚的

> **知识链接：海上破交战**
>
> 海上破交战是指以破坏敌方交通线为主的海军作战方式。目的是断绝或阻挠敌方作战物资的运输和兵员的补充，限制其海上兵力机动，削弱其作战能力。海上破交战通常包括多次战役战斗行动，由海军某一兵种单独实施或诸兵种协同实施。主要手段是：袭击敌方运输舰船和护航运输队，破坏敌方装卸港口，封锁敌方舰船通道。
>
> 海上破交战在战争中曾产生过重要作用。早在第一次世界大战时期，英国使用优势的水面舰艇兵力对德国海上交通线进行远程封锁，有效地削弱了德国的战争潜力。德国实行无限制潜艇战，破坏协约国海上交通线，击沉约1100万吨船只，沉重打击了英国的战争潜力。
>
> 第二次世界大战中，海上破交战的规模进一步扩大。虽然德国海军规模难以赶超老牌海军强国英国，但却基于破交战的战术设计了大量高速战舰，如袖珍战列舰与战列巡洋舰。战争期间，德国海军"斯佩海军上将"号袖珍战列舰、"沙恩霍斯特"号袖珍战列舰、"俾斯麦"号战列舰、"欧根亲王"号战列舰与"提尔皮茨"号战列舰分散出击，袭击英国海上商船，实施破交战。此外，德国的无限制潜艇战，发展到集群使用潜艇、水面舰艇和航空兵，击沉同盟国船只约2100万吨。破交战不仅给盟军造成了巨大威胁，德军亦损失惨重，付出了半数主力舰与700多艘潜艇沉没的代价。

水面战舰。1945年1月，"密苏里"号正式服役，赶上了对日作战的最后阶段。1945年9月2日，在东京湾的"密苏里"号上，举行了日本投降签字仪式，"密苏里"号因此闻名史册。"密苏里"号的服役一直持续到 20 世纪 50 年代，并参与了朝鲜战争。

1984 年，"密苏里"号再次服役，并进行了现代化改造，"密苏里"号与"威斯康星"号参与了海湾战争，为击溃伊拉克军队厥功至伟。后被改造为战舰博物馆，至今仍停靠在美国夏威夷珍珠港。

日本"大和"号战列舰

"大和"号满载排水量超过 7 万吨，装备 9 门超过所有参战国战舰火炮口径的 460 毫米主炮，12 门 155 毫米副炮及 100 余门防空火炮。最高航速 27 节，最大航程 7200 海里，舰员 2300 人，且配备 7 架水上飞机。

"大和"号的装甲防护是战列舰史上最强的，最大装甲厚度达到了 650 毫米。"大和"号不仅以其冠绝群雄的火力与防护闻名，也是日本战争期间最为豪华的战舰。其绰号"大和饭店"，厨师都是从当时日本最高档的东京帝国饭店征召而来，舰船内部豪华装饰与服务设施的完善令人瞠目结舌。

1941 年 12 月，"大和"号正式服役，随后成为联合舰队的旗舰。日本海军对它的期望很高，将其当作最后决战的王牌，未经许可不得轻易使用。为了保障其运行，日军组织了庞大的护航编队，其消耗对于资源匮乏的日本而言无疑是巨大的浪费。事实上，"大和"号几乎无所作为，成了豪华战地观光团。

1945 年 4 月 6 日，日本海军军令部以"事关海军荣誉"为由出动"大和"号挑战庞大的美军舰队，实施海上特攻。出发后次日，便在九州岛西南被美军发现并击沉。

美国"密苏里"号战列舰，1945 年日本投降协议在这艘军舰上签署

工业与科技的结晶：武器

二战中日本建造的"大和"号战列舰，这是存放于日本广岛博物馆里1/10比例的模型

"大和"号是在落后的"大炮巨舰主义"的背景下建造的，然而，"大和"舰建成服役之时，恰好赶上战列舰的霸主地位被航空母舰代替的时代。"大和"号战列舰的沉没宣告了日本海军的覆灭，也宣告了大舰巨炮时代的结束。"大和"号战列舰被认为是日本民族精神的代表，至今仍被右翼分子视为旧帝国荣誉的象征。

列舰为主分散出击，袭击英国商队，摧毁英国海上运输线，即"破交战"。虽然在实际作战中取得若干战果，但由于孤军深入，往往最终在英国海军的围剿下战败。

1941年5月，"俾斯麦"号进行了其第一次也是唯一一次的军事行动"莱茵演习行动"。在遭遇战中，"俾斯麦"号仅用6分钟就击沉了英国皇家海军的骄傲"胡德"号。然而，自身也被"威尔士亲王"号击伤，动力装置受损，为其覆灭埋下伏笔。

1941年5月27日，以"英王乔治五世"号为首的60余艘英国皇家海军的各型军舰及多架飞机对"俾斯麦"号展开围剿，"俾斯麦"号最终被击沉。

德国"俾斯麦"号战列舰

"俾斯麦"号战列舰是纳粹德国建造的最大舰只，1940年8月建成服役，是当时吨位最大的战列舰之一。"俾斯麦"号满载排水量5万吨，主要武器为8门380毫米舰炮，并配有12门150毫米副炮以及大量防空装备。装甲防护沿袭了一战时期的"全面防护"标准，但重点部位的防护丝毫不逊色于英法最新战列舰的设计。"俾斯麦"号作为德国海军破交战的利器，最大的优势是航速达到30.5节，远超同期其他战列舰。

德国海军考虑其与英国海军的巨大差距，决定不同英国海军主力交战，采用快速巡洋舰和袖珍战

德国"俾斯麦"号战列舰

浮动的飞行基地
航空母舰

> 与其击沉 8 艘战列舰，不如击沉 2 艘航空母舰。
>
> ——[美] 尼米兹

航空母舰，简称"航母"，是一种以舰载机为主要作战武器的大型水面舰艇，可以提供舰载机的起飞和降落，装备直通甲板与大量舰载机。航空母舰的诞生得自于飞机在现代战场的主导型地位，实质上是空军火力的延伸。航母不以己身火力输出，而是完全依靠舰载机的力量作战。

一战出生

航空母舰最早产生于一战前夕。1912年，英国海军把一艘老巡洋舰改装成了世界上第一艘可容纳飞机的船只。这种船只后来被称为"水上飞机母舰"，它是航空母舰最早的雏形。其后英国改造多艘舰船为航空母舰，并做了直通甲板与机库等技术积累。1923年，日本建成了全世界第一艘真正意义上的航空母舰"凤翔"号。其后，美国又建造了本国的第一艘航母——"兰利"号。

1922年，各海军强国签署的《华盛顿海军条约》中规定严格控制了战列舰建造，但条约准许各缔约国利用 2 艘战列舰改建为标准排水量 3.3 万吨的航空母舰。各海军强国均完成了其航母设计。1930年，英国建造的"皇家方舟"号航空母舰采用了全封闭式机库、一体化的岛式上层建筑、强力飞行甲板、液压式弹射器，被誉为"现代航母的原型"。

航空母舰时代的来临

1936年《华盛顿海军条约》期满失效，海军列强又展开了新一轮军备竞赛。美国的"约克城"级航空母舰、日本的"翔鹤"级航空母舰、英国的"光辉级"航空母舰是这一时期的杰作。

航空母舰在二战中首度被广泛地运用。它是一座浮动式的小航空站，携带战斗机以及轰炸机远离国土执行攻击敌人目标的任务。这使得航空母舰可以由空中来攻击陆地以及海上目标，尤其是那些远远超过一般射程之外的目标。航空母舰改变了海军的战斗理论，交战舰队必须在看不到对方的情况下进行超视距作战，这终结了战列舰为海上最强军舰的优势地位。

1940年11月，英国海军的"光辉"号航空母舰出动鱼雷轰炸机编队攻击了塔兰托港内的意大利海军，并击沉 1 艘、击伤 3 艘战列舰。此举使美国

"约克城"号航空母舰的设计受到《华盛顿海军条约》及《伦敦海军条约》的吨位限制，然而相比上一代的突击者级，《约克城》级更适用于美国海军的战略及战术运用，既可搭载大量飞机，又享有优越的速度与续航距离

工业与科技的结晶：武器

舰编队，积累了丰富的航母作战经验。战争期间，廉价的小型护航航空母舰也被大量建造并投入反潜护航作战中。从此航空母舰取代战列舰成为现代远洋舰队的核心，至今仍未改变。

美国"企业"号航空母舰

"企业"号航空母舰是美国海军历史上的第六艘航空母舰，也是"约克城"级航空母舰的第二艘。"企业"号是美国海军中为数不多的全程参与太平洋战争的战舰，太平洋战场上几乎所有主要的战役都有它的身影。它是美国人心目中唯一一艘曾经征服过地球上最大海洋的战舰。它被美军官兵称为"大E"或"幸运E"，因为它虽然多次参战负伤，但都幸运地存活到战争结束。

"企业"号于1933年建造，1938年5月开始服役。"企业"号满载排水量25000吨，载机99架，最高航速32.5节，续航力12500海里/15节；装备8座单管127毫米高平两用炮，4座4联装28毫米

"企业"号航空母舰参与了包括中途岛战役、东所罗门群岛海战、圣克鲁斯群岛海战、瓜达尔卡纳尔岛战役、菲律宾海海战、莱特湾海战在内的一系列重要战斗，并因此成为太平洋战争中美国海军战斗资历最深厚、功勋最卓著的战舰

等海上强国意识到航母时代的来临。

二战中，航空母舰在太平洋战场上起了决定性作用。从日本海军航空母舰偷袭珍珠港，到双方舰队自始至终没有见面的珊瑚海海战，再到运用航空母舰编队进行海上决战的中途岛海战、马里亚纳海战与冲绳战役等，航空母舰均是双方交战的核心力量。美国还建造了大批"埃塞克斯"级航空母舰，组成的庞大航空母

英国"皇家方舟"号航空母舰是在第二次世界大战前全新设计的航空母舰，开创了现代航空母舰的新纪元。在第二次世界大战期间参加的最著名的战斗是在围歼"俾斯麦"号战列舰的战役中击毁其方向舵，为英国海军舰队最后击沉该舰赢得了先机

1942年6月中途岛海战，"企业"号与同级"大黄蜂"号、"约克城"号埋伏在中途岛东北海域，一举击沉日本海军机动部队的4艘航空母舰，其中，"赤城"号、"加贺"号以及"飞龙"号是"企业"号的战果，同时"企业"号上的舰载航空兵和中途岛上的岸基航空兵部队携手击沉日本"三隈"号重巡洋舰

日本"飞龙"号航空母舰

"飞龙"号航母是日本海军设计的第一种专用航空母舰，最初设计为"苍龙"级航母的改进型。"飞龙"号最为明显的标志为直通甲板与狭小的舰岛设计，满载排水量约2万吨，舰载机64架。作为一款航空母舰，"飞龙"号武器装备火力不俗，装备12门127毫米主炮和30余门防空火炮。为了增加载机量，"飞龙"号采用了双层机库设计，但这却影响了舰体防护，造成了巨大的安全隐患。

"飞龙"号于1939年7月服役。1940年，"飞

机关炮，24挺12.7毫米高射机枪，舰员2200名左右。然而"约克城"级航母装甲防护很弱，"企业"号的姊妹舰"约克城"号及"大黄蜂"号均在战争中沉没。

1939年4月，"企业"号加入太平洋舰队。珍珠港事件发生时，"企业"号幸运地躲过一劫。"企业"号在中途岛海战中创下了航母对战的战绩纪录。1942年8月，在瓜达尔卡纳尔岛战役中，"企业"号击沉多艘日本战舰，自身也受到重创，但经过维修仍有战斗力，一度成为美军在太平洋上唯一的可用航母，水兵们在机库甲板上漆上"企业号对抗日本"（Enterprise VS Japan）的标语。随后，"企业"号进行了现代化改装，增强了防空能力与指挥能力。

"企业"号在二战中取得了20颗战斗之星奖章，并成为第一艘荣获总统集体嘉奖的航母，也是美国二战中唯一一艘同时荣获总统集体嘉奖和海军集体表彰的航母。在"企业"号光辉的服役历程中，共航行442475海里，击沉敌舰71艘，击伤192艘，击落敌机911架，在美国海军中没有任何一艘军舰能与之相比，成为美国海军战斗精神的象征。

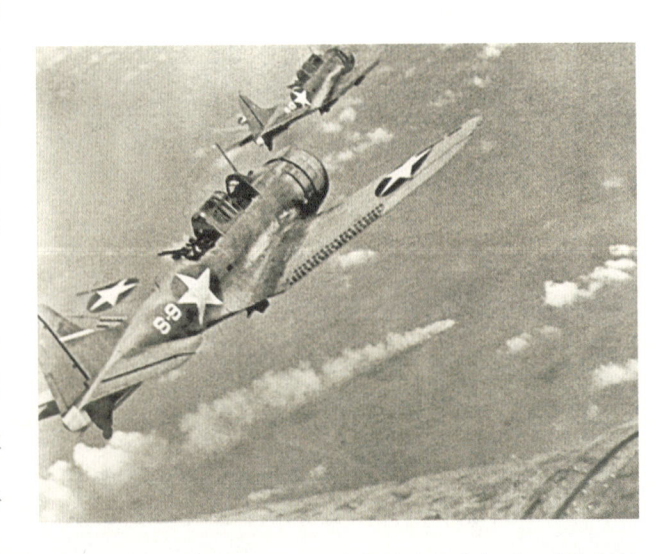

1942年6月6日，中途岛海战中正准备对日本海军战舰"三隈"号进行第三波攻击的美国海军"无畏"式俯冲轰炸机

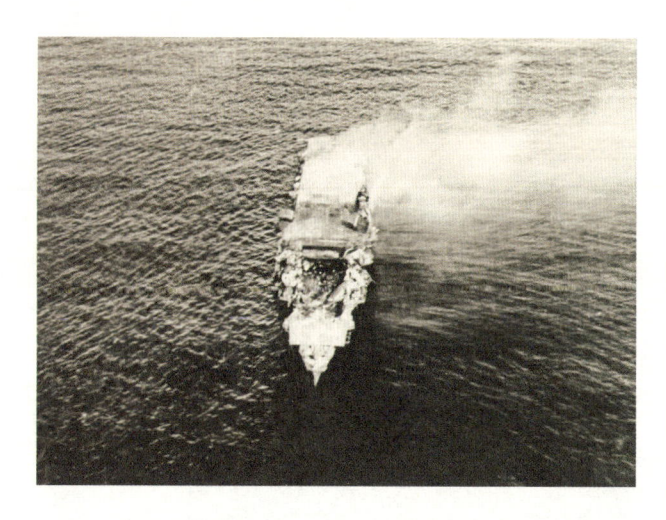

"飞龙"号航空母舰在二战的太平洋战役中参与了偷袭珍珠港、威克岛的作战,1942年6月在中途岛海战中被美军轰炸机群摧毁,沉没于太平洋。图为遭到轰炸而起火燃烧的"飞龙"号

龙"号成为第二航空战队司令山口多闻少将的旗舰,在日本偷袭珍珠港和侵占东南亚的战役中,战果卓著,击溃了英国太平洋分舰队。

1942年6月,中途岛海战爆发。日本组成了以"赤城"号、"加贺"号、"苍龙"号与"飞龙"号为核心的庞大舰队应战。由于日本行动情报泄密和部署失当,未能发现美军舰队踪迹,"赤城"号、"加贺"号、"苍龙"号被美军发现并击毁。"飞龙"号发动反击,重创了"约克城"号航空母舰,该舰后被日本潜艇击沉。但是,美军"企业"号航母的反击尾随而至,"飞龙"号被4枚炸弹击中,丧失战斗力,随后被日舰主动击沉。为了掩盖中途岛的失利,联合舰队直到1942年9月25日才将"飞龙"号除籍。

中途岛海战

珊瑚海海战后,日本大本营计划攻击中途岛,作为打击美国的前进基地。但美国截获了日本的进攻情报,并派遣由3艘航空母舰组成的特混编队前往中途岛。

1942年6月4日清晨,日军舰队前出至中途岛海域,率先空袭了岛上美军。日军指挥官南云忠一却没有意识到美舰队在靠近。7时15分,南云下令轰炸机卸下鱼雷换装对地攻击的高爆炸弹。8时15分,南云接到了侦察机传来的报告,美军舰队里确实有航母的存在。南云下令各舰停止装炸弹,飞机再次送回机库重新改装鱼雷,日本航空母舰的甲板上一片混乱,为了争取时间,卸下的炸弹,都堆放在甲板上。9时30分,40余架美军鱼雷机袭击日航母编队,但却几乎全军覆没,所投鱼雷无一命中。

日本舰队的好运气没能持续。来自"企业"号的33架"无畏"式俯冲轰炸机在飞行过程中同样没有收到关于日舰位置的报告,但领队麦克拉斯基少校不愿放弃,下达了此后著名的"向北搜索"的命令。9时55分,长机在云层下方发现了一艘单独航行的日本驱逐舰,麦克拉斯基下令跟上该舰,最终发现了日本主力舰队。美军俯冲轰炸机袭击了处于混乱中的日本航空母舰,堆放在甲板上的飞机以及燃料和弹药引起大爆炸,短短的5分钟,日本3艘航空母舰被彻底炸毁。接替指挥空中作战的山口多闻少将发动反击,击伤了"约克城"号。随后,"飞龙"号亦被尾随的美军击沉。

此役美军共损失1艘航空母舰、1艘驱逐舰和147架飞机,阵亡307人;而日本却损失了4艘大型航空母舰、1艘巡洋舰、332架飞机,还有几百名经验丰富的飞行员和3700名舰员。这是海战史上第一次航母间的对决,也是太平洋战争的转折点。

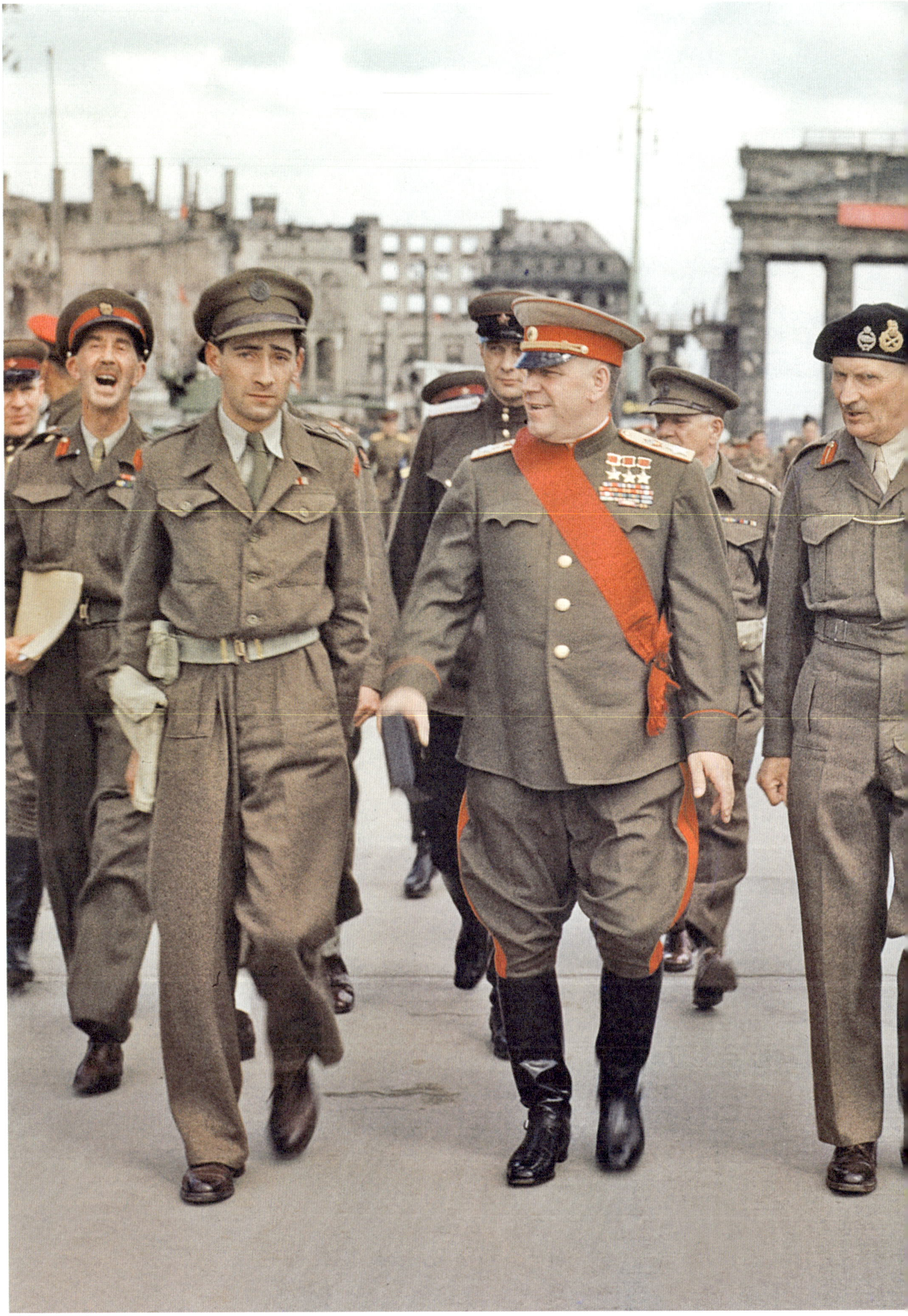

叱咤风云：人物

正如在一部优秀的电影中，不但有主角、有配角，有正面人物、有反派人物，还有路人甲、路人乙等大量的龙套演员，但观众们最希望看到的是担当主角的正派人物和反派人物在粉墨登场后展现的悲欢离合。在第二次世界大战这场波澜壮阔、惊心动魄的历史大剧中，各主要参战国的领导人和将军们无疑是主要角色。

时势造英雄，这是历史唯物主义的论断；英雄造时势，这是历史辩证法的原理。在第二次世界大战的酝酿、爆发、进展、结束的历史进程中，时刻都受到各主要参战国政治领导人决策的影响。面对希特勒的侵略扩张，英国首相张伯伦绥靖退让，最终在责难和耻辱中黯然下台，让位于坚持抵抗、意志顽强的丘吉尔。面对法国的溃败，曾经的"英雄"贝当元帅束手无策、摇尾乞降，戴高乐则挺身而出、举起"自由法国"的抵抗大旗。斯大林对德国的误判虽然导致苏联卫国战争初期的失败，但他领导苏联人民不惜一切代价抵抗侵略者，并最终赢得了战争的胜利。美国罗斯福总统打破国内孤立主义势力，大力支持英国、苏联、中国的反侵略战争，在战争进程中多次召开国际会议，协调同盟国领导人之间的关系，并为战后规划了蓝图。

二战时代

轮椅上的总统
富兰克林·罗斯福

出身名门，
身残志坚，
新政拯救美国，
参战维护世界和平。

富兰克林·德拉诺·罗斯福（Franklin Delano Roosevelt，1882—1945年）是美国最具传奇色彩的总统。他出身名门望族，坚信民主、捍卫自由；他身体残疾，是"轮椅上的总统"，却领导自由世界人民战胜了残暴的法西斯；他用"炉边谈话"温暖了美国人民的心窝，用"新政"驱散了经济大萧条的阴霾，用乐观和坚定重新唤醒了美国人的自信心。为了领导反法西斯战争的胜利，他打破惯例，连任四届美国总统，却在胜利的前夜溘然长逝。连他的政敌也不得不承认：罗斯福是"我们时代最伟大的人。他是作为这场战争的英雄死去的，他为美国人民战斗到生命的最后一息"。

政坛之路

1910年，富兰克林·罗斯福以民主党人的身份成功当选为纽约州参议员，步入政坛。在威尔逊总统任内出任海军助理部长，积累了宝贵的海军和行政管理经验。1921年，39岁的罗斯福患上了脊髓灰质炎而使下肢瘫痪，只好坐上轮椅。但凭借强大的意志力和永不服输的精神，他坚持每天拄着拐杖练习走路，并用支架固定住膝部，终于重新站立在人们面前。

在1928年的美国总统大选中，共和党大获全胜，赫伯特·胡佛当选总统，民主党人富兰克林·罗斯福当选纽约州州长，为陷入低潮的民主党带来了希望。1929年美国爆发了前所未有的经济大危机，胡佛总统奉行自由主义放任政策，使美国经济濒于崩溃。在1932年的总统大选中，罗斯福以"新政"为号召，以绝对优势当选为美国第32任总统。通过采取《紧急银行法》《农业调整法》《全国工业复兴法》等15项重要法案，美国经济终于有了复苏的迹象。

1895年詹姆斯·罗斯福与儿子富兰克林·罗斯福合影。罗斯福家族为荷兰移民的后裔，是一个卓越的美国政治世家，产生过两位美国总统，分别是西奥多·罗斯福和富兰克林·罗斯福，以及一位第一夫人埃莉诺·罗斯福

富兰克林·罗斯福，美国第32任总统，美国历史上唯一连任超过两届（连任四届，病逝于第四届任期中）的总统，是美国迄今为止在任时间最长的总统。罗斯福家族在美国有近300年的历史，美国第26任总统西奥多·罗斯福是富兰克林·罗斯福的堂叔

中立之争

从20世纪30年代起，德、意、日法西斯在英法绥靖政策的纵容默许下，积极扩军备战，一场新的世界大战正在酝酿。为避免战火波及美国，1935年美国国会通过了《中立法》，要求严守中立原则，禁止向任何交战国销售军事物资。在他们看来，只要美国不卷入欧洲争端，便可以远离欧洲战火。

《中立法》助长了法西斯的嚣张气焰。1936年7月西班牙内战爆发，佛朗哥叛军受到纳粹德国和意大利的大力支持。由于总统大选在即，罗斯福只能迎合孤立主义者的要求保持中立。1937年美国国会通过《中立法补充案》，宣布交战双方按照"现购自运"原则进行军火贸易。西班牙政府无力购买美国军火，但是叛军却能通过德、意政府获得大量美国军火，间接助长了叛军势力。

为了打破孤立主义者的幻想，1937年10月，罗斯福在芝加哥发表著名的"防疫演说"："战争如瘟疫般在蔓延，我们决定远离战争，可无法保证战火不会波及美国。"罗斯福的表态让孤立主义分子大为恼火。

1939年9月，纳粹德国进攻波兰，英、法对德宣战，第二次世界大战全面爆发。为了能够向同盟国提供物资援助，罗斯福总统向美国国会提交了《中立法修正案》，宣布废除武器禁运，"现购自运"原则适用于参战各国，这就保证了英法两国能够通过大西洋航线从美国获得物资援助。

在德国"闪电战"的攻势下，波兰、挪威、丹麦、荷兰、比利时和法国等国相继沦陷，只剩英国孤军作战。1940年8月，纳粹德国对英国发动空袭，"不列颠之战"拉开帷幕。为了帮助英国对抗德国，

1937年10月，罗斯福在芝加哥发表著名的"防疫演说"："战争如瘟疫般在蔓延，我们决定远离战争，可无法保证战火不会波及美国"

美国生产的 M2A4 轻型坦克抵达英国。1940 年底，罗斯福敦促国会通过《租借法案》，同意以租让的形式向同盟国提供军事物资。美国成为反法西斯同盟国家的"兵工厂"

罗斯福总统以驱逐舰换英国海军基地的方式，为英国提供了大量海军装备。

1941 年 6 月，纳粹德国进攻苏联，苏德战争爆发。罗斯福总统强烈谴责了德国的侵略行径，并决定给予苏联援助。1941 年 8 月，罗斯福总统与丘吉尔首相联合发表了《大西洋宪章》，英美两国建立了反法西斯政治同盟。

美国参战

1941 年 12 月 7 日，日本偷袭美国在太平洋的军事基地珍珠港，这彻底激怒了美国人民，美国对日宣战，正式加入战局。为了赢得战争，罗斯福下令实施战争动员，开展大规模的重整军备运动。1942 年 4 月，在罗斯福的亲自筹划下，美军对日本东京展开空袭，并取得成功，后又在中途岛一役中获得决定性的胜利，掌握了在太平洋战场的主动权；7 月，罗斯福批准盟军登陆北非的作战计划。在北非远征军总司令艾森豪威尔的率领下，美英联军节节胜利。1943 年 5 月，被逼入绝境的 25 万德意军队全部投降，北非战场获得胜利；1943 年 7 月，英美联军根据在卡萨布兰卡会议上确定的在地中海开辟新战场的作战方案，登陆意大利西西里岛并大败意大利军队。

战争形势渐渐明朗化。1943 年，意大利墨索里尼政府由于战事失利最终倒台；苏联红军在斯大林格勒战役和库尔斯克战役中大获全胜，控制了苏德战场，同盟国胜利在望。为了制定盟军接下来的作战计划以及解决战后安排问题，1943 年 11 月，罗斯福与丘吉尔和其他同盟国领导人在开罗、德黑兰举行一系列会议。这些会议加速了反法西斯战争的胜利。

1944 年 11 月，罗斯福第四次当选美国总统，1945 年 2 月，他参加了雅尔塔会议，美、苏、英

罗斯福签署对日宣战法令。1941 年 12 月 7 日，日本偷袭珍珠港，罗斯福总统要求国会批准对日宣战，当时联邦参议院以 82 票对 0 票通过，众议院以 388 票对 1 票通过。罗斯福总统于 1941 年 12 月 8 日签署

三国领导人除协调盟国在欧洲和亚洲的战略外，还就联合国问题进行讨论。构建联合国是罗斯福一直以来的梦想。在他的设想里，联合国以安理会作为维护和平与安全的核心，五大常任理事国承担"世界警察"的任务，享有对安理会和平决议的否决权。其中罗斯福还有意识地突出美国在联合国中的领导作用。几经讨论，三巨头最终就联合国问题达成一致。

繁杂的军政事务使罗斯福心力交瘁，他的身体状况愈加糟糕。1945年4月12日，罗斯福突发脑溢血，与世长辞。罗斯福没能看到反法西斯战争的最后胜利。25天后，作恶多端的德国法西斯宣布无条件投降；3个多月后，日本法西斯也投降了。和平终于到来。

知识链接：罗斯福大事年表

1882年1月30日　富兰克林·德拉诺·罗斯福出生于纽约州海德公园斯普林伍德庄园。美国第26任总统西奥多·罗斯福是他的远房堂叔。

1896年9月　就读于美国著名的格罗顿公学。

1900年9月　进入哈佛大学攻读历史学、政治学和新闻学。

1904年10月　进入哥伦比亚大学学习法律。

1905年3月　与西奥多·罗斯福的侄女安娜·埃莉诺结婚。

1908年　获得律师资格证后，进入华尔街一家著名的律师事务所。

1910年11月　以民主党人的身份当选为纽约州参议员，开始从政生涯；1912年再次当选。

1913年　被伍德罗·威尔逊总统任命为海军部助理部长。

1920年　被提名为民主党副总统候选人，但最终竞选失败。大选失利后，暂时退出政坛。

1921年8月　患脊髓灰质炎，下肢瘫痪。

1928年11月　以微弱优势当选为纽约州州长；1930年竞选州长连任成功。

1932年　被提名为民主党总统候选人。

1933年3月4日　宣誓就职美国第32任总统，入主白宫，并开始实行"新政"。

1936年11月　再次当选为总统。

1940年11月　成为美国历史上首位连任四届的总统。

1941年3月　签署《租借法案》，向同盟国提供武器和经济援助。

1941年8月　同英国首相丘吉尔签署《大西洋宪章》，并联合声明努力摧毁德国纳粹。

1941年12月8日　发表"耻辱演讲"，正式宣布对日作战。

1942年1月1日　同26个反法西斯国家签署《联合国家宣言》，国际反法西斯联盟正式宣告成立。

1943年1月　卡萨布兰卡会议：罗斯福提出"无条件投降"声明，英、美只接受德国和日本的无条件投降。

1943年8月　参加魁北克会议，计划诺曼底登陆。

1943年11月　参加开罗会议和德黑兰会议。

1944年11月　第四次当选为美国总统。

1945年1月　参加雅尔塔会议，决定战后欧洲格局。

1945年4月12日　因突发脑溢血在佐治亚州温泉镇去世。

二战时代

从二战到冷战
哈里·杜鲁门

他是幸运儿,因罗斯福的陨落而登上总统宝座;

他是福将,收获了领导二战胜利的荣誉;

他也是好战者,亲手拉下了东西方世界冷战的铁幕。

哈里·S.杜鲁门(Harry S.Truman)1884—1972年是美国第33任总统,1884年出生于密苏里州的一个农民家庭,出身寒微,未接受过大学教育,是个很平常的小人物。但谁也不曾料到这个小人物会成为叱咤美国政坛、影响世界命运的风云人物。

从参议员到副总统

1922年杜鲁门步入政界,当选为杰克逊县的法官,此后仕途一帆风顺,1934年当选美国参议员,并于1940年成功连任。

杜鲁门涉足政坛后政绩突出,最引人瞩目的是在二战期间他主持参议院国防计划特别委员会调查国防建设中的腐败和浪费现象,为国家节约了大量资金。1944年,由于出色的政绩表现,杜鲁门被提名为民主党副总统候选人,与罗斯福搭档参加总统竞选。在他担任副总统的第82天,传来了罗斯福总统逝世的噩耗。当时罗斯福夫人问他:"我们有什么事可以为您效劳吗?您现在可正深陷困境。"当天杜鲁门继任为美国总统。

领导二战的最后胜利

在以美英苏为首的反法西斯联盟的领导和努力下,德日法西斯势力面临崩溃,胜利曙光即将到来。在雅尔塔会议期间,罗斯福与斯大林、丘吉尔决定将于1945年4月在美国旧金山举行联合国成立大会。杜鲁门继承了罗斯福的国际主义立场,十分支持联合国的建立。他上任后的第一件事,就是宣布旧金山会议照常举行,6月《联合国宪章》正式签署,随后美国参议院也顺利通过了《联合国宪章》,从此美国彻底告别了孤立主义。

1945年5月德国投降后,轴心国集团仅剩日本在做垂死挣扎。7月杜鲁门前往柏林与英苏两国首脑会晤,召开波茨坦会议商讨欧洲战后重建等问题。杜鲁门还敦促苏联履行诺言,对日作战。但斯大林模棱两可的态度让杜鲁门深感不安,而美国原子弹试验成功的消息,则给了他一颗定心丸。

直至波茨坦会议结束,苏联仍然没有明确对日开战的日期。为了尽快结束战争,减少美军的伤亡,杜鲁门决定对日本使用原子弹。1945年8月6

1945年4月罗斯福总统病故后,杜鲁门继任总统。1949—1953年连任总统。1945年对日本使用原子弹,加快了第二次世界大战的结束

叱咤风云：人物

杜鲁门可谓是一个孝子。1944年7月，当时担任美国参议员的杜鲁门与他91岁的母亲在一起

> **知识链接：铁血柔情的杜鲁门**
>
> 杜鲁门总统决定使用原子弹轰炸日本，打赢二战，似乎是一个非常"铁血无情"的人，其实他非常柔情。杜鲁门夫妇只有一个女儿，是位歌唱家，举办过独唱音乐会，有位记者在报纸上批评她唱得不好。这让杜鲁门火冒三丈，他亲自写了封信给记者说，我女儿歌唱得很棒，你小子说我女儿唱得不好，我很生气，我警告你，不要让我看见你，见一次揍你一次。后来这封信曝光了，大家就觉得很好玩，虽然总统说这样的话有失风度，但人们都能同情一个父亲的爱女之心。

日和9日，两颗原子弹分别轰炸了日本的广岛和长崎，同时苏联也对日宣战，出兵中国东北。8月15日，日本正式宣布无条件投降。

战后重建与冷战

战争结束了，重建的任务更为艰巨。遭受战火摧残的欧洲已是千疮百孔，无论是战胜国还是战败国，都面临着巨大的困境——政治动荡，经济凋敝，亟待复兴。美国的经济和军事实力在大战中大为增强，成为资本主义世界的头号强国。可以与之匹敌的是社会主义国家苏联。美苏意识形态不同导致的矛盾开始显露出来，杜鲁门视共产主义为新的威胁，采取了一系列反制措施。

1946年，应杜鲁门之邀，丘吉尔在美国富尔顿发表了著名的"铁幕演说"，宣称"从波罗的海的什切青到亚得里亚海边的里雅斯特，一幅横贯欧洲大陆的铁幕已经降落下来"，呼吁西方国家联合对抗苏联。为了增强对抗社会主义阵营的实力，杜鲁门认为必须对欧洲进行"经济和政治的支持"，稳定欧洲的资本主义阵营。1947年马歇尔计划出炉，美国向西欧各国提供巨额经济援助，支持欧洲重建。美国的做法激怒了苏联，1948年苏联实施"柏林封锁"，第一次"柏林危机"爆发，美苏冷战正式拉开帷幕。

1945年7月17日，在德国波茨坦，苏、英、美三国首脑斯大林、丘吉尔和美国新任总统杜鲁门（中）举行了第二次世界大战期间的最后一次会晤

战争领袖 丘吉尔

> 我没有别的,我只有热血、辛劳、眼泪和汗水贡献给大家。
> ——[英]丘吉尔

温斯顿·伦纳德·斯宾塞·丘吉尔(Winston Leonard Spencer Churchill,1874—1965年)出生于英国显赫的政治世家,祖父是第七代马尔波罗公爵,其父曾担任财政大臣。二战期间,丘吉尔受命于危难之际,带领英国人民顽强抵抗,最终走向战争胜利,被誉为"有史以来最伟大的英国人"。

坎坷仕途

1900年10月,丘吉尔当选为下院议员,开始了他的政治生涯。由于与保守党的政治主张不合,1904年丘吉尔脱离保守党,投向了自由党的怀抱。1905年保守党在大选中下台,自由党执政,丘吉尔以殖民地事务部次官(副部长)的身份进入内阁,此后步步高升,1908年担任商务大臣,1909年改任内政大臣。1911年丘吉尔终于坐到了他梦寐以求的海军大臣的位置上,他极力扩大海军预算,加强战备,为战争做准备。

1914年7月第一次世界大战爆发,丘吉尔终于可以大展拳脚。但由于派遣英国海军攻占达达尼尔海峡遭到惨败,丘吉尔被迫辞职,并以陆军少校军衔参加了法国前线的堑壕战,几乎丧命。这种"苦行"赢得了英国社会的谅解。

沉寂了两年后,丘吉尔出任劳合·乔治政府的军需大臣,他紧抓军需生产,尽最大可能为前线提供战备物资,保证英军在战争中的胜利。一战结束后,丘吉尔再次下野,直到1924年11月被保守党的鲍德温首相揽入内阁担任财政大臣,1929年再次下野。

丘吉尔,英国政治家、历史学家、画家、演说家、作家、记者。1940—1945年和1951—1955年两度出任英国首相,被认为是20世纪最重要的政治领袖之一,领导英国人民赢得了第二次世界大战,战后发表"铁幕演说",正式揭开了美苏冷战的序幕

战争的"预言家"

尽管丘吉尔被排挤在政治主流外长达10年之久,但他"处江湖之远则忧其君",时刻不忘提醒英国政府和社会关注法西斯的战争威胁。

叱咤风云：人物

成效。1940年5月10日张伯伦首相引咎辞职，丘吉尔临危受命。当时在德军的"闪电战"攻势下，荷兰、比利时、卢森堡先后沦陷，法国也危在旦夕，但丘吉尔以异常坚决的姿态表明，将"不惜一切代价去争取胜利"。5月下旬，丘吉尔下令从敦刻尔克撤回远征军，在一周时间内，面对德军的猛烈攻击，英法联军仍然撤出了大部分战斗力，为将来的战争保存了宝贵的实力。

6月22日法国投降，丘吉尔临危不惧，以坚强的决心和必胜的信念号召全国军民团结一心，全力备战。在丘吉尔的指挥下，英国空军在德军长达两个月的狂轰滥炸中艰难地挺了过来，并对德国还以颜色，轰炸了德国首都柏林。

寻求盟友

丘吉尔清醒地认识到，单凭英国的力量不足以打败强大的敌人。战争爆发后他就积极寻求美国的援助，然而美国总统罗斯福迫于国内强大的孤立主义势力，长时间未能参战。但丘吉尔凭借

1939年9月，英国街头卖报人在叫卖"正式宣战"（英国对德宣战）号外

1933年德国纳粹党上台后，大肆扩充军备，破坏《凡尔赛和约》。丘吉尔敏锐地意识到来自德国的战争威胁，他多次呼吁政府重整军备，加强空军实力。但令他失望的是，畏惧战争和不惜一切代价避战求和的风气在英国社会上下弥漫。丘吉尔不禁感慨："我深恐有一天，威胁到不列颠帝国心脏的手段会落入到德国目前的当权者手中，我们将会落到一种可悲的境地。"

临危受命

1938年德国入侵捷克，希特勒妄图征服欧洲的野心昭然若揭。1939年9月纳粹闪击波兰，英国首相张伯伦的绥靖政策宣告破产。英国对德宣战后，丘吉尔受邀加入战时内阁，担任海军大臣。他组织建立商船护航、实施反潜等措施，取得了较大

丘吉尔在查看英国军队装备的冲锋枪

二战时代

1942年8月12日，丘吉尔访问苏联，与斯大林会谈结盟对德国的战争

其灵活的外交手腕和高超的演说才能，说服犹豫不决的美国大力援助反法西斯阵营，通过以军舰换基地、颁布《中立法修正案》《租借法案》，签订《大西洋宪章》等方式，使美国向英国提供各种形式的援助，直至1941年12月日本偷袭美国珍珠港，美国宣布参战。

虽然丘吉尔非常敌视苏联，但1941年6月22日纳粹德国进攻苏联后，丘吉尔立刻伸出援助之手，7月12日英苏两国建立反法西斯联盟。1942年1月1日英美苏中四大国签署了《联合国家宣言》，世界反法西斯统一战线正式形成。

漫漫胜利路

在丘吉尔争取盟友援助的同时，前线不断传来军事失利的消息。1941年12月太平洋战争爆发后，日军占领了香港、马来亚砂芳越、北婆罗洲、新加坡和缅甸；1942年6月德意联军横扫北非战场，逼近苏伊士运河。形势的恶化使不少人开始质疑丘吉尔的领导能力。直到1942年11月英军在阿拉曼战役中大获全胜，这种质疑之声才逐渐销声匿迹。

为了加快战争进程，1943年11月丘吉尔与斯大林和罗斯福召开了德黑兰会议，商讨盟军未来的作战计划。丘吉尔从大英帝国的殖民利益出发，主张重点进攻地中海地区，拖延西欧第二战场的开辟。但夹在"俄国熊"和"北美野牛"之间的英国"小毛驴"势单力薄，被迫同意于1944年5月在西欧开辟第二战场。

1945年2月，丘吉尔前往苏联参加雅尔塔会议，讨论确定战后的政治格局。1945年5月德

1943年5月，丘吉尔象征胜利的招牌动作

1945年5月8日是胜利日，英国首相温斯顿·丘吉尔在英国伦敦白厅（英国内阁的办公大楼）阳台上向人群挥手致意

国投降后，丘吉尔决定趁热打铁，在7月进行英国议会大选，试图借战争胜利的光环取得国内政治的胜利。为此他中途退出正在召开的波茨坦会议，回国竞选。但人算不如天算，英国人民"抛弃"了这位战时领袖，英国工党上台执政。1951年，保守党重新执政，年近77岁的丘吉尔再度出任首相。

知识链接：丘吉尔生平大事记

1874年11月30日　出生于英国牛津郡伍德斯托克镇布伦海姆宫。

1893—1895年　在桑赫斯特皇家军事学院学习。

1896—1898年　前往印度和埃及服役。

1899年10月　以《晨邮报》记者身份赴南非采访英布战争，12月被俘后逃脱。

1900年10月　当选为奥德姆地区的保守党议员。

1904年　脱离保守党，加入自由党。

1905年　任殖民地事务部次官。

1908年　任商务大臣，进入内阁；5月当选为丹迪市的自由党议员；9月与克莱门蒂娜·霍齐尔小姐结婚。

1910年　任内政大臣。

1911年　任海军大臣。

1914年8月1日　下达海军总动员令，英国参加一战。

1915年　英军进攻达达尼尔海峡失败，辞职；11月前往法国前线参加战斗。

1917年　任军需大臣。

1919年　任空军大臣和陆军大臣。

1921年　出任殖民大臣。

1924年　以保守党身份参加议会选举获胜，任鲍德温政府财政大臣。

1931年　因印度问题与鲍德温发生分歧。

1939年9月　任张伯伦政府的海军大臣。

1940年5月　任首相，下达"敦刻尔克大撤退"命令，7—11月领导"不列颠之战"获得胜利。

1941年8月　同美国总统罗斯福签署《大西洋宪章》。

1943年　参加卡萨布兰卡会议、开罗会议和德黑兰会议。

1945年2月　参加雅尔塔会议；7月在大选中失败，辞去首相职务。

1946年3月　在美国富尔顿威斯敏斯特学院发表"铁幕演说"。

1951年10月　任首相，4年后辞去首相之职。

1965年1月24日　逝世。

绥靖主义者 内维尔·张伯伦

妥协、妥协、再妥协！
为享暂时的和平，终遭六年浩劫。

亚瑟·内维尔·张伯伦（Arthur Neville Chamberlain，1869—1940年）于1937年到1940年任英国首相，是20世纪30年代绥靖政策的代表人物。在第二次世界大战期间他积极推行绥靖政策，助长了法西斯的侵略气焰，加速了二战的爆发，被视为历史的罪人。

初涉政坛

张伯伦出生于英国的一个政治世家，其父约瑟夫曾担任伯明翰市市长、英国贸易大臣和殖民地事务部大臣等职，他同父异母的哥哥奥斯汀在政坛上也颇为活跃。

受家庭政治环境的熏染，张伯伦走上了从政之路。1915年他出任伯明翰市市长，1916年成功连任。任职期间张伯伦政绩斐然，尤其是建立起英国第一家城市储蓄银行，影响颇大。1916年12月，正值一战期间，张伯伦担任首相劳合·乔治政府的国民兵役局局长，实施招募新兵计划，但效果不佳，很快便辞去该职务。1918年，49岁的张伯伦以保守党议员身份进入下院。1922年起他历任邮政大臣、卫生大臣、财政大臣等职，影响力和政治地位不断上升，逐渐成为保守党领袖。

臭名昭著的"绥靖主义"

20世纪30年代的欧洲局势异常紧张，自1935

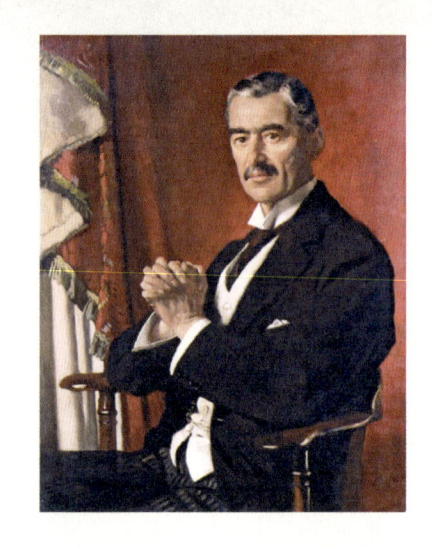

张伯伦，英国政治家，1937年到1940年任英国首相。由于在第二次世界大战前夕对希特勒纳粹德国实行绥靖政策而备受谴责

年意大利法西斯入侵埃塞俄比亚，英国以张伯伦为首的绥靖派对此选择姑息纵容，德、意法西斯的侵略气焰愈加嚣张，战争威胁日益逼近。1937年5月28日，张伯伦出任英国首相，为避免"普遍的欧洲战争"的爆发，他在上台之初便公开声称英国政府将实行绥靖政策，力求改善与德、意之间的关系。

1938年3月德国吞并奥地利，张伯伦政府对此保持沉默。同年9月，德国军队大规模陈兵德捷边境。为免战火烧及自身，张伯伦三度飞往慕尼黑同希特勒举行会谈。受到希特勒的恐吓和威胁，张伯伦决定牺牲捷克斯洛伐克，将苏台德地区割让给德国，来换取所谓的"和平"。在他的建议下，法

叱咤风云：人物

1938年慕尼黑会议期间，张伯伦会见希特勒。张伯伦促成了慕尼黑会议的召开，可是这次会议却并没有起到任何积极作用，在不久之后德国依旧攻占了捷克斯洛伐克，这让德国的势力更加强大，野心也更加膨胀猖狂

> **知识链接：张伯伦家族**
>
> 张伯伦家族势力庞大，内维尔·张伯伦的父亲约瑟夫曾担任伯明翰市市长和英国殖民事务大臣等职，并于1899年发起了吞并整个南非的布尔战争；他的哥哥奥斯汀曾担任财政大臣、印度事务大臣、掌玺大臣、外交大臣和第一海军大臣等职务，1925年因促成《洛迦诺公约》而和美国人道威斯一起获得诺贝尔和平奖。

国也加入这场肮脏的政治交易中。9月30日，张伯伦、达拉第与希特勒、墨索里尼四国首脑签署《慕尼黑协定》，"原则上同意"为维护欧洲和平而将苏台德地区并入德国。随后，张伯伦又同希特勒签署《英德互不侵犯宣言》。回到伦敦后他得意扬扬地向人们宣称："这是我们时代的和平！"

《慕尼黑协定》无疑是绥靖主义的代表之作，然而整个欧洲为之付出了惨痛的代价。英法的处处妥协更加刺激了希特勒扩张的野心。1939年3月，希特勒下令武装占领捷克斯洛伐克全境。张伯伦深感被骗，决定放弃绥靖政策，并与法国一起作出"安全保证"：一旦波兰遭受威胁，英法将予以支援。同时张伯伦政府采取一系列措施整顿军备，以应对即将爆发的战争。

绥靖政策的破产

1939年9月1日德军入侵波兰，张伯伦的和平美梦破灭。9月3日，英国和法国为履行保障波兰安全的承诺而对德国宣战，但两国"出工不出力"，百万大军驻扎在德国西部边界上，坐等希特勒打第一枪，出现了"西线无战事"的奇怪景象。

希特勒利用时机于1940年4月发动对挪威和丹麦的突袭，英国远征军在挪威战事中失利。5月7日，英国下院进行辩论，议员们一致谴责张伯伦的绥靖政策。一位保守党议员引用克伦威尔的演说词："看在上帝的面上，滚吧！"

5月10日，德军在西线发动大规模进攻。纳粹的铁蹄恣意践踏在比利时、荷兰、卢森堡的领土之上，英国舆论一片哗然。张伯伦被迫辞职，让位给丘吉尔，但他作为保守党领袖在丘吉尔的联合政府中任枢密院院长，1940年9月因患癌症辞去枢密院院长和保守党领袖的职务。11月9日，张伯伦病逝。

1938年9月慕尼黑会议结束后，张伯伦同希特勒签署了《英德互不侵犯宣言》。这是他回到伦敦后在机场得意扬扬地向人们宣称："这是我们时代的和平！"

钢铁领袖 斯大林

以钢铁为名的领袖,塑造了钢铁一般的战斗民族。
他们在荒凉落后的土地上建成了现代大工业,以巨大的生命代价粉碎了纳粹德国的战车。
斯大林的是非功过,全世界都无法评说。

斯大林,原名约瑟夫·维萨里昂诺维奇·朱加什维利(Joseph Vissarionovich Stalin,1878—1953年),斯大林出生于沙俄格鲁吉亚哥里城的一个贫困家庭,他的鞋匠父亲希望斯大林能子承父业,而他的母亲——一位农奴的女儿——即使在斯大林贵为苏联领袖后,也为自己的儿子没能成为一名东正教神父感到遗憾。

年轻的朱加什维里在参加革命斗争后化名"斯大林",在俄语中的意思是"钢铁"。斯大林正是凭借钢铁般的意志和钢铁般严格的纪律,带领苏联人民快速实现了社会主义工业化、赢得了卫国战争的伟大胜利。

斯大林模式的工业化

1917年十月革命的炮声,给俄国带来了社会主义,也将斯大林推上了全国政治的舞台。作为列宁最忠实的助手,1922年4月斯大林就任联共(布)中央总书记。1924年列宁逝世后,斯大林开始独立领导苏联的社会主义改造和建设事业。

1925年底,在召开的联共(布)十四大上,斯大林宣布以高度集中的计划经济模式取代新经济政策,以便尽快将苏联"从农业国变成工业国",从理论上为苏联实现社会主义工业化铺平了道路。在斯大林的领导下,从1928年起,苏联先后完成

青年时期的斯大林

了两个"五年计划"和农业集体化,1938年苏联工业产值跃升为欧洲第一、世界第二,苏联建成了完备的工业体系和国防工业,为打赢卫国战争奠定了经济基础。

未雨绸缪

20世纪30年代是一个不平静的年代,正当苏联的经济建设如火如荼进行的时候,国际环境迅

斯大林，苏联政治家，苏联共产党中央委员会总书记，是苏联执政时间最长（1924—1953年）的最高领导人。对20世纪苏联和世界影响深远。斯大林曾协助列宁领导十月革命；二战中领导苏联红军，与盟军协力击败轴心国，取得了苏联卫国战争的胜利

> **知识链接：斯大林大事年表**
>
> 1878年12月18日　出生于格鲁吉亚的鞋匠家庭。
>
> 1894年9月　进入第比利斯东正教中学读书，开始接触马克思主义。
>
> 1902—1913年　投身于俄国革命运动，曾多次被捕，遭流放。
>
> 1917年3月　沙皇统治被推翻后，从流放地返回彼得格勒。
>
> 1917年11月　协助列宁发动武装起义，建立苏维埃政权，担任民族人民委员。
>
> 1918—1920年　国内战争期间担任前方战线军事委员会主席。
>
> 1922年4月　被任命为联共（布）中央委员会总书记。
>
> 1924—1928年　列宁逝世后逐渐确立绝对领导地位。第一个五年计划开始实施。
>
> 1936—1938年　发动大清洗运动。
>
> 1939年8月23日　与纳粹德国签订《苏德互不侵犯条约》。
>
> 1939年11月　苏芬战争爆发。
>
> 1941年4月13日　同日本签订中立条约。
>
> 1941年6月22日　苏德战争爆发。
>
> 1941年9月　莫斯科会战。11月7日在莫斯科红场检阅部队并发表演说。
>
> 1943年11—12月　前往德黑兰与英、法首脑首次会晤。
>
> 1945年2月　与英、法首脑在雅尔塔召开会议。5月苏军攻克柏林。
>
> 1945年7月　参加波茨坦会议。8月8日对日宣战。
>
> 1953年3月5日　于莫斯科克里姆林宫病逝。

速恶化。1932年日本占领中国东北后，频频挑衅，威胁苏联东部边境；1933年希特勒上台后，公开宣称"苏维埃是德国的最大敌人"，鼓吹战争；1937年11月德、意、日三国签订"防共协定"，建立针对苏联的法西斯同盟。

面对巨大的军事威胁，斯大林只能小心谨慎地调整对外政策，推行集体安全外交。1934年苏联分别同捷克斯洛伐克、罗马尼亚和保加利亚签订友好条约；同年9月苏联加入英、法主导的国际联盟；1936年3月同蒙古人民共和国签订条约。但面对强大的法西斯势力，这是杯水车薪，苏联需要更为强大的盟友。斯大林希望同英、法构建集体安全体系，然而仇视社会主义的英法两国奉行祸水东引的绥靖政策，一再纵容希特勒的野心扩张，将苏联的善意拒之门外。

1939年8月苏联被迫同德国签订互不侵犯条约。斯大林深知这份条约只能推迟战争爆发的时间，苏联必须在有限的时间内做好战争准备。因此，斯大林加紧建立"东方战线"。1939年9月在纳粹德国对波兰宣战后，苏联出兵占领了波兰东部大片领土；同年11月发动苏芬战争，扩张了苏联西北边界；1940年6—7月苏联吞并立陶宛、拉脱维亚和爱沙尼亚，后又占领罗马尼亚的比萨拉比亚和北布科维纳，将苏联边界向西推进了三四百公里，建立起战争的"缓冲区"，在一定程度上增加了防御空间。

在国内，斯大林加强对重工业和国防工业的建设，同时将一些重要的军工企业和政府部门迁往乌拉尔山以东的大后方，建立后方军工基地。

暴风雨中的钢铁船长

到1940年6月，纳粹德国已经控制了除英国以外的整个西欧，便准备调转枪口东进苏联。从1941年初开始，德国的精锐兵力秘密在苏联边界集结。

世上没有不透风的墙。德军即将入侵苏联的情报通过各种渠道传到斯大林耳中，但当时德国对英国的空中轰炸尚未结束，斯大林坚信德国绝不会冒两线作战的风险进攻苏联，所以表示怀疑。

1941年6月22日，希特勒发动"巴巴罗萨计划"，德军兵分三路，北进俄罗斯北部直取列宁格勒；中攻白俄罗斯和斯摩棱斯克，逼向莫斯科；南指乌克兰，炮轰基辅。由于斯大林对形势的误判，加上大批优秀军官在30年代中期的"大清洗"中被杀害，前线的苏军缺乏有效的组织和领导，在德军的"闪电战"攻击下陷入一片混乱。1941年6月底，明斯克陷落；7月，德军攻占斯摩棱斯克，兵锋直逼莫斯科；9月，基辅陷落。

前线的失败严重打击了斯大林，但并未消磨这位钢铁领袖的意志。斯大林担任国防委员会主席和最高统帅，组织和领导苏联战时工作。1941年10月希特勒集中百万大军，发动对莫斯科的"台风"战役，大敌当前，斯大林仍坚守莫斯科。为鼓舞士气，他决定照常举行十月革命胜利24周年阅兵式，动员苏联军民誓死保卫莫斯科。苏联军民同仇敌忾，守住了莫斯科，并发动冬季反攻，击溃德军。1942年11月，苏联军民在付出重大代价后取得了斯大林格勒战役的胜利，扭转了苏联战场的局势，迎来了胜利的曙光。

大国外交的博弈高手

苏德战争爆发后，反法西斯的共同目标使英、美、苏抛却意识形态的差异走到了一起，英美两国都主动为苏联提供大量援助，开始建立国际反法西斯统一战线。

1943年苏军掌握了苏德战场的主动权后，为减轻苏德战场的压力，斯大林于11月前往伊朗首都

在东线战役的最初几个月中，德军坦克长驱直入。但是，受冻挨饿的德国官兵最终难逃失败的命运

叱咤风云：人物

斯大林和杜鲁门在波茨坦各取所需，杜鲁门满足了斯大林对于德国领土割让和战争赔偿的要求，斯大林也承诺了对日宣战

德黑兰同美国总统罗斯福、英国首相丘吉尔举行会议，达成了盟军在西欧登陆、开辟第二战场的决定。1944年6月，盟军发动"霸王行动"登陆法国诺曼底，纳粹德国腹背受敌，减轻了苏德战场的压力。

在远东和太平洋战场，英美两国迫切希望苏联尽早参加对日作战，这让斯大林占据优势，扩张苏联利益。在1945年2月的雅尔塔会议上，他通过美国总统对中国政府施加压力以保证外蒙古的独立，提出以获得对中国东北的铁路和旅顺、大连港口的控制权，归还千岛群岛等要求作为出兵日本的条件。这些条件损害了中国的利益，展示了苏联大国强权外交的消极面。

雅尔塔会议后，苏军的铁甲洪流横扫东欧，攻克柏林。1945年7月，斯大林出席波茨坦会议，继续商讨对日作战问题。1945年8月6日，美国在日本广岛投下原子弹，日本败局已定，斯大林为保证苏联在远东的利益于8月8日对日宣战，出兵中国东北，号称精锐的日本关东军顷刻瓦解。1945年8月15日，日本宣布投降。

> **第228—229页：苏联油画——世界军事会议**
> 事实上二战期间不存在中国、苏联、英国、美国领导人共同出席的军事会议。虽然与事实不符，但寓意是斯大林主导了二战的胜利，这也是事实。左边是蒋介石和宋美龄，左二是丘吉尔，中间是斯大林、右边是罗斯福。

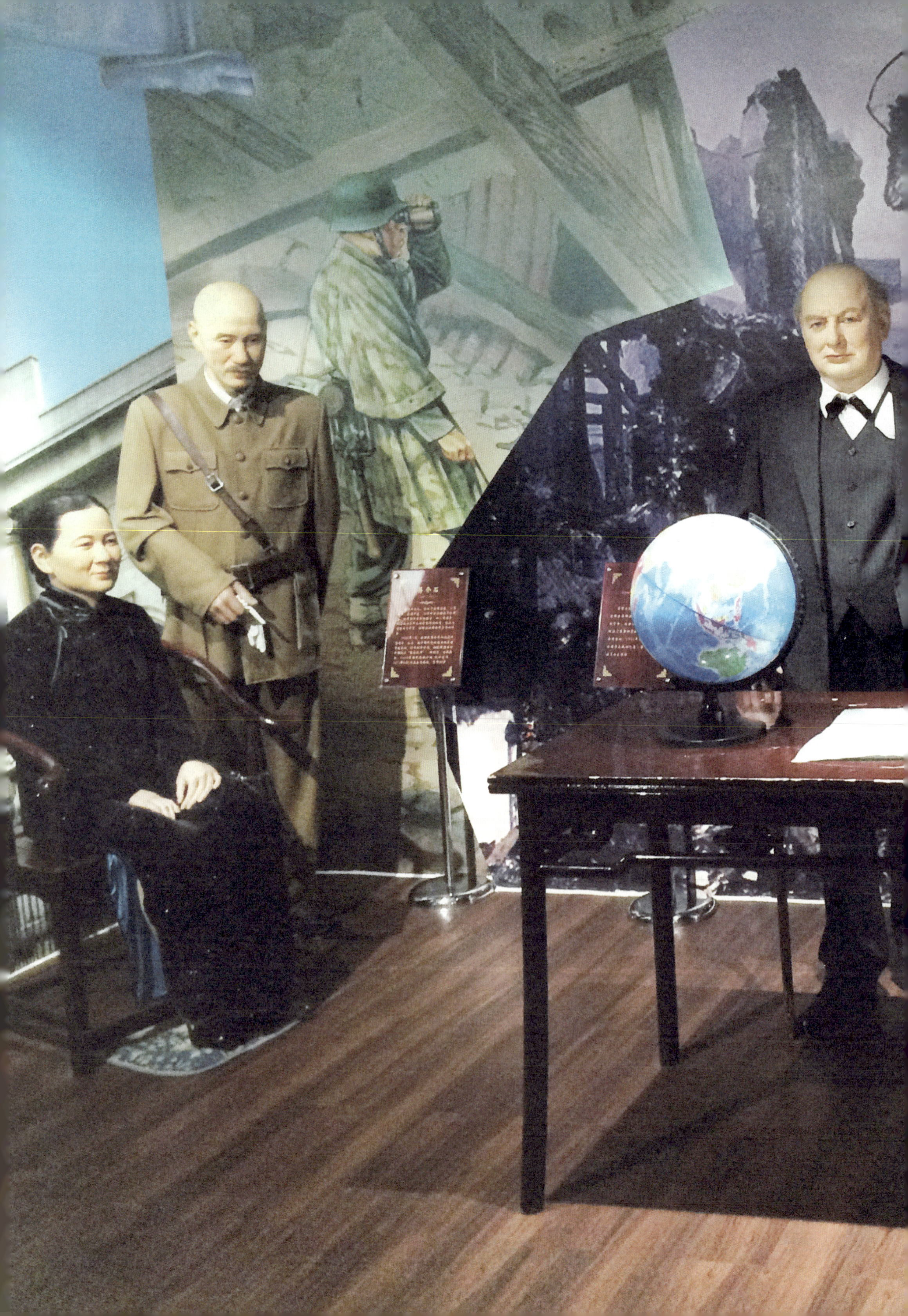

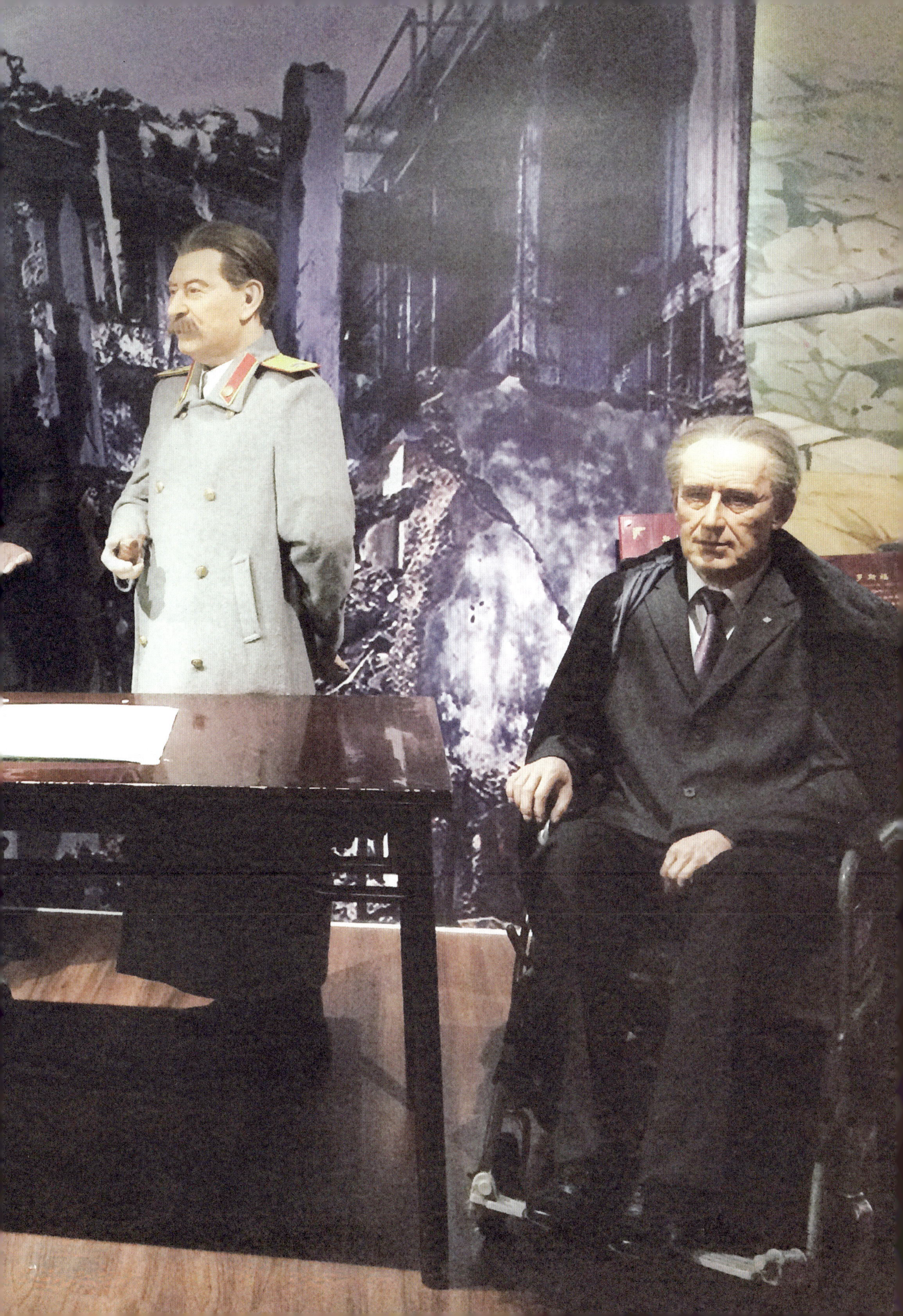

法兰西守护神 戴高乐

他是一战的俘虏，也是二战的英雄。从俘虏到英雄，从地狱到天堂，一个伟人的传奇一生。

夏尔·戴高乐（Charles André Joseph Marie de Gaulle，1890—1970年）是拯救法国的传奇人物。二战期间，他领导"自由法国"军队抵抗德国侵略，维护法兰西民族独立，是法国人民心中的"守护神"。

从俘虏到将军

1890年，戴高乐出生在法国里尔的一个贵族家庭，父亲亨利曾参加过普法战争。在父亲的影响下，戴高乐从小就立志从军。1909年，戴高乐考取法国圣西尔军校，毕业后进入第33步兵团，当

戴高乐于1940年6月18日在英国广播电台（BBC）发出抵抗号召，他成为"自由法国"的领袖，组织的武装力量被称为"自由法国军队"

时的团长贝当非常器重戴高乐，这让戴高乐能够很快脱颖而出。

一战爆发后，年轻的戴高乐身先士卒，作战勇敢，但在1916年的凡尔登战役中，不幸中弹被俘，直到1918年11月德国战败投降后才获释。此时的贝当已经成为法国的英雄和元帅，他对自己的得意门生戴高乐更是关照有加。

1932年，戴高乐被任命为法国国防委员会秘书，担负国防建设的重任。善于思考的戴高乐总结一战经验，并结合坦克等新型武器发展趋势，提出了大力发展装甲部队的新军事理论，他在《建立职业军》一书中倡议组建一支以坦克为核心的装甲部队，提高部队的机械化程度和素质，加强军队战斗力。但在讲究论资排辈、因循守旧的法

戴高乐，法国军事家、政治家、外交家、作家，法兰西第五共和国的创建者。法国人民尊称他为"戴高乐将军"。1913年从军参加一战，二战期间创建并领导"自由法国"政府（法兰西民族委员会）抗击德国的侵略，在战后成立法兰西第五共和国并担任第一任共和国总统

1944 年 8 月巴黎解放后，戴高乐在法国民众的热烈欢迎中穿过凯旋门进入巴黎

国军界，戴高乐人微言轻，他奔走呼号只争取到了组建一个装甲团的批准，且由戴高乐亲自担任团长。

墙里开花墙外香，戴高乐关于机械化战争的思想在法国受到冷落，但却被不甘失败的德国国防军视为珍宝，特别是 1933 年纳粹党上台后，积极扩充军备，建立起强大的装甲部队。一旦羽翼丰满，德国就会首先扑向法国。

1940 年 5 月，虎视眈眈的德国终于对法国发动攻势。在攻陷挪威、荷兰、比利时和卢森堡后，德军绕过马其诺防线攻入法国西北部。戴高乐于仓促之间担任第四装甲师准将，奉命抵抗德军。6 月他被任命为国防部和陆军部副部长，并前往英国寻求援助，却遭到英国拒绝。

这时德军已兵临巴黎城下。在政府中已占上风的贝当等投降之流宣布实施不抵抗政策，决定将首都拱手让人。为挽救国家危亡，戴高乐同英国签订建立英法联盟的协议。但贝当投降政府的上台使这项协议成为一纸空文。戴高乐见法国参战无望，决定前往英国继续组织抵抗运动。6 月 18 日他在英国电台发表讲话，号召法国人民抗战到底！后来贝当政府在戴高乐缺席的情况下判处其死刑。这位曾与戴高乐亦师亦友的老人，最终走向了戴高乐的对立面。

"自由法国"

1940 年 6 月 22 日，戴高乐在伦敦宣布成立"自由法国"组织。在英国政府的支持下，戴高乐开始

1943年1月14日卡萨布兰卡会议期间，尽管法国对比英美，实力不济，但戴高乐不卑不亢，维护了法兰西的尊严。左起：吉罗、罗斯福、戴高乐、丘吉尔合影

了如火如荼的募兵工作。在他的号召下，众多爱国志士和法国军官前来投奔；法属非洲殖民地如乍得、喀麦隆等也相继归附"自由法国"。1941年6月，"自由法国"军队配合英军进攻叙利亚和黎巴嫩并获得胜利，戴高乐接管两地政权。

与此同时，法国本土的抵抗运动组织也建立起来。为壮大抵抗力量，1941年12月，戴高乐派遣让·穆兰回到法国将各抵抗运动组织统一在他的旗下，并建立秘密军，配合盟军攻打敌军。1943年5月，全国抵抗运动委员会在法国本土成立，戴高乐是唯一领袖。至此，戴高乐获得了法国内外抵抗运动的全部支持。

戴高乐还极力争取"自由法国"运动在国际上的支持。英国在"自由法国"运动成立以来就表明其盟友立场；苏德战争爆发后苏联也在戴高乐的示好下承认戴高乐政权的合法性。唯有美国总统罗斯福寄希望于偏安维希的贝当政府，对戴高乐心存偏见。1943年1月卡萨布兰卡会议上，罗斯福扶植吉罗以应对"傲慢偏执"的戴高乐。在他和丘吉尔的撮合下，戴高乐和吉罗成立"民族解放委员会"。戴高乐并不愿屈从美国的安排，在他的努力下吉罗最终被踢出局，戴高乐独掌政权。

戴高乐对吉罗的胜利，展现了戴高乐的实力，但仍未能使罗斯福对其有所改观。罗斯福坚持将戴高乐排挤在盟军行动之外。在后来的德黑兰会议、雅尔塔会议以及波茨坦会议有关战后欧洲格局的会议上，戴高乐无一例外被罗斯福所排斥。戴高乐出于对法兰西利益的维护，想方设法争取到法国对德国的军事占领权以及联合国安理会常任理事国的资格。

凯旋巴黎

1943年盟军进入战略反攻阶段，决定将于1944年在西欧开辟第二战场。为免美军在攻占

戴高乐鼓励法国民众参加抵抗运动、反对德国侵略者的传单

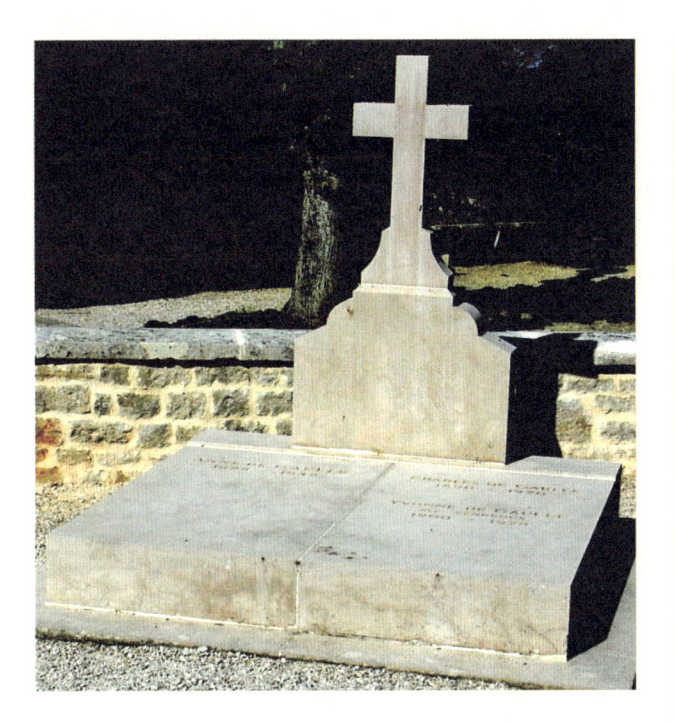

1970年11月9日，戴高乐因胃动脉破裂在科隆贝的家中猝然去世。此时离他80岁的生日仅差两个星期。黄镇大使作为中国特使，参加了戴高乐的葬礼，并代毛泽东、董必武、周恩来等向戴高乐敬献了8个花圈

法国后对法国建立军事管制，戴高乐于1944年6月3日宣布成立"法兰西共和国临时政府"，宣示法国主权，坚决抵制美军在战后法国建立军政府。

1944年6月6日，英美联军在诺曼底登陆，以破竹之势向法国境内逼近。8月，戴高乐命令勒克莱尔将军率领法国第二装甲师解放首都巴黎。与此同时，巴黎城内的"法国内地军"发动起义。穷途末路的德军于25日宣布投降。饱受战争摧残的巴黎终于解放，戴高乐以胜利者的姿态凯旋入城。由于战争积累的超高威望，1945年11月，戴高乐顺理成章地当选为法兰西第四共和国总理。只是一年后又突然辞职。1958年，他重返政坛，担任法兰西第五共和国总统，带领法国重新跻身于世界大国之列。

> **知识链接：戴高乐大事年表**
>
> 1890年　出生于法国里尔。
>
> 1909年　考入圣西尔军事学校。
>
> 1913年　在贝当上校的第33步兵团任少尉。
>
> 1916年3月—1918年11月　在凡尔登战役中中弹被俘，在德国投降后获释。
>
> 1919—1921年　前往波兰参加对俄作战。
>
> 1927年　被提升为上校。
>
> 1932年　担任国防委员会秘书，参与建设国家防务体系。
>
> 1934年　出版《建立职业军》，提出机械化战争理论。
>
> 1939年　担任第五军团坦克部队的指挥官。
>
> 1940年6月　晋升为准将，担任雷诺政府国防部副部长，贝当政府上台后赴英国继续组织抗战；22日，宣布成立"自由法国"运动。
>
> 1940年10月27日　建立法兰西帝国防务委员会。
>
> 1941年9月　宣告成立法兰西民族委员会，代行政府职能。
>
> 1942年5月　全国抵抗运动委员会在法国本土成立，戴高乐为其领袖。
>
> 1943年6月3日　戴高乐和吉罗成立法国民族解放委员会，后戴高乐独掌政权。
>
> 1944年6月3日　成立法兰西共和国临时政府，戴高乐担任临时政府主席。
>
> 1944年8月25日　凯旋巴黎。
>
> 1945年11月　当选为法兰西第四共和国总理，次年1月辞职。
>
> 1958年12月21日　当选为法兰西第五共和国总统。
>
> 1965年12月19日　再次当选共和国总统。
>
> 1969年　辞去共和国总统职务。
>
> 1970年11月9日　戴高乐逝世，享年80岁。

从英雄到叛徒
亨利·菲利浦·贝当

一战的救世主，二战的卖国贼，向使当年身便死，一生真伪有谁知？

亨利·菲利浦·贝当（Henri Philippe Pétain，1856—1951年）是法国历史上颇具争议的人物，1940年是他人生的一个分界点——1940年以前，他是法兰西人民敬仰的民族英雄，在此之后，他成为人人唾弃的叛国罪人。

1856年4月24日贝当出生于法国农民家庭，家境贫寒。贝当从小就立志从军，20岁便考入圣西尔军事学校，毕业后以少尉军衔在阿尔卑斯山服役。1888年，贝当回圣西尔军事学院担任军事教官，后又任国家射击学校教官、军事学院步兵战术学助教。

法兰西救星

时势造英雄，这句话对贝当来说再契合不过。在第一次世界大战之前，贝当是个普通军人，由于其所推崇的防御性战略与当时法国盛行的"攻势至上"的进攻战略相左，因而一直未得到重用。至一战爆发前夕，已经58岁的贝当仅是上校团长，晋升很慢。

一战爆发后，贝当的擢升之路开始一帆风顺，先是在马恩河会战和阿尔萨斯攻势中战绩显著，被晋升为少将师长、军长，很快又升任第2集团军司令。1916年，法军在凡尔登战场上频频失利，形势危急。贝当奉命接管凡尔登要塞。在他的领导和指挥下，凡尔登最终转危为安。他也因此被人们视为"法兰西的救星"。1918年11月，贝当因战功卓越被授予法国元帅军衔。

战后，贝当的威望达到了顶点。他先后担任最高军事委员会副主席、陆军总监和防空总监等职务，但在任职期间，他墨守成规，推行消极防御战略，力主修筑马其诺防线，丧失了提高法军作战能力的最佳时机，致使法国在二战爆发后迅速沦陷。

叛国罪人

1940年5月，德军大举入侵法国，马其诺防线固若金汤的神话破灭。法军节节败退，危在旦夕。6月，84岁高龄的贝当元帅出任法国总理。人们希望这位一战英雄能够再次挽救法国于存亡之

贝当，法国陆军将领、政治家。法国元帅、维希法国国家元首、总理，集民族英雄和叛徒于一身。一战期间因领导1916年凡尔登战役而出名，成为当时的英雄。二战法国战败后，出任维希政府总理，成为纳粹德国的傀儡

1940年6月14日，被迫"欢迎"德国士兵的法国巴黎民众，无法掩饰心中的悲伤

> **知识链接：贝当和维希政府**
>
> 1940年6月，德国侵占巴黎，贝当深感法国必败，宣布投降，法德签订停战协定。7月贝当政府迁至法国南部城市维希，故称维希政府。贝当授权国会制订新宪法，宣布取消共和国，成立法兰西国，并由他担任国家元首兼任总理，集立法、司法和行政大权于一身，推行独裁统治。在他的纵容与默许下，维希政府奉行卖国政策，对内镇压人民抵抗斗争，对外实行亲德合作政策。1942年11月，盟军在北非登陆成功后，德军占领全部法国，维希政府完全沦为傀儡。1944年8月，巴黎解放，维希政府最终垮台。

间。然而他在上任的第二天，就通过西班牙政府向德国提出停战要求。在他看来，法国败局已定，停战最符合法国当前利益，能够"保证不朽的法兰西永世长存"。6月22日，法、德在法国贡比涅森林的"停战车厢"里签署投降议定书，将法国3/5的土地拱手送给德国。

随后，在希特勒的授意下，贝当在法国南部小城维希建立政权，成立"法兰西国"，并出任国家元首，推行独裁统治。10月24日，贝当前往蒙都瓦镇与希特勒会谈，确定了法德"合作"原则，实质上法国已沦为纳粹德国的附庸。

然而贝当并不是一个彻底的投降主义者，他不愿意完全充当德国人的傀儡。他反对总理皮埃尔·赖伐尔实施对德的亲密合作政策，并将其撤职。贝当还企图在外交上采取中立和拖延政策，曾劝西班牙国家元首佛朗哥拒绝德军经由西班牙开往北非。1942年4月，赖伐尔在德国人的支持下恢复总理职务，贝当的权力被全部架空。11月，盟军在北非成功登陆后，德国即出兵占领法国南部地区。至此，贝当完全成为德国人的傀儡。

1944年，英美联军在法国诺曼底登陆。8月，戴高乐将军解放巴黎。就在当月，贝当等人被德国人软禁起来。1945年4月，贝当向法国临时政府自首。8月15日，89岁高龄的贝当被法国临时政府最高法庭以叛国罪判处死刑，经戴高乐将军特赦后改判终身监禁。1951年7月卒于耶岛监狱，终年95岁。这位戎马60余载的老人，到头来毁誉参半，落得个凄凄惨惨的结局。

1940年10月24日，希特勒接见法国傀儡政府首脑贝当

纳粹魔王 阿道夫·希特勒

> 一朝风云起，时势造英雄，全球战火烈，纳粹大屠犹，身死声名败，至今有幽灵。

所谓造化弄人，阿道夫·希特勒（Adolf Hitler，1889—1945年）这位曾经穷困潦倒的奥地利人，在历史大潮之中竟能风云际会，掌握了德意志民族的命运。不幸的是，希特勒给德国人带来的是疯狂，给世界人民带来的是战争与苦难，给他自己带来的是身败名裂和千古骂名。

纳粹德国的建立

1889年希特勒出生于奥地利的布劳瑙，年少时他热爱艺术，曾两度报考维也纳艺术学院却未能成功。第一次世界大战爆发后，希特勒志愿参加德国巴伐利亚步兵团第16团，因作战英勇先后获得两枚铁十字勋章，晋升为陆军下士。1918年德国的战败使希特勒感到无比震惊与愤怒，他决心从政，为德国复仇。

1919年9月，希特勒加入了德国工人党，负责宣传工作。希特勒充分发挥他的演讲天赋煽动失望民众的情绪，宣扬狭隘的民族主义和反犹主义思想，赢得了众多人的拥护。1920年4月，希特勒将德国工人党改称为"纳粹党"，亲自为其设计带有"卐"标志的党旗和党徽。1921年，希特勒成为该党党魁。1923年，希特勒发动啤酒馆暴动，企图建立法西斯政权，事败被捕入狱。在狱中，他完成了臭名昭著的《我的奋斗》一书。在书中，他极力鼓吹种族主义、复仇主义、扩张主义和反苏反共思想，暴露了他欲创建第三帝国，征服欧洲的勃勃野心。第二年出狱后，希特勒着手重建纳粹党，再次成为纳粹党的元首。

1929年，华尔街经济危机席卷资本主义世界，德国也难逃厄运，经济、政治陷入混乱，引发了人们的恐慌和对无能政府的不满。希特勒抓住这一有利时机，或蛊惑或利诱各阶层人士入党，壮大纳粹势力。到1932年7月，纳粹党一跃成为国会中的第一大党，希特勒决定角逐总统，却败于兴登堡，

一战时期德国陆军下士希特勒（前排左3），负过两次伤，获得过一级铁十字勋章

希特勒，奥地利裔德国人，德意志第三帝国元首、总理，纳粹党党魁，第二次世界大战的发动者。他试图在欧陆建立以纳粹德国为首的新秩序，力主扩大日耳曼人的生存空间并重新武装德国。1945年4月30日，希特勒在德国总理府地下室自杀

> **知识链接：希特勒自杀**
>
> 1945年4月30日，德军再也无力抵抗苏联的猛烈进攻。一阵阵剧烈的爆炸声传到阴冷潮湿的地下室，希特勒不禁打了个冷战，他仿佛听到了丧钟敲响的声音。他轻叹一口气，似乎想起了他的伙伴墨索里尼死后的惨状。他决定自行了断，决不允许自己重蹈墨索里尼的覆辙。这一天，希特勒同他的新婚妻子走进卧室。爱娃吞下毒药，希特勒用枪口顶住自己的右太阳穴，然后扳动枪机。"砰"，手枪从空中掉落。这个法西斯魔王结束了自己罪孽深重的一生。

继而谋求总理之职。1933年1月，希特勒出任德国总理并组织政府。

希特勒执政后，立即开始筹划他的独裁计划。1933年2月，希特勒同其部下戈林阴谋制造国会纵火案，将罪名加诸共产党人，大肆逮捕、迫害共产党人；6月，他取缔了除纳粹党以外的其他政党，实现纳粹党一党专政；1934年8月，兴登堡总统去世后，希特勒立即宣布德国总统和总理的职务合并为一，同时他拥有国防最高统治权，集立法、军政大权于一身。至此，德意志第三帝国正式形成。

打破凡尔赛枷锁

在确立了对德国的独裁统治后，希特勒将目光转向了限制德国手脚的凡尔赛体系。1933年10月，希特勒宣布退出世界裁军会议和国际联盟；1935年，他无视《凡尔赛和约》对德国军备的限定，宣布重建空军以及扩增海军。英法两国虽然对此提出抗议，却未能采取任何有效的反制措施，这让希特

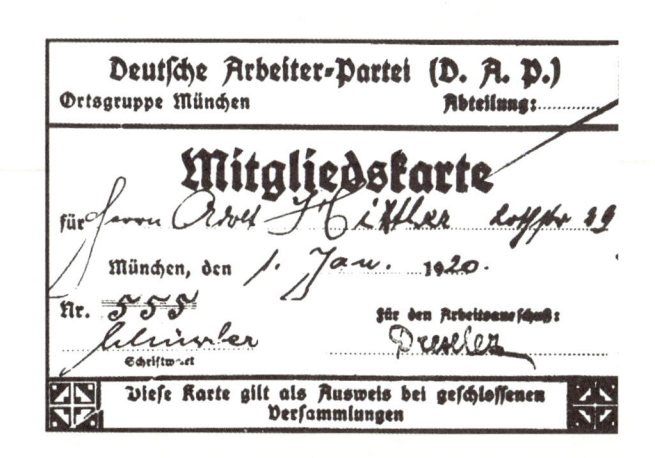

希特勒参加纳粹党的党证。纳粹党前身为魏玛共和国时期于1919年创立的德国工人党，于1920年2月24日更名为民族社会主义工人党，简称纳粹党。1921年7月29日，阿道夫·希特勒任党首，开始宣扬纳粹主义、反共产主义、反资本主义、反犹主义，在大萧条时期赢得了很多狂热分子的支持

义的外交政策，以牺牲欧洲弱小国家来满足希特勒的侵略扩张胃口。

1938年3月，希特勒不费一兵一卒就占领奥地利；紧接着他将目光转向捷克斯洛伐克的苏台德地区，以为350万日耳曼人伸张正义为由，陈兵德捷边境，制造战争紧张气氛。英法两国束手无策，在慕尼黑会议上强迫捷克割让苏台德地区。希特勒就如同一个赌徒，赢得了这场豪赌。

之后，希特勒同苏联签订了《苏德互不侵犯条约》和瓜分波兰的"秘密协定"，将魔爪伸向波兰。英法两国虽然被迫对德宣战，但却未出一兵一卒，坐视波兰灭亡。

在德军闪电般的攻势下，波兰很快沦陷。随之，德军攻占丹麦、挪威、荷兰、比利时。接下来，希特勒将战争的矛头指向了德国的宿敌——法国。自1940年5月中旬开始，德军开始向法国推进，在法国小城敦刻尔克对30万英、法远征军形成合围之势，远征军被迫撤退到英伦三岛。孤立无援的法军面对德军咄咄逼人的攻势不堪一击。6月22日，法国投降。法国战败后，英国成为希特勒

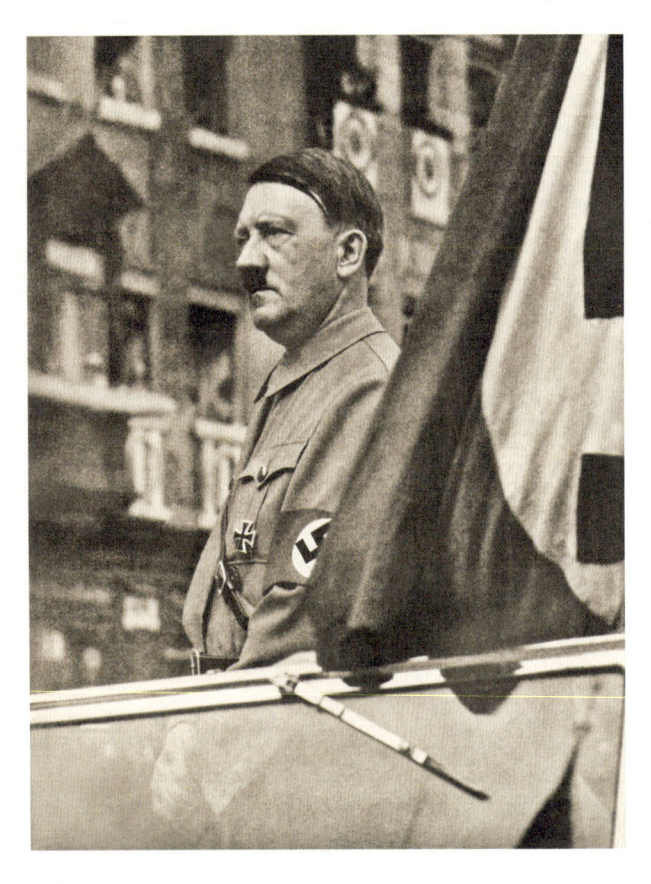

乘敞篷车视察的希特勒。希特勒擅长作秀和演说，宣扬民族仇恨和法西斯主义。1933年希特勒被任命为德国总理后，通过"国会纵火案"，纳粹党成为德国唯一执政党，实行一党专政

勒看透了英、法色厉内荏的本质，让纳粹德国的扩张野心不断膨胀。1936年3月，希特勒命令德军强势占领莱茵非军事区，《凡尔赛和约》已经形同废纸。

为免遭外交孤立，希特勒积极寻找盟友。1936年10月，他与意大利首相墨索里尼签订"轴心协定"，随即又与日本签订《反共产国际协定》。翌年意大利也参加该协定，"柏林—罗马—东京"三国轴心集团形成，法西斯同盟建立。

点燃欧洲战争烈火

在纳粹德国的战车已经启动引擎、剑拔弩张的时候，英国和法国却由于惧怕战争，采取了绥靖主

1940年，贝尼托·墨索里尼（左）和阿道夫·希特勒（右）乘车通过德国慕尼黑的街道

叱咤风云：人物

> **知识链接：屠杀犹太人的刽子手**
>
> 希特勒对犹太人抱有极端的仇恨心理，他曾公开扬言，要"清除日耳曼世界的犹太毒素"。在战争期间，他对犹太人进行了惨绝人寰的大屠杀。1941 年希特勒准备对犹太人实施"最终解决"。成千上万的犹太人被从各地抓起来后，押解到各集中营。在毒气室中处死大批犹太人，然后投入焚尸炉中加以焚化，其手段之残忍令人震惊！1943 年，这种灭绝政策更是达到了顶峰。一时间，凡是有集中营的地方，都成了犹太人的人间地狱，共有 600 多万犹太人被残忍杀害。

1945 年 4 月 28 日，希特勒和爱娃·布劳恩正式结为夫妇，1945 年 4 月 30 日，在德国总理府地下室双双自杀

的下一个目标。他批准了对英作战的"海狮计划"，对不列颠发动空袭。希特勒自信地认为，英国将会成为另一个法国，对德国俯首称臣。然而此时的英国政府已经重组，主战派温斯顿·丘吉尔上台。在新首相的带领下，英国民众上下一心共同抵抗德军。希特勒的闪电战术在英国首次遭到打击，不得不放弃远征英国本土的计划。

1941 年 4 月，希特勒的军队征服了希腊和南斯拉夫。与此同时，希特勒的爱将隆美尔在北非战场也大获全胜，严重挫伤了英军的锐气。6 月，希特勒启动攻打苏联的"巴巴罗萨计划"，300 万德军越过德苏边界，苏德战争爆发。在战争初期，德军连连获胜，很快就兵临莫斯科城下。希特勒狂妄地相信苏联将成为他的囊中之物。然而苏军战斗精神之顽强是希特勒始料未及的，英美两国也对苏联施以援手，苏联实力大涨，德军久攻不下，希特勒的闪电战术被粉碎。12 月 7 日，珍珠港事件爆发，美国对日宣战，四天后希特勒向美国宣战。

魔王末日

从 1942 年下半年开始，战争形势明显发生逆转，德军在战场上节节败退。1942 年 11 月，隆美尔在阿拉曼战役中败于英国将领蒙哥马利之手，被迫撤出北非战场。随后，盟军进攻意大利，希特勒的盟友墨索里尼被迫下台。屋漏偏逢连阴雨，德军在斯大林格勒会战中惨败，战斗力遭到严重削弱，苏军开始大规模反攻。在 1943 年夏季的库尔斯克战役中，德军溃败。

接连的失败让希特勒的精神和身体都不堪重负，德国兵力大减，但他仍然拒绝投降。1944 年 6 月，盟军在法国的诺曼底登陆，开辟欧洲第二战场。1945 年 4 月，苏军攻入柏林，绝望中的希特勒在 4 月 30 日自杀身亡，结束了罪恶的一生。

法西斯魔鬼 贝尼托·墨索里尼

野心勃勃，
奈何志大才疏，
猖狂一世，
终落得身败名裂。

贝尼托·墨索里尼（Benito Mussolini，1883—1945年）是一个野心勃勃、志大才疏的独裁者，他一手创立法西斯主义，建立独裁政权，与希特勒沆瀣一气，给意大利乃至世界人民带来了深重灾难。

暴虐夺权

墨索里尼早年曾加入意大利社会党，但一战爆发后，他表现出对战争的狂热情绪，鼓动意大利加入协约国，以致被开除出党。野心勃勃的墨索里尼不甘失败，1919年他组建以退伍军人为核心的"战斗的法西斯"组织，在意大利各地充当资本家和大地主的打手，疯狂镇压工农运动。1921年，墨索里尼组建意大利国家法西斯党，并在5月份的大选中获得了35个议席，由此墨索里尼开始染指国家权力。1922年10月，墨索里尼指挥法西斯武装力量进军罗马，造成试图武装夺权的紧张局面，意大利国王被迫邀请墨索里尼担任首相，组建政府。为了进一步摆脱议会的束缚，建立独裁政权，墨索里尼鼓励法西斯暴徒们采取粗暴的方式侮辱、殴打其他党派议员，派遣法西斯暴徒冲击不甘屈服党派的办公场所，甚至进行暗杀。1924年，法西斯党在大选中赢得了65%以上的选票，墨索里尼独掌政权。接着他强行终止议会制度、暴力清除政敌。到1928年，墨索里尼终于在意大利建立起一个法西斯专政国家，他本人则成为意大利的最高主宰。

墨索里尼在发表演讲。墨索里尼是国家法西斯党党魁、法西斯独裁者，第二次世界大战的元凶之一，法西斯主义的创始人

狼狈为奸

墨索里尼稳固了在意大利的独裁统治后，侵略扩张野心不断膨胀，他希冀建立一个囊括地中海和非洲的"新罗马帝国"，重拾罗马帝国的辉煌。

埃塞俄比亚成为他实现帝国梦的第一步。1935年10月，墨索里尼派兵悍然入侵埃塞俄比亚，以英、法、美为首的主要资本主义国家对此视若无睹。埃塞俄比亚四处求援未果，于次年5月被并入意大利。

1936年7月，墨索里尼伙同纳粹德国武装干涉西班牙内战，向西班牙叛军提供各种武器装备，继而公开派遣军队作战。1936年10月，狼狈为奸的墨索里尼同希特勒签订《柏林协定》，"柏林—罗马"的侵略轴心宣告形成；翌年11月，又加入《反共产国际协定》。1938年，墨索里尼支持希特勒侵

叱咤风云：人物

入侵埃塞俄比亚的意大利炮兵。墨索里尼上台后，希望扩张领土，妄图独霸地中海，重新分割东非和北非的英、法领土。1935年10月3日，发动了侵略埃塞俄比亚的战争，经过长达7个月的战役之后，埃塞俄比亚被征服，皇帝海尔·塞拉西一世被迫流亡英国

> **知识链接："可爱"的意大利军队**
>
> 二战期间墨索里尼伙同希特勒侵略当时的南斯拉夫王国，遭到游击队的打击，损失了大量装备。当时一名被游击队俘虏的德军军官十分惊讶地问："你们哪来的反坦克炮啊？"当游击队员告诉他是从意大利人手里缴获的后，他感慨不已："唉！这些可爱的意大利人。"

占奥地利，随后又在慕尼黑会议中，扮演"和事佬"的角色，同希特勒共同导演了一出牺牲捷克斯洛伐克的丑剧；1939年，他同希特勒签署《钢铁协定》，承诺一旦开战，两国将互相扶持。

1939年9月，德国入侵波兰，英法随即对德宣战。按照约定，意大利应立即与德国并肩作战，但狡猾的墨索里尼却以意大利军队尚未准备好为由保持中立，其实是观望战事发展，瞅准机会捞一把。1940年5月，纳粹德国的战车在西欧攻城略地捷报频传，法国危在旦夕，此时墨索里尼认为有利可图，对英法宣战，在背后捅了法国一刀。

在希特勒席卷整个西欧大陆之际，墨索里尼向英属索马里、苏丹、肯尼亚和埃及发动进攻，同英国争夺地中海。在埃及战事尚未结束之际，又不顾希特勒的警告入侵希腊。

在北非战场，1941年1月，英军发动攻势，击溃了意大利军队，希特勒不得不出手援助，派遣

1945年4月27日，墨索里尼在逃亡途中被游击队俘虏。1945年4月28日，墨索里尼被枪决，他的尸体随后被运到米兰，并被倒吊在洛雷托广场的一个加油站顶上示众（左起第二个）

隆美尔率领德军精锐前往北非。意大利军队在战场上的拙劣表现让猖狂不可一世的墨索里尼在希特勒面前不得不低三下四地求助，同时也把意大利的命运绑在了纳粹德国的战车上。1941年4月，墨索里尼出兵配合德军进攻南斯拉夫，6月对苏宣战。但这已无法挽回墨索里尼的颓势，1943年7月，英美联军在西西里登陆，意大利败局已定。

曝尸街头

战争的失败和苦难让意大利人再也不能容忍这个浮夸、猖狂的法西斯独裁者了。1943年7月26日，意大利国王将墨索里尼解职并监禁，但后来被德国伞兵救出，在意大利北部萨洛出任"意大利社会共和国"傀儡政府总理。1945年4月，盟军攻入意大利北部，墨索里尼见大势已去，试图逃往瑞士，但在逃亡途中被游击队俘虏并枪决，曝尸街头。

幕后指挥 昭和天皇

他是日本军国主义者效忠的"现人神"。他发动了侵华战争和太平洋战争,他又是战后日本和平改造的支持者,是非功过,留待后人评说。

昭和天皇裕仁(1901—1989年)是日本第124代天皇,1926年即位,1989年去世,在位长达63年。他领导日本一步步走向法西斯军国体制,发动了对中国、东南亚和太平洋地区数十个国家的侵略。战败投降后,他逃脱审判,支持美国的和平改造,也见证了日本战后经济的复苏和繁荣。

播下军国主义的种子

裕仁是大正天皇嘉仁的儿子,明治天皇的孙子,1901年生于东京皇宫。当时明治天皇对体弱多病的太子嘉仁非常担忧,因此裕仁的出生让他倍感振奋,对他宠爱有加,钦定了裕仁的名字封号,在裕仁出生70天后,又指定将其寄养在海军中将川村纯义家里长达4年。

裕仁6岁的时候,进入皇族学习院接受启蒙教育,明治天皇指示学习院院长乃木希典大将严格要求,将裕仁培养为"质实刚健"之辈。在这位被日本军国主义者尊为"军神"的老将影响下,裕仁从小就形成了崇尚武力的思想。1914年从学习院初等科毕业后,裕仁又进入"东宫御学问所"学习7年,深受学问所总裁东乡平八郎海军大将军国主义思想的熏陶。

裕仁青少年时期接受的教育让他熟悉了军事,精通外交军事战略,具备了较高的治国理政才能,加之年轻气盛,自然不甘任人摆布。

1921年,刚满20岁的裕仁访问英、法、比、荷、意五国。在访问中,裕仁着重考察各国的军事,拜谒拿破仑陵墓,参观一战战场,特别是在访问凡尔登的时候,裕仁一身戎装骑在大炮的炮管上,彰显了其尚武之心。

为了拉拢青年军官,培植亲信势力,在陪同访

昭和三年(1928年)登基大典时的昭和天皇。大正十年(1921年)因父亲大正天皇患病而出任摄政王。大正十五年(1926年)大正天皇因病逝世,裕仁登基成为日本新一任天皇,以《尚书》中的"百姓昭明,协和万邦"改元昭和

问的闲院宫载仁亲王的策划下，裕仁接见了十几位驻欧洲各国的日本武官，如东条英机、永田铁山、小畑敏四郎、冈村宁次等人，这些青年军官宣誓效忠，发誓铲除军队内的元老势力，清除政党势力对皇权的干涉。这些人后来迅速获得提拔，成为裕仁掌控军队的干将，在二战中都扮演了极其关键的角色。

重用皇族、掌控军队

1926年裕仁登基，取中国《尚书》中的"百姓昭明，协和万邦"之意，改年号为"昭和"。日本对华侵略进入快车道，1931年发动"九一八事变"，1932年扶植溥仪成立伪满洲国，裕仁亲自为日军将领授勋，奖赏其侵华"功绩"。

1935年8月，日本皇道派军官刺杀天皇亲信、统制派首领永田铁山，此举激怒了裕仁，他大发雷霆，严厉申斥陆军大臣林铣十郎，任命闲院宫载仁亲王为参谋总长，伏见宫博恭亲王为海军军令部长，代表天皇直接控制陆军和海军。1936年2月26日，皇道派军官在东京发动政变，占领国会、首相府，刺杀元老重臣。裕仁立刻命令镇压，但由于部分陆军高层将领同情政变，行动迟缓，让裕仁大怒，宣称："如果陆军大臣无能为力，朕就亲率近卫师团去平定叛乱！快快备马！"由于天皇命令坚决镇压，加上海军和陆军统制派军官的支持，2月29日政变

> **知识链接：靖国神社**
>
> 位于日本东京的靖国神社，原名东京招魂社，是明治年间为天皇祭奠倒幕战争阵亡将士所建，1879年改名靖国神社，二战前一直由军方管理，作为日本国家神道的象征，级别很高。二战后，靖国神社成为独立的宗教法人团体，但接受日本政府的资助。供奉的灵位包括日本侵华战争和太平洋战争中阵亡的日军官兵，1978年又增加了东条英机等14名甲级战犯的牌位。如今参拜靖国神社已经成为日本右翼政客否定二战侵略历史、拉拢选民的"表演秀"。

1938年骑马检阅陆军。裕仁天皇在位期间，指挥和策划日本相继发动侵华战争和太平洋战争，侵略和践踏了中国和东南亚以及太平洋十几个国家，导致了数千万无辜平民的死亡

二战时代

"二二六兵变"时叛军在日本东京街头巡逻。1936年2月26日发生于日本帝国的一次失败兵变,日本帝国陆军的部分"皇道派"青年军官率领千余名士兵对政府及军方高级成员中的"统制派"意识形态对手与反对者进行刺杀,最终政变遭到扑灭,直接参与者多被处以死刑

失败,皇道派军官或被处死,或被贬斥。东条英机等统制派掌握了军部大权。同年6月,裕仁将称号由"日本国天皇"改为"大日本帝国皇帝",彰显了不断膨胀的野心。

发动二战的决策者和领导者

1937年7月,日本发动全面侵华战争,裕仁是发动战争的决策者,也是战争的最高领导者,对中国人民犯下了不可饶恕的罪行。卢沟桥事变后,中国驻华北地区军队迅速南撤,让日军难以捕捉战机。根据裕仁"在要塞地区集中大量兵力实施压倒性的打击"的指示,日军

日本民众在1945年8月15日跪在被炸毁的建筑物前,聆听日本裕仁天皇宣读《终战诏书》

重点进攻上海，吸引中国政府投入近百万兵力进行淞沪会战，致使中国军队精锐主力丧失殆尽。

日军攻占南京后，裕仁放纵皇族朝香宫鸠彦亲王制造了骇人听闻的南京大屠杀，又于1937年12月14日颁下诏书慰问侵华日军："支那方面陆海军各部队，在上海附近作战持续勇猛果断，乘胜追击，使首都南京陷落，我很满意。此旨传达给全体将士们。"此后，由于中国人民的坚决抵抗，侵华日军在中国陷入持久战的泥潭，士气低迷。为此，1939年11月8日，裕仁全身戎装在富士山下检阅近卫师团，以激励军队士气。

1941年6月，德国入侵苏联，日本也不甘落后。1941年7月2日，裕仁主持御前会议制定了《适应形势变化的帝国国策纲要》，决心实施"南进"战略，一方面落井下石，攻占英法荷在东南亚的殖民地；另一方面进军太平洋，与美国决战。但狡猾的裕仁也知道美国是个强大的敌人，担心如果战败将危及皇室的存亡。为了推卸责任，裕仁免去了载仁亲王和博恭亲王担任的军队职务，让其退居幕后遥控，同时发布诰命诏书，特许东条英机以现役军人身份兼任首相和陆军大臣，组织集权的战时内阁。在作出对美国开战的决策问题上，裕仁虽然没有留下明确的书面文件，但吟诵了两句诗：四海皆兄弟，缘何起风波。这是1904年明治天皇决定发动日俄战争时写下的诗，裕仁以这种特殊、委婉、隐蔽的方式批准了对美国开战，日本军部自然心领神会。

战败投降，走向平民

二战后期，日本败局已定，裕仁不断担忧自己和日本皇族的命运，特别是天皇制的延续问题。美军轰炸广岛和长崎后的1945年8月9日和14日，裕仁在东京皇宫的防空洞内召开了两次御前会议，否决了陆军大臣阿南惟几等狂热分子提出的"玉碎"计划，决定在保存天皇制的前提下，接受波茨坦公告，向同盟国投降，并于8月15日发布了《终战诏书》。美国出于维持日本国内社会秩序稳定的策略需要，在迫使裕仁发布宣言、否定天皇的神性，并通过1947年的新宪法剥夺天皇的实际政治权力后，决定免于追究裕仁和其他日本皇族成员在二战中的战争罪行。此后，裕仁天皇着力扮演一名宪政君主的角色，从1946年起在日本四处巡视，鼓舞民众从事战后经济重建工作。1989年在东京去世。

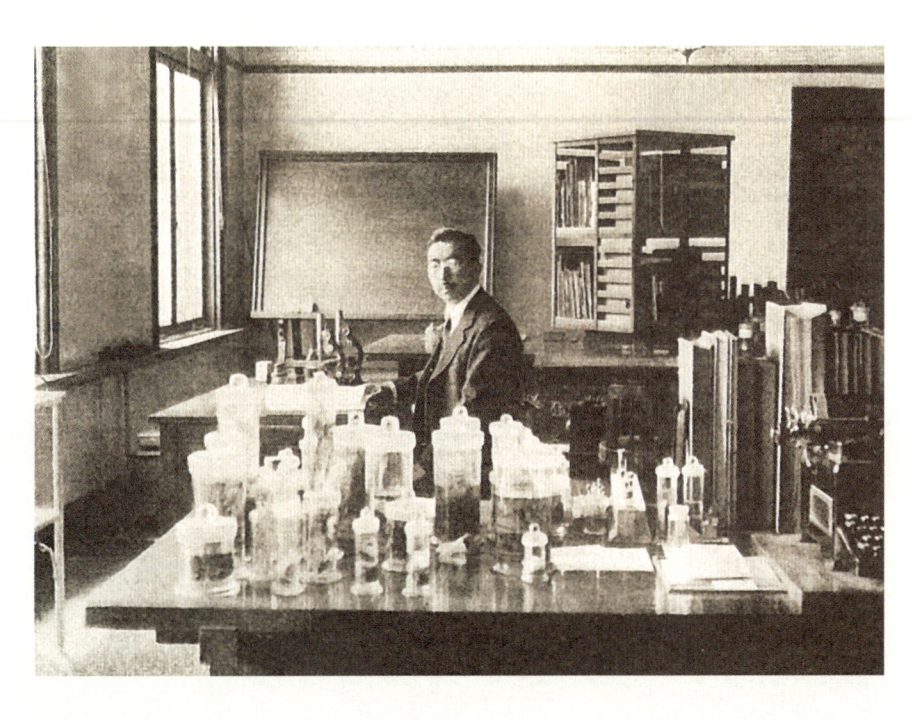

1950年在实验室的昭和天皇。因美国的干涉，战后被免除了审判，天皇制得到保留。战后，裕仁热衷对生物分类学研究，发表有《相模湾产后鳃类图谱》《相模湾产海鞘类图谱》以及《那须植物志》等著作

军国狂徒 东条英机

> 东条英机，65岁，东京人，历任陆军大将、陆相、内相、首相、参谋总长，处绞首刑。
> ——远东国际军事法庭的宣判词

东条英机（1884—1948年）是与希特勒、墨索里尼齐名的三大法西斯头目之一，是日本军国主义的代表人物、甲级战犯。东条英机生于一个军阀家庭，其父为日本陆军中将东条英教，曾参加过侵略中国的甲午战争和日俄战争。东条英机从幼年起便入（东京地方和中央）陆军幼年学校读书，历经陆军士官学校、陆军大学，1904—1905年日俄战争期间还曾经入伍参战。家庭熏陶和教育背景，使他成为一名死硬的军国主义狂热分子。

> 东条英机，日本军国主义的代表人物，第四十任日本首相，二战甲级战犯，侵略中国和发动太平洋战争的重要罪犯之一。东条英机是昭和天皇的手下，因独断专行、凶狠残暴，在关东军中有"剃刀将军"之称

恶贯满盈

1915年日本陆军大学毕业后，东条英机正式进入军界，与永田铁山、小畑敏四郎、冈村宁次三人臭味相投，结成所谓的"巴登巴登"小组，鼓吹皇权专制和总体战方针，成为统制派军官的代表。

东条英机于1935年9月来到中国任日本关东军宪兵司令，残酷迫害中国东北的抗日爱国人士。1937年3月出任关东军参谋长，在卢沟桥事变后，率领日军侵占了张家口等城市。1938年5月担任陆军部次长（副部长），因发表狂热的战争言论"对苏、中两国同时作战，同时也准备同英、美、法开战"，不久被迫下台。

随着日本对外侵略的扩大，东条英机成为日本陆军势力的代表，1940年7月出任近卫文麿内阁的陆军大臣，大肆鼓吹武士道精神，命令士兵宁愿战死也不投降。1941年7月2日，东条英机在御前会议上鼓动确定了"南进"东南亚和太平洋地区，与英美开战的战略。不久又代替近卫文麿出任首相，同时身兼陆军大臣、内务大臣，以后又兼任文部相、商工相、军需相等职，集各种大权于一身。在就职声明中，这个战争狂人叫嚣要彻底吞并中国建立"大东亚共荣圈"。

东条英机担任首相期间参与策划珍珠港事件，同时发动太平洋战争。在太平洋战争期间疯狂侵略中国、东南亚和太平洋共计十多个国家和地区，造成了数以千万无辜平民的死亡。因战争后期日军屡遭重创，于1944年被迫辞去一切职务。

魔头末日

1945年8月日本宣布无条件投降后，东条英机——这位号称"东洋希特勒"的军国主义暴徒露

叱咤风云：人物

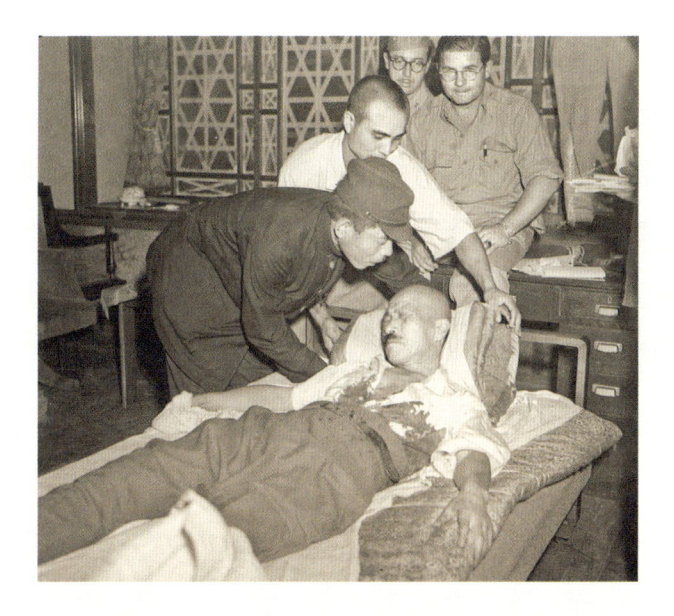

1945年9月11日，东条英机看到院子外面的盟军警察进入，便用当年希特勒赠送给他的瓦尔特自动手枪向心脏开枪，但并未死亡，经输血后救活。三个月后，伤愈出院的东条英机被直接送入了日本东京巢鸭监狱

> **知识链接：泯灭人性的《战阵训》**
>
> 1941年1月8日，由东条英机发布的《战阵训》鼓吹对天皇的效忠，鼓吹武士道精神，"作为军人活着就不能接受被俘虏囚禁的侮辱，理当以忠孝赤诚之心勇往直前，虽死犹生"，并规定曾经当过俘虏的日军一律处死。这种极端泯灭人性的命令促使日军在塞班岛等战役中宁愿战死也不投降，造成了人类历史上的惨剧。可笑的是，发布这道命令的东条英机本人却贪生怕死，在日本投降后做了盟军的俘虏。

出了色厉内荏的丑恶面目——他根本没有准备自杀"殉国"。早在日本宣布投降前2天，东条英机与死党阿南惟几等人串通，要求他们在法庭上作证日本进行的是"自卫"战争。但8月15日日本投降当天，阿南自杀，同时东条英机也收到无数人通过电话、信件发来的诘责，为此不得不掩饰一番。他请医生在心脏部位画了个圆圈，作为开枪自杀时的着弹点，又在烟斗里嵌入了氰酸钾，准备万一刀枪自杀不成，就吞毒自尽。如此一看，东条英机的自杀决心坚如磐石。但过了近一个月，他还活得好好的。

1945年9月11日，麦克阿瑟将军下令逮捕日本甲级战犯，东条英机名列第一。当美军来逮捕他的时候，东条英机才想起拔枪自杀，但子弹偏离心脏太远，只受了轻伤，犹如演戏一般。对此，美国舆论界评论说：这是东条英机留下战争罪犯形象的第一个事件，是对战争罪犯的天罚；是已经失去了信用、被抛弃了的家伙的最后耻辱。

在审判日本战犯的远东国际军事法庭上，东条英机又做了最后的表演，他书写了长达20万字的自辩书，为日本军国主义的侵略罪行，同时也是为自己辩护。但即使巧舌如簧，说得天花乱坠，也无法改变血淋淋的事实。1948年11月12日，东条英机被远东国际军事法庭以犯有发动战争罪、侵略别国罪、反人道罪等罪行判处死刑，12月23日被执行绞刑。

法庭上受审的东条英机。在日本全部的55项罪行中，东条英机是最多的，占了54条之多，当数首恶。1948年11月12日，东条英机被远东国际军事法庭以犯有发动战争、侵略别国等罪行判处死刑，1948年12月23日被执行绞刑。东条英机被执行绞刑前都未认罪

五星上将之首 马歇尔

运筹帷幄之中，决胜千里之外，罗斯福总统的参谋长，五星上将的领头羊。

乔治·C.马歇尔（George C. Marshall，1880—1959年）将军是二战时期美国的陆军参谋长和参谋长联席会议主席，与巴顿、麦克阿瑟、艾森豪威尔等一线战场指挥官不同，他坐镇美国五角大楼，协调陆海空三军力量，知人善任、运筹帷幄，决胜千里。

少年老成

马歇尔出生于一个富裕的钢铁厂老板家庭，长大后考入了弗吉尼亚军校。他仪表堂堂、声音洪亮，且做事稳重、诚实无私，很快就赢得了同学们的尊重，一年级就被选为伍长，两年后被提升为队长。在校内举行的所有重大仪式上担任学生指挥，这些培养了他的领导才能。

1901年，马歇尔毕业后进入陆军服役，1902年，以少尉军衔派驻菲律宾。但由于当时美国军队的晋升机会很少，马歇尔的"官运"极差，到1916年他36岁的时候，仍然担任中尉，而此时他已经服役15年，在14支不同的部队任过职。是金子到哪里都发光，马歇尔足智多谋、忠诚可靠，做事任劳任怨，赢得了无数人的赞赏，以至于他的上司哈古德将军在推荐报告中写道：马歇尔理应在常规军中任准将职，推迟一天任命，军队和国家就遭受一天损失。但因循守旧的军阶委员会只是把马歇尔从中尉升到上尉。

遇到伯乐

1917年4月，美国向德国宣战，组建远征军赴欧参战。马歇尔被调入第1步兵师担任参谋，不久又被调入美国远征军总参谋部。在这里他遇到了"伯乐"——美国远征军司令潘兴将军。潘兴非常欣赏这位老成持重、心思缜密的"临时上校"，让马歇尔做助理，进行言传身教，这种关系一直维持到1923年潘兴将军退休。

1926年底马歇尔出任陆军学院的教官，在这所培养将军的"摇篮"里，马歇尔不但培养了众多

1918年，年轻的马歇尔上校在法国的美国远征军总部。马歇尔是美国军事家、政治家、外交家，陆军五星上将。他参加过一战。1924年夏到1927年春末，在美军驻天津第15步兵团任主任参谋。1939年任美国陆军参谋长，在二战中，他成为罗斯福总统的得力助手

叱咤风云：人物

马歇尔和艾森豪威尔在二战期间。马歇尔慧眼识珠，他的保荐是艾森豪威尔为欧洲盟军司令的原因之一。他在给罗斯福的推荐报告里说："艾森豪威尔不仅具有军事方面的学识和组织方面的才能，而且还善于使别人接受他的观点，善于调解不同意见"

优秀人才，还建立了青年军官人才档案库，等到他担任美国陆军参谋长的时候，为这些青年军官一一分派了合适的岗位和工作。

临危受命

1939年9月1日，美国总统罗斯福接受潘兴将军的建议，任命马歇尔为陆军参谋长，并授予其少将军衔，也就是在这一天，纳粹德国进攻波兰，第二次世界大战在欧洲爆发。美国虽然没有立刻参战，但罗斯福和马歇尔都认为无论愿意与否，美国必然要卷入战争。

为了适应战争，必须对军队进行整顿，最重要的是"吐故纳新"，撤换那些资历深、岁数大但思想保守的军官，大胆启用敢闯敢干的中青年军官。马歇尔向总统提交了一长串应当退役军官的名单，同时以身作则，表示自己这个61岁的陆军参谋长

要退休让贤。罗斯福总统批准了这个名单，但坚决留住了马歇尔。

1941年12月7日，日本偷袭珍珠港，太平洋战争全面爆发，马歇尔虽然因珍珠港事件受到一些质询和责难，但没人想到要撤换他，也不再怀疑他的军事改革。1942年，美英两国在北非开展"火炬"行动，共同打击北非德军。马歇尔委派艾森豪威尔出任盟国北非远征军总司令，全权指挥战役，命令乔治·巴顿指挥美军特遣队在卡萨布兰卡附近登陆，同时建议艾森豪威尔让才华横溢的奥马尔·布莱德雷独当一面。

北非登陆成功后，1943年1月，罗斯福与丘

1945年12月21日，被杜鲁门总统任命的国共两党纠纷调停的特使马歇尔将军，在重庆与蒋介石见面

二战时代

1950年10月15日的威克岛会议。受到麦克阿瑟的"感恩节前回家"的误导，杜鲁门对战场局势作出了错误的估计，从而使美国再次陷入朝鲜战争的泥潭。作为国防部长的乔治·马歇尔（左一）出席了会议

吉尔在卡萨布兰卡举行会议，商讨军事战略问题。马歇尔极力主张横渡英吉利海峡，从法国北部攻入欧洲大陆，开辟欧洲西线战场。这一战略在1943年12月举行的德黑兰会议上获得了美英苏三国首脑的确认，这就是1944年6月的诺曼底登陆战，代号"霸王"行动。

包括罗斯福总统和丘吉尔首相在内的人都普遍认为，指挥"霸王"行动的盟军最高司令非马歇尔莫属，但老将军潘兴却明确反对，他向罗斯福总统建议："我们在打着一场全球性战争，离结束之日尚远，因此要由最成熟的军官担任参谋长一职，以便明智地把握战略方向。明达的军界人士一致认为，马歇尔将军正是这样一位军官。假若把他调往某个地区作战，则无论这个战场看上去如何重要，都将使我们失去这样一位深谙战略、任何其他人都无法同他相比的参谋长。"

此时美国的陆海空三军同时活跃在世界的六大战场，战线极长，但是由于马歇尔在华盛顿指挥得力，对各路人马的状况、需求、配备和军务缓急了如指掌，应付自如，协调有致，为美军的不断胜利创造了良好条件。以马歇尔的才能，可以极其出色地指挥欧洲战役，但是却没有人能顶替他在五角大楼里的工作。

世界军事协调员

马歇尔每天的工作都是非常繁忙且复杂的，他要阅读报告，写备忘录，听取情况介绍，接见来访者，出席国会作证，晋见总统，制定影响战争进程的重大决策。同时马歇尔清楚地看到，在抗击德国和日本法西斯的战争中，美军并非孤军奋战，必须和英国、苏联、中国等盟国团结合作，才能取得最后的胜利。为此，他必须想办法化解世界各个战场上的纠纷与危机。

在欧洲战场，1944年6月，盟军在诺曼底登陆成功后，美军将领认为英军最高指挥官蒙哥马利才能平庸却虚荣自大，双方矛盾尖锐。为此马歇尔命令艾森豪威尔严格约束部下将领的言行，要照顾英国人的民族自尊心，不要找蒙哥马利的麻烦。

在太平洋战场上，陆军将领麦克阿瑟一心要洗刷败走菲律宾的耻辱，因而坚持攻占菲律宾，而太平洋舰队司令尼米兹主张进攻中国台湾和琉球群岛，双方僵持不下。马歇尔苦口婆心地说服海军参

谋长同意支援进攻菲律宾，同时又劝诫骄横跋扈的麦克阿瑟要顾全大局。

在中国战区，马歇尔迫于蒋介石的压力，撤换了自己的老朋友、战区参谋长史迪威将军。

马歇尔也非常注意维护与苏联的合作。在进攻柏林的问题上，马歇尔顶住丘吉尔首相和英美将领的压力，命令西线盟军止步柏林城下，把攻陷柏林的机会和荣誉留给苏联军队。马歇尔后来写道："必须记住，我们那时正在努力和俄国人打交道，我们一直同他们并肩作战。他们是我方武装部队的组成部分——非常坚定的一部分。他们在战争中起了极大的作用，削弱了德军力量，对所有这些，我们都要好好加以考虑。"

功成身退

在 1945 年 7 月的波茨坦会议期间，马歇尔的妻子凯瑟琳让人捎去一篮子自家花园产的土豆、莴苣、胡萝卜、蚕豆、卷心菜，这是温柔的妻子在提醒他，是解甲归田、种花务农的时候了。

1945 年 8 月 20 日，年届 65 岁的马歇尔将军申请退休，杜鲁门总统在白宫为马歇尔举行了告别仪式，并亲自宣读了嘉奖令："在这场就规模和恐怖程度而言都是史无前例的战争中，数百万美国公民曾为祖国立下了殊勋，而五星上将乔治·C.马歇尔奉献的则是胜利……他的品格、

> 马歇尔在外是运筹帷幄的参谋总长，在家是位好丈夫和好父亲，一家人和睦相爱

> **知识链接：美国的"五星上将"军衔**
>
> 到 1944 年底，美军规模已经超过 1200 万人，编制级别多，加之与英法等盟国联合作战，美国原有的军衔体制亟须改革。同时，由于在 1943 年马歇尔明确谢绝了美国国会授予其"陆军元帅"（Field Marshal）的提议，因此，有必要设计新的最高军衔，"五星上将"军衔应运而生，分别是"陆军五星上将""空军五星上将""海军五星上将"，军衔的识别标志是 5 颗银色星徽，比普通上将多一颗星。因二战中的功绩被授予"五星上将"军衔的人包括：陆军上将马歇尔、麦克阿瑟、艾森豪威尔、布莱德雷，海军上将莱希、欧内斯特·金、尼米兹、哈尔西，空军上将阿诺德。

作为、效率鼓舞了全军、全国、全世界。美国之得有明日，实有赖于马歇尔和千百万人民。他于世间大将军行列中卓立前茅。"

二战时代

战场协调大师 艾森豪威尔

寒门出身却入西点军校，
临危受命终成五星上将。
登陆北非狩猎沙漠之狐，
远征欧陆开辟第二战场。

1911年，一位热爱运动的穷小子因为听说军校是公费，而且还能够踢足球，便报考了西点军校。谁也没能想到这位学习不用功，只是单纯喜欢体育的男孩日后会取得如此高的成就——五星上将、美国总统。出将入相，既是每个政客的梦想，亦是他们的奢望！而德怀特·戴维·艾森豪威尔（Dwight David Eisenhower，1890—1969年）却用自己的历史书写了这个辉煌。

成熟稳健赢得上级赏识

1941年12月10日，即日本偷袭珍珠港三天后，艾森豪威尔从太平洋战区被紧急调到陆军部，因为他曾在麦克阿瑟办公室工作过6年，对太平洋战区的防务十分熟悉。马歇尔问他："我们在远东太平洋的行动方针是什么？"对此，艾森豪威尔并没有立即回复，而是沉思片刻，冷静地说道："将军，让我考虑几个小时再回答您这个问题，可以吗？"马歇尔说："好！"并在自己的笔记本上写下备忘录：艾森豪威尔此人完全胜任准将军衔！几周后，艾森豪威尔果然晋升为少将。次年5月，他就美军在欧洲作战问题赴英考察。事后，他又向马歇尔提交了《给欧洲战区指挥将领的命令》的报告。汇报完毕后，他提醒马歇尔道："请将军再仔细阅读这一份报告，看是否有错误或不当的地方。"不久，艾森豪威尔就被任命为驻伦敦的美军欧洲战区总司令，晋升为中将。

艾森豪威尔将军在战场上与士兵交谈

在与上级马歇尔的对话中，艾森豪威尔首先是冷静应对，并没有表现出信口开河，这显示了他的沉着稳健。他提交的报告令马歇尔满意，而他请求指正的话语，尤其使得马歇尔认定他是美军欧洲战区总司令的最佳人选。

有理有节博得盟友钦佩

艾森豪威尔担任盟军统帅之初，英军"战神"蒙哥马利经常与他公开"叫板"，暗含轻蔑之意。如此一来，英美两军多有嫌隙，双方大有剑拔弩张之势。为此，艾森豪威尔致力于化解双方矛盾，避免祸起萧墙。

诺曼底登陆前夕，因为天气原因，原先的登陆

叱咤风云：人物

美国总统艾森豪威尔

> **知识链接：艾森豪威尔主义**
>
> 20世纪50年代后期美国对中东的政策纲领。1957年，美国总统艾森豪威尔向国会提出关于中东的特别咨文，并提交中东决议案。这一决议的基本原则，被称为"艾森豪威尔主义"。其主要内容为：对中东国家实行"经济合作"和军事援助计划；授权总统在他认为必要时使用武力来"保护"任何请求军事援助的国家，向中东国家提供经济援助等。

日期被重新讨论。气象员担心，即使是阴天，空军仍可能无法出动。蒙哥马利立即傲慢地说："离开了空军的支援，我们照样可以完成登陆任务。事情发展到今天，无论怎样都应当如期执行计划。"对此，艾森豪威尔不卑不亢地反驳道："将军阁下，我理解您的心情。但是我们要明白一点，即'霸王'行动是由并不占压倒优势的地面部队进行的。而这次战役之所以可行，就是因为盟军具有空中优势。如果没有这一有利条件，登陆就太冒险了。鉴于天气原因，我建议推迟行动。"后来，蒙哥马利在给艾森豪威尔的信中承认自己的错误："我并不认为我是一个温顺的部下。我喜欢我行我素。但您总在困难和风云变幻的时刻使我没有发生越轨行动。您的英明引导和宽厚的容忍对我教育极大。万分地感谢您！"

诚如美军总参谋长马歇尔在给罗斯福总统的推荐报告里所说的："艾森豪威尔不仅具有军事方面的学识和组织方面的才能，而且善于使别人接受他的观点，善于调解不同意见，使人感到心情舒畅，并真心地信赖他。"这或许是对他的成功最好的诠释。

二战结束后，艾森豪威尔曾任美国驻德占领军司令、美国陆军参谋长、哥伦比亚大学校长、北大西洋公约组织欧洲盟军统帅。1953—1961年任美国总统，1969年3月28日逝世。

艾森豪威尔与蒙哥马利在商讨诺曼底登陆的筹备工作

二战时代

反败为胜
麦克阿瑟

军功世家，半生戎马。
兵败菲律宾，雪耻太平洋，
战后成为日本的"太上皇"。

道格拉斯·麦克阿瑟（Douglas MacArthur，1880—1964年）出生在美国阿肯色州的一个军人家庭。可以说，他从小立志当兵便是深受其家庭背景的影响。毕业于西点军校的他，也曾在菲律宾吃过日本人的亏，但终究是他笑到了最后——代表盟国签署受降书。

1945年在马尼拉的麦克阿瑟将军。美国陆海空三军中获得勋章最多的将军，也是美国将军中唯一一个参加过一战、二战和朝鲜战争的人。麦克阿瑟是美国最年轻的准将、西点军校最年轻的校长、美国陆军历史上最年轻的陆军参谋长，堪称美国军事史上的奇才

兵败菲律宾

1941年12月7日，日军偷袭珍珠港，太平洋战争爆发。次日，日军又向菲律宾发动进攻。麦克阿瑟是将门虎子——其父曾是美国驻菲律宾的军事总督，父子两代军人都在菲律宾留下了足迹。面对日军凌厉的攻势，麦克阿瑟犯下大错，致使日军两天之内就将美军在菲律宾的空中力量摧毁殆尽。12月22日，日军登陆菲律宾。美菲联军的溃败使得麦克阿瑟几乎陷入绝望。

1942年2月8日，受罗斯福之命，麦克阿瑟和家人撤离菲律宾。在撤往澳大利亚前，他说："现在我出来了，但我还要回去。"基于麦克阿瑟在菲律宾对日作战的英勇表现，美国政府授予他一枚国会荣誉勋章（美国军人的最高荣誉）。罗斯福称赞他说："他是军事天才，在危机时刻能创造奇迹。"

激战太平洋

撤离到澳大利亚的麦克阿瑟被任命为西南太平洋战区盟军司令。在瓜达尔卡纳尔岛战役打响前，麦克阿瑟与太平洋战区司令尼米兹对作战计划产生了分歧，最后只能由罗斯福做决定：战役的第一阶段由尼米兹指挥，后两个阶段由麦克阿瑟指挥。在战争后期，两人再次发生重大矛盾——麦克阿瑟想夺回菲律宾，而尼米兹却不以为然。这一次，还是罗斯福出面，批准了麦克阿瑟的计划。

1944年10月，经过两年半的艰苦征战，麦克阿瑟终于率部反攻菲律宾，紧接着他又重返马尼

拉，收复巴丹。盟军夺回菲律宾后，麦克阿瑟冒雨向菲律宾民众发表演讲，他热泪盈眶道："我终于回来了！"麦克阿瑟以实际行动挽回了两年前他丢掉的面子。

受降日本

麦克阿瑟的攻岛战十分独特，指挥果敢，采用的"跳岛"战术，大大加快了进攻的速度。麦克阿瑟在太平洋战场上声名鹊起。1945年春，他同艾森豪威尔等一同被提升为美国陆军五星上将。同年9月2日，他作为盟军代表和盟军最高统帅在"密苏里"号战舰上接受了日本的投降。麦克阿瑟在简短的仪式上发表了讲话，全世界都在倾听着他的声音："今天，枪炮沉默了，一场大悲剧结束了，一次伟大的胜利赢得了……这是全人类共同的渴望……"

在日本签署投降书时，麦克阿瑟还弄出了个"小插曲"。当他签字时，他有意安排在太平洋战争初期被日军俘虏并顽强活到战争结束的老部下温赖特将军和英国的珀西瓦尔将军站在他的身后，共享

> **知识链接：战后对日本的改造**
>
> 1945年8月15日，日本宣布无条件投降，麦克阿瑟被杜鲁门总统任命为驻日盟军最高司令，负责对日军事占领和日本的重建工作，成为日本的"太上皇"。抵达日本后，释放被日本政府长期关押的许多政治犯，提高妇女地位，实现新闻自由和言论自由，并从法律上保障劳动者和工人阶级的利益。1946年指示盟军总部起草日本宪法样本，强调日本人的基本公民权利，之后通过了《土地改革法案》和《教育基本法》等，为日本战后重建作出了重大贡献。

受降的荣耀。麦克阿瑟准备了5支签字用的钢笔，第一支送给了温赖特将军，第二支送给了珀西瓦尔将军，第三支送给了美国政府档案馆，第四支送给了西点军校，第五支送给了妻子琼妮。

麦克阿瑟骄傲自负的个性虽然没有影响他在军界的发展和晋升，但却给他在政界的角逐带来了严重的负面影响。故他日后在政坛的发展远不如他的老部下——艾森豪威尔。1944年和1948年他两次争夺共和党总统候选人的提名，均惨遭失败。后来他在朝鲜战争中以"联合国军"总司令的身份公开抗拒杜鲁门政府的旨意，终在1951年4月被免职，从而结束了他长达52年的戎马生涯。

驻日盟军最高司令官麦克阿瑟注视着中国代表徐永昌将军签署接受日本投降协议

铁血悍将 巴顿

名门之后，铁血悍将，
功成身死，任人评说。

作为一名优秀的军事指挥官，巴顿率领美国装甲部队，在北非和欧洲战场上勇猛作战、快速进攻，立下了赫赫战功。

装甲战专家

小乔治·史密斯·巴顿（George Smith Patton Jr，1885—1945 年）出生在美国加利福尼亚州圣玛利诺市的一个军人世家，他的家庭非常富裕，社会地位也很高。巴顿沿袭家庭传统，考入西点军校学习，毕业后成为一名骑兵军官。1917 年美国派遣远征军赴欧洲参加第一次世界大战，巴顿担任远征军司令潘兴的副官，在法国组建了美国第一个坦克旅，并担任指挥官。此后巴顿与坦克部队结下了不解之缘，巴顿也成为美国首屈一指的装甲部队专家。但由于一战后美国军队再次"放马南山、铸剑为犁"，像巴顿这种有想法、有能力的军事指挥人才得不到重用。在近 20 年的时间里，巴顿调动工作 10 次，担任营团级指挥官与参谋职务十余种，直到 1939 年受命组建装甲旅，才晋升为准将。

二战展宏图

二战爆发后，美国军队进行大规模改组以适应战争的需要。作为装甲部队专家的巴顿迎来大展宏图的机会。他先被任命为装甲旅旅长，不久又升任第 2 装甲师师长，负责组建、训练美国的装甲部队。

1942 年 10—11 月，英美军队联合在北非发动"火炬"计划，巴顿指挥的西线特遣队在摩洛哥登陆，美国装甲部队开始在北非崭露头角。1943 年英美盟军在北非遭到德军反击，结果美军遭到惨败，陷入了困境。为了扭转战场形势，重振美军力量，马歇尔将军委派巴顿出任前线部队司令。年逾 50 岁的巴顿，雄心勃勃，一上任就整顿军纪，鼓舞士气。在一次阅兵仪式上，士兵们惊奇地发现巴顿将军竟戴着一顶德军头盔，大家立刻沸腾起来，巴顿说："我头上戴的头盔，是刚从德国将军那里缴获来的，这足以说明，德国军队根本不是不可战胜的！"阅兵场上一片欢呼。巴顿将军接着说："我要戴着这个头盔，一直打到柏林！"经过雷厉风行的整顿，巴顿部下的官兵们一扫悲观畏战的情绪，打败了隆美尔指挥的德国北非军团。

一战时巴顿与法国"雷诺"FT 轻型坦克合影。1917 年，巴顿作为潘兴的副官，同赴法国，其间他曾经负责组建训练美国第一支坦克部队，并指挥一个坦克旅作战，获"优异服务十字勋章"

叱咤风云：人物

巴顿一向以对士兵严厉著称，但事实并不尽然。这是1943年巴顿率领美军攻占意大利西西里岛墨西拿市后，与士兵亲切交谈

> **知识链接：巴顿参加奥运会**
>
> 巴顿一生爱好运动，1912年他参加了斯德哥尔摩奥运会，在射击、游泳、击剑、马术和越野现代五项奥运项目中，分别取得第二十一、第六和连续三个第三的好成绩，最后取得总分排名第五的杰出成绩。

1943年7月，英美联军分别在意大利西西里岛南部和东部登陆，此时巴顿担任美国第7集团军的司令，负责支援和配合英国蒙哥马利将军指挥的部队作战。这让巴顿感觉非常气恼，他不顾上级的命令，命令部队全速推进，赶在英军前面攻克了敌军防线。此后又率军进攻西西里重镇墨西拿，由于他孤军深入，缺乏侧翼配合，加上德军的反击，部队损失惨重，可谓"一将功成万骨枯"。攻克墨西拿后，由于巴顿在视察随军医院时，粗暴地扇了一名受伤且厌战士兵的耳光，引发舆论的口诛笔伐。美国政府下令免去巴顿的军职。

天才任性

在诺曼底登陆战役中，艾森豪威尔将军重新启用巴顿，任命他为第3集团军司令，负责牵制和迷惑德军，这让本来就憋着一肚子气的巴顿无法接受。在此后的阿登战役中，缺乏准备的美军第8军被反击的德军围困在巴斯托尼等地，在众人束手无策之际，巴顿毅然担负起救援与解围的重任，从1944年12月17日德军发动进攻，到12月22日美军第3集团军发动反击，在短短的几天内，巴顿就把一支十几万人的军队从萨尔地区快速调往阿登山区，实现了战线由南向北的全面转移。这展示了巴顿雷厉风行的作风和勇猛敏捷的作战风格，不愧为天才的将领。

德国投降后，在美、苏军队庆祝胜利的宴会上，巴顿的莽撞和直率也闯了大祸。喝酒有点过量的巴顿竟宣称希望和苏联人打仗，这不但让在场的艾森豪威尔将军大为恼火，也让努力维持与苏联盟友关系的杜鲁门总统感到非常被动。巴顿被免去了兵强马壮的第7集团军司令职务，结束了他的战争生涯。

巴顿曾说过：一个士兵最好的归宿，是在最后一仗中被最后一颗子弹打死。这句话很不幸地体现在他身上，1945年12月9日，巴顿在驾车外出打猎途中意外撞上了一辆军用卡车，身受重伤，于12月21日去世。

二战结束后，巴顿在美国加利福尼亚州洛杉矶参加胜利游行

纵横太平洋 尼米兹

> 哈尔西能在一场海战中取胜，斯普鲁恩斯能在一场战役中取胜，而尼米兹能在一场战争中取胜。
> ——美国军事学家艾德温·霍利

出身贫寒的尼米兹，通过自己的勤奋和努力，成了美国海军历史上的传奇。

有勇有谋的青年海军军官

美国第一位海军五星上将切斯特·威廉·尼米兹（Chester William Nimitz，1885—1966年），1885年出生在美国德克萨斯州弗雷德里克斯堡的一个德裔移民家庭，他的童年是在不幸和贫困中度过的，1901年考入了不收学费的安纳波利斯海军学院，从此与海军结缘。

尼米兹学习刻苦，成绩优异，且具有德克萨斯牛仔的朴实和爽朗。1905年底，跟随"俄亥俄"号军舰进行实习的尼米兹有机会出席日本天皇举办的酒会，遇到了刚刚在对马海战中打败沙俄舰队的日本海军名将东乡平八郎，这次会面给年轻的尼米兹留下了终生难忘的印象，他暗自发誓：自己将来一定要成为一位比东乡平八郎大将更出色的海军统帅。

1922年，尼米兹进入美国海军战争学院深造，在兵棋推演中，尼米兹打破海军传统的战列舰战术惯例，探索以航空母舰为核心的圆形战斗队形，后来又在海上演习中加以应用和检验，这成为二战中标准的航空母舰战斗队形。尼米兹的指挥才能让他声名鹊起。1938年7月，尼米兹荣升为海军少将后，罗斯福总统亲自召见了他，准备任命他为太平洋舰队司令官，但被尼米兹以资历太浅而谢绝了。

逐鹿太平洋

1941年12月7日，当正在家中休息的尼米兹听到珍珠港遭受日本袭击的消息后，立刻从椅子上跳起来前往海军部大楼，匆匆之中只给妻子凯瑟琳留下一句话："只有天晓得什么时刻才能回来。"罗斯福总统命令海军部长弗兰克·诺克斯："告诉尼米兹，到珍珠港去收拾残局；然后留在那里，直到战争胜利！"

珍珠港遭袭后的第10天，56岁的尼米兹出任美国海军太平洋舰队总司令，同时被晋升为海军四星上将。尼米兹于1942年1月亲自指挥由两艘航空母舰组成的联合舰队，对日军控制的马绍尔群岛和吉尔伯特群岛实施闪电突击，大获全胜，极大地鼓舞了士气。

尼米兹早期以研究潜艇为主，而后成为美军中柴油引擎技术的专家。太平洋战争爆发后，尼米兹担任了美国太平洋舰队总司令、太平洋战区盟军总司令等职务，主导对日作战

叱咤风云：人物

今日中途岛一片安静祥和，军舰也显得懒洋洋的。但二战时，这里却是血雨腥风的中心

> **知识链接：尼米兹级航空母舰**
>
> 美国现在装备使用的核动力航空母舰是尼米兹级航母，也是现在世界上吨位最大和综合作战能力最强的军用舰只，从1970年开始设计建造，迄今共造了10艘，其中第一艘航母也以尼米兹的名字命名，其他大多以美国历任总统名字命名。

为了痛击猖狂的日本人，从1942年4月开始，尼米兹使用从航空母舰起飞的B-25远程轰炸机对东京、名古屋等城市发动空袭。这是自明治维新以来日本本土第一次遭受外国军队的袭击，造成了极大震撼，也让美国人大呼痛快。同时尼米兹指挥航母编队在珊瑚海同日本的特混舰队展开大战，交战双方的军舰互不照面，只是由舰载机向对方实施远距离的空中攻击，这也是人类海战史上的创新之举。虽然从战术上看，日本海军占了便宜，但美国海军从此确保了与澳大利亚的海上交通线的安全。

1942年6月4日凌晨，决定太平洋战场主导权的中途岛之战打响。尼米兹指挥美国航母舰队隐蔽待命，等日军攻击中途岛的飞机从航母起飞后，美军航母编队立刻向其接近，连续出动200余架飞机，乘着日军航空母舰接受其第一波飞机返航和第二波飞机由炸弹改挂鱼雷的忙乱之际实施连续攻击。此战尼米兹以损失1艘航母的代价，击沉日军4艘航空母舰和歼灭250架舰载机，从此美国掌握了战场主动权。

1943年1月20日，美国太平洋海军总司令尼米兹与美国南太平洋海军司令威廉·哈尔西在一起。军事历史学家霍利评论："哈尔西能在一场海战中取胜……而尼米兹能在一场战争中取胜"

1943年5月，美军决定沿中太平洋和西南太平洋两条路线向日军发动攻势。中太平洋作战由尼米兹上将亲自指挥，西南太平洋作战由麦克阿瑟上将指挥，基本作战模式是逐岛进攻。但1943年11月的塔拉瓦岛攻击战伤亡惨重，让尼米兹将进攻计划由逐岛进攻改为越岛进攻，也就是著名的"蛙跳战术"。

从1944年末到1945年初，尼米兹率领海军会同麦克阿瑟将军的部队，攻占了菲律宾群岛。接着又率领中路大军浴血奋战，于6月底攻占了硫磺岛和冲绳岛，终于砸开了日本的"国门"。1945年8月15日，日本宣布无条件投降，让美国海军实现了为珍珠港事件报仇雪耻的夙愿。

沙漠之鼠 蒙哥马利

> 英勇的猎手，
> 从不惧怕对手的强大；
> 深谋远虑，
> 最终创造胜利的辉煌。

他，治军严格，不善交际，却以自己的卓越表现赢得了部下的拥戴；他，以成功掩护敦刻尔克大撤退而闻名于世；他，曾经指挥过著名的阿拉曼战役、西西里登陆、诺曼底登陆……2002年，他以第88名的成绩入选英国BBC评选的"最伟大的100名英国人"。他，就是捕捉"沙漠之狐"的猎手——英国的蒙哥马利元帅。

顽皮少年成长为将军

伯纳德·劳·蒙哥马利（Bernard Law Montgomery，1887—1976年）出生在英国一个牧师家庭，小时候非常好动、顽皮，让妈妈非常头疼。有一次他将妈妈非常喜爱的金鱼缸打破了，怒不可遏的妈妈骂他没有出息，将来除了当炮灰，什么也做不成。母亲在气头上的责骂让他非常伤心，甚至于开始自暴自弃，在学校中的成绩下滑，成为"劣等生"。

1907年，蒙哥马利考入了桑赫斯特英国皇家军官学校，毕业后被分配到驻印度的部队中服役，"劣等生"成了预备军官，这时候他性格中坚忍不拔、百折不挠的一面开始展现出来。一战期间，他参加了1914年10月的伊普尔会战，冲锋在前，差点送命。1918年他担任了英国远征军司令部的上尉参谋，并在战后进入坎伯利参谋学院学习深造。在爱尔兰服役结束后又回到这所学院担任教官，一位牧师的儿子成了军官们的教师，人生的有趣之处恰恰在此。

从一战结束到二战爆发的20年间，蒙哥马利潜心研究战争理论与实践，这使他在后来的反法西斯战争中大展雄才。

1938年，蒙哥马利晋升为少将，1939年8月，出任英国陆军第3师的师长，这支部队号称"钢铁师"，战斗力极强。1940年5月，蒙哥马利率领第3师与法国、比利时的军队并肩作战，共同抗击德军，在敦刻尔克大撤退的时候，又奉命狙击德国装甲部队，掩护大部队撤离。

"沙漠之鼠"吃掉"沙漠之狐"

1942年7月，隆美尔在北非战场所向披靡，兵锋指向埃及。对于苦苦支撑的英国而言，埃及

阿拉曼战役中的蒙哥马利。英国陆军元帅、军事家，在第二次世界大战期间，是盟军最杰出的将领之一。他指挥的著名的阿拉曼战役、西西里登陆、诺曼底登陆，为其军事生涯的三大杰作

叱咤风云：人物

英国第8集团军在昔兰尼加取得胜利后，主要由印度人组成的辎重部队在通过利比亚的德尔纳

> **知识链接：蒙哥马利两次访华**
>
> 1958年蒙哥马利退役，此时新中国的建设成就吸引了他。1960年5月和1961年9月蒙哥马利两次访华，与毛泽东、周恩来等中国领导人会见交流，并访问了中国的许多城市。1976年蒙哥马利病逝。

的苏伊士运河是连接地中海和印度洋的生命线，绝不能落入德国之手。危难之际，丘吉尔任命蒙哥马利担任英国第8集团军司令，对决隆美尔，在北非战场上演了一场"老鼠斗狐狸"的精彩好戏。

隆美尔的作战指挥风格是灵活、狡诈，善于使用声东击西的战术，因此被称为"沙漠之狐"。蒙哥马利的指挥风格是谨慎和保守，他小心翼翼地制定周密的作战计划，在执行中又强调各参战单位的精确与协同，给人谨小慎微的感觉，犹如胆小的老鼠。"沙漠之鼠"的绰号只是外人对蒙哥马利作战风格的印象，并没有贬低的意思。

蒙哥马利接管第8集团军后，亲自视察部队，激励士气，又亲自制订了作战计划。他制造出将在阿拉曼南面发动突击的假象，诱使隆美尔在阿拉曼南面发动攻击，此时伪装集中在阿拉曼北部的英军主力包括1000辆坦克、1000门大炮、81个步兵营在德军侧后发动突然袭击，将"沙漠之狐"困在自己精心设计的圈套里。

1942年10月23日夜，阿拉曼战役正式打响，由蒙哥马利和巴顿率领的盟军向隆美尔率领的德意联军发起进攻。英军锐不可当，势如破竹，隆美尔的非洲军团遭到了毁灭性的打击，从此北非的战争主动权落入英军手中。

1943年7月，蒙哥马利率第8集团军在意大利西西里岛登陆，开辟了欧洲战场的南部战线。1944年6月，蒙哥马利在协助艾森豪威尔指挥盟军发动诺曼底登陆后，又直接指挥盟军第21集团军群解放了法国北部、比利时、荷兰。德国投降后，蒙哥马利出任英国驻德国占领区总司令。

蒙哥马利（右）与巴顿（左）和美国将军布莱德雷（中间）在第21集团军总部。拍摄于1944年7月7日的诺曼底

皇家第一海军名将 坎宁安

晴天响雷敲金鼓，大海扬波作和声。
夜袭塔兰托，歼敌马塔潘，
撑起皇家海军一片天！

第二次世界大战的海洋战场是航空母舰唱主角的舞台，传统的"大舰巨炮"受到严重挑战。守旧的英国皇家海军在传奇将领安德鲁·布朗·坎宁安的带领下，迅速改弦更张，创造了辉煌战绩。

海军之子夜袭塔兰托

被皇家海军官兵亲切地称为"ABC"的安德鲁·布朗·坎宁安（Andrew Browne Cunningham，1883—1963年）出生在爱尔兰都柏林，他的父亲是爱丁堡大学的一位解剖学教授。1893年，年仅10岁的坎宁安进入达特茅斯的英国皇家海军学院学习，1897年加入英国皇家海军，在"不列颠尼亚"号训练舰实习。一战期间，坎宁安担任驱逐舰的舰长，长期在达达尼尔海峡和波罗的海地区参加作战行动。

1938年，坎宁安出任英国皇家海军的副参谋长。1939年，担任英国皇家海军地中海舰队的司令，他整顿舰队内部拖沓的工作作风，使舰队焕发出蓬勃战斗力。不久发生的塔兰托战役展示了坎宁安的杰出军事才能。

为了打击意大利舰队的有生力量，消除意大利舰队对英国运输船队的威胁，坎宁安决定袭击意大利最大的海军基地塔兰托港。但这里防御严密，为此坎宁安设计了一系列迷惑意大利海军的活动，成功分散了意大利海军的注意力。

1940年11月6日13时，英国攻击舰队从埃及亚历山大港出航，开向塔兰托。11日晚23时，

坎宁安，英国海军大臣，二战时任驻地中海舰队司令。1940年指挥塔兰托战役，首开舰载机袭击军舰的先河。1941年指挥攻击马塔潘角海战，重创意大利舰队。1942年任北非盟国远征军海军总司令，1943年晋升海军元帅，任海军部第一次官兼海军参谋长

战役打响，从航空母舰上起飞的飞机对几乎毫无防备的意大利舰队进行猛烈轰炸，空袭持续了一个多小时，意大利海军元气大伤。此役改变了二战时期英国和意大利在地中海地区的海军力量对比，确立了英国皇家海军在地中海地区的战略优势。

歼敌马塔潘角

不久，坎宁安又组织发动了马塔潘角海战。1941年3月初，意大利海军奉命破坏从埃及至希腊的英国海上交通线。26日，意大利海军舰队驶向克里特岛，企图在附近海域袭击英军护航运输

叱咤风云：人物

意大利塔兰托古堡。1940年11月11日坎宁安率领英国海军袭击了驻扎在塔兰托的意大利舰队

> **知识链接："火炬"行动**
>
> "火炬"行动，又称北非登陆战役。1942年7月，英美首脑决定实施进攻北非的"火炬"行动计划并于9月确定了"火炬"行动的细节，决定两国军队于11月8日在北非的阿尔及尔、奥兰和卡萨布兰卡实施登陆，占领沿海主要港口，之后向东抢占突尼斯，待机与北非的英军协同作战，消灭在北非的德意部队。1943年5月13日，德意联军向盟军投降，约10万德军、15万意军被俘，只有633人从海上逃走。"火炬"行动胜利结束，北非战事至此终结。

队。27日被英侦察机发现，于是坎宁安乘"厌战"号战列舰，率舰队迎战。3月28日上午，英意双方展开激战，英军出动了轰炸机、鱼雷机攻击意大利舰队。英军舰队主力赶到，更是大败意大利海军舰队。此次战役，意大利军舰被击沉5艘，重创1艘，英方则仅损失飞机1架。意大利海军力量严重受损，再无力进行大规模的海战，而英国则完全掌握了东地中海的制海权。

经过塔兰托和马塔潘角两次大的战役后，坎宁安的地中海舰队完全控制了整个地中海地区的后勤补给通道，使得盟军可以集中兵力对付北非隆美尔的德国非洲军团，为英军夺取北非作战的胜利奠定了基础。

1941年5月，英联邦陆军在希腊和克里特岛战败被困，坎宁安在纳粹绝对优势的兵力下，率领地中海舰队展开营救，以巨大的代价成功地撤出了70%以上的兵员。1942年，坎宁安被任命为"火炬"行动的海军指挥官和北非盟军海军远征军总司令。1943年，坎宁安率地中海舰队完成对北非海岸的封锁，迫使被阻于北非的轴心国部队不得不向盟军投降。9月10日，坎宁安在马耳他接受了意大利舰队的投降。也是在1943年，坎宁安晋升为英国海军的最高领导。

格林威治皇家海军学院原为国王行宫，英法战争期间改为伤兵养病院，1871年改建为海军学院，一直是英国海军军官培养的摇篮，坎宁安曾经在此学习过。现该学院仍用于培训海军军官

空军雄鹰 休·道丁

岁月，散去了硝烟，
却埋没不了英雄的身影。
雄鹰，淡出了民众的视野，
却永远铭刻在民众的心中。

道丁性格倔强却又思维敏锐，在纳粹对英国的大规模空袭中，他指挥若定，激发士气，粉碎了德国的进攻，也因此被称为"不列颠上空一只倔强的鹰"。

从炮兵到空军

1911年，休·道丁（Hugh Dowding，1882—1970年）考入坎伯利参谋学院学习炮兵课程，但新发明的飞机引发了他的好奇心，为此他每天都起个大早到附近的飞行学校接受飞行训练。从参谋学院毕业后，道丁又到中央飞行学校继续接受飞行训练。

一战爆发后，道丁参加了英国皇家航空队，担任飞行中队中队长在法国作战。1916年晋升为中校，后又出任第9飞行大队大队长。1918年4月，英国组建皇家空军，表现优异的道丁被留在空军服役。原本是想当炮兵的道丁，最后却成为空军指挥官。

1919年，道丁晋升为空军准将，1930年，成为空军委员会委员并开始负责空军武器装备的研究。道丁注重发展空军武器装备，为皇家空军开发了许多新式武器，其中就有堪称"三大法宝"的飓风式战斗机、喷火式战斗机和雷达，这"三大法宝"在不列颠之战中发挥了巨大作用。1936年，道丁出任皇家空军战斗机司令部的司令，1937年晋升为空军上将。

保卫不列颠

二战爆发后，纳粹军队横扫西欧，1940年6月法国投降，形单势孤的英国在英吉利海峡的保护下"负隅顽抗"。在劝降失败后，希特勒恼羞成怒，启动"海狮计划"，准备全面入侵英国。1940年7月10日，德国集结2669架作战飞机对英国发动大规模空袭，不列颠之战爆发。面对纳粹的猖獗进攻，已到退役年龄的休·道丁决定坚守岗位，与张狂的纳粹德国空军总司令戈林展开了一场惊心动魄的大搏杀，为保卫英伦三岛站好最后一班岗。

战斗伊始，纳粹飞机如蝗虫一般扑向英国，道丁指挥皇家空军使用战斗机、雷达和高射炮等先进

空军上将道丁，1936年主持英国战斗机司令部，重视空军的研究和发展工作，推进雷达以及喷火式和飓风式歼击机的发展。第二次世界大战初期，在不列颠之战中以正确的战略战术指挥空战，保持了英伦上空的制空权，并粉碎了德国的战略意图

武器沉着应战，从各个方向截击德国飞机。1940年8月15日，德国空军企图两面夹击，一方面突破英国东南部防御，另一方面派飞机对英国北部实施突袭。但道丁看穿了纳粹的图谋，指挥北部和南部的空军迎击，击毁75架德国飞机。戈林继而以"鹰"为代号，全面出击，狂轰英国东南部和伦敦附近地区，企图摧毁英国的地面设施和飞机制造厂。道丁一方面派遣战斗机去保护飞机制造厂，加强重点地区的防御，另一方面组织战斗机在海峡上空拦截阻击德国轰炸机群。

> **知识链接：道丁"被撤职"**
>
> 不列颠空战使道丁一战成名，然而不久他却被撤去了全部职务，引发各种猜测。在不列颠空战中，英军借助阿兰·图灵在1939年发明的电子计算机破译了德军通信密码，从而能够掌握德国空军的作战计划。为了保守这一秘密，道丁主动要求"被撤职"，隐居到肯特郡的伊里斯小镇上。1970年，88岁的道丁去世，留下了"请民众把我遗忘"的遗言。

蓝天上的雄鹰

为了报复英国空军对柏林的空袭，希特勒决定从1940年9月7日起重点轰炸伦敦，千年古城、帝国之都的伦敦蒙受了巨大损失。为了保卫伦敦，道丁指挥英国皇家空军以大无畏的精神迎战死亡，在付出惨重代价后，最终挫败了希特勒的图谋，戈林的空军遭到了重创。然而，并不甘心失败的希特勒却将战火扩大到考文垂等英国工业城市，企图削弱英国的军事工业，道丁则指挥歼击航空兵继续迎战。由于英国空军的英勇抗击，德军损失越来越大，1940年11月底，不列颠空战结束，德国军用飞机被击落1818架，而英国皇家空军只损失了995架飞机。希特勒没有在空战中占到便宜，"海狮计划"也宣告破产。

在这场残酷的苍穹角逐中，道丁指挥下的英国歼击航空兵作出了杰出贡献，英国首相丘吉尔曾深有感触地说："在人类战争领域里，从未有过这么少的人对这么多的人作过这么大的贡献。"

英国飓风式战斗机是二战中闻名遐迩的战斗机。它的名气，首先出在曾惨败给诞生于同一时间的对手，接着又因战功赫赫而名声大噪。在1940年8月的不列颠空战中，飓风式战斗机是英军战斗机部队的主力。整个战役中，飓风击落的敌机比英军其他任何一种战斗机都多

斯大林的救火队长 朱可夫

> 20世纪迄今为止所出现的最伟大的军人，是苏联的格奥尔基·朱可夫元帅，稍稍数一下就可以发现，他是个从未输过一场战役的将军。
> ——英国《泰晤士报》

二战将星如林，而苏联的朱可夫元帅无疑是其中最璀璨的一颗。他指挥了伟大的苏联卫国战争，率领红军攻克柏林，彻底击败纳粹德国，建立了不朽的功勋。

英雄出少年

格奥尔基·康斯坦丁诺维奇·朱可夫（1896—1974年）是苏联著名的军事家，也是苏联历史上唯一四次获得"苏联英雄"称号的将领。他出生于贫寒的鞋匠家庭，一家四口人挤在一间小屋里，生活非常艰苦，朱可夫曾经不无伤心地说过："挤死总比冻死强。"朱可夫只在不收学费的教会小学读过两年书，此后便被送到莫斯科的一个皮革作坊里当学徒。为了提高文化水平，朱可夫坚持在夜深人静的时候，跑到唯一还亮着灯的厕所里看书学习。功夫不负有心人，后来他通过了莫斯科中学的全部课程考试。一战爆发后，朱可夫应征入伍，进入骑兵部队，因为作战勇敢而获得提拔，成为下级军官。十月革命爆发后，他加入红军，并很快入党，参加了保卫苏维埃政权的战争。此后他在多所军事学校学习，成长为一名优秀的高级军事将领，以足智多谋著称。

诺门坎痛击日寇

1937年日本发动全面侵华战争并取得节节胜利后，有些日军将领主张趁机北进，夺取蒙古和苏联的远东地区。为试探苏联在远东地区的军事实力，1938年7月，日本制造了"张鼓峰事件"，遭到苏军迎头痛击，损兵折将千余人。1939年6月，日本人又借机在中蒙边境挑起武装冲突。当时朱可夫担任驻蒙、苏军第1集团军司令，指挥对日作

朱可夫，苏联著名军事家、战略家，苏联元帅。他几乎指挥了苏德战争中所有的战役，是苏联击败纳粹德国的头等功臣

战，展示了高超的指挥才能和组织能力。他将骑兵战术运用于坦克战之中，调集大量坦克对日军阵地进行重点突破，同时协调步兵、炮兵、航空兵，大胆实施迂回包抄的钳形攻势，以较小代价，给日军以毁灭性打击，日军伤亡5万多人。朱可夫因此第一次获得"苏联英雄"的称号。

诺门坎战役虽然规模不大，但具有重要战略意义。日本认识到远东苏军的强大实力，被迫放弃"北进战略"，即使在德国入侵苏联后，也不敢同希特勒联手东西夹攻苏联，苏联得以避免两线作战的不利局面，从远东抽调15个精锐师的力量参加莫斯科保卫战。

莫斯科保卫战

1941年6月22日，希特勒出动550万军队，分三路入侵苏联，苏军仓促应战，损失惨重。到7月下旬，德军逼近乌克兰历史文化名城基辅。担任苏军总参谋长的朱可夫认为基辅难以固守，建议将军队主动后撤，保存反击的实力。但斯大林下令死守基辅，并撤掉了朱可夫的总参谋长职务。结果基辅被德军包围，苏军士兵伤亡达70万。此后德军势如破竹，莫斯科岌岌可危。斯大林被迫重新启用朱可夫，斯大林在命令中说："在莫斯科以西62英里到74英里的防线上，保卫首都的任务已交给朱可

1939年6月朱可夫指挥诺门坎战役。诺门坎战役彻底打消了日本陆军"北进"进攻苏联的计划

> **知识链接：朱可夫骑马检阅部队**
>
> 1945年6月24日，苏联在莫斯科举行盛大的阅兵式，庆祝战胜德国法西斯。按照苏联的惯例，阅兵首长应骑马检阅部队，这一光荣而神圣的职责应当属于苏军最高统帅斯大林，但斯大林却问朱可夫是否已对骑马感到生疏。"还没有"，骑兵出身的朱可夫回答。斯大林补充说："那你得检阅部队。罗科索夫斯基负责指挥。"斯大林又补充道："我年纪大了，检阅不了了。你检阅吧，你年轻些。"原来不久前斯大林从马背上摔了下来，肩部受伤了。阅兵当天，威风凛凛的朱可夫元帅骑着一匹白色的阿拉伯纯血宝马检阅了战火中归来的苏军将士，留下了永恒的历史瞬间。

夫负责。"

当时的莫斯科处于紧张和混乱中，各政府部门

和外交使团紧急撤出莫斯科，民众中谣言四起，许多意志薄弱者偷偷烧掉党证，撕毁家中的列宁像和斯大林像，还有些暴徒趁火打劫，抢劫商店和运输车辆。

斯大林决定留在莫斯科指挥，但他对战争的前景并无把握。为此，斯大林亲自打电话给朱可夫，直截了当地问：能不能守住莫斯科？他对朱可夫说："我怀着内心的痛苦在问你这个问题，希望你作为一名共产党员诚实地回答。"几个月前朱可夫要求放弃基辅惹怒了斯大林，并被撤职。此时面对斯大林以共产党员对共产党员的坦诚，朱可夫沉默了一会儿，一字一句地回答："我们能够守住莫斯科。"

从1941年10月到1942年4月间，朱可夫将从战场上撤下来的残兵败将和新征募的士兵重新组建了西方面军，包括88个步兵师、15个骑兵师和1500辆坦克，击败了人数多达180万的德军中央集群，歼敌50余万人，保护了莫斯科的安全。

此后朱可夫被任命为地位仅次于斯大林的苏联红军副总司令，负责协调和指挥苏联红军的作战。1942年8月，又被委派指挥斯大林格勒保卫战，他和总参谋长华西列夫斯基一起制定了"天王星计划"，利用斯大林格勒的巷战吸引住德军第6集团军的主力，同时苏军主力从两翼进行包抄合围。苏军在付出惨重代价后，将被包围的33万德军全歼。德军第6集团军保卢斯元帅及全体军官成为苏军的俘虏。斯大林格勒保卫战的胜利为朱可夫赢得了"斯大林的救火英雄"

苏联第20军在距离莫斯科仅40公里的卡缅卡村向德军发动反击

1942年1月，莫斯科战役中饥寒交迫的德军士兵向苏联红军投降

叱咤风云：人物

1945年，朱可夫（佩戴红色绶带者）、蒙哥马利（前排右三）和有苏联常胜将军之称的康斯坦丁·罗科索夫斯基元帅（前排右四）在柏林勃兰登堡门前漫步，看得出都带着胜利的喜悦

的赞誉。斯大林格勒战役是苏德战场的转折点，从此苏军发动了凌厉的反击。

朱可夫的军事才能在斯大林格勒保卫战中展现无遗，扬名天下。美国军事史学家索尔兹伯里评论道："在生死攸关的时刻，斯大林再次求助于朱可夫。斯大林格勒的命运系于一发，甚至连全体俄国人的命运都寄托在朱可夫一人身上。此前，莫斯科会战已经使朱可夫成为民族英雄……斯大林格勒战役之后，谁也不再怀疑，由朱可夫指挥的苏联红军终将战胜德国。"

解放柏林

1945年4月16日凌晨3时，朱可夫元帅指挥的白俄罗斯方面军对纳粹德国的最后堡垒——柏林发动进攻。18000门大炮一起轰鸣，炮弹如雨点般落向德军阵地，20分钟后，步兵和坦克部队发动突击，天空中出现了数千发彩色信号弹，地面上134部探照灯霎时间大放光明。朱可夫在回忆录中写道："一千多度电光照亮了战场，使人目眩眼花，将我军坦克和步兵冲击的目标从黑暗中暴露无遗。这是一个给人留下异常强烈印象的场面，可以说，我一生从未有过类似的感觉。"

4月27日，苏军攻入柏林市中心，开始艰苦的巷战。4月30日晚，苏军攻克国会大厦，绝望的希特勒在总理府地下室里开枪自杀。1945年5月2日，德军柏林卫戍部队投降。

1945年5月8日，苏联元帅朱可夫代表苏军，英国空军上将泰勒、美国斯巴茨将军和法国塔西尼代表盟国远征军，接受了德军总司令凯特尔元帅的投降。第二次世界大战在欧洲最终落下帷幕。

日本关东军的掘墓人
华西列夫斯基

足智多谋,运筹帷幄,斯大林最信赖的总参谋长,日本关东军的掘墓人。

在第一次见到华西列夫斯基的人眼里,他是一个比较平庸的人,没有朱可夫的才华横溢,也缺乏铁木辛哥的勇武刚毅,但他的特点是稳重和缜密。

神父的孩子

亚历山大·米哈伊洛维奇·华西列夫斯基(1895—1977年)出生在伏尔加河流域中部平原的新戈利奇哈镇,父亲是一名乡村神父,家族里边都是朴实的农民,从来没有人参过军。华西列夫斯基童年时候的最大梦想是考入农业大学,成为一名农业科学家,他对宗教和神学没有兴趣。后来斯大林曾开玩笑问他为何没有去做神父,他回答说从来没有想过。

第一次世界大战爆发后,华西列夫斯基入伍当兵,并逐渐升至上尉营长,但1917年十月革命爆发后,他退伍回乡,当了一段时间的乡村教师。1919年4月,他被批准加入红军,开始了自己的革命征程。

斯大林的总参谋长

1941年6月苏德战争爆发后,华西列夫斯基先后担任过苏军总参谋长、最高统帅部大本营代表、白俄罗斯第三方面军司令和远东苏军总司令等一系列要职。他直接参与了几乎所有的苏军东西两大战线全部战役的具体筹划和统率指挥工作。在1941年12月的莫斯科保卫战中,华西列夫斯基率总参谋部10人小组有力地支持了斯大林。1942年春夏之交,德军在南线猖狂突进,他临危受命出任苏军总参谋长一职。此后,他在大本营和战争前线往返奔波,成功地协助斯大林领导了具有决定性意义的斯大林格勒会战、库尔斯克会战、解放顿巴斯、收复乌克兰和克里米亚等战役。1944年夏,他由苏德战场南翼转到西部,后又转到西北部,筹划和指挥了白俄罗斯战役和波罗的海沿岸战役,指挥白俄罗斯方面军攻克了被称为"绝对攻不破的德意志精神堡垒"的柯尼斯堡。

华西列夫斯基,苏联杰出的军事家,苏联元帅。第二次世界大战苏军的总参谋长,斯大林格勒反攻作战的指导者,克里米亚的收复者和加里宁格勒(哥尼斯堡)的解放者,苏联陆军三驾马车外最具有才华的将领,参与指挥、筹划了苏联卫国战争中的所有战役

斯大林的跟班

作为卫国战争期间担任总参谋长时间最长的高级将领,华西列夫斯基非常艺术地处理了与斯大林的关系。每当斯大林主持召开军事会议的时候,总是先让总参谋长华西列夫斯基发表意见。这时候华西列夫斯基会首先讲三条正确的意见,但口齿不清,用词不当,前后重复,没有条理,声音含混,

叱咤风云：人物

辽宁旅顺中苏友谊塔位于旅顺博物馆前的广场中心，始建于1955年2月23日，1957年2月14日落成。奠基碑文为周恩来题写

> **知识链接：温文尔雅的儒将**
>
> 华西列夫斯基性格敦厚，待人热诚，严于律己，谦逊自处，个人修养在苏军将帅中堪称第一。斯大林曾开玩笑说："华西列夫斯基同志，您指挥这么一大批军队，而且干得不坏，但您自己也许连苍蝇也没有欺侮过。"

让参会的其他将军们不得要领，但因为斯大林的座位离他最近，一般都能听清楚。接着，华西列夫斯基画蛇添足地讲两条错误的意见，此时声音洪亮，条理清晰，每个人都能听明白。

斯大林发言时会首先批判华西列夫斯基的错误意见，接着清晰明白地阐述自己的决策。而这些决策恰恰是华西列夫斯基刚刚表达过的，但其他参会者谁也不会明白，纷纷称赞斯大林的深谋远虑。就是通过这种方式，华西列夫斯基把自己正确的意见变成了斯大林的决策，付诸实施。

有些将军嘲讽华西列夫斯基，每次不让斯大林骂一顿，心里就不好受。对此，华西列夫斯基曾说过："如果我也像别人一样聪明、一样正常，期望受到最高统帅的当面赞赏，那么，我的意见也会被丢到茅坑里。我只想让自己的进言被采纳，只想让前线将士少流血，只想让苏军打胜仗。我以为，这比讨斯大林当面赞赏重要得多。"

消灭日本关东军

从1945年初开始，斯大林便命令华西列夫斯基筹备对日作战的各项工作。1945年7月30日，华西列夫斯基被任命为苏联远东军总司令。此时苏联在远东的总兵力为150万人，包括11个合成集团军、1个坦克集团军、3个航空集团军和3个防空集团军、4个独立航空兵军，有26137门火炮，5556辆坦克，3446架飞机。1945年8月9日零点10分，苏联红军从东、西、北三个方向，在4000多公里的战线上，越过中苏、中蒙边境，向日本关东军发动进攻。此时关东军还有100万人的兵力，但在苏军的进攻下，一触即溃。经过近一周的激战，8月14日，苏军各集团军已经成功越过原始森林、高山大漠，正在茫茫的平原上迅速向东北腹地推进。就在这天，日本政府向美、英、苏、中四国政府发出投降照会。8月17日，日本关东军向华西列夫斯基元帅投降。

1945年8月，日本关东军与苏联红军元帅、远东军总司令华西列夫斯基（中）和远东军梅列交科夫元帅（左）会谈日军投降事宜

百战老将 铁木辛哥

从纵横驰骋的骑兵团长，到指挥铁甲洪流的苏联元帅。

铁木辛哥元帅是20世纪上半叶苏联军事历史的见证人，他崛起于十月革命后的国内战争时期，在苏联对外战争中开疆拓土，在卫国战争中转战于各个战场，立下了不朽功勋。

从沙俄列兵到苏联将军

谢苗·康斯坦丁诺维奇·铁木辛哥（1895—1970年），1895年出生于乌克兰敖德萨，虽然他的外貌和姓氏都很像蒙古人，但却是俄罗斯族人。一战爆发后，铁木辛哥进入沙俄军队，1918年加入苏俄红军。在1919年的察里津（后更名为斯大林格勒）保卫战中，铁木辛哥率领第一克里米亚骑兵团直接在斯大林指挥下作战，深得信赖，为他以后获得重用奠定了基础。

国内战争结束后，铁木辛哥步步高升，1925年，他任第3骑兵军军长，1938年2月，出任基辅特别军区司令。在出任上述要职期间，铁木辛哥善于把战争经验运用于部队训练，成为"干练的部队军事训练的组织者"。

1939年9月1日，纳粹德国闪击波兰；9月17日，苏联以保护波兰境内的乌克兰人和白俄罗斯人为由，命令铁木辛哥率领60万苏军侵占了西乌克兰、西白俄罗斯及比亚威斯托克等37000平方公里的波兰土地。

1939年11月，苏芬战争爆发。1940年1月，铁木辛哥出任新组建的西北方面军司令，负责扭转苏军在战场上的败局。他兵分两路：一路向芬兰曼纳海姆防线的正面发动攻击，另一路从结冰的海面上迂回穿插到侧后展开攻击，最终迫使芬兰求和。1940年3月21日，铁木辛哥获得"苏联英雄"称号，同年荣膺苏联元帅军衔。

二战功绩

1940年5月，苏联任命铁木辛哥为国防人民委员（即国防部长）。铁木辛哥认为苏德战争不可避免，时刻关注德军的动向，并进行了大量的战备工作，同苏军总参谋长朱可夫一起多次组织军事演习，并征召后备役人员。

1941年6月13日晚间，铁木辛哥根据情报断定纳粹德国即将发动不宣而战的入侵，心急如焚的

铁木辛哥，苏联元帅、军事家、苏联红军最高指挥官，参与指挥过明斯克战役、斯摩棱斯克战役、斯大林格勒会战等，两次荣膺"苏联英雄"称号，获列宁勋章5枚，著有《伟大的功绩》《由莫斯科向南挺进》等

芬兰战俘。苏芬战争期间，铁木辛哥指挥西北方面军突破曼纳海姆防线

知识链接：苏联元帅军衔

1935年苏联发布《关于在苏联红军中建立军衔制度的决议》，设立"苏联元帅"军衔，作为苏联军队的最高军衔，授予"在国防建设、军队建设、反侵略战争中建立卓越功勋和具有杰出军事思想的高级指挥员"。为表彰斯大林在二战中的功绩，1945年又增设最高军衔"苏联大元帅"。

他通过电话联系斯大林，提议边境部队进入作战状态，但被拒绝。6月21日晚，铁木辛哥和朱可夫根据最新情报断定德军将在6月22日进攻苏联，他们立刻向斯大林汇报并命令边境部队进入一级战备状态。不出所料，6月22日凌晨，纳粹德国发动了突然袭击，苏联卫国战争开始了。

面对战争初期苏军节节败退的状况，铁木辛哥和朱可夫等将领成为"救火队长"，转战于各个战场。1941年7月，铁木辛哥接替指挥不力的巴普洛夫大将，任西方方面军司令，在德军主攻方向上组织防御作战，依靠劣势兵力将德军中央集团军群阻遏在斯摩棱斯克一带，并发动局部反击，重创敌军，为莫斯科保卫战赢得了宝贵时间。9月，铁木辛哥调任西南方向总指挥，在没有空军支援且坦克数量、质量都处于劣势的情况下，在罗斯托夫重创德国南方集团军群，歼灭德国第1装甲集团军，有力地配合了莫斯科保卫战。

1942年7月，铁木辛哥出任斯大林格勒方面军司令，参加斯大林格勒保卫战。从1943年3月起，铁木辛哥以最高统帅部代表的身份协调指挥各方面军的作战行动，特别是在1944年8月的雅西-基什尼奥夫战役中，铁木辛哥指挥第2乌克兰方面军和第3乌克兰方面军的125万人、1.6万门大炮和迫击炮、1870辆坦克和自行火炮、2200架飞机参战，完全击溃德国南乌克兰集团军群，消灭了22个德国师，全歼罗马尼亚军队。

卫国战争胜利后，铁木辛哥与朱可夫元帅等人一起获得"苏联英雄"称号，并长期担任苏共中央委员和苏联最高苏维埃代表，著有《伟大的功勋》和《由莫斯科向南挺进》等回忆录。

1942年秋季，苏联红军士兵在战斗的间隙演奏小提琴

纳粹空军元帅 戈林

是空军军费的不懈争取者，
也是希特勒的终生追随者，
是高超的政治投机者，
更是正义审判下的犯罪者。

赫尔曼·威廉·戈林（Hermann Wilhelm Göring，1893—1946年）在第三帝国核心人物中是罕见的全才。他不仅是空军一把手，还创立了党卫军并兼任过盖世太保首领、"四年计划"的负责人、国会议长、冲锋队总指挥、经济部长……戈林曾一度深受希特勒的赏识与信任，甚至有望被希特勒指定为接班人。希特勒慷慨地授予他号称"元帅的元帅"的"帝国大元帅"称号。戈林的人生巅峰伴随着1942年德国军事情形的失利走向下坡路，在郁郁寡欢中将生活寄托在奢华的享乐中聊以逃避。纽伦堡审判上，戈林被判处绞刑，而他赶在行刑前秘密服毒自尽了。

西线上空的闪电

戈林出生在退伍军官家庭，成长过程中受教父爱普斯坦影响很深，出身上流的爱普斯坦带着戈林游走于上流人物中，开阔了他的视野。戈林并非狂热的排犹主义者，这跟他的教父是犹太人的身份不无关系。

戈林的空战能力在一战中崭露头角，时任德皇威廉二世亲自给他颁发功绩勋章奖励其击落敌机18架的战绩。1940年春，德国将英法联军逼到敦刻尔克，在地面装甲作战和空袭作战之间，德军上层产生分歧。戈林在空军立了大功之后，坚持放弃地面围攻，只用持续的空袭来消灭敦刻尔克的英法联军。最终造成敦刻尔克近40万英法有生力量逃到英国。尽管在敦刻尔克战役中，戈林统领的德国空军表现神勇，但是战略上的失败是局部战役的胜利无法弥补的。

希特勒试图通过持续轰炸伦敦迫使英国丧失斗争意志。戈林意识到，英国人的意志并非轻易因为持续轰炸就土崩瓦解，因此建议将轰炸目标集中在英国飞机场和港口，但遭到固执的希特勒的严词拒绝。两个月的不列颠空袭虽然重创了英国本土，但也使得德国空军的损失节节攀升，两栖登陆作战的时机也渐渐消逝。随着德国开展对苏的"巴巴罗萨"行动，无形中宣告对英空袭的战略失败。

戈林手指上佩戴的红宝石戒指是"帝国元帅"的标志。他担任过德国空军司令、"盖世太保"首领、"四年计划"负责人、国会议长、冲锋队总指挥、经济部长、普鲁士邦总理等跨及党政军三部门的诸多重要职务，并曾被希特勒指定为接班人

1928年戈林（左）与希特勒在纽伦堡的纳粹党集会上。1922年12月，戈林加入了纳粹党。1923年3月1日，尽管戈林加入纳粹党还不满一年，但是他仍被任命为冲锋队总指挥。希特勒对戈林颇为赞赏，他说道："我交给他的是一群粗野的乌合之众，但他在很短时间里就把他们打造成一支为数1.1万人的师"

> **知识链接：伦敦大轰炸**
>
> 1940年9月7日至1941年5月10日，德国空军对伦敦实施战略轰炸。由于德国在1940年8月遭到英国空军轰炸柏林，希特勒一方面报复性地轰炸对方首都，另一方面希望通过轰炸瓦解英国抵抗意志，达到不进行陆地作战而使英国屈服的目的。轰炸造成伦敦4.3万市民死亡，约10万栋房屋被毁坏。但同时也转移了英国空军基地的压力，为英国空军保留了实力。

东线战场的成与败

"巴巴罗萨"行动中，德国空军作为排头兵炸毁了苏联大量飞机。但戈林似乎只关心飞行员，却对空军地勤人员较为疏忽。随着苏联反攻季的到来，德军后勤渐渐跟不上脚步。面对第6集团军被死死围困的局面，戈林向希特勒保证其可以每天向围困区空投300吨军需物资，可事实上连三分之一都满足不了。在北非战场，立下军令状的戈林同样保证不了给隆美尔的军需支援，也因此遭到隆美尔痛恨。1942年后，随着德累斯顿、科隆、汉堡等德国本土大城市遭到英美联军轰炸，德国空军无法组织有效抵抗，戈林的声誉因此急剧下滑。

被遗弃的与被审判的

第三帝国崩溃前夕，戈林得到不确切的口信：希特勒将任命自己为全权负责人，负责与盟军的和谈工作。戈林半信半疑中给希特勒发去一封彻底让希特勒对自己丧失信任的确认电报，希特勒认为他有夺权的意图，至此戈林完全丧失希特勒对他的信任。甚至在希特勒的自杀遗嘱中，戈林的接班人资格也被邓尼茨取代了。1945年5月7日，戈林向美军投降。纽伦堡审判席上，戈林将他的口才天赋发挥得淋漓尽致，口若悬河、滔滔不绝的辩护曾一度掩盖了其罪恶的事实，让法官都为之动容。但是在确凿的证据面前，戈林逃脱不了正义的审判，最终这位不可一世的空军元帅被判处绞刑。深知求生无望的戈林，用提前秘密准备好的氰化钾毒药自尽。一个恶贯满盈的法西斯恶魔，在最终的惩罚方式上逃脱了正义的审判结果，虽说死亡降临在他身上，但不是以正义的方式，不得不说是个遗憾。

二战结束后，戈林（前排左一）在审判德国党政军领袖的"纽伦堡审判"中被判犯"密谋罪"、"破坏和平罪"、"战争罪"和"反人道罪"，并处以绞刑

闪电伯爵 曼施坦因

终生从军，
作战场地横跨东西战线；
绝境重生，
战略眼光亘古少有。

即使在军事传统悠久的德国，曼施坦因的军事履历也是首屈一指的。出身于军事世家的他，继承了父辈们卓越的军事才华，在二战东西战场发挥了决定性的作用。或许有人质疑同样战功显赫的隆美尔、邓尼茨只有战术而疏于战略，但是提起曼施坦因，即使是他的对手也不得不承认他是杰出的战略指挥家。

闪电突袭高卢雄鸡

埃里希·冯·曼施坦因（Erich von Manstein，1887—1973年）出生在具有悠久军事传统的普鲁士家庭。他的爷爷、父亲、舅舅都是军功显赫的陆军将领，而且和大名鼎鼎的原德国总参谋长兴登堡是近亲。在浓厚的军事氛围熏陶下，曼施坦因13岁即加入了少年候补军官团，20岁便晋升为少尉。

曼施坦因的战略天才在二战德军奇袭法国中展现得淋漓尽致。德国原本打算延续一战入侵法国的"施里芬计划"。时任参谋官的曼施坦因坚决反对。他主张将装甲配置在南方的A集团军，越过阿登山区，横插在英法主力前方，孤立并截断这块障碍。曼施坦因的作战计划一开始并没有受到德军高层的重视，直到原先的作战计划被英法方面截获泄露出去，希特勒才重新审视曼施坦因的作战思路并大加赞赏。最终法国不到六个星期便向德军投降，这一事实证明了曼施坦因卓越的战略天赋。

东线战场大展手脚

1941年6月，"巴巴罗萨"计划实施。曼施坦因负责指挥第56装甲军，开战后4天便以闪电般速度深入敌境200里，大大出乎苏联的意料。随后的列宁格勒战役中，苏军猛烈反击，成功孤立了三个德军师，拖延了德军进攻列宁格勒的速度，但是曼施坦因率领的部队却一路高歌猛进，并俘获12000名苏军和141辆坦克。

曼施坦因的卓越表现，让希特勒大为赞赏，1942年希特勒任命曼施坦因为第11集团军司令，负责克里米亚半岛的军事行动。在此期间曼施坦因多次击败数倍于己军的苏军，尤其在苏军越过科尔茨海峡向克里米亚反攻时，曼施坦因成功阻止了苏军的逆袭，俘获17万苏军，成功攻陷塞瓦斯托波尔港。随后，曼施坦因被授予元帅称号。

曼施坦因，纳粹德国德意志国防军中最负盛名的指挥官之一。1939年9月任南方集团军群参谋长，参加德波战争、对列宁格勒方向的进攻，后在库尔斯克会战中失败。1944年3月被解职，1945年被英军俘获。1949年被英国军事法庭判处18年徒刑

叱咤风云：人物

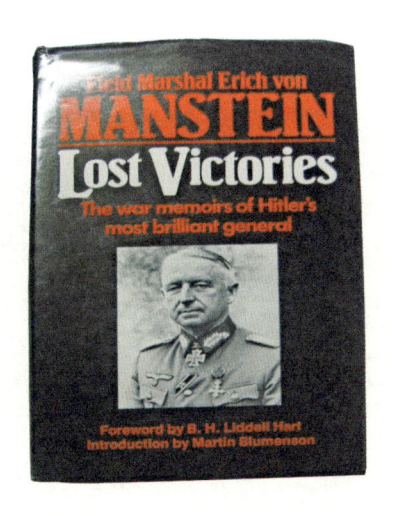

曼施坦因回忆录《失去的胜利》以个人亲身经历为主线，介绍了德国进行战争的经过，尤其是详细地描述了他亲自指挥的几次重大作战行动，阐述了他对二战中各个事件和重要人物的看法

> **知识链接：《失去的胜利》**
>
> 《失去的胜利》是曼施坦因的回忆录。书中曼施坦因高度赞扬了德国陆军在二战中纪律严明、配合默契、坚强勇敢的表现，而将二战最后的失败归结在希特勒个人指挥不利上。书中对二战各大重要战役都有细致的分析，是重要的军事教材和军事史料。该书主要从军事的角度分析，较少涉及政治因素，将失败原因归结于个人，成了该书的局限性。

斯大林格勒战役让德军第6集团军几近全军覆没，苏联正式进入战略反攻季。战场南部，曼施坦因在近1∶3的劣势下屡屡突破苏军封锁线，但由于北部德军的失利，希特勒下令停止进攻并命令曼施坦因的装甲部队撤离库尔斯克。曼施坦因提出抗议未果。面对苏联1943年8月的反攻，曼施坦因在获得有限的增援后不得不独自抵抗苏军的包围。在大局渐失的情况下，曼施坦因依然让苏军付出了惨重代价：两个月内苏军伤亡达160万人，损失坦克和自行火炮10000辆、飞机4200架。

后，曼施坦因甚至提出了在东线战场设立总司令一职，由总司令全权指挥战斗，这不由得使希特勒感受到权力受到威胁。频繁的争执带来希特勒逐日对曼施坦因失去信任，1944年2月，希特勒任命莫德尔接替曼施坦因南方集团军最高指挥官，曼施坦因虽然获得了"橡树叶铁十字"勋章这一最高荣誉，但是无法避免被免职的命运。

二战结束后的纽伦堡审判中，曼施坦因被判18年有期徒刑，1952年由于健康原因被释放。冷战爆发后，曼施坦因于1956年被启用为西德国防部高级顾问和联邦国防军名誉参谋长，1973年6月去世。他是唯一一位得以善终的原纳粹核心要员。

愤懑中的谢幕

曼施坦因在政治上绝对忠诚于希特勒，但是在军事战略上与希特勒分歧很大。希特勒坚持在苏联进行静态战，而曼施坦因却认为这恰恰没有展示德军的长处——机动灵活，反而把德军陷入应极力避免的消耗战中。在对苏作战节节失利

曼施坦因（右）和少将布兰登贝格尔在筹划进攻苏联的"巴巴罗萨"行动

大西洋的"狼王"邓尼茨

大西洋面巨浪滔天,
水下游荡的潜艇幽灵,
势要吞噬飘扬米字旗的航船,
他是德国海军的救星,
也是盟国舰队的梦魇。

二战初期,德国陆军横扫欧洲大陆,让对手不寒而栗,可军舰数量与海战经验相比于英国来说不占优势,这也使得德国在海上较量中吃尽了苦头。然而邓尼茨的出现,让原本没有任何悬念的海战发生逆转,英军一度防不胜防、损失惨重。邓尼茨首创的"狼群"战术至今在世界军事史上占有显著地位。

急中生智——少年崭露头角

卡尔·邓尼茨(Karl Doenitz,1891—1980年)出生于德国柏林近郊小镇格林瑙。母亲早逝后,由在玻璃厂工作的父亲带大。在父亲传统普鲁士尚武精神的影响下,1910年,邓尼茨应征成为海军军校的一员。邓尼茨在学校表现出的沉稳、保守和勤奋的特质,使得他于1912年秋被晋升为候补军官,也为其日后临危不惊的指挥才能打下坚实的理论根基。

求学期间的一次意外,让邓尼茨崭露头角。德国王储乘坐"王储"号战斗舰参观军事演习时,由邓尼茨服役的"布雷斯"号在前拖行。突然拖行的绳子死死地缠住了"布雷斯"号的螺旋桨,"王储"号一点点逼近,眼见就要撞到"布雷斯"号的尾翼。突然,邓尼茨衔着水手刀奋不顾身跳入海里将绳子割断,成功解决危机。由此邓尼茨得到德皇威廉二世的嘉奖。

在这之后,邓尼茨的军事道路高歌猛进,建立赫赫战功,先后于1916年3月晋升为中尉,1918年2月获得"骑士铁十字"勋章。

"狼群"战术扭转战局

德国不具备深厚的海军传统,一战后的军事制裁更加削弱了德国海军实力。邓尼茨决定转换思维,将战争从海上挪到海下,将海军力量集中在潜艇,同时将攻击对象从战斗舰队转移到运输商队。英国的军事补给大多仰仗其海外殖民地,因此通过打击海上商队,起到釜底抽薪的奇效。

配合这样的战略思想,邓尼茨制定了有效的战术计划。每次作战都以数量的优势集中进攻,以建

二战开始后,邓尼茨成为德国潜艇部队指挥官。他发明了"狼群"战术。运用这一战术,让盟军损失了2491艘舰船。希特勒自杀前留下了一份政治遗嘱,任命邓尼茨为德意志帝国总统和国防军最高统帅。在纽伦堡审判中,邓尼茨被判处10年监禁

叱咤风云：人物

邓尼茨（中）在纳粹德国帝国海军总部查看地图

> **知识链接：弗伦斯堡政府**
>
> 邓尼茨在第三帝国灭亡之际，于弗伦斯堡组建了新政府。邓尼茨担任新政府的联邦大总统，但其权力大大逊色于之前的德国元首。该政府创立的主要目的是促成与盟军和谈，但最终和谈愿望落空。随后政府主要内阁人员被英军俘虏，1945年5月7日，弗伦斯堡政府内阁成员在邓尼茨的授权下签订无条件投降书后，该政府正式解散。

设中、小型潜艇为主，对商船进行袭击战和吨位战，同时将潜艇派到对方军事防御最薄弱的海区，以免自损过重。配合德国开发的特高频发射器和防窃密能力极强的"恩尼格玛"密码器，使得德国潜艇神出鬼没。再加上潜艇多在非常接近水平面的位置于夜间主动发起进攻，因此更加不易被英军声呐侦探到。

就在英国正式对德宣战的1939年，"狼群"战术即发挥了惊人的效果，共击沉船只140艘，总吨位42万吨，次年更是达到471艘，总吨位218万吨。不但让英国商船损失惨重，还神不知鬼不觉地击沉英国巨大的战列舰"皇家橡树"号。一时间邓尼茨名声大噪，成为英军海上不敢招惹的硬骨头。

回光返照式的谢幕

1941年，英国于惊慌失措后反应过来进行反击。英国护航运输队不断转变航路躲避德国潜艇的追踪，同时搜索德军潜艇信号并设法跟踪击沉。尤其是雷达的出现让潜艇无法利用夜幕的掩护近距离偷袭。到1942年初，战局基本扭转过来，邓尼茨的潜艇损失愈发惨重，仅1943年5月便损失37艘潜艇。万般无奈之下，邓尼茨不得不下令取消对盟国护航队的袭击，"狼群"战术在二战的军事舞台上谢幕。

伴随着军事失利的是邓尼茨政治地位的上升：1943年1月晋升为德国海军总司令并于同年被授予海军元帅军衔，希特勒更是在临终遗言里任命邓尼茨为他的接班人。随着第三帝国的崩溃，邓尼茨于1945年5月23日被英国当局逮捕，在次年的纽伦堡审判上，被判处10年有期徒刑。刑满释放后他仍然积极从事法西斯主义和复仇主义宣传，但是第三帝国的美梦再也无法实现。1980年12月24日，这个昔日大西洋上让对手惊慌失措的"狼首"病死于汉堡附近的奥米勒村。

邓尼茨视察设在法国布列塔尼的德国U型潜艇基地

沙漠之狐 隆美尔

北非战场上，
来去如风，
他的狡诈与勇猛，
"沙漠之狐"当之无愧。

隆美尔的一生堪称传奇：出身平民的他不情愿入伍，日后却成为一代名将；不想过问政治的他却忠于希特勒，并一度成为元首最信任的得力助手；闪耀的军事成就给他带来神话般的名誉，却也落得"战术上的巨人，战略上的矮子"的评价；以被迫自杀的结局收场，却受国葬待遇；盟军最头疼的对手，却在死后获得对手的尊敬。

平凡少年初长成

与其他纳粹名将不同的是，埃尔温·隆美尔（Erwin Rommel，1891—1944年）并非出生在拥有悠久军事传统的家庭。少年隆美尔在学校读书时表现平平，十几岁时突然对数学和机械产生浓厚兴趣，一度立志成为飞机工程师，而对军事依然提不起兴趣。父亲极力鼓励他参军，希望通过军功获得贵族称号从而兴旺家族。

参军后，隆美尔很快融入军队生活，一战期间作战勇猛，两度身负重伤。这也使他于1915年被授予一级"铁十字"勋章，晋升为中尉。一战结束后，德国受《凡尔赛和约》的约束大规模裁军，隆美尔虽然可以继续在军营服役，但是职位降至连长，他这一干就是14年。希特勒上台之后，隆美尔的时代到来了。

军事独断——荣耀与耻辱

1941年2月6日，隆美尔被希特勒任命为驻利比亚德军总司令。彼时，意大利部队一路败退至的黎波里，战局十分不利。隆美尔运用闪电战术，仅用二十余天，不但遏制住敌人的追击，还将前线向东推进480英里。希特勒大喜，授予隆美尔渴望已久的"橡树叶"勋章。开局的胜利，让隆美尔漠视希特勒的命令和战略物资的紧缺，坚持进攻北非战略要地托布鲁克。1942年6月20日，德军1万辆坦克在托布鲁克扬起漫天灰尘，最终以少胜多，成功攻克托布鲁克，俘获英军2.5万人。希特勒似乎忘记了隆美尔违抗军令的罪行，兴奋地说："告诉隆美尔，我钦佩他。"并授予隆美尔陆军元帅的职位。

胜利让隆美尔有些轻敌，终于在阿拉曼遭到致命打击。由于进军速度过快，机场设备来不及转

纳粹德国的陆军元帅隆美尔，绰号"沙漠之狐""帝国之鹰"。1941年任驻非洲军团军长，不到两个月，就迅速扭转了北非战局的初期局势。二战期间，隆美尔被卷进了密谋推翻希特勒的计划中，在希特勒的逼迫之下，在1944年10月14日服毒自尽，时年53岁

叱咤风云：人物

在诺曼底视察德军阵地。1943年12月，德国B集团军群司令部从意大利移师法国以防美军登陆，司令隆美尔负责沿海要塞工事的构筑，即"大西洋壁垒"

> **知识链接：《步兵攻击》**
>
> 隆美尔根据自己在一战中的战争经验心得写就的陆军战术书，突出了"进攻、进攻、再进攻"的指挥思想，出版于1937年。该书受到希特勒的赞赏，并影响到其对隆美尔最高指挥权的授予。美国陆军四星上将巴顿将军也是这本书的推崇者之一。该书至今在西方作为步兵战术教科书，多次再版，影响深远。

移，制空权被英军掌控；随之隆美尔的精锐侦察连被英军击溃，情报来源被打破，隆美尔终于病倒了。四个月后隆美尔再次来到北非，此时到了德军的危险关头——装甲集团军全部油料只能维持3天，希特勒的督战电报雪片般涌向隆美尔。隆美尔决定战略撤退。尽管这位"沙漠之狐"率领7万德军成功撤退到突尼斯，但是这近两年来在北非取得的全部战略成果又一朝还给了英军。

巨星陨落

离开北非战场后，希特勒依然欣赏隆美尔的指挥才能，启用他为代理陆军总司令。隆美尔出色地完成了针对盟军进攻意大利的"轴心"行动计划。但是他放弃坚守罗马的建议让他随后被调往西线，而他以惊人的毅力和组织力，在西线沿海地区埋置了2亿颗地雷，障碍地带达6公里。

诺曼底战役爆发之前，隆美尔不顾希特勒的建议，放弃诺曼底而选择加莱作为主要防御基地。在对登陆日期和地点的错误估计下，丧失了最佳阻击时间。隆美尔虽然指挥数次战斗取得胜利，但终究无法力挽狂澜，战争大势一去不复返。

隆美尔在失败的态势日渐明朗的同时，不断向希特勒提议同盟军进行政治和谈。遭到希特勒的呵斥和猜疑。1944年7月20日，施道芬贝格刺杀希特勒的行动失败后，希特勒愈加猜疑隆美尔。虽然并没有确切的证据证明隆美尔参与了这一刺杀行动，但是密谋者中多是隆美尔的直接下属，加上处理这一事件的德军要员与隆美尔向来不和，最终让希特勒对他完全丧失信任，两个选择摆在隆美尔面前：接受审判或是"自然死亡"后享受国葬待遇。隆美尔选择了后者。立下赫赫战功的军事天才最终以这种近乎黑色幽默的方式谢幕。

隆美尔被迫自杀后，希特勒下令为隆美尔举行国葬，陆军元老龙德施泰特元帅致悼词，希特勒为其送葬。此时此刻，希特勒还在利用隆美尔的声誉为其摇摇欲坠的第三帝国呐喊

太平洋赌徒 山本五十六

把战场当赌场，这个嗜赌成性的战争魔鬼，结局只有毁灭。

在纳粹德国授予的159位"橡树叶双剑铁十字"勋章获得者里，山本五十六是唯一的非德国人。让人惊奇的是，山本五十六少年时极其崇拜富兰克林，日后却走向了疯狂的军国主义扩张道路。嗜赌成性的他，似乎将二战战场当成其私人赌场。太平洋战场的一系列作战行动，充满了他放手一搏的赌徒心态。

珍珠港——最大的赢家

平民出身的山本五十六（1884—1943年），青年时就酷爱赌博。他性格阴险、眼疾手快、果敢凶狠。1923年在欧洲考察期间，他在赌城摩纳哥逢赌必赢，他无不得意地称："假如给我两年时间，我能赚得一艘战舰的费用。"除了运气和狠劲儿之外，山本五十六十分擅长科学的计算和缜密的推理，同时他也具有惊人的学习能力。在空军任教官期间，因不会驾驶飞机难以服众。经过短期训练后，山本五十六的飞行技术远超经验丰富的老飞行员，从此威望大增。

偷袭珍珠港是他最著名的也是最成功的一次军事豪赌。当时的反对者甚多，山本却不为所动，甚至不惜以辞职作威胁。最终海军军令部长永野修身同意实施偷袭行动。事实上在战争之前，山本五十六对成功并无十足把握。这是因为偷袭计划的成功，至少需要满足两个必要条件：保证美军太平洋舰队正好停在珍珠港内；同时执行偷袭任务的航母舰队能安全穿过大半个太平洋而不被侦察到。太多不可控因素却依然阻止不了他放手一搏的欲望。1小时45分钟的持续轰炸后，美军停泊在珍珠港内的太平洋舰队全军覆没，只留下"虎、虎、虎"的胜利电波穿梭在太平洋上空。这场战争豪赌的成功，从某种意义上说，已经宣告日军的最终失败，因为山本唤醒了一头战争巨兽，美国强大的人力、物力将以令人咋舌的效率投入到对日作战中去。

中途岛之战赔个精光

1942年6月，太平洋战场进入胶着状态。为了进一步摧毁美军舰队以便日本海军可以在太平洋岛链上专心巩固防御，山本五十六提前开展了决战性质的中途岛海战，这场战役中日军的失败，最终

山本五十六，第二次世界大战期间担任日本海军联合舰队司令长官，是偷袭美军珍珠港和发动中途岛海战的谋划者。1943年4月18日在视察部队途中，其座机被美军飞机击落而毙命

叱咤风云：人物

> **知识链接：零式战斗机**
>
> 二战期间，日本海军的主要舰载战斗机，在整个太平洋战区得到广泛运用。与同时代的战机相比，零式战斗机具有单次航程远、初始加速性优越、中高度以下良好的爬升率以及低速下操控反应极其灵敏等优点。随着战争的深入，零式战斗机的缺陷也渐渐暴露。美军利用其无线电通信能力弱、油箱的抗燃性和载重性能低的劣势，在与其作战时掌控主导地位。零式战斗机随着二战接近尾声也逐渐退出战场。

山本是个冒险家，对赌博尤为着迷。把赌博和碰运气的游戏看得比饮食还重要。横渡 3500 海里去偷袭珍珠港就是赌徒性格的集中表现

成为太平洋战场的转折点。

尽管山本五十六自认为作战计划严密详细，事实上制定过程充满妥协和匆忙。为了赶在对马海战纪念日暨日本海军节当日派出舰队参与庆贺，日军迫不及待地将计划付诸实施。日军在航舰、巡洋舰和驱逐舰上都占尽了数量优势，即使飞机和潜艇的实力，也与美军不相上下。一场本不出意外的战争却在尚未开始时就被美军截获并破译了情报密码，美军太平洋舰队司令尼米兹上将在破解日军中途岛作战的 JN-25 计划后，在最有利的区域部署好舰队，静待日军自投罗网。山本的这次军事冒险，损失 4 艘航母、1 艘重巡洋舰、322 架飞机以及 100 余名优秀飞行员。至此，日本海军元气大伤，再也回不到巅峰时期了。

搭上性命的最后一赌

1943 年，山本五十六为了鼓舞士气，决定亲自去所罗门至新几内亚一带的舰队和航空基地巡视。尽管事先知道这是一趟危险的旅途，但他执意前往。然而有关行程的情报再一次被美国情报部门截获。巡视行程正好有一段在美军远程战斗机的航程内。尼米兹自然不会放过这个好机会，击毙山本五十六相当于赢得一场重大的军事胜利。1943 年 4 月 18 日上午，山本五十六在 8 架军机的护航下驶向目的地，美军 P-38 战斗机群随即迎面截击。一番鏖战后，将山本的座机击落在澳大利亚布吉岛以北的地方，第二天被日本搜救小分队找到时，山本五十六头中两弹，手握军刀坐在机舱内死亡。

日本电影《山本五十六》中再现山本五十六乘坐飞机被美军击落前的神情

东南亚之虎 山下奉文

北进苏联破产后，日军扑向东南亚，马尼拉大屠杀下的冤魂，索命于山下奉文的绞刑架。

欧洲战场上那些传统西方强国之间的混战，以及太平洋战场的美日对抗，似乎吸引着更多人的眼球。而在东南亚国家，法西斯恶魔犯下的暴行却没那么引世人关注。事实上，法西斯分子在东南亚的骇人罪行不亚于大国战场。以山下奉文为代表的战争魔鬼，在这场实力严重不对等的对决中，更是丧心病狂对平民进行灭绝式屠杀。反思二战，更要将山下奉文之流的罪行更大范围地公示天下。

脚踏车闪击战

山下奉文（1885—1946 年）算是军校生里的佼佼者。从广岛陆军幼年学校一直上到日本陆军大学，1916 年以第二名的好成绩被派往德国留学。"二二六事件"后，受到挫折的山下奉文心生退意，

日本陆军大将山下奉文，1944 年 9 月任第 14 方面军司令，率部在菲律宾吕宋岛负隅顽抗，直到日本败降

若不是陆军大臣川岛义之的极力挽留，二战将少了个心狠毒辣的战争恶魔。

山下奉文经典之役就是以 55 天时间占领马来半岛。1941 年 12 月，山下奉文集合了 200 多辆坦克在马来半岛掀起了强大的装甲攻势。战争初期推进很快，然而很快就面临油料短缺和坦克无法及时维修的困境。就在山下奉文苦恼思索之际，意外听到外面一阵"嘎吱嘎吱"的声音，这声音和坦克装甲履带的声音极其相似。原来是一个士兵骑着一辆剥去了外胎的自行车发出的声音。山下奉文计上心来，命令全军所有的自行车都剥去外胎，乘着夜色向驻守马来半岛的英军发起猛烈"进攻"。惊魂未定的英军，听到远处炮火声中传来了"嘎吱"声，误以为日军坦克部队大批扑来，吓得抱头鼠窜。这也算是现代战争中的一幕"风声鹤唳，草木皆兵"吧。

占领马来半岛的第二天，山下奉文马不停蹄地向新加坡岛进军。用了不到两周的时间便迫使英国守军签署无条件投降书，俘虏近 12 万英国士兵。这是英军有史以来被俘人数最多的一次，此战让山下奉文名满天下。山下奉文在国内被尊为国民英雄。随后他制定了骇人的"肃清华侨计划"，对符合条件的马来华侨，诸如教师、记者、有一定社会地位的华侨赶尽杀绝。

恶贯满盈——马尼拉大屠杀

1942 年 2 月，二战进入尾声，卷土重来的麦

叱咤风云：人物

山下奉文在日军撤退过程中，对马尼拉进行了疯狂的破坏和屠杀，大约有四分之三的建筑被毁，12.5万多菲律宾人民遭到杀戮。图为断壁残垣的马尼拉

> **知识链接：《1939年度治安肃正纲要》**
>
> 1939年，八路军在日军华北占领区发展十分迅猛，尤其在冀东与当地起义武装配合打击日军，给日军造成了极大的恐慌。为保住日军华北大本营，时任日军华北方面军总参谋长的山下奉文等拟定了该纲要。该纲要实施后，击溃了一些国民党军队，却对实行游击战术的八路军收效甚微。该纲要导致了"围剿""治安"的军事清洗，制造了大量血案，山下奉文对中国人民犯下了滔天罪行。

克阿瑟直逼菲律宾马尼拉城下，势要占领这座军事位置极其重要的战略要地。领导日本第14方面军的山下奉文下令宣布马尼拉为不设防城市，同时将司令部撤到碧瑶。但是，其下属岩渊三次的海军陆战队拒绝服从命令，陆军的3个大队也随后拒绝执行。不过山下奉文随后也默认了下属的做法。恐怖的屠杀拉开了序幕：日军共屠杀菲律宾平民10万人以上，平均每天有3000人遇害。1942年2月5日，日军勒令城中男女分开排列在街上，男人被用机关枪扫射，女人被先奸后杀，最后日军用手榴弹炸死来不及杀害的所有被困平民。这是日军在二战失败前夕犯下的一桩惨绝人寰的大屠杀，山下奉文罪恶难逃。

绞刑架下的正义

山下奉文的演讲口才十分了得，在军事法庭接受审判时他发表了一通即席演讲，就连陪审律师和法官也为之动容。但是面对成千上万在日寇铁蹄下幸存者的在堂指证，证据确凿，山下奉文不得不低下头接受正义的判决。无论是东南亚的本地居民还是华侨，不论是英军还是美军，都遭到了山下奉文大规模的无情虐杀。尽管山下奉文依然固执地为自己辩护，称那些屠杀事件都是他事先不知道也没有直接下过命令的，但是在冷冰冰的遇难人数和他下过的写着军事命令的白纸黑字面前，揭穿了山下奉文拙劣的谎言。经过一个多月的审理，法庭庭长雷诺路兹少校庄严宣布：判处山下奉文绞刑。

日本战败投降后，山下奉文被盟军逮捕，1946年2月23日在马尼拉以南30公里的洛斯巴尼奥斯监狱执行，他不被允许穿着军服，只能身穿囚服行刑，处刑台由日本战俘制造

Try running Colossus yourself on:

www.codesandciphers.org.uk

战火催生：战时科技

20世纪是科技腾飞的世纪，人类所取得的科学技术成就，超过有史以来所有成果的总和。两次世界大战，特别是第二次世界大战，给人类带来了巨大灾难，也为现代科学技术的发展创造了前所未有的契机。

工业化时代的全面战争，所依靠的是能够及时转化为军事战斗力的科学技术，二战使得科技与军事之间联系的广度与深度超过了人类历史上任何一次战争。在某种程度上，科技决定了战争的最终结果，谁能较多较快地抢占军事科技"制高点"，谁就更有取胜的把握。

例如，在原子弹的研制中，1938年，德国科学家在用中子轰击铀元素时发现了裂变现象；1939年，纳粹德国便开始了"铀课题"的研究。为了抢在纳粹之前制造出原子弹，西拉维和爱因斯坦等科学家上书美国总统罗斯福，促成了"曼哈顿计划"的启动，美国最早制造出了能用于实战的核武器，迫使日本无条件投降。

同样，被誉为"20世纪两大发明"之一的电子计算机，也要归功于二战的推动。英国数学家巴贝奇在1812年就提出了程序控制计算机的设想，但被束之高阁。为了破译密码和计算火炮弹道的需要，英美两国组织大量科学家集体攻关，只用了短短3年多的时间，便制造出了各种类型的计算机，让巴贝奇的设想变为现实。

人工智能
二战中的计算机

战争推动了计算机的发展，开启了人工智能时代的大门。

计算机改变了人类的生活方式，推动人类进入了信息化时代。计算机的发展经历了机械式计算机、机电式计算机和萌芽期的电子计算机三个阶段。在第二次世界大战期间，为了破译对方通信密码和军事统筹，各国都积极推动电子计算机的研究与制造。

计算机的发展过程

中国古代发明的算盘是世界上最早的"计算机硬件"，而珠心算法口诀则是"软件"。到17世纪的欧洲，一些数学家开始设计和制造以数字形式进行基本运算的数字计算机。1642年，法国数学家帕斯卡采用与钟表类似的齿轮传动装置，制成了最早的十进制加法器。1678年德国数学家莱布尼茨制成的计算机，进一步解决了十进制数的乘除运算。1812年，英国数学家巴贝奇从法国人杰卡德发明的提花编织机上获得了灵感，提出了设计并制造能够自动处理不同函数的计算过程的"差分机"构想，所谓"差分"就是把函数表的复杂算式转化为差分运算，用简单的加法代替平方运算。1822年，巴贝奇制造出了第一台差分机，可以处理3个不同的5位数，计算精度达到6位小数，非常适合于编制航海和天文方面的数学用表。在巴贝奇的设想提出以后的一百多年期间，电磁学、电工学、电子学不断取得重大进展，为现代计算机的发展准备了技术和物质条件。社会上对先进计算工具多方面迫切的需要，是促使现代计算机诞生的根本动力。20世纪以后，各个科学领域和技术部门的计算困难堆积如山，已经阻碍了学科的继续发展。特别是第二次世界大战爆发前后，军事科学技术对高速计算工具的需要尤为迫切。在此期间，德国、美国、英国都在进行计算机的开拓工作，几乎同时开始了机电式计算机和电子计算机的研究。

英国的"巨人"计算机

二战期间，英国的情报破译中心为了截获并破译德国军事情报，特别是德军用来加密通信文件的密码机"恩尼格玛"（Enigma），集中了12000多

1671年德国数学家莱布尼茨设计了一架可以进行乘法的计算器，最终答案最大可以达到16位。他造出的计算器样机达到了进行四则运算的水平

世界上第一台电子计算机埃尼阿克1946年2月15日运行成功，标志着电子计算机的问世，人类从此迈进了电子计算机时代。埃尼阿克原来是计划为第二次世界大战服务的，但它投入运行时战争已经结束，这样一来它便转向研制氢弹而进行计算

> **知识链接：程序故障被称为"BUG"的由来**
>
> 美国的"马克1号"计算机安装了大约3000个继电器，有一天为其编制程序的女数学家格雷斯·霍波在调试程序时出现了故障，拆开后发现有只飞蛾被夹在继电器的触点中间，"卡"住了机器的运行，于是霍波诙谐地把程序故障统称为"臭虫"（bug），后来成为计算机领域的专业行话，延续至今。

名语言学家、电器工程师、无线电专家等志愿者，在数学家纽曼的领导下开展工作。1939年，阿兰·图灵发明了用继电器和电子管组成的计算机，能以每秒2000字符的速度破译情报，帮助英国空军赢得了不列颠之战的胜利。

1943年10月，图灵和工程师托马斯·弗劳尔斯设计"巨人"（Colossus）电子计算机，由1500个电子管组成，破译速度提高到每秒5000字符，此后英国破译了4.8万份"超级机密"的德国电报，截获了大量有用情报。

美国的"马克1号"计算机

1944年2月，由霍德华·艾肯和IBM公司合作发明制造的"马克1号"计算机在哈佛大学正式运行，这种"自动序列受控计算机"长15米，高2.4米，重31.5吨，装备了15万个元件和长达800公里的电线。这样一台庞然大物每分钟可以进行200次以上的运算，可以做23位数加23位数的加法，一次仅需要0.3秒，进行同样位数的乘法需要6秒的时间。美国军方使用这台计算机计算原子核裂变的过程，为原子弹的研制成功作出了重要贡献。

1946年2月14日，美国军方资助的世界上第一台电子计算机"埃尼阿克"（ENIAC）在美国宾夕法尼亚大学问世，最初目的是为了满足计算弹道的需要。这台计算器使用了17840支电子管，重达28吨，尺寸超过一间房屋，最高可实现每秒5000次的加法运算，造价高达48万美元。"埃尼阿克"的产生标志着电子计算机时代的到来，电子计算机成为人类步入信息化时代的钥匙。

"巨人"电子计算机是世界上最早的电子数字机器。1943年，英国人用它来破译德国人的密码

二战时代

刺破苍穹
火箭与导弹

战争促进科技进步，纳粹恶魔锻造了火箭，在和平年代造福人类。

中国人在发明了火药后，将其用于制造烟花爆竹，带给人们欢乐。好战的欧洲人则先后发明了用火药推进的康格里夫火箭和霍尔火箭，频频用于实战。现代意义上的火箭是二战中由纳粹德国发明的，这种威力巨大的武器虽未能挽救纳粹的灭亡，但这项发明却给人类探索太空提供了有用的工具。

现代导弹的雏形：V-2 导弹

1919 年的《凡尔赛和约》严格限制德国陆军武器的发展，因此为了扩充军备又不明目张胆地打破限制，德国陆军必须找到一种新的超级武器系统，这就是火箭。1932 年德国陆军兵器局的瓦尔德·多恩伯格上尉招募冯·布劳恩、内贝尔、克劳斯·里德尔等科学家组建了火箭研究小组，开始进行火箭研发，并不断取得突破。1934 年 12 月 19 日及 20 日他们成功发射了两枚重 500 公斤、安装陀螺仪并以液态氧及乙醇为动力来源的 A2 火箭。两枚火箭各飞行了 2.2 公里和 3.5 公里，这证明了液态火箭构想的正确性。

在纳粹党的支持下，德国陆军着手研究制造第二代的 A4 火箭，预计目标是射程 175 公里、最大射高 80 公里、荷载量 1 吨的大型火箭。同时德国在东部奥德河河口的佩内敏德村兴建新的火箭试验基地。

1942 年 10 月 3 日，A4 火箭试验成功，年底定型投产。这是世界上第一种超音速单级弹道式导

V-2 导弹的复制品。纳粹德国在二战中制造的一种短程弹道导弹，也是世界上最早投入实战使用的弹道导弹，其目的在于从欧洲大陆直接准确地打击英国本土目标

弹（弹体弹头不分开），总重约 13 吨，弹体长 14 米，最大直径 1.65 米，战斗部携带 800—1000 公斤炸药，使用液体火箭发动机，以乙醇（酒精）与液态氧当作推进剂，射程 320 公里。

A4 火箭的导引方式是传统的惯性导引：当火箭点火后，推进器把火箭推送到一定高度与速度；待燃料烧完之后，导弹大多会在抛物线的顶点（80—100 公里的高空）受惯性沿着抛物线继续射向目标。导弹的弹道由自主式陀螺控制系统控制飞行，这也意味着命中精度常会因气流、气候条件不

战火催生：战时科技

V-1 导弹动力来源为脉动喷气发动机，安装有两个主翼，由一个计数器计算射程。弹头装有炸药，为世界上第一种巡航导弹

> **知识链接：价值巨大的德国科学家战俘**
>
> 1945 年德国投降前夕，冯·布劳恩和 400 余名德国火箭专家向美军投降，他们成为美国火箭技术和空间技术的奠基人之一；苏联也缴获了大量 V-2 导弹的成品和部件，并俘虏了一些火箭专家，以此为起点开始自己的火箭和空间计划。

佳等因素而大大降低。

由于 A4 火箭在终端的速度为 4 马赫（音速的 4 倍，约为 1600 米/秒），飞完 320 公里射程仅需 8 分钟，因此防不胜防，远远超过英国防空的拦截能力。当时英军只能靠声音与雷达约略测量预估弹道后，在导弹尚未击中目标前，以高射炮发射高爆弹药射击弹道以进行拦截，但效果很不好。

A4 火箭研制成功后，作为希特勒手中的"秘密武器"得到严格保密和大量生产。从 1942 年底到德国战败，纳粹德国共制造了 6000 枚 A4 火箭，纳粹的宣传部长戈培尔命名为"复仇使者"（德语：Vergeltungswaffe），所以代号变为 V-2 导弹。

1944 年 6 月盟军在诺曼底登陆后，一路势如破竹。不甘失败的希特勒命令使用 V-2 导弹轰炸盟军解放的城市，9 月 4 日轰炸安特卫普，9 月 6 日轰炸巴黎，9 月 8 日开始轰炸伦敦。这种轰炸一直持续到 1945 年 3 月下旬。

无人轰炸机：V-1 导弹

二战中的德国陆军主导了 V-2 导弹的研发和使用，而德国空军则主导了 V-1 导弹的研发。根据今天的区分，V-1 导弹只能算是"无人机"。它的机体长 7.6 米，最大直径 0.82 米，翼展 5.3 米，总重 2.2 吨，其中战斗部携带炸药 800 公斤，使用成本低廉的脉冲式喷气发动机，以汽油作推进剂，最大时速 645 公里，射程 240—370 公里。V-1 导弹需要使用弹射器发射，也可以由飞机在空中发射，以自主式磁陀螺控制系统控制飞行。V-1 导弹的脉冲式喷气发动机发出"嗡嗡"的低颤音，饱受其害的英国人也据此称其为嗡嗡弹。

1944 年 6 月 12 日，纳粹德国首次从法国北部向英国发射 V-1 导弹，数月内共发射 1 万余枚，其中有 46% 被英国地面防空炮火击落，有 25% 因自身故障未能扭转德国的败局。

V-2 导弹堪称现代运载火箭鼻祖的一个重要原因就是它拥有专门设计的喷注系统。这样的系统对于液休火箭发动机来说，至关重要。这个 V-2 导弹的发动机现藏于德国历史博物馆

死神之火 原子武器

爱因斯坦的头脑风暴，揭开了宇宙大爆炸的秘密，好战的人们却将其变成武器，核大战的阴影从此笼罩世界。

现代战争的残酷性，促使所有参战国都在发明、创造威力更大的武器，理论物理学对相对论、质能守恒定律的发现，逐渐揭开了隐藏在原子内部的秘密，进而为人类发明制造原子武器指明了道路。但没有人知道这种威力无比的"大杀器"带给人类的是福还是祸。

原子核裂变的原理

炸药爆炸是一种化学反应，根据化学中的物质不灭定律，爆炸后总的质量没有变化。但根据爱因斯坦提出的质能守恒定律，质量也可以转化为能量，转化的公式为：物质的能量（E）＝它的质量（m）×光速（c）的平方（方程公式为$E=mc^2$）。原子弹和氢弹所依靠的原子核裂变和聚变反应是物理反应，爆炸后质量减轻，而减轻的部分全部转换成了光能。

爱因斯坦在理论上提出了质量和能量转换的公式，可是当时没有一个科学家知道如何实现这种转换。于是全世界顶尖的物理学家几乎全部投入了这方面的研究，试图第一个找到实现质能转换的方法。

1934年，法国物理学家约里奥·居里夫妇宣布，他们用X粒子轰击铝、硼的时候，产生了人工放射物质。意大利科学家费米得知这一消息后，决定试用中子产生人工放射现象。费米按照元素周期表的顺序，从氢开始，用中子顺序轰击，他发现在中子轰击铀时产生了从未见过的超铀新元素。1938年秋天，德国科学家哈恩和斯特拉斯曼精确分析了中子轰击铀以后的产物，发现有钡存在。钡的原子量大约是铀的一半，这说明铀原子核在中子轰击下分裂成两半。另一位德国科学家梅特纳通过数学分析发现每裂变一个原子可以放出大约两亿电子伏的能量。

1939年8月2日，爱因斯坦上书罗斯福总统，建议美国抓紧原子能研究，防止德国抢先掌握原子弹

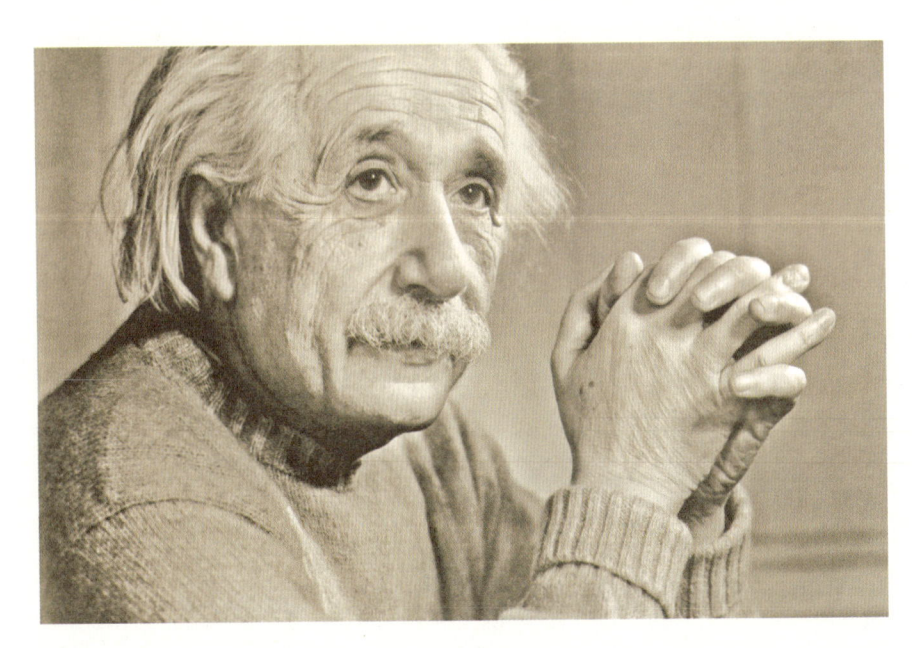

战火催生：战时科技

知识链接：美国原子弹之父

尤利乌斯·罗伯特·奥本海默（Julius. Robert Oppenheimer，1904—1967年），美国犹太裔物理学家，"曼哈顿计划"的领导者，1945年主导制造出世界上第一颗原子弹。奥本海默领导庞大的科研团队完成了"一项历史上前所未有的大规模有组织的科学奇迹"，验证了科学技术的巨大威力。他被誉为美国"原子弹之父"。

美籍犹太裔物理学家、"曼哈顿计划"的领导者、美国加州大学伯克利分校物理学教授罗伯特·奥本海默。1943年他创建了美国洛斯阿拉莫斯国家实验室（LANL），1945年主导制造出世界上第一颗原子弹，被誉为"原子弹之父"

裂变反应的发现震惊了科学界，因为它说明铀分裂的时候可以放出两个中子，而这两个中子又可能引起两个铀核分裂，这样就能够从一个铀核裂变引起二、四、八、十六等铀核连锁裂变，将释放出无比巨大的能量。

人上书美国总统罗斯福，建议开展原子武器的研制工作。

罗斯福总统立刻下令成立原子能研究委员会。但是，前期由于经费缺乏，进展缓慢。1941年12月7日，日本偷袭珍珠港后，美国全面投入战争，美国国会和罗斯福总统都意识到了研究原子弹的紧迫性和必要性。1942年6月，美国的原子弹研制计划正式开始，由于研制计划的总部开始设在纽约市曼哈顿区，因此也叫"曼哈顿计划"。

曼哈顿计划

一些敏锐的科学家，如移居美国的匈牙利物理学家西拉德等人意识到可能利用核裂变制成破坏力巨大的原子武器。他联合爱因斯坦等

1940年在伯克利举行的物理学会议，与会的物理学家合影。（从左至右）欧内斯特·劳伦斯、阿瑟·康普顿、万尼瓦尔·布什、詹姆斯·科南特、卡尔·康普顿、阿尔弗雷德·卢米斯

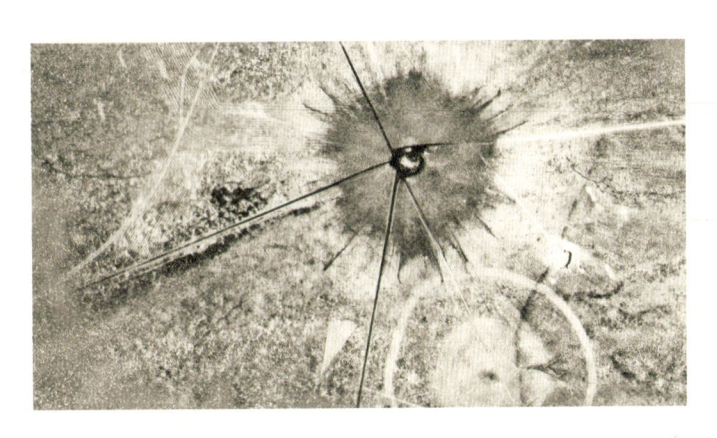

1945年7月16日在美国新墨西哥州的"三一"实验基地进行了人类历史上第一次核武器爆炸实验，这标志着"曼哈顿计划"的成功

为提高效率，美国决定将所有分散在军队、大学和各实验室研制原子弹的单位联合起来，这种体制被称为"三位一体"制，美国陆军的格罗夫斯少将被任命为工程总负责人，著名理论物理学家罗伯特·奥本海默为技术总顾问，罗斯福总统还赋予该工程有"高于一切的特别优先权"。

同时英美两国领导人决定联合研制原子弹，即，把英国原来研制原子弹的"合金管"计划逐步融入美国的"曼哈顿计划"，此外逃亡到美国的法国科学家约里奥·居里夫妇等人也加入到这个国际大科研队伍中来，因此也被称为美、英、法三位一体。

参加"曼哈顿计划"的科学家人数是如此之多，甚至超过了一般职员，其中更不乏诺贝尔奖得主，人数最多时，达到了惊人的53.9万人，其中师从奥本海默的中国女科学家吴健雄在其中也发挥了重要作用。

1942年12月2日，在移民美国的著名物理学家费米的领导下，芝加哥大学建成了历史上的第一座铀—石墨反应堆。当天下午3时36分，裂变反应开始，链式反应持续了28分钟，制造出了0.5克钚，这是人类历史上第一次实现人工控制的核反应，为原子弹的制成提供了可靠基础。经过不断的试验，到1945年7月，位于美国新墨西哥州沙漠里的洛斯阿拉莫斯实验室终于制造出三枚原子弹，并于7月16日进行实弹爆炸试验成功。当时，爆炸的巨响在160公里以外都可听到，高大的蘑菇云上升到10668米高空。

当时美、英、苏三国首脑正在召开波茨坦会议，美国总统杜鲁门得知原子弹爆炸的消息后，他装作"漫不经心"地告诉斯大林，美国掌握了"一种威力巨大的新型武器"，但斯大林同样是"漫不经心"地点点头，没有任何惊讶或好奇的举动，这让杜鲁门感到很扫兴，觉得斯大林根本没听说过原子弹，根本无法理解这种新式武器的巨大威力。其实苏联的情报部门早在1943年就向斯大林汇报了美国"曼哈顿计划"的内容和进展，而苏联的原子弹计划也正在如火如荼地开展。

广岛之殇

为了检验原子弹的实战威力，美国迫不及待地将其用于战争。当时德国已经投降，日本还在负隅顽抗，为减少美军伤亡，同时威慑苏联，美国决定使用原子弹轰炸日本的重要工业城市。

1945年8月6日8时15分，美军一架B-29轰炸机飞临日本广岛市区上空，投下一颗代号为"小男孩"的原子弹。"小男孩"是一颗铀弹，长3米，直径0.7米，内装60公斤高浓铀，自重约4吨，其爆炸威力相当于1.8万吨高能炸药（TNT）。

"小男孩"原子弹在广岛市中心偏西北处的外科医院上方580米的空中爆炸，顷刻间产生了30万度的高温，正处于爆炸中心的外科医院所有人和设施在瞬间化为灰烬，距爆炸中心半径1公里范围内的花岗岩都融化了，强烈的冲击波将距爆炸中心半径3公里范围内的所有建筑物摧毁。广岛上空的大气层被核爆炸整整翻腾了15分钟，接着沾染着

战火催生：战时科技

1945年夏，日本败局已定，但日本在冲绳等地的疯狂抵抗导致了大量盟军官兵伤亡。出于对盟军官兵生命的保护，尽快迫使日本投降，并以此抑制苏联，美国总统杜鲁门和军方高层人员决定在日本投掷原子弹以加速战争进程。图为原子弹在日本广岛爆炸

原子辐射尘埃的水蒸气夹杂着爆炸中的残骸碎片落下来，形成了令人恐惧的黑雨，随后又化为黄灰色的毛毛细雨。广岛全市24.5万人口中有78150人当日死亡，此后陆续死伤人数达20余万，城市化为一片废墟。这是人类历史上首次将核武器用于实战，广岛成为第一座遭受原子弹轰炸的城市。

1945年8月9日，美军又出动B-29轰炸机将代号为"胖子"的原子弹投到日本长崎市。长崎市约60%的建筑物被毁，伤亡8.6万人，约占全市总人口的37%。8月15日，日本宣布无条件投降，9月2日签署投降书。第二次世界大战至此结束。

打破美国的核垄断

在二战中，苏联也一直关注核武器的研制。1942年11月，苏联决定大规模开采铀矿，为核武器研制提供充足的原料。1943年2月，苏联国防委员会下令成立2号实验室，制造实验用核反应堆和工业用核反应堆，由物理学家库尔恰托夫负责。

1945年8月上旬美国在日本广岛和长崎将原子弹用于实战后，8月20日感觉到明显压力的斯大林命令成立专门委员会领导和协调原子弹研究工作。

1946年12月，苏联的第一座石墨慢化反应堆建成启用，实现了铀的受控链式裂变反应。1949年8月29日，苏联的第一颗原子弹"JOE-1号"正式爆炸，爆炸威力为2.2万吨TNT当量。苏联终于打破了美国的核垄断地位，成为世界上第二个拥有核武器的国家。

1952年，英国的第一颗原子弹在澳大利亚试爆成功。1962年，法国在法属波利尼西亚的塔西提岛爆炸了第一颗原子弹。1964年10月16日，中国独立自主研制的第一颗原子弹试验成功。

至此，联合国安理会的五大常任理事国都拥有了核武器，世界形成了新的核平衡。

遭受原子弹轰炸后的日本广岛。6000多度的高温，把一切都化为灰烬；强烈光波，使成千上万人双目失明；放射雨使一些人在以后20年中缓慢地走向死亡；冲击波形成的狂风，又把所有的建筑物摧毁殆尽

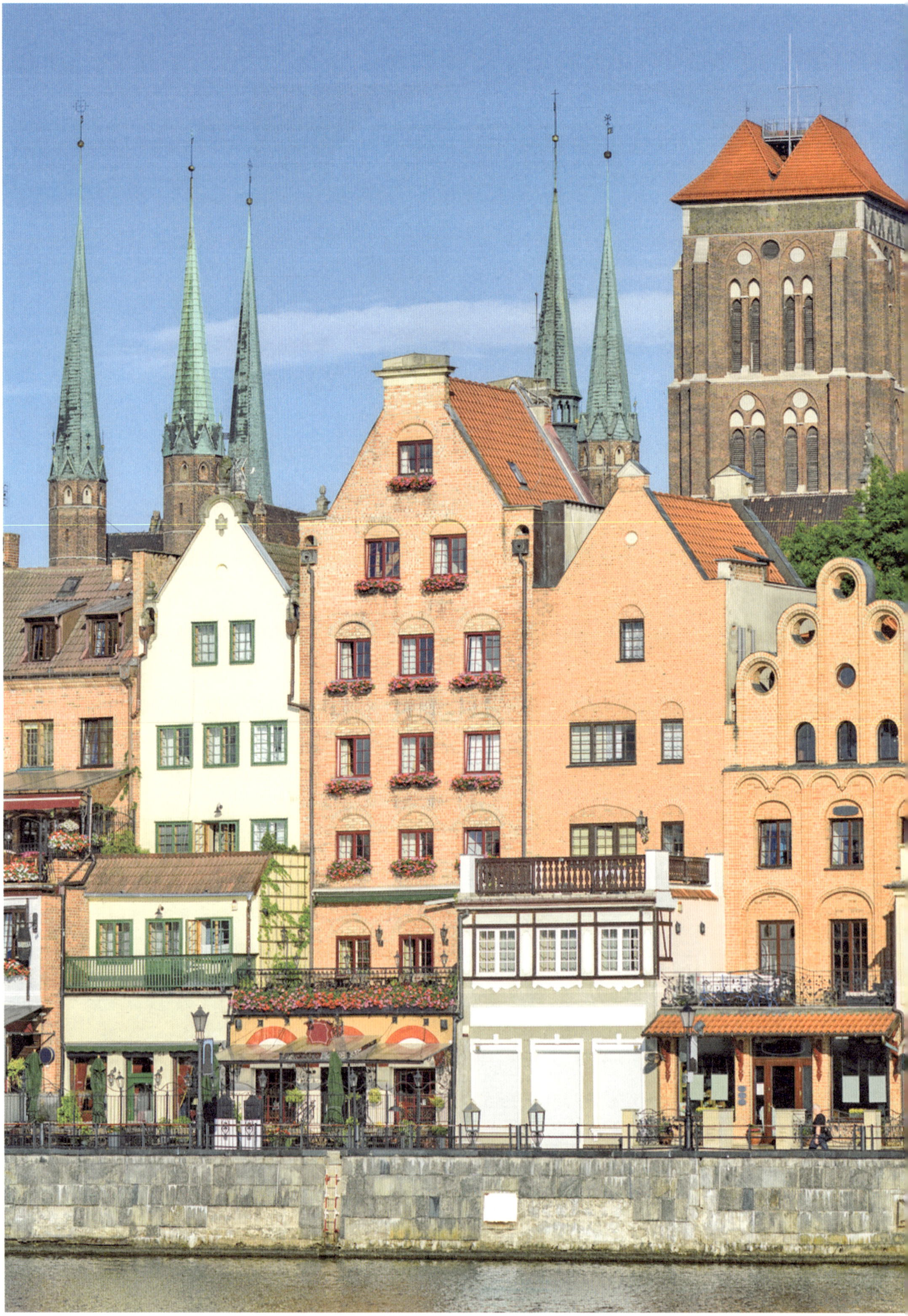

战争挽歌：文学艺术

国家不幸诗人幸，赋到沧桑句便工。残酷的第二次世界大战催生了各国的战争文学和反战文学，这些作品鼓舞人们不屈于命运，奋起与法西斯侵略者抗争，也表达了人们渴望和平与幸福生活的美好愿望。

苏联卫国战争爆发后，许多作家亲自奔赴前线，或直接参战，或做随军记者，有百余名苏联作家捐躯沙场。苏联作家用生命来创作文学作品，如法捷耶夫的《青年近卫军》、西蒙诺夫的系列小说。

在西方世界，反战文学得到巨大发展。比较有代表性的是君特·格拉斯的"但泽三部曲"。"但泽三部曲"再现了德国从20世纪20年代中期到50年代中期的历史，揭露了种族主义的法西斯意识形态和荒谬的英雄崇拜对德国普通民众思想的毒害，揭露了纳粹德国的残暴和腐败。

《安妮日记》是对一个犹太家庭为了躲避纳粹的搜捕，四处藏匿且充满恐怖的25个月的密室生活的记录，揭露了德国纳粹党残害犹太人罪行的历史，成为德军占领下的人民苦难生活的目击报道。

第二次世界大战是人类空前的悲剧，给艺术家们带来巨大的心灵撞击，强化了艺术家对这个世界无序、非理性的观感。各个领域的艺术进一步脱离了写实作风，现代意识和风格得到大大的强化、巩固和提升，甚至取得了决定性的地位。

二战时代

爱国者的呐喊
法捷耶夫与《青年近卫军》

文学作品没有国界，
但作家有自己的祖国，
在凶残的纳粹侵略者面前，
笔和纸，是作家最有力的武器。

在苏联卫国战争中，文学家是文艺宣传战线的战士，他们用手中的纸和笔，创作了无数揭露法西斯侵略者暴行、讴歌苏联人民大无畏牺牲精神的爱国题材作品。

爱国主义文学的典范

从1941年6月22日纳粹德国不宣而战、悍然进攻苏联，到1945年5月8日德国投降，苏联人民经历了残酷而又伟大的卫国战争。从战争打响的第一天开始，俄罗斯文学家就一直与人民并肩战斗在一起，许多作家亲自奔赴前线，或直接参战，或做随军记者，许多人血染战场。文学家们用手中的笔和纸，向人民发出保卫祖国的呼吁，控诉敌人的罪行，极大地鼓舞了苏联人民的爱国热情。

这是俄罗斯文学和文学家传统的爱国热情的又一次迸发，也是一直强调教育功能的社会主义俄罗斯文学在特定时期的一个收获，苏联卫国战争文学成为世界文学之林的重要组成部分。

法捷耶夫，苏联著名作家、无产阶级文学的主要倡导者和理论家。1956年自杀身亡

真实的《青年近卫军》

亚历山大·亚历山德罗维奇·法捷耶夫（1901—1956年）创作于战争期间的《青年近卫军》便是苏联卫国战争文学作品的杰出代表。法捷耶夫出身于农民家庭，曾经参加十月革命。从1927年起，法捷耶夫一直在莫斯科专门从事文学运动，后担任"拉普"（苏联作家协会）主席。1941年卫国战争爆发后，他任《真理报》和新闻通讯社记者，发表充满战斗激情的政论文章和报告文学作品。1945年，法捷耶夫发表了《青年近卫军》。

《青年近卫军》是一部根据真人真事创作的长篇小说。1942年夏，乌克兰伏罗希洛夫州顿巴斯

战争挽歌：文学艺术

《青年近卫军》书影，法捷耶夫的代表作，堪称是苏联文学史上里程碑式的作品。《青年近卫军》描写了克拉斯诺顿共青团地下组织"青年近卫军"与德国法西斯占领军进行斗争的事迹，塑造了一群栩栩如生的青年英雄的形象，其中五位牺牲的青年近卫军总部委员都获得了最高荣誉称号"苏联英雄"

矿区的小城克拉斯诺顿陷落在纳粹侵略者的铁蹄之下，不愿意做亡国奴的当地共青团员们组织了抗敌组织"青年近卫军"。他们在敌后破坏交通、散发传单、袭击德军辎重，给德军带来了巨大麻烦。但最终由于叛徒出卖，绝大多数青年战士被捕。他们在狱中进行了英勇悲壮的斗争，直到最后被杀害。

法捷耶夫塑造了"青年近卫军"这个战斗集体的英雄群像。他们都受过良好的教育，热爱生活，向往未来，热爱党，热爱人民，热爱祖国，并且时刻准备着为此而献出自己的一切。他们具有高尚的共产主义品质、强烈的责任感、勇敢机智的斗争精神和非凡的组织才干以及应变能力。因此，即使在战争年代那样极其艰险的环境中，他们也完全可以组织起来进行斗争活动，并作出惊人的事迹来。

小说没有描写前线的阔大战斗场面，而是以后方的地下斗争为主要内容。小说的情节发展缓急有致，起伏跌宕，引人入胜，扣人心弦，展现出苏联卫国战争中波澜壮阔的斗争画面。《青年近卫军》为法捷耶夫赢得了世界声誉。

> **知识链接：《青年近卫军》的背景——苏联敌后游击战**
>
> 苏联地域广大，人口众多，有开展游击战的有利条件。卫国战争开始后，由于种种原因，苏军损失惨重，西部大片领土沦为敌占区。联共（布）中央委员会1941年6月29日的训令要求："在敌占区建立游击队和破袭组，以便同敌军斗争，遍地燃起游击战争的烽火，炸毁桥梁、道路，破坏电话和电报联络，焚毁仓库等。"1942年5月，在大本营下成立了"游击运动总司令部"，实行统一计划，统一指挥，这为以后的游击战争提供了必要的组织指挥保证。在整个卫国战争期间，苏联动员的游击队和地下活动组共6200多个，100多万人。民兵歼击营40万人，歼击营支援小组30多万人，动员民兵400多万人。游击队广泛分散于敌后，破袭交通，袭击敌方补给基地和指挥所。据统计，战争期间游击队共颠覆德军列车2万余列，炸毁装甲列车58列，毁坏机车1万余台，车厢11万余节，炸毁铁路和公路桥梁12000座，击毁敌汽车5万余辆，毙伤俘敌官兵150万人。这牵制和消耗了德军兵力，支援和掩护了正面战场主要方向上的作战，发挥了极其重大的作用。

二战期间的苏联游击队员，大约拍摄于1943年

人性之恶
君特·格拉斯与"但泽三部曲"

二战已成历史，战争的幽灵仍在游荡，反思人性之恶，避免悲剧重演。

作为二战的参与者，君特·格拉斯对二战的反思发人深省，在小说"但泽三部曲"中，他没有回避残酷的社会环境，也没有刻意表现血腥和暴力的战争场面，而是运用荒诞夸张乃至童话的方式制造出黑色幽默的距离感，让读者看到纳粹政治的荒谬，引发理性反思。

但泽的德波混血儿

诺贝尔文学奖获得者君特·格拉斯（Günter Grass，1927—2015年），1927年出生在但泽（现今波兰的格但斯克）一个小贩之家，父亲是德意志人，母亲是属于西斯拉夫的卡舒布人（波兰人的一支）。特殊的家庭背景和特殊的出生地——但泽，让格拉斯深切体会到了德意志与波兰两大民族的冲突和纳粹党的影响。

但泽（Danzig），今名"格但斯克"，南扼维斯瓦河口，北临波罗的海，战略地位十分重要。波兰人建立了这座城市，但1308年德意志人通过战争占领了这座城市。此后的600多年里两大民族展开了殊死搏斗。一战之后，在英美法的支持下，波兰复国。为了给波兰一个自由的出海口，以免其在经济上依附于德国，战胜国在但泽以西划出几十公里宽的"波兰走廊"（也称"但泽走廊"）作为波兰的领土，但泽则于1920年宣布独立，成立但泽自由市，它不隶属于任何国家，由国际联盟负责保护，关税和外交则由波兰管理。当时居住在但泽自由市的德意志人占70%，他们控制了自由市的内政。战胜国对但泽的处置方案深深伤害了德国，它不但失去了一处重要港口和战略要地，还被切割成两块，东普鲁士成了飞地。

纳粹党上台后一直运作"收回"但泽和波兰走廊。1939年3月15日，希特勒要求波兰归还但泽并解决"波兰走廊"问题，但遭到波兰的拒绝，双方剑拔弩张，"但泽危机"爆发。1939年7月30日，英法两国宣布为保卫但泽走廊，不惜对德国宣战。9月1日，纳粹德国闪击波兰，二战爆发。

格但斯克老城区，德国称但泽，原属德国，二战后划归波兰。现在是波兰滨海省的省会城市，也是该国北部沿海地区的最大城市和最重要的海港

战争挽歌：文学艺术

君特·格拉斯，当代德国重要作家，因其语言新颖，想象丰富，手法独特使他在当代世界文学中占有一定地位，获得1999年诺贝尔文学奖

> **知识链接：勇于自我反思的作家**
>
> 2006年，78岁的格拉斯出版了自传体小说《剥洋葱》，他在书中承认自己在17岁时，主动加入纳粹党卫队的"黑"历史。作为反省德国二战罪行的斗士，格拉斯果断地揭露出自己的错误，并呼吁德国人民警惕随时可能死灰复燃的纳粹思想。

二战亲历者的反思

格拉斯的童年和青少年时代正值纳粹统治时期。他参加过希特勒少年团和青年团，未及中学毕业又被卷进战争。1945年4月，17岁的格拉斯在前线受伤，不久就在战地医院成了盟军的俘虏，直到一年后才离开战俘营。

作为二战的亲历者，他对于战争给人民带来的灾难谙熟于心。1959年，他的第一部长篇小说《铁皮鼓》出版，以一个畸形的侏儒人物所遭遇的颠沛和奇特视角，来揭示整个德国民族的历史和纳粹的丑恶。该书用儿童的眼光抨击成人世界的虚伪和丑陋，尤其是纳粹的罪恶和荒唐行径。

在小说中，格拉斯直面德国人的战争罪责，他曾明确表示："人们曾装作似乎是某个幽灵来误导了可怜的德国民众。而我从年轻时的观察得知，并非如此。一切都发生在光天化日之下。"该作品被誉为当代德语文学小说创作的最高成就，被翻译成25种文字在全世界发行。在20世纪最后一年（1999年）格拉斯凭借《铁皮鼓》赢得了诺贝尔文学奖。

1961年和1963年，格拉斯又写出中篇小说《猫与鼠》和长篇小说《狗的岁月》。《猫与鼠》揭露了法西斯意识形态和荒谬的英雄崇拜对学生的毒害。《狗的岁月》通过马特恩和阿姆泽尔这一对性格迥异的伙伴的坎坷经历，反映了德国自纳粹上台至战后经济奇迹的风云变幻。这两本小说与《铁皮鼓》的故事背景都发生在但泽地区，故被人们称为"但泽三部曲"。这三本小说的内容、人物和情节都没有联系，但在精神实质上却是一致的，即都着意在清算20世纪三四十年代纳粹势力在德国的崛起、罪恶及其在战后的后遗症，尖锐批评和讽刺德国现实的种种弊端。

《铁皮鼓》电影剧照。本书是格拉斯的"但泽三部曲"的第一部，也是一部现代流浪汉的小说，以黑色幽默的虚构故事展示了德国那段最黑暗的历史。格拉斯的时事讽刺辛辣刁钻，让你不由得想起诗人海涅。1980年，根据本书改编拍摄的同名电影被搬上银幕，并获奥斯卡最佳外语片奖

苦难的历程 《安妮日记》

一个弱小女孩的日记，是对纳粹种族主义最有力的控诉。

《安妮日记》以第二次世界大战为背景，不但真实再现了安妮等8人在秘密小屋两年多的生活，也揭露了德国纳粹党的罪恶，是指控他们残害犹太人罪行的有力证据。

逃亡和躲藏

《安妮日记》的作者是德国犹太人安妮·弗兰克（Anne Frank，1929—1945年），她生于德国法兰克福的犹太富商家庭，其父奥托·弗兰克是一位富有的商人和犹太教改革派信徒，思想开明，曾经担任法兰克福市政官员。1933年3月纳粹党在德国上台执政后，奥托·弗兰克深刻感受到了纳粹党对犹太人的迫害与排斥，于1934年全家迁居到了荷兰。但在1940年5月荷兰被纳粹德国征服，开始对犹太人实行严格的登记和隔离制度，到1942年7月，形势更加严峻，奥托决定把全家搬到位于阿姆斯特丹王子运河河畔的一间大厦的秘密房间里躲藏起来。

此后不久，奥托的公司合伙人赫尔曼·凡佩尔斯（日记中称为凡·达恩先生）一家三口和牙医斯佩普·普佩弗（日记中称为"杜塞尔先生"）相继加入，共8个人隐藏在狭小的三层套间里。依靠忠诚的公司女职员"米普""爱丽"（日记中的化名）以及"米普"的丈夫、"爱丽"的父亲与外界保持联系，购买生活用品，了解外界局势变化。但是，在1944年8月由于告密者的揭发，安妮等8个人被盖世太保发现并送入奥斯维辛集中营，1945年3月安妮在集中营里病死，8个人中只有奥托·弗兰克幸存了下来。

记录苦难的日记

1942年6月12日是安妮的13岁生日，奥托·弗兰克送给女儿一本配有红白彩格封面，并附上一个小锁的签名簿作为礼物，从1942年6月12日写到1944年8月1日，安妮在上面记载了两年多的日记。起初，日记是纯为自己而写。后来荷兰流亡政府的成员杰瑞特·波克斯坦从伦敦广播说希望在战争结束之后能收集有关荷兰人民在德军占领之下苦难生活的目击报道，公诸大众。他特别以信件与日记作为例子。安妮收听到这段话，为之动心，于是决定

安妮·弗兰克的雕像位于荷兰安妮一家曾经隐藏的大厦前面。这幢房屋位于阿姆斯特丹濒临运河旁，建于1739年，后面的安妮避难处则是拆毁了一些旧建筑后重建的。1960年，这幢房子被辟为博物馆

战争挽歌：文学艺术

安妮·弗兰克，生于德国法兰克福的犹太女孩，二战犹太人大屠杀中最著名的受害者之一。安妮用日记本记录了她亲历二战的《安妮日记》，成了二战期间纳粹德国灭绝犹太人的著名见证

> **知识链接：奥斯维辛集中营**
>
> 奥斯维辛集中营是纳粹德国在波兰南部奥斯维辛市附近修建的40多座集中营的总称，又被称为"死亡工厂"，超过130万的犹太人、波兰人在这里被有组织地杀害，安妮·弗兰克即殉难于此。1945年1月27日，苏联红军解放了奥斯维辛集中营，1979年，联合国教科文组织将奥斯维辛集中营列入世界文化遗产。

在战争结束之后，要依据她的日记出版一本书。她开始将她的日记加以改写、编辑、润饰，删去她认为不够有趣的部分，并且靠回忆增加一些内容。同时，安妮也保留了原始的日记。

安妮对于纳粹党迫害犹太人的行为深恶痛绝，而对于那些帮助过他们的人心存感激，在日记中写道："这些人是我们的救命恩人，我觉得他们这种博爱的行为，绝不输给任何一位前线战士。"当她听到大量犹太人在集中营被集体屠杀时，她心生怜悯，觉得"心里好难过，忍不住热泪盈眶"。

作为一名成长中的少女，她在日记中吐露了与母亲不断发生冲突的困惑以及对性的好奇。同时，对于藏匿且充满恐怖的25个月的密室生活的记录，也使《安妮日记》成为德军占领下的人民苦难生活的目击报道。从自己的亲身感受中，安妮表达了自己对战争、对种族灭绝政策的怀疑与愤怒。开始时安妮只把避难看作一种冒险，但是，逐渐地她发现自己必须思考这场战争以及自己与社会的关系。在安妮一家被盖世太保发现并逮捕的那天，这本日记被扔在垃圾堆里，幸亏负责照顾这个家庭的米普发现了日记并保存下来。

二战结束后，幸免于难的奥托·弗兰克整理了日记并将之出版。《安妮日记》发行量超过3000万册，被认为是20世纪最重要的书籍之一，美国总统约翰·肯尼迪认为："在历史上众多在重大痛苦和损失之时为人性尊严发言的人当中，没有谁的声音比安妮·弗兰克的更铿锵有力。"

《安妮日记》原稿。安妮一家被捕后，日记被发现并保存下来，二战之后的1952年再次出版为《安妮日记》，成为全世界发行量最大的图书之一，有多国语言的翻译版本，被拍成戏剧、情景剧、短片和电影

二战时代

列宁格勒的呐喊
肖斯塔科维奇与《第七交响曲》

《第七交响曲》
是一首献给故乡的长歌，
在围困中绝不屈服，
打败敌人，
迎来胜利和希望。

苏联卫国战争爆发后，列宁格勒（圣彼得堡）被纳粹围困长达900多天，热爱家乡的肖斯塔科维奇用《第七交响曲》鼓舞了人民坚持斗争、夺取最后的胜利。

天才的音乐少年

德米特里·德米特里耶维奇·肖斯塔科维奇（1906—1975年）是世界著名作曲家，1906年生于圣彼得堡，他的父亲是化学工程师，母亲是一位优秀的钢琴家，良好的家庭氛围让肖斯塔科维奇很早就对音乐产生了巨大兴趣。

1917年，年仅11岁的肖斯塔科维奇便开始创作乐曲，以纪念当时发生的重大历史事件。例如，在十月革命期间，他在圣彼得堡的街头亲眼目睹的沙俄警察打死儿童的悲惨情景，深深地刻印在脑海里，后来他据此创造了《十月献礼》的《第二交响曲》。

1919年，肖斯塔科维奇进入列宁格勒音乐学院，学习钢琴与作曲，他的创作才能开始得到淋漓尽致的发挥，先后创作了根据普希金诗歌《茨冈》改编的歌剧、钢琴曲《三首幻想舞曲》和《第一交响曲》。1927年，他参加了在华沙举行的第一届肖邦国际钢琴比赛并获奖，成为国际知名的青年作曲家。

战火中的"正义之声"

1941年6月，纳粹德国入侵苏联，卫国战争爆发。肖斯塔科维奇两次谢绝了列宁格勒音乐学院疏散他去后方的安排，报名参加了义务消防队，和故乡人民一起坚守在列宁格勒。随着时间的推移，他感到有必要为列宁格勒人民的英勇斗争创作一部值得纪念的大型乐曲。

战前的列宁格勒和平安详、风景如画，但如今却被纳粹德国的恶魔军队团团围困，希特勒妄想夷平列宁格勒，毁灭整个城市与居民，大炮从早轰到晚，城市一片大火，接下来就是食品短缺，饥饿笼罩着整个城市。肖斯塔科维奇目睹这一切，他加紧工作，把心中郁积的忧伤、愤怒和痛苦全融于他的音符之中。为了保障作曲家的安全，苏联政府命令

肖斯塔科维奇自小就表现出音乐天赋，10—13岁上音乐小学，并开始作曲。先后毕业于钢琴、作曲专业，以毕业作品《第一交响曲》的演出而成名。21岁在华沙肖邦钢琴比赛中获荣誉奖

战争挽歌：文学艺术

肖斯塔科维奇《第七交响曲》纪念邮票。《第七交响曲》是他在卫国战争期间的重要作品。这部交响曲极大地鼓舞了苏联人民的抗敌意志。它的形象、内容既反映了卫国战争这一特定事件，明确而具体；同时又超越了此一特定事件的范围，对光明、理性与黑暗、野蛮的斗争作了高度概括

> **知识链接：热爱音乐的民族绝对不会被征服**
>
> 在战火中诞生的《第七交响曲》契合了世界反法西斯人民的心声，在欧美也取得了巨大成功。亨利·伍德爵士指挥的英国乐团第一次在苏联以外演奏了《第七交响曲》。1943年7月19日，美国国家广播交响乐团在纽约音乐厅演奏《第七交响曲》取得巨大成功。诗人卡尔·桑德堡在《华盛顿邮报》上发表文章称："《第七交响曲》响彻了全美国……一个伟大的能歌善舞的民族是不会失败，也不会被征服的。"

将肖斯塔科维奇全家转移到相对安全的古比雪夫。1941年12月27日，肖斯塔科维奇完成了《第七交响曲》的全部作曲。1942年8月9日，留在列宁格勒的乐队在指挥依利亚斯堡的领导下演出了《第七交响曲》。为了防止德军炮火袭击的影响，前线总司令制定了一个代号为"风暴"的特别行动计划，用炮兵先发制人，在音乐会开始前把敌人的火炮打哑。演出之前，电台广播员郑重宣布："今天是我们城市文化生活中的一个重大的日子，再过一会你们将听到我们伟大的同胞肖斯塔科维奇创作的《第七交响曲》，它能在被围困的城市中演奏是列宁格勒人民百折不挠的精神、他们的勇气胆量、他们的必胜信心、他们是为了胜利流尽最后一滴血的见证。同志们，现在演出开始！"

交响乐开始描绘出美丽的俄罗斯鲜花盛开的和平景象。尔后，预示着不祥的小军鼓的"咔哒"声突然闯进了明亮的音乐中，一个威胁性的异样的动机逐渐膨胀起来，敌人可怕的侵略机器开动了，你可以听见到处都是呼喊声、嚎叫声、咆哮声。在巨大的战争中，不仅为生存而战，还可以听到两个世界殊死地搏斗。接下来，终于解脱了，随着和缓的声音再现，"和平"的音乐响起，但它已是饱蘸血和泪的低音。

处于围困中的列宁格勒人民，从街头、从住所里集合到扩音器前，聆听着这催人奋进、鼓舞人心的音乐，雄壮有力的《第七交响曲》回荡在整个列宁格勒上空。

肖斯塔科维奇的创作遍及各种音乐体裁，特别是15部交响曲使他享有20世纪交响乐大师的盛誉。他在通俗音乐领域同样是一位能手，他的歌曲《相逢之歌》（1932）成为30年代苏联群众歌曲大繁荣的先声

责任编辑：姜　虹　褚红霞　王新明
助理编辑：薛　晨
图文编辑：胡令婕
责任校对：杜凤侠
封面设计：林芝玉
版式设计：汪　莹

图书在版编目（CIP）数据

二战时代 / 尹建龙 著 . —北京：人民出版社，2024.1
（话说世界 / 陈晓律，颜玉强主编）
ISBN 978-7-01-021822-9

I. ①二…　II. ①尹…　III. ①第二次世界大战-历史-通俗读物　IV. ① K152-49

中国版本图书馆 CIP 数据核字（2020）第 018682 号

二 战 时 代
ERZHAN SHIDAI

尹建龙　著

人民出版社 出版发行
（100706　北京市东城区隆福寺街 99 号）

北京华联印刷有限公司印刷　新华书店经销
2024 年 1 月第 1 版　2024 年 1 月北京第 1 次印刷
开本：889 毫米 × 1194 毫米 1/16　印张：19.25
ISBN 978-7-01-021822-9　定价：90.00 元

邮购地址 100706　北京市东城区隆福寺街 99 号
人民东方图书销售中心　电话（010）65250042　65289539

版权所有·侵权必究
凡购买本社图书，如有印制质量问题，我社负责调换。
服务电话：（010）65250042